21世纪大学旅游教材 | 沈祖祥 主编

（第四版）

LüYOU WENHUAXUE

旅游文化学

沈祖祥 主编

海峡出版发行集团 | 福建人民出版社
THE STRAITS PUBLISHING & DISTRIBUTING GROUP | FUJIAN PEOPLE'S PUBLISHING HOUSE

总 序

沈祖祥

改革开放四十多年来，中国旅游业一路高歌猛进，取得了举世瞩目的成就，步入持续发展的快车道。与之相伴的是，我国的高校旅游教材也从无到有，从孕育到繁荣，现在不仅门类齐全，而且成果丰硕。但是当用“特色”和“水平”这两个坐标体系来衡量定位时，我们不得不坦承，中国高校旅游教材总体仍处于“摸着石头过河”的阶段，大多属于“简单累积”，“资料堆砌”，存在许多问题。就目前现状而言，教学实践积累日益丰富，教材体例日趋完备，编写也很容易，但本质的、决定教材发展的是旅游发展自身，或者说是社会需求。由于旅游发展总是充满着不确定性，没有太多的规范和标准可以依循，因此，高校旅游教材的编写，面临着诸多的难题和困惑。

难题一：中国的旅游学术研究与旅游教材编写大体上同步。总体来说，中国的旅游学术研究理论性不强，深度不够，学术水平不高，这就使得我国的高校旅游教材编写缺乏应有的厚实基础，许多理论问题本身还在不断探索和形成之中。

难题二：旅游涉及多学科多领域的知识，尤其在这个“旅游＋”时代，编好旅游教材，既要求有较深厚的学术功底、渊博的历史文化知识，同时又要求有旅游学、经济学等相关学科的理论知识融入其中，还必须与时俱进，这对于作者的综合学术素养是极大的考验。

难题三：编教材易，编好的教材不易。教材不同于学术著作，不能仅仅是阐述理论和观点，成一家之言，更不能天马行空，有感就发。教材有教材的特点和要求，必须充分考虑教学实际，编写一套特色鲜明的、适合学生学习的旅游教材实为不易。

困惑一：高校旅游教材要不要创新，能不能创新，如何创新？

困惑二：高校旅游教材要不要形成一个体系，体现一定的理论水平和学术高度？

困惑三：高校旅游教材侧重的是旅游各学科的知识构建，还是整体学科构建？

基于上述这些难题和困惑，我们对“21世纪大学旅游教材”整套丛书的规划控制和体系安排着重做了以下工作：

首先是对丛书作了明确定位，为此进行了方方面面的思考：目前国内有哪些不同类型和层次的旅游院校、旅游专业？学生各有哪些特点和需求？是否需要编制不同的旅游教材？不同类型的旅游教材是否存在共同点？它们之间的差异有哪些？核心差异是什么？什么样的旅游教材比较适合我国当前的现状和实际？旅游教材如何体现学术深度和理论高度？什么样的旅游教材模块更适合未来发展的要求？现有各种旅游教材改进的方向在哪里？什么样的旅游教材可以称得上是一套好教材？我们在深入调查和分析、评价的基础上，对这些问题进行多方考量和比较，明确做出了以高校本科旅游管理专业为本系列教材主要对象的定位选择。

其次是有的放矢地对教材组成体系做了精益求精的调整。在原先“大学旅游教材”这套书的基础上，一方面继续发扬、强化“文化”优势与特色，另一方面，由点及线及面，不断强化教材选题的广度和亮点。

第三，对作者队伍进行了重组和扩容，多学科、多学校、多专业整合作者队伍，以期使本教材有更广泛和坚实的“基石”。

通过对教材规划控制体系的构建，我们着力从以下两个方面提升这套教材的品质：一是努力符合“教材特征”，二是着力体现“学术水平”。

努力符合教材特征，是本系列教材的核心理念、突出特色和努力方向。本系列丛书明确于教材定位，并且将最大限度地按照教材的要求构建框架体系。

本系列教材的教材特征具体从以下六个方面体现：

（1）注重信息量。本系列教材有计划、有目的、有系统地收集、整理、分析和总结各相关学科的信息，以尽可能减少和规避因旅游基础知识不足给学生带来的学习困难。

（2）注重知识面。本系列教材注重将旅游作为一种知识节点进行学习、传播和推广。

（3）注重思考力。本系列教材在立足于传递信息和传播知识的基础上，特别注重对学生独立思考能力的培养，而不是死读书、读死书式的简单灌输。

（4）注重方法论。旅游学科的学习归根结底是方法的学习，而不全是知识和理论的学习。本教材的核心目的在于提供一种观察、了解和研判旅游相关事象的方法。

（5）注重整体性。系统性和完整性是本系列教材的又一显著特征，不仅注重旅游作为一种知识和理论的完整性和系统性，而且还特别注重旅游作为一门学科乃至一个独立系统的完整性和系统性。

（6）注重案例法。在具体的编写中，我们采用了一些案例，试图找到规范学习与启发引导的理想结合点。

没有规矩不成方圆，但是，如果为了规矩而使教材降低学术价值，那是对规矩的曲解和误解。我们按照教学发展规律和学生特征，制定出主要是基于掌握和理解的控制图则，为教师和学生留下了相当的余地，但某些基础性知识节点却又很具体、带有强制性。在我们的观念中，这可能更是一种“底线”。

中国的高校旅游教材编写再也不能“摸着石头过河”，到了该总结、该提升的时候了。为我国旅游业的腾飞，为中国旅游教育的发展，编写有特色的、适合我国高校旅游专业学生学习的好教材，是我们的努力方向。为此，我们这些参与“21 世纪大学旅游教材”编写的作者，愿担负起一名教师、一个作者应尽的义务和责任。同时，我们愿与全国各旅游院校的同仁加强交流、学习与合作，共同努力。我们期待着更多高质量的大学旅游教材面世。

2020 年 3 月

目　　录

前　言

旅游作为一种文化现象，出现很早，甚至可以这样说，自从有了旅游活动，就有了旅游文化。但是，旅游文化作为与旅游经济或旅游管理相对应互动的一个概念而被提出，直至被当作一门学科和一种学问进行研究，则是现代特别是当代的事情。

中国的旅游文化学研究，发轫于20世纪80年代，中经旅游文化学者披荆斩棘的努力，虽不敢言成果卓著，但使学科建设从无到有，功不可没，却是事实。然而即使如此，我们仍不得不坦承，旅游文化学至今仍是一门不断探索和构建中的新兴学科：旅游文化作何理解？旅游文化与旅游文化学有何实质性差别？旅游文化学究竟是一门怎样的学科？在当今旅游与文化融合发展的语境下，旅游文化又将发挥怎样的作用？旅游文化学究竟要不要重新进行学科构架？诸如此类的旅游文化学理论问题和实际问题，依然在探索过程中，发展过程中。

一、学科进展

（一）研究进展

旅游文化的产生和发展由来已久，但正式作为一个概念提出，却只有40多年的历史。国内外旅游文化研究起步时间大体相当，但内容、风格和特色各异。

国外旅游文化研究既有“高度”，又有“深度”：

第一，旅游文化始终成为国外旅游学术研究的主导方向，其重要性甚至超越旅游经济和旅游管理。

第二，国外旅游文化研究侧重于遗产旅游以及旅游文化应用研究。

第三，国外旅游文化研究已经形成众多旅游文化专业期刊和定期的旅游文化国际年会以及各类研讨会的研究模式构架。

第四，国外旅游文化研究多从跨文化视角进行观察和思考，并且形成了比较完整的旅游文化学的学科体系。

我国的旅游文化研究特色则主要体现为“速度”和“广度”：

第一，旅游文化研究起步晚，但发展快。研究队伍不断壮大，研究成果硕果累累。

第二，旅游文化研究几乎涵盖所有领域，包罗全部门类。

第三，旅游文化研究论文多，著作少；教材多，专著少。

总体而言，国内旅游文化研究尚处在起步发展阶段，无论深度、广度还是高度，都需要整体提升。

（二）学科发展

学科建设是学科发展的基石，旅游文化学也不例外。20 世纪 70 年代起，“旅游人类学”的出现是国外旅游文化作为完整的学科理论体系形成并出现的标志。而在中国，虽然有众多的研究者进行不懈的努力和探索，但由于方法和角度的问题，似乎至今仍未有这种标志出现的迹象。

二、问题提出

“如何建立或调整符合中国国情的旅游文化学”是一个复杂而又艰巨的课题。只有通过回答一系列设定的相关问题才能够明确解决这一课题的路径与方向。在明确了研究课题的方向后，又需要设定相应的研究路线，细化不同阶段的研究步骤，方能推动研究从多方面循序渐进地开展。

旅游文化学是一门较早受到学术界关注的课程，自从我国各大院校开设旅游管理专业后，它和旅游学、旅游经济学、旅游心理学、旅游管理学等即构成各大院校旅游专业的主干课程，并且出版了为数不少的旅游文化学教材。主要有：

马波《现代旅游文化学》（青岛出版社，1998 年），沈祖祥《旅游文化概论》（福建人民出版社，1999 年），谢贵安、华国梁《旅游文化学》（高等教育出版社，1999 年），夏太生《中国旅游文学暨文化概论》

（黑龙江人民出版社，1999年），宋采义等《中国旅游文化》（河南大学出版社，1999年），潘宝明、朱安平《中国旅游文化》（中国旅游出版社，2001年），王会昌、王云海《中国旅游文化》（重庆大学出版社，2001年），甄尽忠《中国旅游文化》（郑州大学出版社，2002年），喻学才《旅游文化》（中国林业出版社，2002年），夏太生、赵荣光《中国旅游文化》（东北财经大学出版社，2003年），章海荣《旅游文化学》（复旦大学出版社，2004年）、李伟《旅游文化学》（科学出版社，2006年），姚昆遗、贡小妹《旅游文化学》（旅游教育出版社，2006年），刘敦荣《旅游文化学》（南开大学出版社，2007年），喻学才《旅游文化学》（化学工业出版社，2010年），文彤《旅游文化学》（暨南大学出版社，2011年），朱立新等《旅游文化学》（南开大学出版社，2012年），谢春山《旅游文化学》（高等教育出版社，2012年），李朝军、郑焱《旅游文化学》（东北财经大学出版社，2016年）等。

总体来看，我国的旅游文化学教材存在以下突出问题：

（1）旅游文化学教材虽有“旅游文化”和“旅游文化学”命名的不同，但实质并无二致，内容、体系和构架几乎完全一样。

（2）以世纪之交为界，本世纪出版的旅游文化学教材并没有显著呈现后来居上的突破态势。

（3）在旅游文化内容体系上，不仅未能进一步趋同，而且更有分歧加剧迹象，期间出版的多种冠名“旅游文化”的教材，是以知识介绍的方式教授旅游文化，这是旅游文化介绍，而非旅游文化研究。

（4）旅游文化学教材性质的诸多规定不够明确。

如此看来，要建立适合我国旅游教学实际的旅游文化学教材体系或对现有的旅游文化学教材模块进行合理调整，必须明确以下问题：

（1）中国现阶段有哪几种类型和层次的旅游院校及专业？

（2）不同类型和层次的旅游院校学生各有哪些特点和需求？

（3）不同类型和层次的旅游院校是否需要编制不同的旅游文化学教材？

（4）不同类型的旅游文化学教材是否存在共同点？如果有，是哪些？

(5) 不同类型的旅游文化学教材之间有哪些差异？其中核心差异是什么？

(6) 什么样的旅游文化学教材比较适合我国当前的现状和实际？

(7) 旅游文化学教材如何体现学术深度和理论高度？

(8) 什么样的旅游文化学教材模块更适合未来发展的要求？

(9) 现有各种旅游文化学教材改进的方向在哪里？

(10) 什么样的旅游文化学教材称得上是一部好教材？

三、研究方法

根据上述问题所提供的逻辑线索，我们需要从市场与旅游文化学学科这两方面对旅游文化学教材模块进行全面的考察，然后结合这两方面的考察结果进行分析研究，最终做出对中国旅游文化学教材调整与发展方向的判断及选择。

中国旅游文化学教材究竟适用何种研究方法？由于国内学者注重的是旅游文化的理论研究，普遍不太重视方法的运用，加上许多旅游文化学教材本身所作的“编”的层面的定位，所以一般都不作具体明确的应用说明。中国旅游文化学研究，其方法主要有二：一是旅游学体系的研究方法构架，即旅游主体文化、客体文化和介体文化的研究方法构架，这可以说是现阶段中国旅游文化学教材的主流；二是旅游人类学的研究方法构架，即以跨文化研究的方法研究旅游文化，这种方法在国外相当盛行，近来逐渐应用于国内。

中国旅游文化学研究、中国旅游文化学教材的调整与发展，首先应是方法的调整与发展。旅游文化是一种综合性的多元文化，本教材研究方法主要通过旅游学、文化学等多学科背景下构建的分析框架，对中国旅游文化进行整体研究和系统研究，是一种新颖的“旅游—文化”研究方法，也即旅游学要素结构文化学分析方法（不是单一的“文化人类学”方法）。

四、总体思路

(一) 难点及困惑

编写旅游文化学教材有三大难点、五个困惑。

三大难点：

(1) 中国的旅游文化学研究与旅游文化学教材编写大体处于同步状态。总体来说，中国的旅游文化研究，理论深度不够，学术水平不高，并且中国的旅游文化研究以教材出版为重要特征和组成，这就使得中国的旅游文化学教材编写缺乏厚实基础，许多理论问题本身还在不断探索和形成之中。

(2) 旅游文化涉及多学科领域的知识，编好旅游文化教材既要求有较深厚的学术功底、广博的历史文化知识，同时又要求有旅游学、经济学等其他相关学科的理论知识融入其中，这对于作者的综合学术素养是极大的考验。

(3) 编教材易，编好一套科学适用的教材难。教材不同于学术著作，不能天马行空，有感就发。教材有教材的特点和要求，要充分考虑教学实际，既突显特色，又符合学生需求。

五个困惑：

(1) 旅游文化学教材要不要创新，能不能创新，如何创新？

(2) 旅游文化学教材的编写要不要形成一个理论体系，体现一定的理论水平和学术高度？

(3) 旅游文化学教材到底是旅游文化的知识构建，还是旅游文化的学科构建？

(4) 我国高校旅游专业到底需要一个什么档次、性质和水平的旅游文化学教材？

(5) 到底怎样才能编好一部旅游文化学教材？

(二) 解决构想

对上述问题，本教材主要从以下三个方面着手解决：

(1) 尽可能多地占有资料，扩大范围，并且多学科整合作者队伍，以期使本教材首先有广泛坚实的研究基础。

（2）旅游文化学作为一门新兴学科，与其他旅游学分支学科一样，都需要一个知识和理论的不断累积过程。旅游文化学相关理论研究不够成熟，这是事实，也是现实。解决的方法，是努力从其他相对成熟的学科理论中寻求支撑和帮助。如与旅游文化学有着密切关联的文化学，不仅有悠久的历史，而且有成熟的理论，完全可以为旅游文化学研究提供理论上的借鉴和方法上的启示。

（3）从比较中寻求出路，在比较中创造特色。

解决的方法有二：

一是努力体现“教材特征”，二是努力体现“学术水平”。

努力体现教材特征，是本教材的核心理念、突出特色和努力方向。本教材明确于教材定位，并且将最大限度地按照教材的要求构建旅游文化学框架体系。

本教材的教材特征具体从以下五个方面体现：

（1）注重信息量。本教材有计划、有目的、有系统地收集、整理、分析和总结与旅游文化学相关的各种信息，以尽可能减少和规避因旅游文化基础知识不足所带来的学习困难。如本书对于旅游文化概念的界定。

（2）注重知识面。本教材注重旅游文化作为一种知识节点的学习、传播和推广。如本教材对于旅游文化历程的介绍。

（3）注重思考力。本教材在立足于传递旅游文化信息和传播旅游文化知识的基础上，特别注重对学生独立思维能力的培养，而不是死读书、读死书式的灌输。例如本教材对于旅游文化特点和传统的论述，即是旨在培养学生的独立思考能力。

（4）注重方法论。旅游文化学学习归根结底是方法的学习，而不全是知识和理论的学习。本教材的核心目标在于提供一个观察、了解和研判旅游文化事象的方法。例如本教材中几个有关旅游文化案例的设计，即是旅游文化研究中不同方法的揭示和运用。

（5）注重整体性。系统性和完整性是教材的又一显著特征，本教材不仅注重旅游文化作为一种知识和理论的完整性和系统性，而且还特别注重旅游文化学作为一门学科乃至一个独立系统的完整性和系统性。本教材的整体章节安排即体现了这一点。

没有规矩不成方圆，所以本教材力求反映和体现“教材特征”。但是，如果为了规矩而降低学术价值，那绝对是对规矩的曲解和误解。

缺乏学术研究水准是目前国内旅游教材普遍存在的问题，也是旅游文化教材最突出的问题。这既是作者队伍学术研究水平的局限所致，同时也是人们对教材的错误观念和态度所致，似乎一提教材，就等于判了“没有学术水平”的死刑。

有学术才有生命，理论著作是这样，教材也是这样。“有较高的学术水平和理论水平”虽不是判断旅游文化教材好坏优劣的唯一标准，却是少数几个决定性的标准之一。教材不仅要体现一定的学术水平，而且也完全可能体现出一定的学术水平。

“像写专著一样写教材”，写出一定的学术水平，是本教材努力追求的目标，具体体现在：（1）总体上定位于“著”；（2）学科的建设构架；（3）严格的学术研究规范。

五、主体框架

（一）三大研究节点

本教材对于旅游文化学的解读，是把旅游文化作为一种特定文化事象的解读，作为一个整体和系统的解读，作为一门独立学科的解读。

（二）四大研究创新

（1）分析框架构建的创新。以旅游学、文化学等为背景学科，突破学科研究的局限性，把旅游文化学放到一个综合学科的大环境中进行研究，充分运用系统理论、跨文化传播理论、社会学理论等相关知识，为旅游文化学学科研究建立一个多领域跨学科的分析框架。

（2）旅游文化理论的创新。“旅游文化是一种生活方式文化”，这是本教材建构的旅游文化理论命题，是本书的理论创新点和独特点，全书的体系安排和逻辑结构，即是围绕这一理论命题的提出和解析而展开的。

（3）研究方法的创新。总体来说，本教材采用的是理论与实证相结合的方法。整体研究立足于理性分析，运用系统论的研究方法，确立旅游文化学构成体系与框架；部分研究则立足于实证研究，以案例来支撑与说明理论结合实际的效果。

（4）内容的创新。本教材旅游文化定位、旅游文化基础、旅游文化特点、旅游文化传统、旅游景观文化等章节内容的安排和设置，具有一定的独创性。

（三）主体框架

本教材主体框架由相互关联、互为依存的五个部分构成：

第一部分：旅游文化学学科建设。运用系统论的研究方法，确立旅游文化学的研究内容与学科框架。

第二部分：对旅游文化作为一种独立的已经形成的文化现象的分析。具体内容包括：

（1）依照组织学理论，进行旅游文化组织及作用定位。

（2）依据发生学和历史学理论，介绍旅游文化演进历史及旅游文化形成和产生之基础。

（3）依托旅游文化形象塑造与特色再造原则，探讨旅游文化特点及其传统。

第三部分：旅游要素文化研究。旅游要素文化，也即旅游主体文化、客体文化和介体文化，是旅游文化研究的主要内容之一，这已经成为大家的共识，本书也不例外。

第四部分：旅游与文化的融合发展研究。

第五部分：旅游文化案例研究。也即通过案例，支撑与说明旅游文化发展之动力与规律，以及旅游文化理论的应用法则。

六、目标设想

（1）适用范围。本教材适用于以本科为主要对象的高等院校旅游专业，同时有选择地适用于部分旅游高职大专院校。

（2）教学目标。通过教学，使学生了解旅游文化学作为一门独立学科的理论体系和框架，掌握旅游文化的发展演变规律，充分认识文化在旅游中的地位、价值和作用，并能熟练运用所学旅游文化学理论，解析旅游文化现象和实际问题。

（3）教材知识目标。通过教学，使学生了解旅游文化学的基本知识和基本理论。

（4）教材技能目标。能根据所学旅游文化学知识和理论，分析各种旅游文化事象。

第一章

绪论

本章提要： 本章主要讨论作为旅游学基础学科的旅游文化学的理论命题。首先从最基本的“旅游文化”的概念着手，通过对现有各种有代表性的旅游文化概念的梳理、总结和分析，指明各自的贡献及存在的局限，然后在此基础上提出本书作者对于“旅游文化”概念理解的“一家之言”。其次，讨论旅游文化学的学科地位和学科属性，而且着重研究旅游文化学的研究对象、研究内容、研究方法，以及其作为一门基础学科的研究意义。最后，介绍旅游文化学作为一门学科的起源及旅游文化学术研究的历程，以便使研究者和学习者能够按图索骥，对旅游文化学的全貌有一个清晰了解。

本章重点为旅游文化概念、旅游文化学研究对象、研究内容以及旅游文化学学科归属。

旅游的核心问题是文化问题，文化是旅游的灵魂，是推动旅游发展的原动力。研究旅游，无论是将它作为一种经济现象，还是将它作为一种文化现象，都离不开文化。

旅游文化学是一门既和旅游学有联系又和文化学分不开的融合型学科，作为一门因学科融合而形成的新兴学科，旅游文化学通常被作为旅游学学科体系的一个分支。对于一门尚在构建中的学科，我们首先要了解的是，它是一门怎样的学科，为什么会被称为旅游文化学，它的研究对象、研究内容是什么，为什么要学习和研究，以及怎样去学习和研究。

旅游文化学是旅游学与文化学的一种深层次结合，旅游文化学理论研究、旅游文化学学科构建，首先应从“旅游”、“文化”以及“旅游文化”这些最基本、最基础的概念着手。

第一节　旅游的概念

到底什么是旅游？旅游究竟是一种经济现象，文化现象，抑或其他什么现象？这是旅游文化学理论的基石，必须透过现象还原本质，予以概念上的厘清。

一、旅游概念的不同解读和理解

旅游，顾名思义，包括旅行和游览两种行为。有关旅游的定义，目前世界上至少有数百种，众说纷纭，莫衷一是。但归纳而言，对于旅游概念的界定，目前主要集中于经济学、社会人类学、文化学和旅游学这四个学科角度。

（一）从经济学角度出发，认为旅游是一种社会经济现象

从经济学角度对旅游概念进行界定，不仅由来已久，而且也一直为众多学者所接受。例如1911年日本学者修雷纶所下的旅游定义是：“旅游是指进入一定的地区、洲或国家旅居而外出旅行的外宾入境、旅居和出境一切形式的现象以及与此现象直接有联系的现象，其中特别是作为经济的现象。”我国国家旅游局教育司组织编写的《旅游概论》一书中也持同样的观点：“旅游是在一定的社会经济条件下产生的一种社会经济现象，是人们以游览为主要目的的非定居者的旅行和暂时居留引起的一切现象和关系的总和。”

上述对旅游的定义是从经济学（包括统计学）角度出发，把旅游界定为一个内容包括多种工业的新兴工业，注重其经济效益和增殖作用。

（二）从社会学和人类学角度出发，认为旅游是一种社会现象

从社会学和人类学角度界定旅游概念的，主要有以下几种：

交往理论。德国学者蒙根·罗特在其出版的《国家科学词典》一书中对旅游的概念作了如下的表述："狭义的理解是那些暂时离开自己的住地，为了满足生活和文化的需要，或各人各种各样的愿望，而作为经济和文化商品的消费者在异地的人的交往。"

离开理论。英国学者伯卡特和梅特里克认为："旅游是人们离开他经常居住和工作的地方，短期暂时前往一个旅游点的运动和逗留在该地的各种活动。"

访问和消遣理论。联合国"官方旅行机构国际联合会"对旅游下的定义是："旅游是一种访问活动。"设在马德里的世界旅游组织也认为："旅游是一种消遣旅行。"

从社会学和人类学角度出发，把旅游作为一种社会现象来界定，其焦点主要围绕旅游者的量化标准以及旅游的社会影响。

（三）从文化学角度出发，认为旅游是一种离开和回归

法国学者雅法尔·雅法利认为，旅游是旅游者离开世俗世界，走向神圣世界，又回归世俗世界的过程。从文化学而言，旅游不仅是一种离开，也是一种回归，它不仅包括客源国、目的国、媒体以及期间引发的外汇兑换、增殖作用、就业机会、市场促销等，也包括文化的同化、异化和商品化。另一名法国学者让·梅特森也持同样的观点，他认为旅游是一种消闲的活动，包括旅行或在离开定居地点较远的地方逗留，其目的在于消遣、休闲或丰富旅游者的经历和文化教养。

（四）从旅游学角度出发，认为旅游是一切现象的总和

例如，瑞士学者汉泽尔克和克拉普提出"旅游是非定居者的旅行和暂时居留而引起的一切现象关系的总和"。

二、作为一种生活方式的旅游

人文学科的日益成熟，旅游文化学的诞生，是旅游文化学研究作为完整的学科理论体系出现的标志，它促成了旅游学对旅游活动的内涵——文化的进一步思考。越来越多的旅游学者在把旅游作为一种经济现象分析的同时，也逐渐开始分析起旅游的文化现象。所以，界定旅游

概念的焦点是，旅游仅仅具有文化的一般属性，还是旅游本质上就是一种文化或文化现象。

旅游者是旅游活动和旅游过程的主体和中心，美国学者加利法教授认为：旅游是对离开居住地的人的研究，是对应旅游者的需要而产生的这一工业的研究，是对旅游者和这一工业给东道地的社会文化、经济和自然环境所造成的影响的研究。[①] 旅游的文化特征相当显著。

我们认为，旅游就其本质和主体而言，就是一种文化和文化现象，无论过去、现在还是将来，旅游关注的始终是一种文化意义上的发现、探索、体验以及传播，而这种文化意义上的发现、探索、体验以及传播，是一些特有人群所呈现和展示的一种特殊的生活方式。

当人们用特有的风格穿越地理空间并且基本上关注的是有意义的发现、创造和传播时，旅游就与那种仅仅为了到达另一目标而在地理空间上移动的旅行截然不同了。旅游者的行为必须使自己的活动符合概念上所谓的艺术的需要。

旅游使旅游者走出了家庭日常生活的世界，产生了各种能够自由发挥，具有相对抽象意义的作用。就像重要的文化课题一样，旅游的经历能够为人们提供持久的话题，而且永远记忆犹新。

任何旅游活动的基本要素都是时间、空间和旅游者穿越时空的计划和进度。在旅游活动中，创造和表现出来的一切意义，都可以从旅游活动的产生者和解释者的整个生活中汲取维持存在的养料。

旅游虽然受许多因素的影响和制约，如经济因素、时间因素和社会因素等，但其中诱发旅游行为的最根本的因素是个人心理、状态及其所处的自然及社会环境之间存在的差异。[②] 因此，我们认为，旅游是一种生活方式，而且是一种全新的生活方式，这也是旅游渊源于历史，发轫于近代，蓬勃发展于当今的根本原因。也就是说，我们在给旅游概念下定义时，立足历时性和共时性两个维度，紧紧把握住旅游者的主体意

---

① 肖洪根．国内外旅游文化研究述评．华侨大学学报（哲学社会科学版），1994（1）．

② 沈祖祥．旅游与中国文化．北京：旅游教育出版社，1996：1．

志、精神活动这一主线，把旅游动机、旅游思想和旅游精神成果等看成是一种依存于旅游实践的有机的动态的生活方式系统。

第二节　文化的定义

一、文化的定义

（一）众说纷纭的文化定义

据美国人类学家克鲁伯和克鲁克洪《文化的概念》一书统计，从1871年到1951年这80年间出现的关于“文化”的定义，总计多达164种。而据法国学者摩尔统计，则有250种之多。可见，要给文化下一个确切的定义，是一个非常复杂而又困难的问题。

“文化”是中国古已有之的一个概念。在中国古代典籍中，“文化”是“文”与“化”的复合。“文化”的“文”最初指纹理交错，引申为文采、修饰等义。《论语·雍也》：“质胜文则野，文胜质则史。文质彬彬，然后君子。”此处的“文”与“质”相对，具有人为加工、修饰等意义。“文化”的“化”字则具有改变、化生等含义。

最早将“文”与“化”联系起来使用的是《周易·贲卦·彖传》，其中说：“观乎天文，以察时变；观乎人文，以化成天下。”这里的“人文”借指人类社会的礼义规章、人伦序列，而“人文化成”，意指推行教化、施以文治，以实现社会的文明昌盛。两汉以后，文献中开始正式出现“文化”一词，如刘向《说苑·指武》中就有“凡武之兴，为不服也，文化不改，然后加诛”之句。总的来说，中国古代的“文化”一词，主要强调人的内在教养、德性，以及与之相关的内容。它与现代所说的“文化”一词，意义大不相同。今天我们所通用的文化概念，一般认为是19世纪末从日本转译过来的，源于拉丁文 cultura，原意为耕耘土地、栽培植物，又引申为对人的身体和心灵的培养，其含义从物质生产逐渐拓展为精神创造。

文化学奠基者、英国人类学家之父泰勒在 1871 年出版的《原始文化》一书中给文化下了定义，文化“是由知识、信念、艺术、伦理、法律、习俗以及作为社会成员的人所需要的其他能力和习惯所构成的综合体”。

美国著名人类学家克鲁克洪教授认为，文化指的是“整个人类环境中由人所创造的那些方面，既包含有形的也包含无形的”，是“某个人类群体独特的生活方式”。①

《苏联大百科全书》（1973 年）将文化概念作了广义和狭义的区分。作为广义的文化，是“社会和人在历史上一定的发展水平，它表现为人们进行生活和活动的种种类型和形式，以及人们所创造的物质和精神财富”。

（二）作为一种文明存在的文化

上述关于“文化”的种种定义及描述，尽管相互之间有差异，但都认为文化是人类社会历史的精神与物质的整个复合体。除纯粹的自然物以外，一切的一切均属于文化现象。即便是狭义文化，似乎也无所不包。由于概念的外延过于宽泛，显得笼统、模糊，因而难以找到一个恰当的出发点，而且也不易对文化现象进行深入的研究。本书认同多数学者倾向的从观念形态的角度定义文化的观点，即“文化是代表一定民族特点的，反映其理论思维水平的精神风貌、心理状态、思维方式和价值取向等精神成果的总和”②。《大英百科全书》（1973～1974 年）赞同将文化概念分为两类：第一类是一般性的定义，即文化等同于“总体的人类社会遗产”。第二类是多元的、相对的文化概念，即“文化是一种渊源于历史的生活结构的体系”，包括“语言、传统、习惯和制度，包括有激励作用的思想、信仰和价值，以及他们在物质工具和制造场中的体现”。文化并不是抽象的概念，而是具体的存在。每一个社会、每一个民族，人们生活在一定的地域里，组成一个实体性的社会，建立一定的

① （美）克莱德·克鲁克洪．文化的概念//何维凌，黄晓京．文化与个人．杭州：浙江人民出版社，1986：4.

② 李宗桂．中国文化概论．广州：中山大学出版社，1988：8.

社会制度，具有一定的意识形态，人们的行为遵循一定的模式，自觉或不自觉地服从于一定的行为规则，并且接受一定的价值观念的引导和约束，这几个方面组成一个社会的文化体系。

关于文化的结构，文化学家比较一致的看法是，文化由三个不同的要素和层面构成：一是文化的物质要素和物质层面，即我们通常所说的物质文化，主要包括各种生产工具、生活用具以及其他各种物质产品；二是文化行为要素和行为方式，即我们通常所说的行为文化，主要包括行为规范、风俗习惯、生活制度等等；三是文化的心理要素和精神层面，即我们通常所说的精神文化或观念文化，主要包括思维方式、思想观点、价值观念、审美情趣、道德情操等。

庞朴先生认为，文化应由“物质的—制度的—心理的”三个不同层次的结构构成，其中，“文化的物质层面，是最表层的；而审美趣味、价值观念、道德规范、宗教信仰、思维方式等，属于最深层；介乎二者之间的，是种种制度和理论体系”。① 这种观点在我国学术界影响最大，也最为流行。

二、文化的特征

无论是古代还是现代，无论是中国还是西方，人们对于文化的定义，都有一个共同的特点，那就是都把“文化”与“人”联系在一起，都在强调“文化”就是“人化”的观点，即文化的主体就是人。从文化与人的本质的联系上，我们不难看出，文化具有以下特征：

文化具有创造性。这是文化最主要的特征之一。由于人类意识与实践的作用，文化产物具备了丰富性、高级性等特性，这些丰富多彩的文化事物都不是自然界所生成的。正是由于这个原因，我们认为，文化世界是高于自然物质的世界，文化的创造性就在于此。

文化具有空间性和时间性。文化的空间性，指的是文化随空间区域的不同而形成了不同的文化层次、文化类型，乃至各种各样的文化群、

① 庞朴．要研究文化的三个层次．光明日报，1986.01.17.

文化圈。而文化的时间性是指文化有自己的起源、演化、变迁的发展过程。文化也有积累、革命和淘汰，使其在时间上表现为一个综合了进化与分化、积累与沉淀、层次与统一、目的性与自然决定性的复杂过程。

文化具有自由性。这是与文化的创造性紧密相关的。人是一种高级动物，而要把人和其他动物区别开来，必然要有一定的标志，人要是没有文化，也就不成其为人了。人要区别于其他动物，要获得自由，除了创造文化，用文化去获得自由外，别无他途。没有文化就没有自由，自由即是文化。

文化具有开放性。人类是以整体面对世界的，人化的过程虽然是以个体的形式出现，但都汇集在人类文化的长河之中。而各类文化群、文化圈之间，尤其是物质文化之间并不是封闭的，而是开放的。从某种程度上讲，文化是全人类的文化，文化只能属于全人类。

文化具有实践性。文化是过程，是人类实现自身价值的过程。人的本质力量是在人的感性活动——实践中得到展现的。实践就其主观和客观方面而言，都是过程。因此，作为人的本质力量的体现的文化是一种动态的现象，处于不断变化的状态之中，一成不变、僵死的文化是无价值的。人类创造文化是为了实现某种目标，价值观念是文化创造的方向，当一定的价值目标实现后，便形成一种新的文化。在新的刺激下，又会形成新的价值观念和目标。因此，文化是社会的一种历史现象，具有历史性。

文化具有对象性。作为文化主体的人，要体现其存在的本质、力量，要实现自身的价值，必须通过人面对的对象世界，否则无法得到体现。对象之所以成为对象，是因为人的作用，只有通过实践的批判活动而进入了心智的内化的对象化世界的事物，才可化为文化。所以，既不存在无对象的文化，也不是一切都可以成为文化。

文化的对象性导致了文化的载体性。这是文化产生和存在的必要条件。没有一定的对象作为载体，文化是不会凭空产生、凭空存在的。

第三节　旅游文化到底是怎样的一种文化

人类发展到现代，为了建立更高层次的价值观念、行为准则和生活方式，人们开始有意识地对人类自身发展进程进行反思，从而掀起了一股巨大的旅游文化浪潮，旅游文化应运而生。旅游文化这一名词，一般认为最早出现于美国学者罗伯特·麦金托什和夏希肯特·格波特合著的《旅游学——要素·实践·基本原理》一书。出于学科建设的需要，我国旅游学者一直高度重视旅游文化概念的探索和研究。但由于旅游和文化这两个概念本身在内涵与外延上存在着开放性、模糊性，作为它们的分支系统，旅游文化至今还没有一个大家普遍认同的十分明确的定义。为旅游文化下一个确切的科学的定义，绝非易事。界定概念的方法和角度不同，对旅游文化概念也就有不同的解释。

一、旅游文化概念与概念的碰撞

学术界对旅游文化概念的界定众说纷纭，莫衷一是。概括而言，主要有以下六种：

（一）“旅游＋文化”说

20 世纪 80 年代，在我国旅游业和旅游学研究还处于刚刚起步的情况下，部分学者围绕旅游与文化的关系，提出了旅游文化就是旅游与文化的简单叠加的观点。早在 1981 年，于光远就曾指出，“旅游不仅是一种经济生活，而且也是一种文化事业”，“从旅游资源角度看，文化事业的发展也是具有决定作用的事”。[①] 这种看法认识到文化在旅游过程中所起的重大作用，认为旅游业是文化性很强的经济事业，或者说是文化型产业。但他对旅游文化的认识尚处于朦胧阶段，尚未将其作为一个独立的概念进行明确的阐述，对其内涵、外延、具体研究对象等也未作进

① 于光远．旅游和文化．旅游，1981（3）．

一步分析。此后一段时期内对旅游文化概念的界定基本上都承袭了这一观点，着重围绕旅游与文化的关系进行阐释。

例如，晏亚仙在《旅游文化管见》一文中提出："旅游文化，是根据发展旅游事业的规划和旅游基地的建设，以自然景观（名山、名水、名景）和文化设施为依托，以包括历史文化、革命文化的社会主义精神文明为内容，以文学、艺术、游乐、展览和科研等多种活动形式为手段，为国内外广大旅游者服务的一种特定的综合性事业。"这里所说的旅游文化被定义为一种"综合性事业"，显然与旅游业的概念有所混淆。持"旅游＋文化"说的还有姚家齐①、彭华②和束有春、焦正安③等。

将旅游文化概念定义为"旅游＋文化"，客观上使旅游文化概念与其他文化概念的差别模糊化，不利于旅游文化概念的进一步拓展和深化。

（二）"物质＋精神"总和说

陈辽认为，"旅游文化是人类过去和现在所创造的与旅游有关的物质财富和精神财富的总和"。郁龙余在《论旅游文化》中认为，"简单说来，旅游文化是指与人类旅游活动紧密相关的精神文明与物质文明"。1990年10月召开的首届中国旅游文化学术研讨会提出："旅游文化是以一般文化的内在价值因素为依据，以旅游诸要素为依托，作用于旅游生活过程中的一种特殊文化形态，是人类在旅游过程中（一般包括旅游、住宿、饮食、游览、娱乐、购物等要素）精神文明和物质文明的总和。"④ 这是旅游文化总和说的另一种表述形式。持此观点的还有王明煊的《中国旅游文化》："旅游文化是人类过去和现在创造的与旅游关系密切的物质财富与精神财富的总和，凡在旅游活动过程中能使旅游者舒适、愉悦、受到教育，能使旅游服务者提高文化素质和技能的物质财富和精神财富，都属于旅游文化的范畴。"谢贵安的《旅游文化学》："旅

① 姚家齐．黄山旅游文化的美学意义．徽州社会科学，1989（4）．

② 彭华．关于旅游地文化开发的探讨．旅游学刊，1998（1）．

③ 束有春，焦正安．旅游文化及佛教旅游文化浅论．南京社会科学，1998（4）．

④ 冯乃康．首届中国旅游文化学术研讨会纪要．旅游学刊，1991（1）．

游文化是人类通过旅游活动改造自然和化育自身的过程中所形成的价值观念、行为模式、物质成果和社会关系的总和。”至此，总和说开始形成了比较完整的体系。但其阐释只是在“文化”的定义上加上了一个“旅游”限域，以至于对旅游文化的界说基本偏向文化学，抹杀了旅游文化与文化二义的区别。

（三）民族文化说

这种学说的鼻祖是《中国大百科全书·人文地理卷》（1984 年）。这部率先在中文书刊中使用“旅游文化”一词的辞书认为，旅游文化即“旅游主体在旅游过程中所传播的本国文化和所接受的异国文化的总和”。当时的作者所理解的文化局限于绘画、雕刻、戏剧、舞蹈、诗词、散文等文化艺术形式，还不是广义上的文化。尽管如此，这一说法还是影响了部分研究者，其中比较典型的就是喻学才。他在早期的研究中指出：“所谓旅游文化，它指的是某个民族或某个国家在世世代代的旅游实践过程中所体现出来的本民族或本国家文化。它包括只有这个民族、这个国家才独有的哲学观念、审美习惯、风俗人情等文化形态。或者说，旅游文化，就是一个民族的共同的文化传统在旅游过程中的特殊表现。”① 也有学者认为：“作为旅游内容之一的文化（含目的地文化和行业文化）即是旅游文化。”② 我们承认民族文化是旅游文化的一部分，但旅游文化还有其他的组成部分。旅游文化与民族文化等同论的观点混淆了两者本质上的不同，旅游文化被孤立地理解为一个民族的文化，排除了其他不可缺少的有机组成部分。

（四）客体说

1990 年，周谦提出：“旅游文化是指与自然风光、古迹遗址有关的历史掌故、民俗文化、文学艺术、传说故事及百科知识等。”③ 这种阐述强调旅游客体在旅游文化中的作用，我们不妨称其为客体说。

① 喻学才.“山以贤称　境缘人胜”——中国旅游文化的重人传统.湖北大学学报（哲学社会科学版），1987（6）.

② 冯乃康.首届中国旅游文化学术研讨会纪要.旅游学刊，1991（1）.

③ 周谦.泰山旅游文化发掘初议.人大复印报刊资料（旅游经济），1990（6）.

（五）主体说

与客体说相对应的主体说则突出主体——旅游者的中心位置，认为旅游文化应是“旅游者或是旅游服务者在旅游观赏或旅游服务过程中反映出来的观念形态及其外在表现”。主体说与客体说都是从旅游的基本要素出发界定旅游文化的。旅游客体（包括自然旅游资源和人文旅游资源）不仅是旅游文化的内容之一，而且是产生旅游文化的基础。但仅有这个基础还不能揭示旅游文化的本质内容，这正是客体说所忽略的。与之相比，主体说明确指出旅游文化与旅游客体间为包含关系，而非并列关系，这是认识上的一大进步。但将旅游文化仅仅归结为主体文化在旅游过程中的体现，不免有点矫枉过正。

（六）碰撞说

旅游文化是自由的文化，是开放的文化。正如苏恒所言：“旅游文化是旅游最通俗化的、最愉快的、最多样的手段。它的活动舞台最大，它的活动方式最灵便，它的价值最多方面。”① “碰撞说”正是抓住了旅游文化的这一特性，用旅游媒介在主体与客体间架起一道桥梁。首届中国旅游文化学术研讨会将“碰撞说”叙述为“旅游文化是旅游主体、旅游客体和旅游媒体相互作用所产生的物质和精神成果”②。这种看法突出了旅游文化概念中跨文化交际的媒介或渠道作用，因而被部分学者，特别是20世纪90年代以来多数学者所认同。尤其值得一提的是肖洪根在比较了国内外多位学者关于旅游文化的定义后，提出“旅游文化是以广义的旅游主体为中心，以跨文化交际为媒介，在丰富多样的旅游活动中迸发出来的，形式复杂广泛的各种文化行为表征的总和”③。这是对旅游文化动态部分的准确解释。另外，喻学才经过多年的深入研究，对旅游文化的界定也由原来的民族文化说发展为碰撞说，提出旅游文化“指的是旅游主体和旅游客体之间各种关系的总和”④。其他有关碰撞说

① 苏恒．旅游与文化．四川师范大学学报（社会科学版），1990（5）．

② 冯乃康．首届中国旅游文化学术研讨会纪要．旅游学刊，1991（1）．

③ 肖洪根．国内外旅游文化研究述评．华侨大学学报（哲学社会科学版），1994（1）．

④ 喻学才．中国旅游文化传统．南京：东南大学出版社，1995：11．

的表述可查阅《旅游学——要素·实践·基本原理》一书以及马波[①]的有关论述。

碰撞说受西方人本主义的影响较大，从旅游主体、旅游客体和旅游媒介的关系出发，围绕旅游文化的动态特征，着重研究旅游过程中主客体通过媒介“碰撞”而产生的各种文化现象。与主体说相比，碰撞说同样把旅游者置于旅游文化结构框架研究之中心位置，它又注意到旅游三要素在旅游文化中都是必需的，而非可有可无的，且须分清主次，这正是其优于主体说之处。

二、旅游文化是现代社会一种新型的大众生活方式文化

以上六种关于旅游文化的定义各具特色，又不同程度地存在着各自的缺陷。由于划分标准不同，旅游文化概念的阐述在外延上存在交叉与重复。旅游文化作为旅游和文化的耦合，既有旅游的综合性，又有文化的内涵性，与旅游紧密相关，对旅游者的审美感受产生影响，旅游主体、旅游客体和旅游媒介三个要素缺一不可。它既包括旅游者自身携带的文化信息，又包括客源国的民族文化，还包括它们互相作用后形成的动态文化。

毛泽东在论矛盾的特殊性时说过：“科学研究的区分，就是根据科学对象所具有的特殊的矛盾性。因此，对于某一现象的领域所特有的某一种矛盾的研究，就构成某一门科学的对象。”[②] 旅游文化概念，应该立足于旅游文化个性研究，也即“特有的某一种矛盾的研究”，而不是文化的共性。

旅游文化概念的界定必须把握以下四个基本原则：

(1) 旅游文化是一个系统，一个整体。任何割裂或孤立旅游文化系统的概念，都不是科学的、完整的概念。

(2) 旅游文化是动态的，而非静态的。静态角度的考察，容易使旅

① 马波．现代旅游文化学．青岛：青岛出版社，1998：37.

② 毛泽东．矛盾论//毛泽东．毛泽东选集：第1卷．北京：人民出版社，1952：309.

游文化概念的内涵和外延过宽或过窄，只有动态角度的理解，才能使旅游文化的概念更为具体和准确，并符合实际。旅游文化的碰撞说即是动态角度的一种考察。

（3）旅游文化是旅游的“人”化，也即核心是旅游主体的文化。置于旅游文化概念中心位置的是“人”，即作为旅游文化主体的旅游者。如果把旅游经营者置于与旅游者同等的位置，势必削弱旅游者的独立意识和在旅游活动中的主体精神。所以，我们不同意把作为旅游从业人员的旅游经营者作为旅游文化中与旅游者并列的一个主体进行考察。

（4）旅游文化是一种渊源于历史的生活结构体系，偏重于精神。

遵循上述四个基本原则，结合我们对于“旅游”和“文化”概念的界定，我们对旅游文化进行了以下定义：

旅游文化是现代社会一种新型的大众生活方式文化，是一种生活方式所形成的文化系统。简言之，旅游文化是一种生活方式文化。

这一定义揭示了旅游文化作为文化的本质属性：

首先，我们旗帜鲜明地指出，“旅游文化是一种文化”。无论按照字面理解，还是从学理上推论，“旅游文化”四个字其实已经点明了其定义的基本指向。旅游文化应以“文化”为主题，旅游文化之所以不同于旅游经济、旅游市场、旅游管理，是因为它比旅游经济、旅游市场、旅游管理更有文化。旅游文化在本质上是一种文化，而且也只能是一种文化，只不过它是以旅游为取向的文化。无论何种定义，旅游文化概念表述的最终落脚点只能是文化。

旅游文化作为文化的类型之一，具有一般文化形态的共同属性，但作为文化的一种特殊类型，由于与现代旅游学相耦合而有着自己的特殊性质。

其次，我们认为，旅游文化是一种生活方式文化。

旅游文化主要是一种生活方式的文化，是生活方式的文化现象和文化关系的总和，也即生活方式系统的文化。

第三，我们进一步表明，旅游文化是一种现代大众生活方式文化。旅游文化作为一种新的文化形态、新的文化现象，究竟新在哪里？我们认为，旅游文化的“新”与旅游的生活方式属性有着直接的关系。旅游既是生活方式优化和变革的结果，又是生活方式最集中的表现，故而，旅游文化实质上是一种生活方式的文化形态和文化现象。而大众旅游是现代区别于以往的贵族旅游、精英旅游的最本质的时代特征。

第四节　旅游文化结构

一、关于旅游文化结构的几种观点

学术界对旅游文化结构的理解，主要有以下几种观点：

（一）文化结构

旅游文化是文化大系统中的一个子系统，旅游文化的产生与发展，必然建立在一般文化的基础之上。于是，一些学者直接套用文化的结构模式，将旅游文化分为物质文化、制度文化和精神文化。

旅游物质文化，也称旅游文化的物质层面，指蕴藏丰富文化意义的自然景观和人文景观，及其附加的必要的游乐设施，以及为旅游者服务的交通工具、饭店、餐馆和其他设备。

旅游制度文化，也称旅游文化的制度层面，指旅游文化主体所处国家的管理部门或有影响的大旅游商所制订的各种法规、制度及相关的企业管理规则等。

旅游精神文化，也称旅游文化的精神层面，指旅游活动以及旅游业经营管理中反映出的特定文化心理、价值观念和思维方式等观念形态。

这些学者认为，旅游文化的物质、制度、精神三大层面要素，不是各自孤立的，它们往往是相互交织渗透，共同组成旅游文化这一不同形态特质的复合体。它从简约发展到丰富，不断传承，并在一定的时空中赓续。[①] 这种套用文化结构的分析方法，缺乏对旅游文化本身的考虑。

（二）地域结构

旅游文化以其整体性著称，但在统一性的基础上，各地区又显示出独特的差异性。以中国古代旅游文化为例，就有齐鲁旅游文化、三晋旅游文化、关陇旅游文化、吴越旅游文化、荆楚旅游文化、巴蜀旅游文化和岭南旅游文化等地域结构。

（三）要素结构

卢云亭先生从旅游的三大基本要素出发，将旅游文化分为旅游主体文化、旅游客体文化和旅游介体文化。[②]

旅游主体文化，包括旅游者自身的文化素质、兴趣爱好、性格心理、行为方式及旅游者的政治主张、思想和信仰，以及旅游者的职业、生活背景等。

旅游客体文化，包括旅游历史文化、旅游地理文化、旅游饮食文化、旅游服饰文化、旅游园林文化、旅游建筑文化、旅游宗教文化、旅游民俗文化、旅游娱乐文化、旅游文学艺术，以及人文化的自然景观等。

旅游介体文化，包括旅游餐饮文化、旅游商品文化、旅游服务文化、旅游管理文化、旅游政策法规，以及其他旅游中介文化。[③]

（四）内容结构

旅游活动是文化性很强的活动，内涵十分丰富。按照旅游活动中的食、住、行、游、购、娱等内容，旅游文化可以分为旅游饮食文化、旅游服饰文化、旅游园林建筑文化、旅游娱乐文化、旅游宗教文化等。[④]

---

① 刘卫英，王立．旅游文化三大层面与基本要素略论．济宁师专学报，1998（1）．

② 卢云亭．旅游文化学及其系统结构分析//白槐．旅游文化论文集．北京：中国旅游出版社，1991：125—134．

③ 王立，刘卫英．旅游文化基本特征试论．盐城师专学报（人文社会科学版），1997（3）．

④ 范能船，朱晓松．近十年旅游文化研究综述．旅游学刊，1992（1）．

（五）主体结构

马波先生从旅游文化的两个主体和旅游交换过程的角度，把旅游文化分为旅游消费文化和旅游经营文化两大块。前者是以旅游者为主体的文化，后者是旅游经营者（旅游从业人员）所反映或创造的文化。[①] 具体表示如图 1-1。

- 旅游文化
  - 旅游消费文化——
    - 旅游消费行为文化
    - 旅游审美文化
  - 旅游经营文化——
    - 旅游产品经营文化
    - 旅游企业经营文化
    - 旅游目的地经营文化

图 1-1　旅游文化的结构系统

二、本书对旅游文化结构的认识

由于旅游文化学是一门起步较晚的学科，所以对它的研究难免出现分歧。上述几种结构体系，都有可以说服人的地方，也都存在着明显的不足之处。有的内容过宽，把根本不属于旅游文化范畴的文化类型也包含了进去；有的内容过窄，漏掉了本属于旅游文化的内容；也有的在所分各类中出现交叉重复现象。比较而言，我们基本上倾向于把旅游文化分成旅游主体文化、旅游客体文化和旅游介体文化。理由如下：

旅游文化是旅游主体、客体和介体相互作用的一种社会文化综合现象。就完整性和全面性而言，有学者把旅游文化划分为酒文化、茶文化、宗教文化等，过于物化了旅游文化的内涵，不能充分显现出旅游者作为旅游文化主体的特殊作用。而把旅游文化分为旅游消费文化与旅游经营文化，表面看来，似乎进一步突出了旅游文化的主体作用，但实际上削弱和动摇了旅游者作为旅游文化主体的中心地位。而且，这样的称呼也着实让人感觉旅游文化变成了一种纯经济行为和买卖行为。

旅游主体、客体和介体作为旅游文化三大领域的标志，显得清晰明

① 马波．现代旅游文化学．青岛：青岛出版社，1998：43～44.

确。旅游介体，一端连着旅游主体，一端连着旅游客体，从而使旅游文化成为一个有机的统一体。而且，从旅游的文化属性分析，文化是旅游者的出发点和归结点，是旅游客体吸引力的源泉，是旅游介体的灵魂。因此，把旅游文化划分为主体文化、客体文化和介体文化符合同一层面、同一标准的要求。

第五节　旅游文化学研究对象和内容

一、旅游文化学的学科地位及学科归属

旅游文化学作为一门独立课程的开设，与旅游学科创立和旅游专业在我国高校的设置时间大体同步，也就是说，旅游文化学是一门较早受到关注的课程。然而迄今为止，由于旅游专业各学科体系的建设总体上尚处在起步阶段，部分学科内容交叉过多和知识组合不当，造成相邻学科内容过多重复，一度使得旅游文化学的学科范畴无法明晰确定。

旅游文化学作为旅游学和文化学的耦合学科，其学科归属究竟是旅游学学科还是文化学学科？目前国内学者大都认为它既是旅游学的分支学科，又是文化学的分支学科，不作具体明确的归属判断；部分学者则认为旅游文化学属于文化学的一个分支学科，归属于文化学范畴。[①] 旅游文化学的学科归属涉及旅游文化的学科地位和学科性质，不能模糊笼统。我们认为，根据旅游文化学学科发展的现实，以及旅游文化学以旅游为核心的观点，旅游文化学应是旅游学的分支学科，旅游学的基本主题与视角是旅游文化学的出发点。

二、旅游文化学研究对象

旅游文化学究竟以什么为研究对象？

---

① 王会昌，王云海．中国旅游文化．重庆：重庆大学出版社，2001：6.

旅游文化学范畴所涵盖的是整个旅游活动发生的行为及其影响的社会文化聚合，而不是对旅游活动的各个层面及结构作独立的理论与技术研究。它既不能单纯地研究旅游主体，也不是仅以旅游客体为考察对象，或者静止地分析所谓的旅游介体，而是从宏观上把握全部旅游活动的文化事象特征。

旅游文化是一个系统，它由四个子系统组成：(1) 旅游文化实践系统；(2) 旅游方式制度系统；(3) 旅游心理性格系统；(4) 旅游知识思想系统。旅游文化学的研究对象，也即旅游文化学的学科范畴可表达为：通过对旅游内部四个相互关联、运动的结构的演变过程进行系统研究，描述作为一种文化现象的旅游发生和发展的历史规律和运动规律。

三、旅游文化学的研究内容

（一）社会对于旅游文化的制约

旅游文化是社会的产物，离不开社会政治、经济和科学文化、精神文明发展的制约。先秦时期，由于生产力水平低下，旅游主要出于谋生的需要；到了魏晋南北朝时期，随着社会、政治、经济和文化的进一步发展，儒家思想的绝对统治地位受到动摇，老庄思想兴起，人们开始有了较多的闲暇和悠闲的乐趣。这一时期的旅游和旅游文化活动，主要已不再是谋生的手段，而是一种生活的艺术，有着多种多样的表现方式和活动内容。旅游文化研究首先应对不同历史时期、不同国家和地区的社会、政治、经济、文化等制约旅游文化的因素进行研究。

（二）旅游文化主体

旅游文化系统中最核心的要素是旅游者。旅游者是旅游文化系统的创造主体，又是旅游文化系统的最终载体。旅游文化主体在旅游系统中居于首要的位置，它是旅游文化活动整个过程的直接参与者、策划者和指挥者。旅游文化主体的阶级差别、时代差别、人格差别、文化差别、精神面貌差别等，都将直接或间接地影响整个旅游文化行为。研究作为旅游文化主体的著名旅游者的生平事迹、思想品格、道德风貌、旅游动机，评价他们在旅游文化方面所做的各种努力及所取得的成就，总结正反两方面的经验教训，是旅游文化学研究的又一重要内容。

（三）旅游文化客体的变迁和生态环境的制约

旅游资源是旅游文化活动的客体和物质基础。生态环境纯客观的渐变过程对旅游文化系统的发展有重要影响。同时，生态环境与旅游文化系统之间又有互动。不同国家、不同地区旅游资源的分布特点及其变迁，旅游资源的开发、利用和保护，以及旅游资源对于旅游活动的影响，是旅游文化学研究的内容。

（四）旅游文化设施、用具等旅游物质文化

旅游交通、旅馆建设、旅游服务等，在整个旅游文化系统中占有重要的地位。旅游文化学应对旅游物质设施加强研究。

（五）旅游文化系统内部的变革

旅游系统内部变革是影响旅游文化系统发展的重要因素，有时甚至是关键性的因素。旅游文化学研究同样应予以足够重视。

（六）旅游文化实践系统

任何系统都离不开人、思想、物三种核心要素。旅游文化系统绝不是这三种要素的机械堆积，而是通过人类有意识有目的改造世界的行为使彼此之间相互联系和相互作用。从旅游的事实出发，我们可以看到，旅游文化无论是个人行为还是社会行为，总是采取这样或那样的活动形式。旅游活动的主要内容、种类及其具体的表现方式，是我们进行旅游文化学研究的重点。

（七）旅游文化系统与其他系统之间的交往

不同文化系统之间的交往，往往直接或间接地引起各系统的变革。旅游文化系统与其他文化系统的相互接触，带来两者间的冲突、适应、整合和发展，这突出表现在旅游与文化艺术系统的交往中。以旅游与文学艺术为例，旅游是文学艺术创作的重要源泉，人们在旅游活动过程中所观赏的景物有相当部分具备艺术性、审美性，无论是自然山水，还是人文景观，都是艺术美的重要反映对象。旅游是动态的观赏活动，对客观世界的接触最为广泛，所以旅行写生、旅游考察等都是形式不同的旅游活动。旅游文化系统与其他文化系统的交往，应是旅游文化学研究的又一重点。

（八）旅游文化活动的历史

旅游既是一项经济事业，又是一项文化事业。在古代，作为一项独立完整的文化事业的旅游并不存在，但作为文化的旅游，则早已有之。最迟在我国商代，就已开始了商务旅行。到了春秋战国时期，由于社会经济的发展，学术的繁荣，学术考察旅行成为一种时髦。旅游活动的文化作用应是整个旅游文化学研究重点中的重点。

（九）旅游制度文化

旅游制度文化是旅游文化活动的必然产物，包括各种旅行制度、各级旅游组织及旅游管理系统、各种旅行行为规范和准则等。

（十）旅游精神文化

旅游精神文化是旅游者改造主观世界的全部产物，包括旅游知识、旅游理论、语言文字符号系统等，以及旅游心理、价值取向、人伦观念、审美情趣、宗教信仰等。

（十一）旅游文化传统、旅游文化特点及旅游文化的遗传和变异

游记著作是旅游文化成果的集中体现，是旅游文化学研究的另一个重点。

（十二）旅游文化学理论

主要研究旅游文化的基本概念和范畴的历史演变过程及其变化的基本规律，研究旅游文化学各学科的基本理论。

总之，旅游文化学的研究内容相当广泛，它不但要研究旅游文化的特点及其发展规律，而且还要研究历史上那些制约旅游文化的外部因素及其相互关系。从纵向来说，需要对不同历史发展阶段中的旅游文化进行综合研究，揭示各历史阶段旅游文化的具体发展过程和特点，比较清楚地描绘出旅游文化发生发展的历史过程；从横向来说，需要对旅游文化的各组成部分及其相互关系进行系统研究。旅游文化学的这些研究内容可简明扼要地归纳如图 1-2 所示。

- 旅游文化学研究内容
  - 内在研究
    - 横向研究：旅游文化的综合研究和比较研究
    - 纵向研究：旅游文化的发展过程和基本特点
    - 认识论研究：旅游文化学的基本理论和学科体系
  - 外在研究
    - 学科研究
      - 自然科学：天文学、地质学等
      - 社会科学：哲学、经济学、历史学等
    - 制约研究
      - 上层建筑：政治、经济、宗教等
      - 经济基础

图 1-2　旅游文化学研究内容

四、旅游文化学的研究方法

（一）系统方法

旅游文化学研究可以采用系统方法。这有助于我们克服旅游文化学研究过程中只重部分、忽略整体考察的倾向，使我们更清楚地认识到旅游文化系统内部诸要素及其环境之间的相互联系，从整体上把握整个旅游文化系统的性质、特征、内容、形式、结构、功能、类型和变迁，从而更准确地掌握旅游文化发展的演变规律。

（二）辩证法

系统方法不能代替马克思主义唯物辩证法，如阶级分析、比较研究和史论结合等方法。这就是说，旅游文化学研究在采用系统方法的同时，必须和其他各种研究方法配合，相互补充，相互为用。

（三）跨学科分析方法

在现代学科综合化和整体化趋势下，多学科、跨学科的研究方式将处于重要地位。因此，旅游文化学在方法上还须借助于文化学、历史学、民俗学、心理学、地理学等其他学科的研究方法。由于现代科学的高度发展，旅游文化领域已非只接受过一般训练的研究工作者所能涉足，一个研究工作者要想成为百科全书式的学者也势所不能，这就需要加强旅游文化学与其他相关学科（如中外关系史、交通史等）的联系，分工合作，密切配合。

五、旅游文化学的研究意义

（一）扩充、深化旅游知识和文化知识

旅游知识和文化知识不仅是旅游从业人员所要求的专业知识，而且亦开始成为工厂、学校、艺术界以及政府宣传部门日益看重和迫切需要的专业知识。

（二）扩大普及教育知识

主要表现为：旅游文化知识是趣味知识的延续，它能给人以提高人生趣味的价值教养；旅游文化是我们熟悉旅游的历史的最好材料；旅游文化知识有助于乡土教育和爱国主义教育。

（三）构建旅游文化学学科体系

其必要性表现为：（1）来自社会科学学术上的要求。现代社会，旅游已为人民大众所共享，旅游文化的历史与劳动的历史已成为平等的研究对象，旅游文化在今天已具备广泛的社会意义，是当今社会科学的正式研究对象，应视为一门专门学问来研究。（2）来自旅游学科建设上的要求。旅游文化学是旅游学学科体系的一个最基本的部分，建设科学的旅游学学科体系，不能没有旅游文化学。（3）来自文化研究上的要求。文化是一门纵横交错、多层次、多维度的综合性学科，作为人类社会活动之一的旅游，其文化理所当然成为研究的对象。

第六节 旅游文化研究进展

近数十年，随着世界旅游业的高速发展，旅游业大有成为21世纪世界“第一产业”之势。在其他传统产业普遍出现疲软或衰退的同时，旅游业的一枝独秀引起了理论界从各个角度对旅游现象的广泛研究。对旅游文化学的研究虽然起步较晚，但随着各界对旅游的文化属性认识逐渐深入，近年来国内外对旅游文化学的研究呈现出前所未有的繁荣景象。下面试采用分述归纳的方法，依次介绍旅游文化研究在国内外的发展过程与现状，着重阐述中国旅游文化研究的三个阶段及其特点，通过借鉴国外研究的得失，指出目前国内旅游文化学研究存在的不足与误区，并展望对这一文化形态的未来研究趋势。

一、国外旅游文化研究

旅游文化的产生和发展由来已久，但正式作为一个概念的提出却只有40多年的历史。“旅游文化”概念的最早使用者一般被认为是美国学者罗伯特·麦金托什和夏希肯特·格波特，他们于1977年在美国合作出版《旅游学——要素·实践·基本原理》一书的第二章标题便是“旅游文化”。

国外的旅游文化研究并非一帆风顺。在第二次世界大战结束后的很长时间内，旅游基础理论的研究并未引起旅游学界的兴趣。北美和其他一些使用英语的国家，率先发展起了在经济、社会文化、环境生态三方面的“旅游影响研究”。但这种“旅游影响研究”由于忽视旅游的文化属性，是“循着功利主义观点的思维方式发展起来的”①。因此这一时期并不能被视为是旅游文化学研究的发轫期。此后不久，由于受当时日益成熟的人文社会学科如社会学、人类学以及新兴的环境生态科学的影响，旅游学术研究的方向发生了变化。从单一学科的纵向研究发展到跨学科比较研究，这无疑为20世纪70年代后期发展起来的“旅游人类学”奠定了基础。早在1973年，美国威斯康星大学的加法利教授就已创办了以旅游文化现象为主要研究客体的《旅游研究年报》，并取得了令人瞩目的成就。尽管限于资料，我们无法对国外旅游文化研究的具体时期进行分段，但有一点是毫无疑问的，旅游人类学的出现是国外旅游文化形成完整的学科理论体系的标志，这也促成了旅游学界对旅游活动的内涵——文化的进一步思考。当经济学家把旅游者作为一个消费者来分析时，旅游人类学家则把他们作为一个需要休闲，为摆脱一些社会束缚而远游的人来研究。在这种情况下，旅游活动的文化性质得到了更为

① 申葆嘉．国外旅游研究进展（连载之四）．旅游学刊，1996（4）．

广泛和深刻的论证。而与此同时，旅游影响研究中对经济现象的研究却始终未见有突破性成果出现。

40 多年来，国外旅游文化研究方兴未艾。在专业研究刊物方面，以美国的《旅游研究年报》、英国的《旅游管理》、澳大利亚的《旅游研究杂志》（1990 年创刊）为代表的一大批专业性强、内容全面深入的学术刊物都辟有旅游文化研究的专栏。而在学术交流上，除了定期的旅游文化国际年会，各国、各地区还有为数众多的各类研讨会。[①] 回溯国外旅游文化的研究历史，我们不难发现某些特点：

首先，国外对旅游文化概念的表述“比较注重从人本主义的角度出发”[②]。国外学者比较倾向于将旅游者放置在旅游文化结构框架研究的中心位置，以交际（或跨文化交际）为媒介，研究旅游者的动机与行为，考察主客之间文化碰撞所引起的各种社会现象，如主客之间沟通的方式和过程，文化的商品化等。应该说，这种研究方式已经超越了经济现象的有限空间，紧紧围绕旅游的社会文化本质，因而得以在一个更为广阔的范围内突出“旅游文化”的动态特征。

其次，旅游文化正日益成为国外旅游研究的主导方向，其重要性甚至正在逐渐超越旅游经济。可以这样说：国外的旅游研究是从研究旅游活动的经济现象开始，伴随着其文化内涵的研究进入 70 年代，并延续至今。这一方面是由于旅游活动中经济现象的研究多为对旅游业和国民经济各部门的交叉边缘问题进行研究，比起文化方面的研究范围要相对狭小些。而且对于西方发达国家而言，目前最需要解决的并非旅游经济问题，而是 20 世纪 80 年代以来“大众旅游”带来的一系列社会文化问题，如对接待地的文化伦理冲击、旅游吸引物的可持续发展等。这些都已成为各国学术界的前沿课题，受到高度重视。另一方面是由于西方从事旅游研究的专家多为社会学等相邻学科的学者，专业水平较高，加之近年其他旅游学单科的研究未有突破性进展，所以旅游文化研究已成为

① 肖洪根．国内外旅游文化研究述评．华侨大学学报（哲学社会科学版），1994（1）．
② 肖洪根．国内外旅游文化研究述评．华侨大学学报（哲学社会科学版），1994（1）．

旅游学研究的主导领域。

另外，值得指出的是，国外的旅游文化学研究同我国一样，也存在着轻理论重应用的倾向，几十年来在一些基本理论上缺少共识，在学科拓展上造成了时间和人力的浪费，不利于旅游文化学研究的开展。

二、国内旅游文化研究

回顾40多年的研究历程，我国旅游文化学的研究从无到有，从自发零散的研究到有组织有目的的讨论，取得了令人瞩目的成就。

从学术发展史看，至今为止我国国内的旅游文化研究大致分为两个阶段，即旅游文化学的崛起和旅游文化学的发展两个阶段。

(一) 旅游文化学的崛起（1979～2000年）

我国1979年以前的旅游图书资料中还从未发现过“旅游文化”一词。因此，国内绝大多数旅游理论著作都将第一次使用“旅游文化”这一概念（1984年版《中国大百科全书·人文地理卷》分册）作为我国旅游文化研究的开端。我们认为在此之前，国内已有涉及旅游文化的研究。如《旅游学刊》1983年第4期刊登的林洪岱《论旅游业的文化特征》一文便旗帜鲜明地提出：“中国旅游业是一项经济事业，是外事工作的一个方面，又是一项文化事业，它具有鲜明的文化特征”，“文化比重及其价值在整体中的扩大，是一种必然的积极的历史趋势”。由此可见，在“文化大革命”结束后我国旅游业刚刚步入正轨的80年代，国内学术界已经开始关注旅游业的文化特征，并已有相关的研究工作在进行。因此，我们将该段定为“萌芽阶段”。正是该阶段对中国旅游文化的实验性探索，促成了以后对这一文化子系统的深入研究。但由于受当时社会环境和理论水平的制约，大多数人仍将旅游业视为“吃喝玩乐业”，所以有关旅游文化方面的研究总体上显得零散、表面化，缺乏真正意义上的理论著作，未取得突破性研究成果。

随着“旅游文化”在1984年作为一个专业概念出现（尽管当时对这个概念的解释现在看来并不准确），学术界对这一概念的使用和对这一文化形态的研究日渐增多，并在以下方面取得了一定成果。

1. 关于“旅游文化”的界定。

在这六七年的时间里，大部分旅游著作的研究重点都集中在旅游文化概念、特征、内容、结构等基本理论的讨论上，出现了百家争鸣的可喜景象。仅对旅游文化的定义在国内就有不下30种。学者们各抒己见，结合不同研究方法，在不同层次上对这一问题进行阐述。从“物质财富＋精神财富”论到“二元表层互补结构”理论，从旅游文化是“以自然景观和文化设施为依托，以包括历史文化、革命文化和社会主义精神文明为内容”到“旅游主体和旅游客体之间各种关系的总和”的表述，都表明我国理论界已经着手系统科学地对旅游文化进行基础理论的构建。对旅游文化的研究已经逐渐为人接受，并开始植根于中国文化的大系统之中。

2. 关于中国旅游文化传统的研究。

旅游文化学者在借鉴国外先进经验的同时，也开始对中国旅游文化传统进行整理和总结。喻学才在1986年率先提出应该重视中国旅游宝贵文化遗产。1987年9月，由湖北省青年旅游研究会组织召开的首届中国旅游学学术讨论会也就此展开了研讨活动。代表们普遍认为：中国旅游文化具有优良传统，对其继承发展是对现有旅游资源进行深层开发的前提。同年10月，在九华山召开的首届中国山水旅游文学讨论会上，与会代表也讨论了这一问题，而且特别指出：海外炎黄子孙，特别是40岁以下的华人后裔，很多人对中国传统文化十分陌生，用中国旅游文化对其进行热爱祖国的教育是最佳选择。①

3. 关于建设有中国特色的社会主义旅游文化的研究。

随着建设有中国特色的社会主义理论的逐步完善，这一阶段的旅游文化研究，也有意识地突出体现社会主义方向和民族风格、地方特色。例如晏亚仙认为：“我国的社会制度，决定了我们建设旅游文化的社会主义方向，必须以服务人民为宗旨，以社会效益为最高准则，以建设高

① 喻学才．近年来旅游文化研究概况．社会科学动态，1989（10）．

度的社会主义精神文明为目的。”① 另外也有部分学者将当代中国旅游文化的描述同旅游文化的地域性、民族性相结合，提出：中国当代旅游文化应该是与商品经济相适应的旅游文化，是多民族的大众的文化。②

纵观“旅游文化崛起”阶段的国内旅游文化研究，有以下特点：

理论研究迈向体系化、规范化。旅游学界开始有组织地对中国旅游文化的基础理论以及一些基本概念和内涵作准确科学的界定；出现一批具备一定专业水准的旅游文化学者，并开始着手旅游文化的学科建设；出版了一些高质量的学术著作和论文；旅游文化研究专业刊物有所增加，改变了萌芽期仅有一二种刊物的窘境。研究阵地的扩大对于今后旅游文化的普及和提高有着重要作用。

学术交流走向群体化。继1985年上海旅游学会率先开展旅游文化的研讨活动之后，许多省、市在此期间成立或正酝酿成立旅游文化研究的社团组织，这标志着旅游文化的研究开始走向群体化。但应当指出的是，当时还缺乏有影响力的全国性研究活动和机构，大部分的学术研究只能局限于地区或部门之间，缺乏横向联系。

过多拘泥于对一些基本概念的梳理、定义，且各人自成一家，对许多基本问题存在分歧。在这一阶段，旅游学界始终未能就旅游文化的理论达成基本共识，给旅游文化的体系建设带来了不利影响。此外还存在着重理论轻应用的不足，例如对民俗、古建筑园林、宗教等旅游资源文化内涵的静态分析给予高度重视，但对景观的开发研究成果甚少，一定程度上影响了社会对旅游文化的关注程度。

（二）旅游文化学的发展（2001年至今）

进入21世纪，我国旅游文化学研究进入了全新的发展阶段，其标志性事件是中国旅游文化学会的成立和首届中国旅游文化学术研讨会的胜利召开，我国第一次出现了全国性的旅游文化学权威学术机构和交流

① 晏亚仙．旅游文化管见．中国旅游报，1987-07-29.

② 喻学才．中国旅游文化及其改造之我见．中国文化报，1987-06-24.

会议。旅游学界对旅游文化的基本概念求同存异，达成一定的共识，[①]为旅游文化学作为一门独立的学科建设奠定了厚实的基础，并且使广大旅游文化学者明确了未来的发展方向。从此，中国旅游文化研究翻开了新篇章。

1. 旅游文化学的研究在广度和深度上表现出前所未有的强劲势头。

一方面旅游文化学迅速扩展自己的研究范围，把触角伸向旅游活动的大多数领域，形成了之前不具备的分支学科，如旅游教育学、旅游娱乐文化学等。[②] 另一方面，旅游文化学不断聚集相邻学科的研究成果，完善充实自己的理论体系，然后再运用这些新理论跨学科多维度地对旅游文化现象进行深层挖掘，使自己提升到更高的层次。

2. 旅游文化学的应用研究取得明显的社会和经济效益。

这里的应用性研究主要指开发旅游资源和特色旅游项目。目前理论界已达成共识：旅游文化来源于旅游，因此必将被旅游业所应用。以开发特色旅游为例，束有春和焦正安认为："要想提高旅游业的文化品位，佛教等宗教文化景点的合力作用是不可低估的"，"我们可以围绕佛教文化主题……开展一些综合型旅游文化项目"。[③] 另外，有关开发旅游资源尤其是地方旅游资源的研究成果也屡见不鲜。喻学才和毛桃青指出开发南京市旅游文化必须解决好今人与古人争地、有争议的历史人物遗迹开发等多个方面问题，[④] 很有针对性。而彭欢首[⑤]、周谦[⑥]等专家也分别对本地的旅游文化资源进行了研究。

3. 开始注意对其他旅游文化现象进行探索性研究。

尽管目前还存在争议，但越来越多的学者开始投身于旅游文化学的研究工作。尽管研究水平同西方国家还有差距，但还是取得了不少成

---

① 冯乃康．首届中国旅游文化学术研讨会纪要．旅游学刊，1991 (1).

② 范能船，朱晓松．近十年旅游文化研究综述．旅游学刊，1992 (1).

③ 束有春，焦正安．旅游文化及佛教旅游文化浅论．南京社会科学，1998 (4).

④ 喻学才，毛桃青．关于南京旅游文化发展战略的思考．南京社会科学，1994 (4).

⑤ 彭欢首．长沙市旅游文化发展战略初探．旅游学刊，1998 (3).

⑥ 周谦．泰山旅游文化发掘初议．人大复印报刊资料（旅游经济），1990 (6).

果。如江文波在《塑造我国旅游业的企业文化》一文中提出对旅游企业文化进行深层“理性”和表层“感性”两方面的考察①，颇有见地。而周歆红的硕士论文《旅游地文化潜移之初探》，则从理论高度透视了旅游地发展中的深层文化变迁规律，并就引导其向有利方向演变提出一些很有创见的建议。

4. 旅游文化学逐步尝试构建自己的理论体系，明确自己的学科地位。

为了改变我国旅游文化学研究的无序状态，1995年，喻学才、毛桃青发表了《论旅游学学科体系亟待建立》的文章，认为旅游文化应从学术外层走向学术中心，其学科地位应得到确立和巩固。② 不久，毛桃青又发表了《旅游文化应有自己的学科地位》一文，分别从旅游经济与旅游文化的分野、设立旅游文化学科的迫切性、不规范的旅游专业目录亟待规范三个角度，论述了构建旅游文化学科体系的意义。③ 与此同时，在旅游文化领域出版了两部具有相当影响的奠基之作：一是沈祖祥主编，由旅游教育出版社1996年出版的《旅游与中国文化》，该书汇聚了数十篇关于旅游文化现象研究的论文，是我国第一部研究和总结中国传统旅游文化理论、旅游思想和旅游特征的旅游文化理论著作；二是喻学才著，东南大学出版社1995年出版的《中国旅游文化传统》，从旅游文化史方面，为人们了解我国旅游文化的来龙去脉提供了良好的途径。

总体而言，无论国内还是国外，旅游文化学研究整体仍处在起始阶段。对旅游文化学的研究主要由纯粹的旅游学者或一些学术身份较为模糊，而其研究又带有综合性质的学者来进行，旅游文化学尚未真正发展起来，整体的研究水平同高速发展的旅游业现状还极不相称。因此当前无论是旅游学界还是旅游业界，都已深刻意识到了旅游文化学研究的紧迫性和重要性。

---

① 江文波．塑造我国旅游业的企业文化．山东旅游，1991 (1).
② 喻学才，毛桃青．论旅游学学科体系亟待建立．江汉论坛，1995 (12).
③ 毛桃青．旅游文化应有自己的学科地位．旅游学刊，1996 (5).

第二章

旅游文化的历史进程

本章提要： 本章从发生学的角度探究旅游文化生成、发展、演变的历史进程，突出重点，以中国旅游文化发展历程为主轴，分别介绍不同历史时期旅游文化的表现形态及主要成就。最后简要叙述世界旅游文化的发展历程。

旅游文化形态并不是天生的，而是历史发展的结果。旅游文化是人类文化进步的独特产物。不同历史阶段生产力的发展，总是推动着旅游文化的发展，丰富着旅游文化的内涵。旅游文化始终以新的面貌和姿态运动、演变、扩展，以适应人们日益增长的物质生活和精神生活的需要。

中国旅游文化是在继承五千年悠久历史文明的基础上发展起来的，它植根于中国这片土地，与中华民族的旅游行为相始终，是中国传统文化的有机组成部分。为了深入了解中国旅游文化的特质，首先有必要循着历史的轨迹，通过前人生生不息的旅游活动，去探究中国旅游文化生成、发展和演变的历史进程。

中国旅游文化的历史进程分为五个阶段，即旅游文化的滥觞期、生成期、发育期、成熟期和转型期。

第一节　旅游文化的滥觞期（夏商周）

中国旅游文化滥觞于旧石器时代和新石器时代，经夏商周三个历史朝代，大体完成了中国旅游文化起源和萌芽的历史进程。

一、旅游文化滥觞：新、旧石器时代

中国是世界文明古国，中国的旅游文化是与人类文明同时孕育发展起来的。旧石器时代和新石器时代的旅游文化资源，其载体可分为艺术类和宗教类。艺术类主要是一些原始艺术品和歌舞，包括陶塑、陶绘、木雕、骨雕和石雕。陶塑中较为闻名的是河姆渡的陶猪和半坡的陶塑人头像，它们反映当时人们以悬垂饰物为美的习俗。雕刻艺术则以平面线刻为主，尤以 1979 年发现的江苏连云港将军崖上新石器时代的石刻岩画最为著名，画有人面、农作物、鸟兽、太阳、月亮、星云等图案，表现了当时人们为获丰收而向上天祈求的情景，可谓今日民俗风情旅游文化的鼻祖。先民还用形象化的语言、韵律有致的曲调及富于节奏感的动作来表达他们的各种情绪：为丰收而喜悦，为节日而欢乐，为不幸而忧伤，形成了原始歌舞。“金石丝竹，乐之器也。诗，言其志也；歌，咏其声也；舞，动其容也。三者本于心，然后乐器从之”（《礼记·乐记》）。这是原始旅游文化中歌舞的先河，体现了一般民众的生活。原始宗教的产生是由于当时生产力低下，先民只能祈祷神灵保佑其平安，战胜人们无法预料又无力抵御的灾祸，主要表现为自然崇拜、生殖崇拜、祖先崇拜和图腾崇拜。今日考古发现的种种文物及遗迹，均证实了先民的这种原始宗教观。以神为本的时代是不可能产生明显的独立的旅游文化意识的，然而，正是由于这些崇拜及其留下的印记，为后世的旅游文化发展留下空间，尤其是龙崇拜习俗的形成，对于中华民族不断进步、渴望腾飞的伟大性格具有深远影响。

二、旅游文化萌芽：夏商周

夏商及西周时期，人类刚刚由野蛮状态进入文明的大门，巫史在当时的社会宗教、政治生活中具有重要的地位。殷人将龟甲和兽骨钻孔后用火烧灼，使之出现“卜”字形的裂纹，称为“兆”。根据兆象来判断所占之事的吉凶，并将占卜的内容和结果等刻于龟甲和兽骨之上，这种文字便是甲骨文。甲骨文上承陶符，下启金文，在文字史、书法史上具有重要意义。如今，甲骨已成文物，但甲骨文中蕴含着丰富的历史信息，成为旅游文化的重要载体之一。周人多用占筮方法来预测吉凶，体现了人类抽象思维和主观能动精神的发展，并由此产生了博大精深的《周易》哲学体系。这些中国独有的传统文化，在今日引起西方旅游者对中国悠久历史文化（包括旅游文化）的向往和追求。钟鼎彝器的制作繁多，使青铜器的铸造进入鼎盛时期。夔龙、夔凤、饕餮、象纹、雷纹等形象生动活泼；连铸、合铸、嵌接、镂空等技艺巧夺天工，令人叹为观止。庄重大方如司母戊大方鼎，精美绝伦如四羊方尊，这些今日视为珍品、绝品的旅游文物，它们所蕴涵的旅游文化分量极高，也折射出该阶段特有的宗教情感、观念和理想。

第二节 旅游文化的生成期（从春秋战国到秦汉）

春秋战国至秦汉，是中国旅游文化的生成期。春秋战国时期的旅游文化以百家争鸣的方式，进行着学术上和思想上的相互激荡，为秦汉旅游文化的生成进行了理论准备。而秦汉时期旅游文化的恢弘布局，则是春秋战国旅游文化在实践形态的运行与变迁。

一、春秋战国：旅游文化理论的孕育

进入春秋战国以后，由于生产力的发展，水陆交通的开辟，社会中产生了旅游这一特殊的生活方式，如以天子、诸侯为首的封禅、游猎、会盟、巡游、娱游；由于各国间政治、外交、军事活动频繁而萌生出的公务旅行、外交盟会；百家争鸣期间，各学派代表人物带领其门徒周游列国而形成的政治游说等，种类繁多而目标各异。由这些旅游活动派生出的旅游文化同样多姿多彩，更多地展现了人本意蕴和历史光泽。

春秋战国时期，社会大变革引起诸子百家争鸣，最终确定了中华文化的人文主题：重伦理道德和个人修养的实用的、理性的价值判断标

准，并由此产生了不同区域特色的旅游文化。

齐鲁地区依泰山、傍大海，精美的丝织品“鲁缟”闻名遐迩。孔子、孟子、管子、孙武等都诞生在这里。对齐鲁地区旅游文化产生巨大影响的是以孔子为代表的儒家。孔子提倡郊游，把郊游认作修养身心、陶冶性情的生活方式；主张游山观水，用山水等自然现象来象征人的道德精神，说“知者乐水，仁者乐山”。孔子一生讲仁义道德、礼乐教化，希望人事和社会也能如大自然那样和谐有序地运行。这种天人合一的思想对于后世旅游文化的影响是巨大的。另外，儒家的近游观、义利观、尚古意识等，也都在中国旅游文化的发展中留下了深刻的印记。

荆楚文化区域位于长江中游，大小湖泊密布，著名的有洞庭湖、鄱阳湖等。春秋战国时期的楚国，因为有奇瑰的文学、宏妙的哲理、精细美妙的手工艺品及独特的民俗而在旅游文化史上占有重要地位。这里是道家的发祥地，老子认为“驰骋畋猎，令人心发狂”（《老子·十二章》）；而庄子则以“逍遥游”的态度来看待大自然，神与物游。这种艺术化的人生态度，对于欣赏我国的旅游文化，将身心与大自然融合，达到“天地与我并生，而万物与我为一”（《庄子·齐物论》）的美好境界，有着重要的意义。屈原的文学成就离不开其坎坷颠沛的人生经历，也离不开他流离江湖、行吟泽畔的长途旅游。如果没有屈原对楚国山山水水的游历和钟爱，也就没有他艺术创作的辉煌。他的诗歌有着高洁的品格、炽烈的感情、奇特的想象，为旅游文化史增添了灿烂的一笔。另外，楚地的青铜冶铸、丝织、髹漆等工艺及奇特的风俗，也是旅游文化中不可或缺的一部分。

吴越文化区位于长江下游，在新石器时代拥有以河姆渡文化和良渚文化为代表的灿烂文明。吴越文化的基本特质，在考古文化上以釉陶、丝绸、青铜戈剑冶炼术及稻作等为特征。在风俗习惯上，吴越人崇奉鬼神，习于舟楫，并“断发文身”（与中原截然不同）。吴侬软语成为特色，越歌则更具有区域色彩。它们都是旅游文化的重要构成部分，也是后世民俗旅游活动开展的有用材料。

巴蜀地区，由于战国时代治水有方的李冰的领导，这一地区农业发达，纺织业兴盛。因特产蜀锦，成都在古代得名锦官城。四川多山，人民为方便交通而开凿的千里栈道，令人叹为观止。高崖上的悬棺，更是巴蜀的奇异风俗，至今仍令人难解。巴渝舞雄劲刚健、欢乐随和，具有浓烈的地方风味。这些都是颇具特色的旅游文化。

以上几种区域文化集中体现了各自的特色和成果，同时也是整个中华民族共同的宝贵的旅游文化资源遗产，其文化的多样性为后世旅游业的发展提供了可进一步开掘的宝藏。

二、秦汉：中华旅游文化恢弘开篇

公元前 3 世纪末，秦王嬴政先后灭韩、魏、楚、赵、燕、齐六国，建立了中国历史上第一个君主专制的中央集权国家，从而为中华文化共同体的形成奠定了基础。秦汉疆域辽阔，交通发达，全国各地有机组合，凝聚成一个经济、文化、政治生活统一的大帝国，推动了历史的发展，方便了人民的广泛交往，对当时旅游的发展极为有利。随着大一统帝国的建立，过去那种对于异域景物的热望，开始升华为一种向域外世界发展的希冀，这预告着一个旅游新时代的到来。秦皇汉武的伟力，不仅使国力强盛，而且促成了一种亢奋的拓展精神，也造就了一代“万里征途常作客”的风云人物，使秦汉两代的旅游文化展现出多元开放、恢弘大度的风采。

（一）帝王巡狩

秦始皇是中国封建社会帝王巡狩的重要代表，他继承发展了周天子的“巡狩制度”，使巡狩天下成为他在位 12 年中耗时最多、用力最勤的一件国家大事。秦始皇称帝的第二年，便开始巡游，先后共进行五次远途巡狩，车驾所至，遍及华夏之域。一路上，除饱览风景名胜外，更多的便是立石刻碑，颂扬秦之功德，彰显自己不可一世的赫赫威名。史籍记载的有泰山勒石、芝罘勒石、峄山勒石、琅琊勒石、会稽勒石、碣石勒石等。为了强化统治，威服海内，秦始皇曾到泰山举行封禅仪式，并留下五松亭的典故。在江南，他游太湖、杭州、绍兴、苏州、金陵等地；在虎丘，为得吴王阖闾的宝剑，他下令掘墓；在金陵，为截城市的王气，他把金陵改为秣陵；在洞庭湖，因湖水波涛汹涌险些翻船，他恼羞成怒，命令侍从上君山，把娥皇、女英两个神庙烧得精光，并在山石上刻下“永封”二字。由此，民间至今流传着秦始皇巡游的种种传说故事。

汉武帝刘彻在位时共巡幸 30 次。他巡游的规模声势亦十分浩大，如旌旗千里出五原，舳舻千里出枞阳。据传，在泰山，他立无字碑，比喻自己的功德无法用语言形容；在庐山，他祭祀庐山的山神匡俗，封其为大明公；他登嵩山时，忽闻山谷里传来“万岁”呼声，他认为这是山神的呼唤，下令将此山峰命名为“万岁峰”。汉武帝不仅自己到处巡游，还屡派大将卫青、霍去病等北伐匈奴，打通漠北交通线，派张骞两次通西域，为开通丝绸之路做出了历史性贡献。

秦皇汉武巡狩的旅游文化的意义，在于他们踌躇满志，意气风发，不畏艰险，跨越千山万水而表现出来的对客观世界的向往和征服，这也正是秦汉文化精神的主旋律。

（二）张骞凿空

我国古代把新疆、中亚细亚及其以西的地方称为西域。汉初，中国北方的游牧民族匈奴强盛，时常南下侵扰汉朝的边境，散居在西域一带的其他民族也深受其害。汉武帝即位后，为联络同受匈奴之苦的大月氏人一起夹击匈奴，便派张骞出使西域。公元前 139 年，张骞率领一百多人从长安出发西行，横绝戈壁流沙，两度身陷囹圄，两番脱逃，备尝艰辛，九死一生，虽劫难重重，仍不改初衷，终于以顽强的意志和毕生的精力，获得了对汉域以外世界的认识，凿通了一条东起长安、西达中亚，蜿蜒曲折、逶迤绵长的丝绸之路。张骞两次出使西域，沿路广泛了解西域地区的山川物产、国情民俗，沟通了中原与西域少数民族的联系，而且促进了东西方物质、文化的交流，正式开启了汉朝与其他西域国家的友好往来，揭开了中西交通史的序幕。从此，中西友好使团和商队，沿张骞开辟的这一闻名世界的丝绸之路来往不绝。

东汉，又有班超通西域之举。为恢复曾一度中断的丝绸之路，班超受汉明帝之命，带领随从 30 多人常住西域，经过 30 余年的努力，消除匈奴等干扰，进一步拓展西域交通，并加强与西域50多个小国的友好关系，确保西域稳定发展。其部将甘英还远抵西海（波斯湾），是我国当时西行最远的使者。两汉“凿空西域”的艰难长征，是中国旅游史上一件气壮山河的大事。其旅游文化的意义在于又一次表现了秦汉文化精神的主题——人类对客观世界和外部现象的征服，对自己命运的进一步把握和对更多的时空自由的支配，它永远激励着后人在探索世界、周游世界的道路上勇往直前。

（三）丝绸之路

张骞通西域后，汉朝与西域各国的商务贸易旅行络绎不绝。西汉自中叶以后，与西域各族的贸易日渐发展，汉朝修筑令居（今兰州西北）以西道路，形成通往中亚、西亚的两条道路，一为天山北路，另一为天山南路，南北两道概称“丝绸之路”。西域商人把中亚、西亚的产品，如蚕豆、黄瓜、大蒜、胡萝卜、胡桃、葡萄、西瓜、石榴以及汗血马、骆驼、驴运到中原；汉朝将以丝绸、瓷器、铜铁器为主的各种商品运往西域，又由中亚商人转运欧洲大秦（罗马帝国）。丝绸之路的商旅活动一直持续了1000多年，繁荣和发展了中国古代的经济、文化，也促进了世界各国经济、文化等多方面的交流和发展。这些万里作客的各类旅行者，一旦走上征途，无不感觉世界之大，非中国所能尽，从而进一步激扬起开放拓展的文化精神。当时的涉外旅游，实在象征着一种打开世界壁垒的努力。

（四）学术之旅

垂范千古的历史巨著——《史记》与汉代的旅游活动密不可分。司马迁是西汉著名的历史学家，他为了写一部真实可信、内容丰富的历史著作，决定出外旅行，进行历史事实的考证。据《史记·太史公自序》及《汉书·司马迁传》记载：司马迁南游江淮，在会稽访问夏禹的遗迹；到姑苏眺望范蠡泛舟的太湖；至淮阴采集韩信的故事；到丰沛访问萧何的故事；到大梁访问夷门；到长沙看屈原沉渊之地；到楚观春申君故城；北涉汶、泗，讲学齐鲁之都；在曲阜了解孔孟儒家思想；过长城访秦旧事；随汉武帝封禅泰山；奉使西蜀，招抚“西南夷”，到西北等地采访古迹……为网罗要闻而壮游天下，司马迁的足迹几乎遍及全国。他把沿路搜集到的第一手材料与见闻，和皇家珍藏的大量文献史料加以比较研究，为写出划时代的伟大作品《史记》打下了坚实的基础。司马迁的《史记》首创纪传体通史这一体裁，将上溯黄帝、下及当世的三四千年历史，总括一书，涉及经济、政治、军事、民族、思想、文化、社会风貌等内容，成为我国封建社会史书的范例，对后世史学影响深远。《史记》同时也是司马迁一生旅游经历与学术考察的结晶，开创了中国知识分子遍历九州，博采轶事，以广其见闻而证其所学的优良传统，是中国古代学术考察型文化旅游的表率。

这一时期值得一提的旅游活动还有文人学士的逸游、平民百姓的春游和秋游。司马相如的《子虚赋》以极夸张的手法和富丽的文字，描写天子游猎场面；张衡的《归田赋》描写春日自然景物的美妙并抒发自己归田后恬淡安适的心情。这些游览题材，对后世山水游记的作者多有启迪。东汉时期，一些文人有感于官场的黑暗，重归山林成为隐士，将旅游视为洁身自好、遁世避俗的途径。这种处世态度对以后两晋南北朝兴盛的士人漫游产生了很大影响。秦汉时期普通民众的旅游活动，以春游、秋游最为盛行。他们游观之好，特别青睐田野风光；或在重阳饮酒登高，领略山色之美，并配以游娱、民俗活动，开后世群众性旅游活动之先河。总之，秦汉旅游文化呈现出一种特别宏阔的气势，极尽多元开放之特色。

第三节　旅游文化的发育期（魏晋南北朝隋唐）

一、魏晋南北朝时期旅游文化的“自觉”

魏晋南北朝时期，由于长期分裂和动荡不安，无论是达官显贵还是士人学者，都对反复无常、凶恶残酷的现实世界感到恐惧和厌恶。为对抗黑暗现实，人们不得不找寻一条精神出路：把灵魂放逐于自然山水的旅游活动中。这种被政治逼迫出来的极端主义的人生态度，促使旅游之风大盛。玄谈与佛理结合，名士与高僧合流，山水和寺庙一体，园林和人性相谐，自然和空门同归，汇成了魏晋南北朝特有的逍遥玄虚、不拘一格的旅游文化的主流。

（一）玄游

由于社会政治、文化、经济等发生了转变，一部分不得志的文人，因不满于黑暗的现实，以老庄的顺应自然、返璞归真思想为宗旨，寄情于山水，以达到消愁解闷、陶冶性情的目的。这类旅游活动的代表人物有竹林七贤、陶渊明、谢灵运等。另外也有一些人，为使自己的事业成功，而借助山水之游，这类士人的代表人物有王羲之、贾思勰、郦道元等。

竹林七贤都是玄游家，其中以阮籍和嵇康的影响最著。阮籍因不满现实，常借酒浇愁，不与世事，而是从游览自然风光、古迹名胜中去寻觅乐趣、寄托抱负。他经常游踪飘忽，所到之处，仰观宇宙、俯察人生，由此生出诸多感慨，留下了《咏怀诗》82 首。嵇康痴游山水，放荡情怀，意态悠闲，爱好结交深山道士，同栖同游。他抨击黑暗现实，憧憬虚静高洁的旅游空间，渴望得道成仙，热爱自然山水，引山水为知己。

陶渊明“少无适俗韵，性本爱丘山”，是中国古代田园诗人的代表。他对于当时东晋士族地主把持政权的黑暗现实不满，又无力改变现状，不愿屈己从俗而归隐。从此游乐田园，醉于山野，“采菊东篱下，悠然见南山”。自然随意、悠闲的隐居生活为他创作田园诗提供了条件，与其他文人在大自然中的唱和也给予了他新的灵感。他的作品如《桃花源记》等，暗藏着对腐朽统治集团的憎恨和不愿同流合污的精神，艺术风格质朴自然、清新雅致，影响深远而流传世代。如今他在庐山的墓地及“归去来兮”故居、“五柳馆”等遗址，吸引着慕名而来的中外游客。

谢灵运是这一时期最出名的漫游家，也是山水文学的奠基者。在军中任文职官员时，他就遍览了江苏、安徽、江西、湖北等地的名胜古迹。被贬到永嘉（今浙江温州）任太守期间，他仍是终日不问政事而游荡于郡中各处山水之中。由于勤于登山，谢灵运甚至发明了被后世称为“谢公屐”的登山鞋，以利于攀登和节省体力。他的游历使其地理知识与文史知识日益丰富，所作《山居赋》便是会稽山和四明山一带人文和自然地理的记录。赋中对自然环境、地形、地貌、河流、经济作物、气候等均有细致描述，为后世研究该地区的变迁提供了宝贵的资料。谢灵运一生热爱旅游，并且直抒胸臆描写山水之美。他的每一首诗都是对自然景色真实细腻的描绘和反映，给人以美的享受，能激发出人们对自然的无限情趣以及对祖国山河的热爱之心。谢灵运创作了大量旅游文学作品，其中《游名山志》已经成为我国古代游记文学的诞生标志之一。他开创的山水诗清丽幽静，推动了山水诗风的流行，被誉为山水诗人的鼻祖。

王羲之是东晋杰出的书法家及山水游客，他偏爱越中会稽的青山秀水，与谢安、孙绰等竟日长游。因欣赏会稽兰亭的景致，他常携友人、文士在这里欢会雅聚，曲水流觞，纵情骋怀，饮酒赋诗，留下了《兰亭集序》这篇不朽的散文名篇。他不仅以山水旅游来陶冶性情、寄托感慨和深究哲理，还以山水旅游来拓展和完善他的书法艺术。他得江山之助，书法有龙盘虎踞之势、云舒霞卷之神。山的沉重使其笔力沉劲，水的轻灵又使其字飘若浮云。王羲之一边旅行，一边练字，为后世留下了珍贵的书法艺术珍品。他曾经游历过的地方如兰亭、江西新城山、天台山、庐山、会稽山等，今日已成为旅游者参观游览的胜地。

北魏的贾思勰，为总结人民的生活方式、生产资料和技术而旅行各地，写出了《齐民要术》这样一部农业科技专著，成为中国农业考察旅行的较早记录者。北魏的郦道元出游时发现山西、河南等地的江河水系、自然风貌等与前人所著的《山海经》、《禹贡》、《汉书·地理志》等有出入，遂决心以自己实地考察收集到的各地山川水系、名胜古迹等资料，为前人的《水经》一书作注。《水经注》还参考了其他的众多书籍及碑刻材料，详尽地记述了河道的变迁、城镇的兴衰、各地区的风俗民情、经济生活和前代的史迹，并纠正了一些谬误，真实地反映了我国当时的历史地理状况，还涉及了许多涉外地理知识，如东面的扶桑（今日本）、西面的安息（今伊朗）等，具有极高的学术价值和经济价值。《水经注》同时又是一部擅长风景描写的山水文集。

总之，魏晋南北朝时期的士人对山水漫游有着无比的热情和创造力。他们或追求人性的自然，希望摆脱世俗的束缚，或追求一个玄意盎然、超越功利的自由世界，或顺应自然、顺情适性、追求本体人格，由此而衍生出的游记、山水诗、书法艺术等，尽一时风流，为中国的旅游文化开辟了前无古人、后启来者的崭新境界。

（二）宗教游

魏晋南北朝时期的宗教主要是佛教和道教。佛教在西汉末年传入中国，到魏晋南北朝时，佛教及寺院经济已逐步发展起来，并很快顺应当时的玄谈风气，依附玄理，深受文人士大夫的欢迎。这门外来宗教遂和玄学并驾齐驱，一同渗透到中国的政治、经济、思想、文化、艺术各个领域，和中国的旅游文化结下了不解之缘。

宗教旅游具体可分为两种：一种是为传经、取经等壮志宏愿而开展的修学旅游；另一种是为居静休闲、清谈佛理而开展的山水旅游。

汉代来华弘扬佛法的西域僧人有安清、支谶等。安清，字世高，他原是安息国太子，东汉桓帝时抵洛阳，在华20余年，用中文翻译佛门经义，人称“普见菩萨”。支谶是大月氏人，汉桓帝时来到中国，他翻译的经书译文平实、玄理深远，被称为“月氏菩萨”。西晋末年，西域龟兹的游僧佛图澄来到洛阳，他因善念神咒、解经文、弄方技而得到后赵统治者的信任，在今河北临漳、安阳地区说法、传教。佛图澄之后，在北朝较有影响的是鸠摩罗什。他弘扬佛教，广出妙典，共讲译经籍38部、294卷，使北朝的佛教发展又上了一个台阶。从天竺（印度）来的外国僧人，对我国佛教及文化影响较大的是达摩。在少林寺，他开创了静坐修行的佛教禅宗派，创立了少林武术。如今少林寺里仍有许多关于他的传说故事、壁画和浮雕等，为后世提供了不可多得的人文旅游资源。这些僧人的来华形成了外国教徒东行传法的风潮，也推动了我国僧人西行求法的游方步伐。

朱士行是我国魏晋之际为搜寻法典而游方国外的第一人。他深感汉代所出《道行经》译理不尽，上下文缺乏连贯，为寻找原本，西行求法，行程5850公里，抄写到90章正品梵书，计60余万言。继他之后，先后有50多位僧人分别去西域、印度等地求法，其中最有代表性的是法显西行。法显为东晋名僧，因佛经中的戒律残缺不全而立志求法。他不顾65岁的高龄毅然西行，到印度求经学法，游历佛教遗迹并学习梵文梵语，之后又到斯里兰卡，继续进修佛学，学成之后携带大量经卷由海路回国，途中被狂风巨浪吹到了印度尼西亚。14年后，法显历尽千辛万苦回到国内，一边着手整理经卷，一边撰写《佛国记》，记录下了当时我国的西北部地区以及印度、巴基斯坦、斯里兰卡、印尼等地的物产、风俗、宗教和地理状况，成为考察研究南亚古代史的重要著作和可贵的旅游地理文献。之后还有释法献、僧道荣、惠生、道邃等的出游，均记下了域外的经历和见闻。中外僧侣的佛学旅游，为雄奇深沉的中国旅游文化增添了新的色彩和活力。

在山水中居静休闲、清谈佛理的僧人有于法兰、支道林、释道安、慧远等。于法兰曾与西域高僧竺法护同隐一山，后隐居于浙江剡县（今嵊州）石城山。支道林也隐居于石城山，并在山上创立了栖光寺，为品山论水、谈玄论佛而常与王羲之等文人雅士聚在一起。释道安认为山水可以养性而遍访名山秀水，并在安静处栖居，离俗从素，以研习经文或宣讲佛法为生。慧远是释道安的弟子，佛学造诣极高。他精通儒家经典和老庄哲学，在去罗浮山（今广东境内）传教的途中，为庐山的幽静所吸引，留在庐山。后由江州刺史出资，慧远主持建造了东林寺，此后在东林寺一居便是30多年，成为南方佛学的精英。慧远还和庐山的隐士文人等有亲密交往，共同研讨佛学问题，融合儒学和道教，使之适应中国的国情，为佛教的中国化做出了贡献。他在庐山一带留下的传说、古迹等，如“神运殿”、“鬼垒墙”、“虎跑泉”等，成为后世参观游览的胜地。

宗教旅游中除了佛教之外，便是中国土生土长的道教的旅游活动。道教旅游以神仙学说为核心，人称仙游。为了成仙，必须辗转山水，吸取天地之精华，锤炼出仙风道骨，方能长生不老。魏晋南北朝最负盛名的仙游家有葛洪、陆修静和陶弘景等。

葛洪，东晋丹阳句容人，字稚川，号抱朴子，所著《抱朴子·内篇》第一次全面论述了道教的宗旨、哲理、仪式和方法等，是道教理论的奠基著作之一。据说他为了广泛搜罗和收集方术方法而游历大江南北，访山问水，结交了许多道友，观赏了许多胜景，并对登山涉水的法术作了专门研究。

陆修静是刘宋时吴兴人。他云游八方，见闻广博，阅历丰富，是道门中“行万里路，读万卷书”的山水旅游家。晚年隐居庐山时，他与释慧远、陶渊明等同游同乐，共享山水。他将天师道与金丹道结合，并认为道、佛的目标是一致的，只是途径不同而已。他还学习佛教仪式，编著斋戒科仪的方法，为道教制定了较完善的仪范。他编辑整理了古今道经，著为《三洞经书目录》，为《道藏》的分类目录奠定了基础。同时，他还创立了南天师道。

陶弘景，字通明，齐梁间丹阳秣陵人。他精通阴阳五行、山川地理、医术本草，后隐居于句容县句曲山的华阳洞，人称“山中宰相”。陶弘景在道经上取得的成就，与他的仙游活动是分不开的。他遍历名山，采访仙药，坚持不懈，而且游乐的兴趣、品位又高人一筹，是个出类拔萃的旅游大家。

魏晋南北朝时期宗教旅游的开展，形成了独特的宗教景观，并产生了宗教旅游文化。工整肃然的道观、宏伟辉煌的寺院、雄伟的石窟、庄严的浮屠遍布祖国各地，给多元化的旅游文化增添了庄严的宗教蕴涵。六朝时期开发出的道教名山有青城山、罗浮山、茅山、龙虎山、阁皂山等；佛教名山有山西五台山、浙江普陀山、四川峨眉山、安徽九华山。六朝时期，为了长久地保留佛像，苦行苦修的佛教徒在荒山野岭开凿石洞，雕刻佛像、佛经和舍利塔，形成了举世闻名的佛教石窟艺术。现存北朝的石窟遗址分布广泛，有新疆的龟兹石窟、甘肃敦煌的莫高窟、山西大同的云冈石窟、河北邯郸市的响堂山石窟和洛阳龙门石窟等。其中莫高窟、云冈石窟和龙门石窟被称为佛教石窟艺术的三大宝库。石窟内的雕刻形式由简单的印度式逐渐演化为有中国民族特色的形式，布局均衡而前庭开阔，有藻井、土木建筑构造等，风格多姿多彩，体现了我国西北地区的民风、民情和民俗。佛塔的建筑风格在这一时期有楼阁式、密檐式和金刚宝座式数种，其中楼阁式是佛塔的基本造型。总之，道观佛寺及鬼斧神工的佛教石窟雕刻与山水人文精神的结合，名士与高僧的合流等，突破了传统的旅游文化概念，形成了旅游哲学精神，开创了特色鲜明、新意迭出的具有时代特征的旅游文化，为后世旅游的高度发展奏响了序曲。

（三）园林游

魏晋南北朝时期，北方战乱频仍，而南方相对稳定。南朝统治阶级沉湎于奢侈淫逸的宫廷生活，不再醉心于动态的田猎，而对静态的自然山水发生兴趣，希望把游玩时见到的山水景象复原到家中。加之这一时期文人崇尚自然，热衷山水，山水诗、山水画流行，促使园林艺术有了更迅速的发展。人们通过探索造化奥秘，为求舒心悦意，巧移山水于庭院之内，从而创造出了私家园林这一富有中国古典文化传统的建园模式。

此期间宫廷园林的规模都很大，尤以乐游园和华林园为最。华林园从东吴始建，到陈后主时又扩建，有相互连接的阁楼数座可以通行，还有山石花园、水池和奇花异木等。南京著名的旅游公园玄武湖公园和莫愁湖公园，就是在那时开始开发的。

除皇家园林之外，达官贵人也纷纷寄情山水，兴造园林，以求不出城郭而享山水田园之乐。如谢安和王道子营建的别墅，有楼阁山池，竹树环列，十分讲究。名僧慧远在庐山结莲社，谢灵运为其筑台凿池，首创佛寺附带园林的形式，称为“寺园”。谢灵运本人的大庄园和别墅，也是规模较大的私家花园。这些园林建筑，其布局多利用天然地形、物品，景物布置小巧精致，既集结了山林的野趣，又将自然人性化，真正做到了与山水诗、山水画的意境相一致。

总之，这一时期的园林艺术推陈出新，为旅游文化的丰富多彩开辟了更广阔的天地。

二、隋唐旅游文化的热烈奔放

隋唐时期是中国古代文明最为灿烂夺目的时代，也是中国古代旅游文化最为辉煌的时代。唐代长治久安，经济繁荣，文化昌盛，声威远播，民族的自信心、自豪感以及人民的创造力都达到了前所未有的高度，社会生活的各个方面无不呈现出活跃的姿态。在这种国泰民安、富足升平的背景下，人们获得温饱后寻觅视听之娱的需求不断增长，生活视野的日益扩大使得旅游活动自然而然地迅速发展起来。上至帝王后妃，下至庶民百姓，游览观赏之风弥漫全国。他们纷纷迈开双脚，跨上骏马，扬起桅帆，从宫苑禁城、私第民宅中走出来，奔走于名山大川、边关塞上乃至异国他邦。他们或游以适意，或以游会友，为之书记笔录、讴吟咏叹，以丰富多彩的形式和热烈奔放的风格描绘出一幅极为壮观的旅游宏图。

（一）隋炀帝开凿大运河

三国两晋南北朝的战乱和分裂，在隋朝的统一下结束。然而，隋炀帝坐享隋文帝的创业成果，极尽挥霍之能事，把宫廷的巡游、狩猎、游乐搞得声势浩大。他首先营造了巡游的大本营——东都洛阳，使其成为楼阁层叠、商旅聚集的旅游中心城市。为了加强对江南的控制，也为了自己到江南巡游方便，他还下令开凿了沟通南北的大运河。隋炀帝为了营造出优美的旅游环境，要求运河两岸的御道平坦，并设有驿站、离宫等接待设施，为他并在客观上也为后来南来北往的游人提供了方便。黄金水道开通以后，隋炀帝东游西荡，朝行出游，暮不归宿。他每次南下均浩浩荡荡，一路奢侈浪费，劳民伤财。隋炀帝的亡国之旅虽然给人民带来了巨大的灾难，但他为享乐而修建的洛阳新城和南北大动脉——大运河，客观上却使后代人得益匪浅，特别是其开发的水上旅游项目，丰富扩大了旅游活动的内容和种类。

（二）唐代的封禅

唐代的封禅旅游活动得到进一步的发展。皇帝们一方面带领文武百官游山玩水，另一方面趁机炫耀自己的丰功伟绩。如唐玄宗曾率领长达数百里的封禅队伍从洛阳出发，一个月后到达泰山脚下。唐玄宗骑着从四川选来的白骡马，与宰相、祭扫官员一起登上泰山。封禅完毕，唐玄宗亲手撰写了《纪泰山铭》，记述自己的功德。这块高达 13 米，宽 5 米多的碑石立在大观峰的峭壁之上，即现在的“唐摩崖”。中国历史上唯一的女皇帝武则天，也曾到过泰山、嵩山封禅。据称，由仪仗队、中外文武官员和外国使节组成的封禅队伍长达一百多里，在路上足足走了两个多月。声势煊赫，威风至极。

隋唐皇室旅游主要反映了中国封建政治文化的特色，同时也折射出中国旅游文化中特有的封建性一面。

（三）盛唐的山水田园诗

唐人的“山水田园热”和六朝文人“山水热”既有联系又有区别。六朝时代的文人由于不满社会而寄情山水，抒发其出世的情怀和不俗的志向，一般不注意田园生活；而唐朝文人则将谢灵运激赏山川之美的山水游风和陶渊明式的钟情乡野生活的田园游风相结合，推出了兼爱自然山水与田园之乐的山水田园旅游，产生了许多有名的田园山水诗人。

初唐，王绩弃官而隐，离职归田。他喜欢坐在溪头，欣赏春天的泉水、溪流及两岸的磐石；登高望远，欣赏秋色满林。他时常拄着拐杖进山寻找野趣和新奇景观，“青溪归路直，乘月夜歌还”（王绩《夜还东溪》）。宋之问虽然在政治上朝三暮四，却对山水田园一往情深。他在终南山拥有两处别业——陆浑和蓝田山庄。他常盘桓流连于其间，每得闲暇便在杨柳桃李中漫游，“旦别河桥杨柳风，夕卧伊川桃李月”（宋之问《寒食还陆浑别业》），看水、看花、采药于林间，过着与山水相伴、娱心悦目的游乐生活。盛唐以孟浩然、王维为代表的山水田园诗派，更为唐诗添加了不少色彩。孟浩然以“只应守索寞，还掩故园扉”（孟浩然《留别王侍御维》）的冷静态度面对人生，平淡地生活。他在自然界的无穷景观和农村的无边春色里，忘却了怀才不遇的忧伤，得到了心灵的满足和精神的慰藉。他热爱家乡的山山水水，那烟树、芙蓉、涧竹、叠椅等激发了他的诗情，异乡的景物也给了他无穷的才思。他游品清高、感情真挚，山水田园诗意境清新，自然逼真。王维立志信佛，隐居在辋川别业内，陶醉于田园、农家，是盛唐亦官亦隐、诗带禅风的游客。他的山水田园诗有《终南山》、《山居秋暝》、《渭川田家》、《鸟鸣涧》、《辛夷坞》等名篇，平淡、自然，富有乡村气息。他和孟浩然一起，被公认为盛唐山水田园诗派的领袖，世称“王孟”。中唐以后的山水田园诗人有陆羽、张志和、白居易、柳宗元、陆龟蒙等。陆羽爱出游，尤好弄舟流水，造访山林，出入古寺，漫步旷野，吟诗月下，必尽兴而返。他隐居湖州，遍览会稽山之山水名胜。他还精于区分水之优劣，并品评天下之水于茶的影响，评出天下几大名泉，著有《茶经》。张志和自称“烟波钓徒”，最喜欢扁舟垂钓，而志不在鱼，他在越州沿溪垂钓，并遍游会稽、湖州的山水。柳宗元是中唐杰出的政治家、文学家和山水旅游家。他读书时是“游学”，做官后“游宦”，贬谪后更以自然为归宿、山水为知己。他寄情山水，寓意诗文，其散文尤以山水游记为最，“永州八记”是中国山水旅游文学的瑰宝。

唐代还有许多文人投笔从戎，形成了另一诗歌派别——边塞诗派。这类唐诗记录了西北地区的雄浑山河、奇特景观、特殊风俗以及戍边者的情怀。唐代的边塞诗为唐代的旅游文化添加了苍凉色彩，进一步开拓了文人的社会视野。

由唐代的雄伟气魄培育出的诗人有浪漫不羁的李白、忧国忧民的杜甫等。李白放酒纵歌，漫游南北，有“诗仙”之称。他的足迹遍及半个中国，他将游历与诗歌创作结合，将所经之地、所睹之景、所感之事、所思之情用豪爽明快的语句酣畅淋漓地宣泄出来，寄托了优雅清越的情怀。他的一生基本上是在旅游中度过的，以游求仕，以游求仙，追求个性自由和解放。他用豪放飘逸的笔触，写下了大量壮美的诗篇，歌颂祖国壮丽的山河景观。杜甫是本着“行万里路，读万卷书”的目的走出家门的。青年时代的他精神抖擞，书生意气，游风豪爽，有“会当凌绝顶，一览众山小”（《望岳》）的豪情壮志；晚年漂泊的他则忧患满腹，充满了忧国忧民之情。他的诗歌状景咏怀，雄浑、肃穆，真切而精美。李杜是唐代诗歌的双子星座，他们的漫游经历及众多诗篇，均是中国旅游文化的宝贵精神财富。

（四）大唐西游

佛教在唐代真正得以兴盛。从隋到唐，先后出现了八个佛教宗派。各派对于佛经的搜求、翻译和整理相当重视，以更好地宣传本派理论，同时也促进了佛教中国化的进程。唐代出现了一些著名的漫游僧侣，他们为求真正的佛典，跋山涉水，远至万里。其中，最杰出的代表是玄奘。玄奘是我国伟大的佛学家兼旅游家，他出身于儒学世家，进入佛门后曾周游各地，访问名僧，猎读佛经，研习佛理，对成佛、佛性等问题进行了思考，并对印度的大乘佛教产生浓烈的兴趣，因而开始了历时17年，历经110国的西行旅程。一路上，他踏访各地的佛教胜迹，聆听神话传说，记下在当地的见闻。玄奘在印度潜心学法、虔诚取经问佛的同时，还对印度的社会状况作了全面细致的考察，成为中国旅游文化史上的一次壮举。他拓宽了中印友好交往的陆上通道，其《大唐西域记》记载和传播了古印度灿烂的物质文明和精神文明。玄奘之后的西游僧人还有义净，他在异国研习佛教，回国后写了《南海寄归内法传》、《大唐西域求法高僧传》等著作，对古代跨国佛学旅游作了一次总结，意义深远。

唐代与日本的交流十分密切。鉴真是唐代不畏艰难险阻，六次东渡传法的高僧。他在日本奈良设戒坛传经解道，为日本留下了律学传承。他带去的大批佛教经像、药物、艺术品等，对日本的社会经济、文化等产生了重要的影响。唐朝时，也有从日本来到中国学习佛法的僧人，如阿倍仲麻吕、圆仁等。

除了国际宗教旅游外，国内宗教旅游也有新气象：许多僧人为立宗传法，如吉藏、弘忍、神秀、慧能等，往来于名山圣水之间，并留下了今日仍香火缭绕的佛刹梵宫，成为旅游胜地。此外如王梵志、胡令能、钱起、常建等人，身居尘世而心向佛门，以寻觅世外桃源、得方外之情为人生追求，他们的这种热衷隐居、悠游林下的游风，开创了别具一格的旅游文化。他们像王维一样，在游居潜行中将禅家的人生观加注到真实的自然山水之中，以获取现实生活中得不到的理想社会美。同时，道教徒的旅行活动也十分兴盛，当时以“道在山林”为时尚，他们陶醉于自然山水的秀美和神韵，以达到真正高远的境界。

（五）活跃的国际旅行

隋唐文化极一时之盛，还表现在以博大的胸怀适应和发展日益频繁的国际交往。唐都长安成为一个世界性都市，是亚洲各国经济文化交流的中心。鸿胪寺接待70多国外交使节，国学和太学先后接纳3万余名外国留学生。长安百余万人中，各国侨民加上突厥后裔，其数高达总人口的5‰。在国际交流中，唐朝与朝鲜、日本的交往尤为兴盛。朝鲜向唐遣送留学生，有时一次就多达100多名。他们均受到唐朝政府的特别优待，允许参加科举考试，被称为“官员进士”。朝鲜留学生回国时，不仅带走他们所学的知识，而且带走大量中国书籍。佛教、佛经连同中国的雕版印刷术，于唐末也一起传入朝鲜。这些对朝鲜文化发展和政治制度形成产生了深远的影响。受中国文化的影响，许多朝鲜人都通晓汉文诗赋，所以唐玄宗曾称朝鲜是懂诗文的君子国，知书达理，和中华同类。因此，唐朝派往朝鲜的使臣要有一定的文学修养方可胜任。另一方面，朝鲜的音乐、特产等也传入中国，丰富了我国人民的生活。中日文化交流在此时也达到高潮。日本政府特别重视来华的留学生，每次派遣留学生到唐朝学习，都有使臣亲自送行。每次来时多达几百人，需要分乘四艘大船。日本遣唐使共派出18次，学成而归的留学生对日本国的发展起了积极的推动作用，如曾策动过著名的大化革新。中国去日本的使节也很多，有时一年里定期往返数次，跨国旅行频繁。

唐朝与南亚、中亚、西亚和欧洲的往来也相当活跃。他们互派使者拜访，并以各自的土特产作礼物相赠送。在相互的交流过程中，印度的天文学、医学传入中国，我国的中草药传入印度，养蚕植桑技术则流入波斯。随着国际商贸旅行的扩展，唐帝国又开辟了由中国海经印度到非洲的“陶瓷之路”。沿着这条通道，中国陶瓷运到东南亚，甚至走得更远，穿过印度洋，到达波斯、叙利亚和埃及。中外交流的发展，还促使外国的宗教进一步传入中国。世界三大宗教中的伊斯兰教、基督教，继佛教之后，在唐初纷纷传入中国。总之，通过这一时期的国际旅行活动，唐文化对外辐射，有力地推进了世界文化的进程。

（六）多姿多彩的旅游文化遗产

隋唐多姿多彩的旅游活动，形成了众多的旅游景观和丰富的旅游文化精品。

唐朝因为文人雅士而名扬天下的楼台景观不少。山西永济的鹳雀楼因为王之涣的登临而名扬千里，今虽不复存在却名垂史册。黄鹤楼位于武昌蛇山，雄伟端庄，宋之问、王维、孟浩然、崔颢、李白、刘禹锡、白居易、杜牧等诗人都曾登临，更因崔颢的《黄鹤楼》诗抒尽世事沧桑和游子思乡情怀而独具魅力。南昌的滕王阁，飞峙赣江，初唐四杰中的王勃曾撰《滕王阁序》，盛夸其楼台胜景，韩愈还将滕王阁誉为江南第一美景。

隋唐的佛寺造得既多又好。浙江天台山有三座佛寺建于隋唐年间：智者大师塔院、国清寺和高明寺，其中以国清寺最负盛名。唐代佛寺一般采用木质结构，五台山佛光寺的东大殿是我国唐代木质结构建筑的代表，它的飞檐横梁结构精巧、雄伟轩昂。五台山南禅寺的大殿则是现存最古老的唐代木构建筑，它结构简练，匠作水平极高。隋唐著名的佛塔有国清寺的隋塔、西安慈恩寺的大雁塔和荐福寺的小雁塔。

隋唐的道观遍及全国各地，比较有特色的有洛阳的玄元皇帝庙、西安的太清宫和天台山的桐柏观等。此外，茅山的白鹤庙香火旺盛、仙乐缭绕，是祭神游仙、谒庙还愿的胜地。

名人祠庙也是隋唐建筑艺术成就之一。隋唐时期，前代的名人祠庙观者不绝，如成都的武侯祠，祠内有“汉丞相诸葛亮武侯祠堂碑”，因撰文、书法和刀法均技艺高超，世称“三绝碑”。唐代建造的祠堂有周公庙、屈原祠、青莲祠（又称谪仙楼、太白楼）。

唐代艺术包括书法、绘画、乐舞、雕刻等。书法是唐代普及性的艺术，中国书法在唐代登上了顶峰。唐代的书法草书飞动、篆书圆劲、行书飘逸、楷书端正。草书最负盛名的是张旭、怀素两位大家的作品。张旭的书法豪壮奔放，以狂草著称；怀素的书法线条也是狂怪怒张，风趋电疾，抒发了作者热烈的思想感情，传达出激越奔腾的时代风貌。此外还有楷书四大家欧阳询、虞世南、颜真卿和柳公权。颜真卿和柳公权被奉为中国的书法宗师。

唐代的画坛题材广泛，风格多样，有人物、山水、花鸟等，新鲜活泼，充满了生命力。吴道子是唐代的“画圣”，他的画磊落飘逸，有“吴带当风”之说。他之后的李思训、李昭道父子又将浓烈的色彩和繁丽的风格引入画中，反映了盛唐的强盛和富贵壮丽。但这种风格不合隐士们以庄子思想确立的山水画风格，因此出现了隐士画家。隐士画家找到了能反映淡泊精神的水墨色彩来与山水画精神相契和。水墨表现与山水画性格一脉相通，这使得水墨山水画成为最富含中国哲学意蕴、最带有民族特色的艺术之一。王维和张璪是两位重要的先导人物。

唐朝不仅是诗和书法的殿堂，也是乐舞的时代。唐代乐舞气派宏大。唐太宗为玄奘剃度而举行的乐舞仪式空前盛大，演奏了九部乐舞大曲《破阵乐》。唐玄宗创作的《霓裳羽衣曲》配以轻柔优美的舞姿，把人带入了神幻迷蒙的意境。白居易的《琵琶行》则描述了一位琵琶女的千古绝奏。此外，唐代还出现了一些歌舞小戏，如河北民间歌舞《踏摇娘》和被称为“参军戏”的滑稽表演，这是中国戏剧的雏形。

在雕刻艺术上，四川大足石刻始于初唐永徽年间，在艺术风格上有所发展、创新，可与敦煌石窟相媲美。它的“九龙浴太子”、“释迦牟尼涅槃”等图，构思精巧，独具匠心，吸引了无数中外观光者。

唐代的节日风俗有了新的发展，开始向娱乐、礼仪型转变，真正成为“佳节良日”。大年三十晚上，长安城的贵族家庭有守岁的习惯，初一早上则放爆竹，开始欢度春节。唐朝时将正月十五的元宵节称为上元节，并定出假日以方便市民赏灯；清明踏青在隋唐已是一项普及性的旅游活动；八月十五中秋佳节则是赏月之时。另外一些风俗性的娱乐活动有狮舞、龙舞、竹马、赛龙舟、斗鸡、放风筝、马球等，内容十分丰富。

总之，唐代发达的旅游活动给后世留存了丰富而宝贵的旅游文化遗产。

第四节　旅游文化的成熟期（宋元明清）

一、宋：内敛娴雅、意在理趣的旅游文化

宋代的旅游活动与唐代昂扬奋进的旅游相比，稍有散淡，显得内敛娴雅而更有理性。

宋代最主要的是山水旅游，并在审美能力与意境领悟上有了提高。宋人雅赏风景，意在理趣，又因山河破碎而心怀忧愤。这些时代特点使得宋代的旅游文化有着鲜明的特色。

（一）忧国之旅

宋代山河破碎，爱国之士对国耻家仇耿耿于怀。为忘却这种痛楚，寻找保家卫国的途径和志同道合的同志，许多人愤而出游，以游寄情。

寇准是宋初的著名丞相和主战派首领，他天性豪放，爱好旅游，尤其是在政治抱负未能实现而遭到贬谪时，更借助于山水来排遣内心激愤和对国家安危的忧患情绪，也因为此，寇准的游风抑郁、凄清。范仲淹大力提倡身体力行的旅游方式，游风自然，并写下了精彩的文章、诗词。他的《岳阳楼记》、《江上渔者》等，充分表现了他登山临水却抛不开天下之忧的爱国情结。王安石虽然能从自然山水中得到单纯的乐趣，看到江南春景和青山秀水之美，却仍忍不住触景思危，《桂枝香·金陵怀古》就体现了他作为政治家进也忧、退也忧的游风。岳飞是南宋著名的抗金将领，他热爱祖国的大好河山，在南征北战中仍坚持策马游观，他的《满江红·写怀》尽显其戎装而游的英雄本色。陆游是南宋中叶著名的爱国诗人和游客，有建功立业的豪情壮志，却无所用其长。他的游踪主要在他的调任旅程中，福建、浙江、湖北、四川等地都留下了他的游迹和心声。他创作的无数纪游抒情诗不仅是他人品、游品的真实写照，也是我国古代旅游文化中的奇葩。辛弃疾历任江苏、湖南、江西、福建、浙江等地官职，游历了许多名胜古迹，写下许多激昂、雄健的诗

词，有赏秦淮时的《水龙吟·登建康赏心亭》、登赣江郁孤台的《菩萨蛮·书江西造口壁》及镇江北固山的《南乡子·登京口北固亭有怀》等，是其爱国忧愤的游唱。这些爱国之士游中未敢忘忧国，其拳拳爱国之情溢于言表，也为中国古代的旅游文化抹上了浓重的一笔，散发出强烈的历史沧桑感。

（二）理学之旅

宋代“尚理”，认为世上万物皆有其理。受理学的影响，这一时期的文人士大夫在游山玩水中探求人生和自然的种种哲理，可谓是因游及理，因景言理。

周敦颐偏爱“无欲故静”的游观意境和审美原则，隐居于庐山，在莲花峰下讲学授理。他欣赏静谧的村野和花木，追求花自落、鸟自飞、人自归的自然和谐景观和意境。苏轼深谙旅游理趣，他夜游赤壁、承天寺，访石钟山，游庐山，由景入理，得出了许多精辟的见解：《赤壁赋》的物我皆变、皆不变，皆须臾、皆永恒的观感；《记承天寺夜游》的乐因乎心而不因乎景的游感；《题西林壁》中景随步移而换形的顿悟等，由小见大，意趣婉转。朱熹是宋明理学的权威，他把旅游作为明性见理、格物致知的实践和印证。此时，理学还与佛教的禅学相妙合，理学之士也与禅宗和尚亲密郊游，相互感化。一些僧侣如道潜、仲殊、道璨等就是怀着禅性理趣，悠游山水，出入世俗的。宋代士林、佛门的理趣游风，精致恬淡，提高了宋代旅游的鉴赏和审美能力，丰富了这一时期旅游文化的理性层次。

（三）文学之旅

宋代重文，因而纪游诗、纪游词、游记文，景观的题记、题名、匾额、楹联，记录各地风物的笔记、地志图志等旅游文学作品，极为可观。

宋代的纪游诗崇尚理趣、意境浓厚、议论风发，较唐代的抒情纪游诗寓含更高的思想深度，如梅尧臣的《鲁山山行》。纪游词在宋代达到了高峰，有婉约派、豪放派之别。前者以柳永等为代表，后者以辛弃疾为代表，为古代旅游文学增添了新的优良体裁。宋代的游记散文写景切实，言理深刻，名篇佳作颇多，以曾巩的《墨池记》、王安石的《游褒禅山记》、苏轼的《记承天寺夜游》和《石钟山记》、欧阳修的《醉翁亭记》等为著。宋代记某地风土人情、物产掌故、名胜景物的杂记、笔记在旅游文化史上独树一帜。北宋李格非的《洛阳名园记》、欧阳修的《洛阳牡丹记》，南宋孟元老的《东京梦华录》、吴自牧的《梦粱录》等，相当于古代的旅游文化读物，对当时的旅游文化作了小结。

宋代的题记、题名、匾额、楹联等文化装饰十分盛行，它使景观更有文化意味，更具高尚情韵。题记是景观主人邀请别人为景观题写、书或刻于景观的纪文。出名的有范仲淹为岳阳楼所题的《岳阳楼记》。题名则是游客诗兴大发之际的即兴之作，通常刻石于景观。如苏轼、林逋游杭州时曾题名刻石于登云洞，又如陆游于绍兴沈园与前妻相遇，触景生情，题《钗头凤》于园壁等。匾额是书刻于楼台馆阁池榭中堂上的题词，这在景区、园林中尤为普遍，杭州西湖景区、苏州园林中随处可见。楹联是对联的一种，一般书刻于柱楹之上。如苏州沧浪亭的"清风明月本无价，近水远山皆有情"，杭州西湖香月亭照屏上林逋的"疏影横斜水清浅，暗香浮动月黄昏"等。由上可见，宋人非常自觉地继承了前代旅游以文载游的传统，并在体裁和写作上有所创新。

（四）艺术之旅

宋代的艺术成就包括园林、手工艺品、绘画、杂技等。北宋初期的园林艺术有玉津园、宜春苑、琼林苑及金明池，但真正标志叠山艺术成熟的是宋徽宗兴建的艮岳。它将自然山水经过裁剪、概括后加以典型化，以展现山岳壮丽为主，使建筑物处于从属地位，并注意分区设景，使之各具特色，再以一定的游览线路贯穿各景区，使其动态化。艮岳是有史可据的经过周密构思的造园艺术精品。南宋偏安江南，疏淡雅逸是造园文化的主流。园主用尽方法，在宅园生活气息的基础上营造出文化气息，如司马光的独乐园、苏舜钦的沧浪亭等，使宋代的造园艺术更为深入、精致，向综合化的方向又进了一步。

（五）茶之旅

南宋禅宗的发展带动了茶文化的发展，茶成为启发禅义、增加谈兴的辅助品和消闲品。由茶带来的平和、洁净、幽雅的风尚及茶文化在世界各地的传播，为旅游文化注入新的活力。瓷器的制作在宋代有更大的发展，划花或绘花已经普及，釉色种类丰富，瓷器的造型也多种多样，如宋孩儿枕等。

（六）市民之旅

经济、物资的流通和娱乐活动的开展，形成了一批旅游城市，如东京（洛阳）、杭州、苏州等。东京的市民文化十分兴盛，种种通俗文艺、杂耍、曲艺等遍布于繁华的街头。当时东京城的繁华热闹可由宋人张择端的《清明上河图》中略窥一二。杭州的发展得益于苏轼为官，他疏浚西湖，开发美景，建了著名的苏堤，使得西子湖青春焕发。南宋时又进一步开发西湖，修建了一些人造景物，并按时节选出了十景，使人工与自然、造化与雕琢相得益彰。苏州则以水城、大小寺庙、园林及丝绸与刺绣享誉天下，与杭州并称“天堂”。这些发达的旅游城市促使都市旅游业、娱乐业的诞生，对于城市旅游文化的发展起着举足轻重的作用。

二、元：恬淡清静、互通有无的旅游文化

元朝是一个空前的帝国。元代统治者为适应中原与蒙古草原频繁交往的需要，大规模地设置交通网络，不仅促进了京师与各地政治、经济的密切联系，而且有力地推动了文化的交流和传播。元代的国内旅游较为平淡，在总体上远不及唐宋。这主要是因为元朝政府推行歧视汉族的政策，严重打击了汉人的生活积极性，使前朝雄放浩荡的旅游热潮有所衰减。然而，幅员辽阔的元帝国是一个世界性的帝国，亚欧大陆的沟通为东西方旅游家的远游提供了极大的方便。东方与西方的情况不断地由这些旅行家报告给各自的国家，东方与西方的相互了解有了不同于以往任何时代的新发展。此时期的旅游文学在艺术水平上虽然没有取得超过前人的成就，但在题材和内容的革新方面则有新的开拓。

（一）频繁往来的中西交通

元代交通是对汉唐大陆交通和两宋海外交通的综合与开拓。元代的旅游交通，不论是陆运还是海运，在中国古代都是最繁荣畅通的。陆路

北穿东欧，西贯伊朗，直接与大都相通；海道从波斯湾直抵泉州等港口。在这种开放的国际环境下，东西方的交往空前频繁，政府使节、商团行旅、宗教和其他各界人士的往来络绎不绝。西方移居中国的侨民遍布全国各地，成千上万的蒙、汉及其他民族人民迁往中亚各地，真可谓“四海之内皆兄弟”。

1275～1291年，中国大地上留下了欧洲旅行家马可·波罗的足迹。他从威尼斯出发，沿着古丝绸之路东行，完成横贯亚欧大陆的旅行。在大都，忽必烈接见马可·波罗，并把他留在宫廷服务。他多次奉命出使，远至云南和四川西部，又顺大运河南下，到过福建泉州等地。后来，他回到威尼斯，口述游历见闻，被写成不朽名著《马可·波罗游记》。这部书对中国赞美备至，直接引发了15～16世纪欧洲的东方热。

马可·波罗之外，还有三个外国旅行家来过中国。日耳曼后裔鄂多立克，1318年前后开始东游。在华期间，他游历了泉州、杭州、南京、扬州、北京、山西、西藏等地。由他口述笔录的《鄂多立克东游录》记载了他的中国见闻和途中遭遇。马黎诺里是佛罗伦萨人，1338年他携使者奉教皇之命东游，历时三年抵达北京，三年后取道泉州，经东南亚、小亚细亚、地中海回到故乡复命。他著的《奉使东方游记》记述了自己的游历。阿拉伯人伊本·白图泰走遍了拜占庭帝国及北非、东非、西亚、中亚等地，1342年到达中国，游于泉州、广州等地，口述著成《伊本·白图泰游记》。以上是早期游历中国的四大国外旅行家，他们向世界传播了中国的文明。这一时期，伊斯兰、基督教建筑也开始传入。

中国人对外部世界的了解也在元代有了新的拓展。旅行家汪大渊两次周航印度洋，游踪遍及南洋群岛、南亚、西亚、东非各国。后来他将其在海外游历八年的笔记加以整理后写出《岛夷志略》一书。景教徒苏马，在1287～1288年充当伊利汗派往罗马和巴黎的大使，游历欧洲。归国后，他将见闻记入了游记，意大利和法国的奇风异俗在书中栩栩如生。周达观奉元成宗之命出使真腊（今天的柬埔寨及越南南部地区），他从温州出发，进入东海后向西南航行，经福州、泉州、广州、琼州诸港，再过西沙群岛，沿越南南下进入湄公河，最后溯流而上到达目的地。他将收集的资料整理成《真腊风土记》一书。这是一部游记，也是一部重要的研究真腊史的文献资料集。总之，元代旅游文化的意义主要在于国际交流，在中外旅游文化交流史上具有深远的影响。

（二）旅游文学的新样式

元代旅游文学声势虽大不如前，但在题材和内容方面有新的开拓。在元代旅游文学中，旅游散曲是一种新兴的样式。元代的散曲具有浓厚的市民色彩，在对旅游生活的描写中，常常表现出对人生是非、国家命运的漠不关心，而耽于行乐、追慕隐逸，与传统的旅游诗词不同，有自己的特点。马致远的困顿旅途，乔吉的笑傲山水，张可久的吟咏闲适等等，都反映出散曲作家对人生、时事的淡漠和流连山水、放浪恬淡的思想风貌。这些作品社会内容虽不深厚，却更多地显示出元代旅游文学的特色。

三、明清：斑斓迷离、颓势渐显的旅游文化

明清是中国封建社会的最后阶段。一方面，它仍在表面上以空前的大一统和高度强化的中央集权专制维系王朝；另一方面，生产力的发展走向了尽头，各种社会矛盾日益激化，危机四伏。这不能不影响到人们的社会生活，这时期的旅游失去了盛唐的昂扬、宋代的精巧，但却又在默默地发展。其最主要的特点是人们的旅游意识更加浓厚，旅游范围更为广泛，旅游活动更加普及。旅游不再是少数文人学士的专利而逐渐下移到黎民百姓间。明清旅游文化正是在旅游生活深入发展的情况下持续发展，但正如传统文化进入烂熟阶段，此期旅游文化于成熟之极，颓势渐显，潜移默化之中孕育着新的变化。

（一）士林游风兴起

明朝统治阶级为了加强专制统治，兴文字狱，设锦衣卫，一时人心惶惶。为避免灾难，不少文人及官员放弃仕途，归隐于山水，做富贵闲人，优哉游哉于自然之中。袁宏道是这一时期的旅游文学大家。他游赏太湖、西湖、鉴湖、五泄瀑布，登天目山，游兴愈浓，游记愈多。其特

点是把游览观赏山水名胜视为个人的审美活动，表达个人的审美情趣，不但有不苟流俗的清高格调，而且有不拘传统束缚的自发倾向。王思任仕途不顺，遂遁迹士林，着意钻研旅游之道，是明代的旅游理论家。他提出“游道”说，归类精详、意蕴深刻、用语准确，有一定的科学性。唐寅看轻仕途，自称“江南第一风流才子”，上天台山、武夷山，游洞庭、彭蠡诸湖，善作诗文及绘画，他画的山水胜迹，现实详尽，栩栩如生。徐渭恣情山水，走齐鲁燕赵之地，穷览朔漠，继而往游天目、余杭、南京，纵观诸名胜，一一皆达于诗，且精通书法、文章、绘画。王阳明游于名山大川，与禅僧讨论哲理，清净本心，启迪良知，得“阳明禅”。散文游记家张岱，以赤子之心追求真善美，以山水为寄托，酣畅地表现了自己的情怀和人格。他的游记最为著名的是《陶庵梦忆》和《西湖梦寻》。清代士林之游的代表袁枚，一生好游，自称“江山无我亦虚生”，39 岁即辞官归隐，或徜徉于园林，或悠游于山水，写下大量旅游诗。他通过对景物的描绘表达出诗人的感情和个性，化景物为情思，使作品的生命得以解放。

（二）寓游于学

徐霞客、李时珍是晚明讲究实事求是科学精神的杰出代表。徐霞客历经千山万水，考察地形地貌，探求地质地理，献身科学。他游经了今江苏、山东、浙江、福建、云南等 16 个省，登上了无数名山，涉过了许多名川、名湖，如长江、淮河、黄河、太湖、西湖、鄱阳湖、云南洱海等。他出游绝少骑马，嗜好徒步旅游，他的这种舍生忘死的游法是绝无仅有的。徐霞客用日记记叙游路和见闻，描绘山水风光，歌颂自然神妙，论说科学心得，创作了《徐霞客游记》这本集地理学、地质学及游记文学于一体的巨作。徐霞客本人也开辟了科学考察旅游的新方向。李时珍在行医过程中发现历代本草著作分类杂乱，内容缺漏，便开始修订《本草》工作。他经常外出采药，寻访民间秘方，考察了江西、河北、河南、江苏等地，行程万里，终于著出《本草纲目》一书。该书总结了我国 16 世纪以前药物学的丰富经验，被誉为“东方医学巨典”。

清初，明末遗民为坚持贞节，潜山游水，以寄亡国之痛。因而这一时期的文人旅游，带有沉郁悲凉之气。清朝中叶，由于政治压制，游风颇显沉重。清代考据之风波及旅游，学者把旅游与学术研究结合起来。

顾炎武投身反清复明斗争，失败后北上中原，跋山涉水，考察地理。他主张用实地调查的方法治学，重视旅游实践。他的主要旅游著作有《营平二州地名记》、《昌平山水记》和《日知录》等。沈德潜的旅游格调沉着踏实，稳健明智，他虽惊讶于景观之奇特，却仍能从容对待，和北宋王安石颇为相像。姚鼐是清朝著名的散文流派——桐城派的代表。他冷静观察山水名胜，游风高简深古。姚鼐登泰山，不仅赏雪，还考察其地质状况，质证其学，并写下了著名的《登泰山记》。

（三）郑和下西洋

郑和是我国明代著名的航海旅游家。他曾率明朝远洋航海船队七次下西洋，穿越了太平洋和印度洋，航行10万余里，历时28年，途经30个国家和地区，最远到达非洲东海岸。船队所到之处，积极开展双边交往，至今爪哇、泰国仍留有作为友好关系见证的三宝垄、三宝庙和三宝塔。他绘制的《郑和航海图》是我国最早的远洋航海图。他与沿海亚非国家进行贸易往来，交流文化及商品，为中国树立了良好的国际形象。他周游南海各国，观察风俗，调查物产，研究气候地理。根据这些资料，他的随行文人马欢、巩珍、费信分别撰写了《瀛涯胜览》、《西洋番国志》和《星槎胜览》三部重要的旅游著作。郑和下西洋，正如张骞通西域，是历史上一件震动中外的大事，它提高了中国的国际地位，增进了中国与亚非各国人民的友谊，体现了中国人民征服海洋的雄心和力量。

在郑和下西洋的同时，明朝政府也派出使臣西行丝绸之路，游说西域。陈诚和李暹曾五通西域，最远到达今天的阿富汗，恢复了中国与中亚各国的友好往来，促进了亚、非、欧之间贸易和文化的传播。陈、李二人的西行，留下了《西域行程记》和《西域番国志》两本珍贵的纪游书，前者专记游程，后者专记国家、城市。

明代壮游海陆，集中体现了中华民族放眼世界的气魄和胆略，以及中国人民开放进取的时代精神，在国际旅游的历程中具有里程碑的意义。

(四)乾隆下江南

清朝康熙、乾隆的出游，兴起了中国封建宫廷皇室旅游的最后余波。康熙、乾隆各自六下江南，所游名城不外乎扬州、江宁、苏州和杭州。

康熙、乾隆的游猎活动，大多在北疆，为的是练兵和强身。康熙认为军队要有战斗力，必须勤于训练。塞外水土好，空气清新，在此进行游猎活动有利于增强体质。且皇帝的游猎活动对北方各族是一种暗示和警告，有助于国家的安定。

(五)皇家园林

由于皇帝喜游园林，清朝建造了大量皇家园林，使中国的造园艺术达到极盛。康熙、雍正、乾隆在北京西北郊风景区，分别建造了五座大型皇家园林：畅春园、静明园、静宜园、圆明园(包括长春园和绮春园)、清漪园。这五座皇家园林组成一个园林群，使北京西北郊成为一个大园林区。其中清漪园于1898年重建了被英法联军破坏的部分，改名为颐和园，并将其正中的建筑更名为排云殿和佛香阁。清朝另一座重要的皇家园林是热河承德的避暑山庄，它是清代最大的御苑。以上这六座皇家园林是历代皇家园林造园艺术的大总结，代表了中国的造园艺术。

(六)故宫与万里长城

故宫始建于明成祖，历时14年完成，分外朝和内廷两部分，外朝由太和、中和、保和三大殿组成；内廷由乾清宫、文泰殿、坤宁宫、东西六宫及御花园等组成。它是我国现存规模最大的古建筑群，集我国古代建筑之精华，宫内保存了大量珍贵文物，是中国古代文化的珍贵宝藏。故宫是中外旅游者“朝圣”之所，吸引着越来越多的人前来观赏。

与故宫享有同等声誉的万里长城，是我国古代著名的军事防御工程，它是世界建筑史上的奇迹。现今尚存的长城，大多为明长城。明朝曾先后18次修筑及修缮长城，它东起山海关，西至嘉峪关，逶迤于崇山峻岭之上，横跨北方7个省、市、区，延绵万里。长城的组成部分是关隘、城台、烽火台和城墙。今天开放的长城关口有山海关、居庸关、嘉峪关等。另外八达岭、慕田峪等段的游览价值也极高。长城是中华民族精神的象征，它庄严、刚毅、坚贞不屈。

（七）苏州园林

明朝期间，达官显贵和富豪们大兴土木，纵情享乐于园林。这时期的私家园林有苏州的拙政园、留园，上海嘉定的秋霞圃，上海豫园，浙江海宁的隅园，江苏泰州的日涉园等。以上的人文建筑都是我国古代文化中的瑰宝，也是我国旅游文化的重要组成部分。

第五节　旅游文化的转型期（近代）

1840年英国发动鸦片战争，以坚船利炮轰开古老中国的大门。自此，中国进入半殖民地半封建社会。近代中国激荡于前所未有的时代巨变中，新旧冲突，新陈代谢，波澜起伏，曲折多态。中华文化在与异质文化的交锋中实现了近代化转型。在这社会大变动中，旅游文化也出现了许多新的变化。大批志士仁人所作的旅游诗文表现出了强烈的爱国精神。为寻求救国真理，无数先进人物走出国门，开眼看世界，凡此种种，实开一代旅游新风。近现代旅游的另一个主要特点，便是随着人类生产方式的进步，旅游活动不再是少数人的事情，而演化成大众的一种普遍的生活方式。这一时期的旅游文化日趋现代化、综合化、多样化。

一、近现代：新变凸现，放眼世界的旅游文化

（一）新变凸现

1840年鸦片战争爆发，中国近代历史开始发端，在半个多世纪的风云变幻中，旅游文化融入了浓郁的爱国主义思想，显示出特定的时代精神。龚自珍《己亥六月过扬州记》对国家前途的忧虑，魏源《游山吟》对污浊现实的否定，郑珍《五岳游侠歌》对侵略者的蔑视和对清政府屈膝投降的愤怒，谭嗣同《潼关》对封建牢笼的冲击，丘逢甲《谒明孝陵》对辛亥革命的拥护，金天羽《黄鹤楼》对“浮云劫火从头换”的

渴望等等，都说明这一时期旅游诗文强烈的爱国主义精神。这些旅游诗文除了思想内容反映时代特点外，也体现了一定的文学水平。魏源的五岳诸山组诗，奇豪壮美，坚苍遒劲，既刻画了雄奇变幻的山水之美，又表现了作者开拓进取的精神风貌。谭嗣同的《陇山》、《秦岭》等观赏西北风光的长诗，境界阔大，气象雄伟，几乎可与唐代岑参的边塞诗相比。丘逢甲在辛亥革命后寄情山水所作的《石梁瀑布》、《石公山》等诗，刻画名川山胜，雄丽奇肆，神气飞扬，能入乎古人又能出乎古人。

（二）出洋游历

列强的大炮轰开了紧闭的国门，给中华民族带来深重的灾难和屈辱，但它同时也开启了国人窥看域外世界的窗口。近代旅游因此趋于外向，开始了跨出国门的出洋热潮。一部分文人学士开风气之先，他们有的通过私人关系出洋游历，有的受官方派遣出国考察，也有的是奉命出使海外的外交人员，而更多的则是出洋深造的官费和自费留学生。

近代出洋游历的先驱是林鍼。他曾为外国商人充当翻译并讲述中文，1847 年应聘前往美国教授中文。在美国工作之余，他时常外出观访游历。他看到，路旁每百步树立两根木杆，杆上横架铁线，顷刻之间，电报信号即可通过铁线传达万里之外；他发现，家家户户都有自来水，市内筑有很高的铁塔，蓄水可供人们数月之需；他目睹，洋人使用的照相机能借日光照花鸟人物，瞬息就可留影；他曾参观过学校，亲眼看到男女学生同受教育，男女教师同任其职；他在公共场所，随时可见男女携手而行，亲密无间，这些现象，在男尊女卑、“男女授受不亲”的中国封建礼教下，当然是不可思议的。林鍼旅美一年的所见所闻，使他大开眼界，惭愧“往日之观天坐井”，言多荒诞，略微到海外看上几眼，则气魄胸襟大有今非昔比之感。在轰动一时的林鍼美国之游以后，过了近二十年的时间，到 1866 年，在欧洲的土地上出现了第一支由清朝政府派遣的游历队伍，其为首者是官员斌椿。斌椿一行四人先后游历了法国、英国、荷兰、汉堡、丹麦、瑞典、芬兰、俄国、普鲁士、汉诺威和比利时等十多个国家和地区。他们看到了工业革命的许多新产品：火轮船、火轮升降机、煤气灯、自行车、新闻纸……这些新鲜事物使斌椿深感“各法奇巧，匪夷所思”。在欧洲各国，斌椿一行还曾兴致勃勃地游览名胜，凭吊历史陈迹，观摩博物展品，欣赏艺术表演，参观学校教育，甚至好奇地前往教堂观看礼拜活动，对西方文化表现出一种特殊的重视和好感。1876 年，李圭作为中国工商业的唯一代表，前往美国参加世界博览会。他自上海启程，经日本东渡太平洋到美国。又横越大西洋到欧洲，再过地中海、红海、印度洋，经香港重返上海，历时近 8 个月，行程逾 4 万公里，成为中国近代出洋史上环行地球一周的游客。在美国期间，李圭除了参观博览会以外，还游览了旧金山、费城、华盛顿、纽约等地。他四处走访，曾到过监狱、儿童教养院、医院、疯人院、育婴堂、学校、图书馆、邮政局、剧场、商店、工厂等，留心观察美国社会的各个侧面。李圭结束了在美国的参观活动，又开始在欧洲旅行，先后游历了伦敦、巴黎等通都大邑。除了浏览王宫、教堂等名胜古迹外，还参观了博物馆、机器会馆、电报局、印刷厂、地铁等处。环游地球归来的李圭，眼界为之大开。他曾以自己的亲身经历为例，积极宣传“地形如球，环日而行，日不动而地动”，主张迅速学习西方的科学技术和军事技术，对洋务运动有所影响。在近代乘船至海外的文人士子中，张德彝恐怕是最勤快的一个。他先后八次出国，足迹遍布欧、亚、美三洲，可以说是近代中外交往的见证人。其他出洋游历或游学者中，有王韬、黄遵宪、梁启超、康有为、容闳、詹天佑、严复、马建忠等著名人物。还有一批革命先驱，在海外游历，结交同志，组织革命团体，为推翻清朝建立共和英勇奋斗，如孙中山、秋瑾等人。他们的出洋旅游和近代中国的救亡图存、振兴中华的爱国行动息息相关，具有强烈的时代色彩。他们向西方寻求真理，跨区域、跨文化吸收精华，为中国的进步和强盛做出了不可磨灭的贡献。

（三）新文化思想

上述这些走向世界的近代旅游者，在国外期间写下了不少反映异国山川风情的诗文，扩大了旅游文学的题材和内容。高举“诗界革命”旗帜的黄遵宪，多年出使国外，自诩“百年过半洲游四”。他的《樱花歌》、《伦敦大雾行》、《锡兰岛卧佛》等旅游诗反映了异国风物及新的文化思想，开辟了旅游诗从未有过的广阔领域。康有为曾作为流亡者周游各国，他的诗作大多为长篇，境界壮阔。梁启超的海外旅游诗打破传统形式，自由书写，走向散文化，大量运用新思想、新知识和新名词，体现了“新诗派”的特点。出国旅游散文则有张德彝的《航海述奇》、林铖的《西海纪游草》、斌椿的《乘槎笔记》、康有为的《欧洲十一国周游记》、梁启超的《新大陆游记》等。这些旅游作品无不充溢着弃旧图新、与时俱进的鲜明特色，为近代旅游文化的转型注入了生机和活力。

二、走近大众的旅游

（一）近代旅游业出现

19世纪后半叶，由于工业革命的结果，社会财富迅速增加，都市化的形成极大地改变了人们的生活方式，使旅游的规模和范围发生了巨大变化，参加旅游的人数增多了，除了少数富有者之外，许多中产阶级也参加进来。在这种世界范围的社会经济发展背景下，中国于20世纪初期开始出现近代旅游业。外国旅游企业首先在上海、天津、广州等地设立机构，包揽了中国的旅游业务，如英国的通济隆、美国的捷运、日本的国际观光局等。为争得中国人在自己的土地上开办旅游业的权益，上海商业储蓄银行于1923年8月设立旅行部，在1924年春天组织了第一批国内旅游团从上海到杭州游玩；1925年组织了第一批观樱团赴日本旅行，在日本三周，参观了长崎、东京、京都、大阪等地；1927年创刊《旅行杂志》，介绍祖国大好河山和秀美风光；1927年6月旅行部单独注册经营，改组成中国旅行社，专门为旅游活动服务，它标志着旅游活动开始纳入有组织的企业经营范围，成为一项产业。在旅游资源方面，近代的开发工作是在一些名山、海滨设立避暑区，也加入了国际旅游促销活动。中国旅行社曾先后参加了在芝加哥和伦敦举行的国际旅行社会议。另外，在解放区，中共领导人也常邀请国际友人参观，使革命根据地也出现了一些外事接待、游览活动，这在今天可视为特种旅游。美国记者、作家的真实见闻使西方正确地认识了中国的内战，了解了中国共产党。

（二）都市旅游文化丰富多彩

与此同时，在一些城市中，外来文化的渗透及社会经济的发展，使城市出现了丰富多彩的近代娱乐活动，这在上海这个“十里洋场”表现得尤为明显。19世纪末，上海曾流行旧式茶园式戏院，但由于条件限制，不能满足人们的享受需求，于是专业性的戏院应运而生。它的座位分为池座、厢座和散座，能容纳众多观众，满足不同层次的需要，如上海老丹桂茶园等。游乐场也开始出现在上海滩，以大世界为典型。它集中了当时社会的各种娱乐节目和各类小吃，深得普通市民的青睐，知名度极高。剧场、电影院、舞厅等更是当时夜上海的特色，分别以兰心戏院、国泰、大光明、大上海和百乐门为代表。此外，为满足西方人社交、娱乐的需要，上海出现了众多的俱乐部、跑马场等。上海正是由于这些光怪陆离的都市生活方式的风行以及形形色色的娱乐休闲设施的推广，被称为“冒险家的乐园”。这在一定程度上也反映了当时上海休闲娱乐业的发达及都市旅游文化的兴旺。

中华人民共和国建立后，劳动者成了国家的主人，满足人民群众不断增长的物质文化生活的需要一直是党和政府十分关注的事情，也是发展社会主义旅游产业的根本目的。随着我国改革开放的巨大成功，国民经济持续、快速、健康发展，人民生活水平与质量显著提高，近年来旅游业走上快车道，进入了空前大发展的新阶段。当今，旅游产业的经济文化含量越来越高，旅游需求日趋多样化、细分化、个性化，旅游活动愈益丰富多彩、不断创新，与之相适应的旅游文化也同步发展，走向更高更广的境界。

第六节 世界旅游文化的历史进程

tourism一词出现在英语中，最早是在19世纪初期。tour一词，起初被理解为因戏剧巡演而进行的旅行，并非是旅游者的旅行。大约在1800年，tourist在大不列颠开始用来解释周游欧洲大陆的旅行者。旅游真正被人们所认识，并成为人们生活的一部分，是在第二次世界大战以后。所以，旅游文化是一种现代文化，或者说是现代社会的一种文化形态。

一、旅游物质文化的发展历程

每个社会形态都是由经济基础和上层建筑组成的。经济基础是社会经济结构，上层建筑是建立在经济基础之上的政治和法律，以及同它相适应的社会意识形态。随着经济基础的变更，上层建筑也或慢或快地发生变革。

旅游文化作为“观念形态”的东西，和其他意识形态一样，属于上层建筑的范畴。所以，旅游文化的发生和发展受到经济的制约和支配，随着经济的变革而变化。

（一）旅游交通的发展揭开了大众旅游的序幕

旅游文化发展的历程首先与交通联系在一起。交通对旅游文化起着直接和重要的基础性作用。

旅游文化的产生和发展，有着相应的交通发展的背景。铁路交通的发展，揭开了大众旅游的序幕。1841 年，大众旅游的开创者托马斯·库克第一次组团旅行就是以火车为交通工具，开始了从莱斯特到洛赫伯勒的旅行。铁路交通的最早历史可以追溯到 16 世纪，当时是用于煤矿的运送。1830 年第一条铁路在美国建成，并投入营运。1860 年美国大陆铁路全长已达 4.9 万公里。至 1900 年，世界铁路的总长已超过 80 万公里。乘坐火车旅行较之当时的主要交通工具公共马车，费用低，旅行时间短。随着铁路网络的不断扩大和运载能力的不断提高，大规模的国内旅行不但成为可能，而且成为事实。

对大众旅游发展影响最大的交通方式无疑是航空。尽管 1783 年在巴黎郊外最早成功进行天空飞翔尝试的还只是一个热气球，但是它开辟了人类飞上蓝天的探索之路。20 世纪初活塞式飞机飞行成功，促使 1919 年正式开通了从伦敦到巴黎的客运航线。由于安全、舒适、习惯等原因，早期的航空旅行并没有很大吸引力，以致伦敦至巴黎的航线在运行 19 个月后，被迫取消。直到 20 世纪 50 年代，美国波音 707 型和道格拉斯 DC-8 型等大型喷气式飞机投入使用，从此开创了航空交通的新纪元。大型喷气式飞机装载量大、安全系数高、飞行速度快，同时价格较低。喷气式飞机的使用，是二次大战以后世界旅游迅速发展的最主要动力之一。航空交通开创了现代大众旅游的新时代，有了真正意义上的现代大众旅游时代，也就有了建立在大众旅游基础上的现代旅游文化的逐步成熟。

促成大众旅游和旅游文化发展的还有水上交通和公路交通。水上交通是人类最早开始的交通方式之一。人类早期的文明时代已经开始了水上交通的历史，在尼罗河流域等处已有独木舟和木筏的行驶。1840 年世界上第一家专门经营邮件和旅客运送的汽船公司的出现，揭开了旅游水上交通的新篇章。1869 年苏伊士运河的开通，又进一步促进了汽轮运输业的发展。与此同时，汽轮的动力由燃油逐渐取代燃煤，使海上运输更快、更安全、更便宜。水上交通对欧洲旅游的发展起了重大的影响。20 世纪 80～90 年代又有以趋向“完美的度假”为特征的海上游览船业的发展。

公路交通是最先发展的陆上交通。当人类运用畜力（如狗、牛、马等）运送物件时，就有了公路的修筑。欧洲最早的公路修筑者是罗马人，他们在自己的帝国铺设了一个遍布全国的公路网。但是随着罗马帝国的崩溃，欧洲的公路网也随之败落。以后，英国因为经济发展的需要，修筑了大量的公路。值得一提的是，在 1665 年，英国通过了收费公路的条文，从而开始出现世界上最早的收费公路。公路收费制度在一定程度上保证了公路修筑的费用，从而对公路建设起了重大的推动作用。在欧洲，法国率先发展了现代陆上交通系统，至 18 世纪初，法国已有公路 2.4 万公里。

17 世纪，由于中产阶级的产生和公路系统的逐步完善，以四轮马车为工具的公路交通日益发展。随着路况的不断好转和公路的不断延长，出现了公共交通马车的固定线路。马车作为使用最广的交通工具，一直沿用至 18 世纪末 19 世纪初。

20世纪60年代以后，因为轿车工业的发展和私人轿车拥有量的不断增加，高速公路、高架公路的出现，公路交通重新进入繁荣期。

水上交通和公路交通的发展不仅扩大了旅游者的队伍，而且丰富了旅游的形式和内容，充实了旅游文化。

旅游交通发展的历史，也是旅游发展的历史。只有现代旅游的成熟，才有旅游文化的成熟。从某种意义上可以说，没有交通，就没有旅游；没有现代旅游，就没有繁荣的旅游文化。

（二）现代大饭店的发展凸现了现代旅游的意义

旅行的两个基本条件是交通与食宿。但是早期的食宿供应极其简单，它只能满足旅行者生理上的最低需求。这类食宿条件（设施）极大地制约了旅行者的旅行，压抑了旅行者的旅行渴望。

现代样式的旅馆可以追溯到中世纪。在13～17世纪德国文学和英国文学作品中出现的“inn”，就是早期的旅舍。在马车时代，马车行程的起点、终点或驿站，常常就是设在这样的小旅舍里。这类旅舍规模小、设备简陋，客人挤在一起睡觉，吃的是家常便饭。随着铁路的发展，马车交通日渐衰落。铁路不仅改变了传统的旅行线路，同时大大缩短了旅行者的旅行时间，许多旧式旅舍因此倒闭，从而结束了旅游饭店的客栈时期。

随着铁路的发展，长途旅行不再困难。不同类型的住宿饭店在火车站所在的市镇与附近地区得到发展，19世纪就进入了现代旅馆发展时期。现代旅馆追求舒适、方便、清洁、安全与实用。

第二次世界大战以后，由于航空业的发展，出现了更多的跨国跨洲旅行，旅游业作为新兴产业得到迅速发展，因而需要有更多的饭店，特别是商务旅行者需要有特殊的膳宿条件，这样以往小型的、家庭式管理的饭店就越来越不能适应日益增长的需要。

20世纪60年代出现了集团管理的连锁饭店和现代大饭店。现代大饭店不再仅仅具备传统的住宿功能，住宿大饭店变成了旅行者的一种体验。现代大饭店使入住者感到进入了一个新的天地，这里有多功能的娱乐设施、会议设施，有各种风格和情调的酒吧和餐厅，有各种类型的健身设施和美容服务。现代大饭店除了满足安全、舒适、卫生等要求外，还能满足客人消遣、健身、娱乐、公务等多种需要。

当旅行食宿不再仅仅是为了满足个人的生理需要，而成为个人生活的一种新体验，成为追求有别于日常生活的一部分的时候，现代旅游的意义凸现了。正是有了现代旅游，才有了旅游文化的发展和成熟。

二、旅游主体文化的发展变化

旅游主体文化，其核心是旅游者文化。旅游者决定着旅游的兴衰与成败，旅游者文化影响着旅游文化的深度和广度。

先前的旅游与当代的旅游有着很大的不同，这种不同不单纯是程度上的不同，同时也表现为内容与形式的不同。

（一）工业革命前的旅行

在工业革命前的旅游，称之为“旅行”可能更为贴切。因为工业革命前的旅游基本上不含有消遣的内容，它是因为经济、军事、教育、宗教或迫于生活的一种奔走，一种旅行。最早的旅行者可能是因为商业和交易的目的，这种形式的旅行，在罗马时代达到高潮。在这一时期，也有为数极少的希腊人和罗马人外出旅行去观赏金字塔和神庙，而这类旅行较多是因为艺术或考古的目的。

罗马帝国崩溃后，欧洲的公路网随之败落，人与物的流动都受到极大的限制。

（二）朝圣者成为中世纪的主要旅行者

在中世纪，宗教是促使人们旅行的一个极其重要的因素。这一时期教堂、清真寺、佛寺等，吸引着大批长途跋涉的朝圣者。朝圣者成为中世纪的主要旅行者。与此同时，宗教的景观也开始吸引游览者。

与中世纪大规模朝圣旅行活动不同的是，文艺复兴时期旅行者的旅行主要不是出于宗教上的原因。旅行者出外旅行是因为旅游景观的美学价值、大自然和具有异国文化情调的民情风俗对他们的吸引。

（三）修学旅游的兴起

在 17 世纪后期和 18 世纪，旅行者的旅行更多的是基于对健康的关注。旅行者开始大批到温泉区和海滨区旅行，他们认为浸泡在温泉和海水中对健康有益。

这个时期开始兴起大旅游，也就是修学旅游。修学旅游最早从英国开始，修学旅游的目的地以文化名城和历史名城为主。出国（主要以法国和意大利为主）修学，成为英国贵族子弟完成高等教育的一个重要环节。到了18世纪晚期，大旅游的主体从贵族子弟转为中产阶级的子弟，修学也与观光更多地结合在一起。

一直到18世纪，旅行者还只是一小部分人。绝大多数人没有离开过自己生活的村庄，他们没有时间，没有钱，也没有外出旅行的念头。

（四）工业革命以后出现以愉悦为目的的旅行

工业革命以后，欧洲旅游发生了重要变化，这就是出现以愉悦为目的的旅行。首先，到温泉和海滨旅行的人逐渐增多。人们不只是为健康的目的而去，而是已把海滨和温泉视作娱乐和休闲的场所。其次，出现了为观赏风景而外出的观光旅游。

这一时期值得注意的是两个新旅游区的开发，这就是阿尔卑斯山和地中海旅游度假地。旅游者因为登山、滑雪、休闲和娱乐到这些地区去旅游。以后这些地区吸引了全世界半数以上的旅游者，成了世界旅游胜地。

（五）20世纪开始出现真正的大众旅游

20世纪开始出现了真正的大众旅游。特别是第二次世界大战后，国际社会环境相对稳定，世界各国的经济都有了较大的发展，劳动生产率普遍提高，人民的收入与闲暇时间都有显著的增长。在这种大背景下，人类旅游活动也步入了现代旅游的新阶段。现代旅游最突出的特点便是普及性或大众性。旅游者经历了从少数人到少数阶层到大多数人的发展过程。旅游本身的内容也从旅行走向内容丰富、范围广泛、形式多样的旅游。

旅游文化的发展也与人们休闲观念的变化有着密切的联系。

在早期，工作与闲暇观念是融为一体的，二者是整体的组成，在行为方面没有明显的区别。后来希腊人把闲暇看作是不同于工作而又高于工作的状态。他们认为闲暇标志着自由人和富人的地位，这些人生来不受命运的驱使，不需劳动。这样从工作和闲暇一体，转而认为闲暇比工作高贵。

这时休闲就成为社会阶层的一种标志，但还不是对工作或生活的区分。对贵族和农民而言，他们都认为把生活分成工作和休闲的观念是不可理解的。这与当时的农业社会密切相关，因为地主和雇工一生中大部分时间生活在一个地方，他们与土地束缚在一起。只有当一个人在异地挣钱也能生活时，工作与休闲的分离才能成为事实。

18世纪后期发生了工业革命，它带来了社会经济的变化，但工业革命解放了时间，同时又给时间以新的束缚。资产阶级为了更多地获取利润，需要工人有更多的劳动时间。资产阶级不断地灌输劳动是生活中最重要部分的思想，他们谴责休闲、颂扬劳动，并以此作为劳动者人生道德的标准。资产者因为自己的目的，歪曲了休闲的价值。

而只有当旅游者的旅游基本动因不再和工作发生关系，旅游作为一种休闲活动，与工作成为两个各自分离的社会活动时，才有真正的大众旅游。所以，对闲暇价值的重新认识，是现代大众旅游的重要起点，也是旅游文化生成的重要条件。

（六）第一次世界大战以后带薪假期出现

第一次世界大战以后的一个重要动向，就是带薪假期的出现。一些欧洲国家在有关的法律与规章中规定了劳动者享有带薪假期的权利。1939年，有10多个欧洲国家明确立法，规定带薪假期。在国际劳工组织的努力下，很快又扩大到60多个国家。带薪假期的确立具有重大的历史意义，因为它改变了劳动者的状况。从此，劳动者也有了闲暇的权利。这意味着人对自己一种新的认识。马克思认为，劳动者可以通过闲暇消遣来寻求自我表现、创造性和个性。当闲暇被理解为实现自我、使自己感到愉快的社会需要时，它对于人们安排自己的生活的各个方面，尤其是旅游，产生了极为重要的影响，它使旅游仅为少数特权者所享有的性质迅速产生了变化。

数十万、数百万的普通劳动者有时间、有经济能力并且有意识地外出旅游，成为旅游者，使旅游进入了一般人的社会生活领域，旅游文化也进入了新的发展时期。旅游主体的变化改变了旅游，也促成了旅游文化的生成和发展。现在我们认识旅游的重要性，不仅在于旅游者数量和旅游规模的宏大，而且在于它对社会文化所发生的深刻影响。正如有些学者指出的，“作为一种促进社会发展的力量，旅游有着与工业革命同样的影响。在不到三十年的时间里，旅游已经改变了世界”[①]。对于旅游认识的变化，也促进了对旅游文化认识的深化。

① P. Boniface. *Managing Quality Cultural Tourism*. Routledge，1995：5.

第三章

旅游文化的基础

本章提要：旅游文化有其存在的根源和土壤，也就是旅游文化的基础。本章首先从物质、制度、行为和精神四个文化的结构层面讨论旅游文化的文化基础。接着从地理环境、旅游资源和生态环境三个角度讨论旅游文化的地理基础。然后从民族的差异性、民族风情和作为文化交流的旅游三个方面分析旅游文化的民族基础。最后又从价值观、思维角度和审美模式三个角度研究旅游文化的哲学基础，从中折射出旅游文化与社会生活之间的千丝万缕的联系。

旅游本身就是一种大规模的文化活动，从原始部落到现代大都会，从戈壁沙漠到水乡泽国，从侗乡民歌到好莱坞电影，都是吸引旅游者的文化因素。为了探求旅游文化的方方面面，必须到形成旅游文化的人类社会文化大土壤中去寻找它的基础，我们把这些基础分为文化基础（也称结构基础）、民族基础和哲学基础。我们将在人类社会的历史长河和不同文化的比较中探究各种文化事象以及它们之间的相互作用对旅游文化的形成和发展的影响。同时，自然界虽非人类所创造的文化事象，但它是地球上一切生命体的母体；另一方面，自然的地理风貌一旦进入人的审美世界，也便成了人类文化的一部分，因此对旅游文化的地理基础的讨论也就显得非常必要。我们还必须记住这些基础是作为一个整体，共同影响着旅游文化，人为地割裂它们之间的关系都是不完全的，这里的分类仅是为了论述的方便。

第一节　旅游文化的文化基础

人类文化的涵盖面和影响面极为广阔，其内容纷繁复杂、不胜枚举。我们在旅游中到处可以看到文化：礼教、家风、古训、德行是文化；鼓楼、牌坊、胡同、四合院是文化；酒铺、茶馆、戏院是文化；瓷器、宣纸、湖笔、泥娃娃、象牙雕刻、木漆家具乃至风味小吃，如此等等，无一不是文化。至于殷墟中的甲骨文、秦始皇陵的兵马俑、马王堆汉墓中的帛书竹简，更属于文化的范畴。人类社会几乎无处没有文化，作为现代人们生活的一项重要内容的旅游活动更是离不开文化。面对包罗万象、林林总总的文化要素，要准确地认识和把握文化的内涵，必须从分析文化的结构开始，这也是我们研究旅游文化的一个重要的起点。

许多文化人类学家深入到文化诸要素中作认真细致的考察，发现所有的文化要素都互相制约、互相影响，形成种种富有秩序的小系统。这些小系统也相互制约、相互影响，形成更为庞杂但却同样富有秩序的大系统，即文化系统。因此，文化系统实际上是由具有特定功能，相互之间有着有机联系的许多文化要素按一定层次和方式构成的整体。这个包罗万象、纷繁复杂的整体有它自身的结构。所谓文化的结构，是指文化系统内部诸要素及其组成的子系统相互联系、相互作用的方式和秩序，它是文化系统发展过程中保持整体性并具有巨大功能的内在根据。一般说来，文化的结构分为四个层次，即物质文化、制度文化、行为文化和精神文化。物质文化处于文化结构的表层，制度文化和行为文化居于文化结构的中层，精神文化深潜于文化结构的最里层。这一文化结构的分层方法同样适用于我们对旅游文化的研究。

一、物质文化

物质文化是由自然创造、人类加工的各种器物，即“物化的知识力量”所构成的物态文化，它是人的物质生产活动方式和产品的总和，是可触知的具有物质实体的文化事物，构成整个文化创造中坚实的物质基础。物质文化所反映的是人与自然的物质变换关系，这种关系表现为一定的社会生产力发展水平，它对物质文化各个方面的风貌起着制约作用。在广义的旅游文化定义中，“旅游文化是人类过去和现在所创造的与旅游有关的物质财富和精神财富的总和”[①]。显然，人类的旅游活动是与社会生产力的发展密不可分的，离开人类所创造的物质文明成果，人们不可能进行任何旅游活动，更谈不上由此产生的狭义的旅游文化。[②] 在旅游活动中反映出的人类的物质文化，主要体现在交通状况、接待设施、历史遗迹和文化器物等方面。

（一）交通状况

人们的旅行方式和旅游观念的变化，表现为与那个时代相适应的交通工具和交通设施，而一个时代的交通状况又直接取决于那个时代的生产力发展水平。

原始人的活动是为了直接的生产目的，如捕鱼、狩猎、采集，完全是徒步。人类进入农业社会以后，逐渐适应了定居生活，食物来源大半甚至全部是靠栽培植物和畜养动物。由于生活资料、生产资料的逐渐丰富，商品交换的增加促进了商务旅游的增长，而驮畜，如牛、马、驴、骡、骆驼等，就成了这一时期最重要的交通工具。另一方面，从农业中又分化出以放牧为主的游牧民族。为了适应环境，他们逐水草而居，过着迁徙生活，他们的主要食物来源和交通工具都是牲畜。而靠近江、河、湖、海的民族，舟船就成了他们最重要的交通工具和生产工具。由此可以看出，在前工业社会，人类的旅行大多以生产和贸易为主，而其主要动力是人力、牲畜力和自然力（如风力、水力等）。这一时期的交通设施也有相应的发展，最为著名的道路系统便是罗马帝国修建的连接罗马和各行省首府的罗马大道（西方谚语“条条大道通罗马”便源于此），以及中国古代历朝修建的连接京城的驿道。而地中海沿岸和中国

① 陈辽．漫谈旅游文化．中国旅游报，1987-11-01.

② 狭义的旅游文化一般特指精神和意识形态领域与旅游有关的价值观．

的一些沿海港口，如雅典、热那亚、亚历山大、威尼斯、泉州等，都成为重要的海运交通城市。中国的大运河则成了重要的内陆水道，是我国古代最重要的交通设施工程之一。

人类进入工业社会的标志是1763年蒸汽机的出现。“蒸汽机的历史意义，无论怎样夸大也不为过。它提供了治理和利用热能、为机械供给推动力的手段。因而，它结束了人类对畜力、风力和水力的由来已久的依赖。这时，一个巨大的新能源已为人类所获得，而且不久，人类还能开发储藏在地球中的其他矿物燃料，即石油和燃气”①。蒸汽机的出现带动了采矿业的发展，人们不久就更新了采煤术，这使得建造火车和蒸汽船成为可能。与此同时，交通系统也得到广泛的建设，工业革命后英国和欧洲出现的道路系统和运河工程在技术上和质量上，都远远胜过古罗马和古代中国的工程。以动力系统和能源开发为特征的工业革命大大改变了人类的面貌，随后出现的汽车、飞机、游轮，以及高速公路、港口、机场及其他交通设施使人类的旅行更加快捷、方便。

（二）接待设施

接待设施的发展也为人们出外旅行提供了物质保证。自有文字开始，人类就有了关于旅游的记载。旅游者无论走到哪里，都需要有食宿的地方，古代的客栈就是这样发展起来的。在古埃及的古墓壁画、古巴比伦和古希腊的文字记载中，都有描绘客栈的情景。在庞贝古城的出土文物中，人们发现了几千年前古罗马的客栈遗迹。中世纪的欧洲，贸易很不发达，人们要旅行或野外露营，或寄宿于贵族城堡，或寄宿于寺庙。到了中世纪后期文艺复兴时代，随着旅行的增加，客栈重又兴起。到了近代，无论在欧洲还是在美国，人们可以发现每隔二三十公里的车站旁就有客栈。1656年，美国马萨诸塞州制定了一条法律，规定每个社区须有一客栈。1750年以后，美国的客栈内普遍增设了娱乐设施，如酒吧和保龄球等。工业革命以后，这一趋势更是势不可挡。1829年

① （美）L. S. 斯塔夫里阿诺斯著，吴象婴，梁赤民译. 全球通史——1500年以后的世界. 上海：上海社会科学院出版社，1999：287.

在波士顿落成的特里蒙特饭店成为第一座现代意义上的饭店，套房、有热水的卫生间、大型餐厅、训练有素的服务员，都为后来的饭店确立了明确的标准。直至今天，豪华饭店、饭店集团、汽车饭店以及电脑联网饭店相继出现，使人们的旅游生活变得越来越舒适方便，饭店在旅游中的作用也变得越来越重要。

（三）旅游吸引物

与人们的旅游动机有关的物质文化主要体现在各民族、各地区创造的不同的历史遗迹、现代建筑、人造景观和各种器物（如工艺品）等，这些是形成旅游吸引物的重要方面。

在所有这些吸引物中，历史遗迹是最重要的。一个地区的历史遗迹是当地长期文明的结晶，是区别于其他地区的历史、文化的具体表现。埃及的金字塔、中国的万里长城、罗马的斗兽场、法国的巴黎圣母院、柬埔寨的吴哥窟……所有这些都是世界各国、各民族千百年来精心建造、悉心呵护而保存下来的物质文化，对全世界的人们都有着恒久的魅力，世界上相当多的旅游地区完全是依靠历史古迹来吸引旅游者的。而那些高大宏伟，显示人类成就的建筑，如巴黎埃菲尔铁塔、悉尼歌剧院、上海东方明珠电视塔，也同样成为值得一游的景观。在器物、饮食方面，则任何一个民族独具特色的生活用具、生产工具、土特产品、风味小吃都可能成为吸引旅游者的因素。

二、制度文化

制度是指人们在参与社会活动的过程中，为了调节人与人之间的各种关系，逐渐形成的一系列要求所有社会成员必须共同遵守的办事规程或行为准则，它由人类社会实践中组建的各种行为规范、准则以及各种组织形式所构成。这里说的制度主要是指以法律、法规、命令、契约或组织等形式存在的正式的制度（亦称正式的制度安排），如政治制度、经济制度、教育制度、军事制度、法律制度、婚姻制度等。制度是凝固化的社会关系，具有稳定性、普遍性、共守性。制度的执行具有强制性，必须依靠某种权威来实施。在古代社会，部落的酋长、宗族里的家长就是这样的权威。而在现代社会，国家则扮演了这一权威的角色，它既是制度的产物，又是保证制度得以实施的工具。市场作为一种调节经济关系的制度，自人类有了商品交换就一直存在至今。而现代市场经济则是复杂的经济制度的组合体，它既包括与市场运作各方面相关的经济法规、国际贸易公约、信用制度，又包括各种从事商品和服务的生产、流通、交换、分配及结算的银行、工厂、公司等经济组织，同时还有执行各项法律制度来协调和管理市场的职能部门，如工商、税务、产业部门等等。这一整套复杂的制度和组织构成一个国家的经济制度文化。饭店就其外观和内部物理结构，我们将其看作是物质文化，而一旦被纳入经济体系当中，就必须从制度上明确：谁是投资者，由谁来经营和管理，由谁来负责各项具体的生产和服务工作，谁是饭店的服务对象，这些人各自的权利和义务怎样……明确回答这一系列问题并形成书面的契约或条款，由当事人遵守，就形成了旅游经济活动中的制度文化。

制度并不是一成不变的，人们在遵守制度的同时，也会改变制度本身，即所谓制度创新。这是因为制度文化既受物质生产水平的制约，又受人们文化心理素质的制约。旅行社的产生很好地说明了这个问题。19世纪30～40年代，火车在英国变得越来越普及，同时，随着人们余暇时间及收入的增加，出外进行旅游活动的热情日益高涨。1841年，身为中南地区禁酒会秘书长的托马斯·库克组织了一次由570人参加的由莱斯特至洛赫伯勒往返的短途旅行（去开禁酒会）。这一成功的经历，使他更经常地以商业目的用包租火车的方式组织旅游。到了1855年，库克第一次用“包价旅游”的方式组织旅行团赴欧洲大陆参加当年的巴黎博览会。这一制度创新降低了人们出外旅游的不确定性，第一次将旅游者从身处异乡不得不为食宿交通犯愁的烦恼中解放了出来，因而很快便成为各国旅游经营者普遍采用的制度。现代旅行社所面临的制度文化环境是极复杂的，包括：旅行社的组织制度、合同制度、赔偿制度、资本运行制度、内部管理制度等等一系列制约和指导旅行社决策的制度，旅行社要想在竞争中取胜就必须掌握并适应这一制度的文化环境。

三、行为文化

这里讲的行为文化，指的是人类活动本身构成的文化。它既区别于动物本能，又区别于其他文化。有的文化学者甚至使用这一公式——人的行为＝动物行为＋行为文化——来解释说明行为文化。[①] 即任何特定的人类行为都具有两个性质的因素，一方面，人的行为包含着机体的骨骼、肌肉、神经、器官的生理活动；另一方面，人诞生于文化社会之中，他的行为不再是纯粹的动物式活动，他要使用各种工具，遵守各种规范，进行各种文化创造，从而具有了超生理性的文化因素，这种不能归属于生理的行为因素，便是行为文化。而有关行为文化的各种规范，主要是指非正式制度所形成的习惯、风俗、行为定式及行为活动方式。一般说来，人的行为除受来自外界的种种有形的、物质的、他律的、带有强制性或暴力特点的规范（正式的制度）的制约外，还要受种种无形的、非物质的、自律的和不带任何强制性的内在良知（道德观念、价值观念、审美观念等）的制约。

行为文化作为一个民族深层的精神文化的表现，可以分为技术和社会规范。说到技术，人们一般都将之归入到精神文化，实际上技术与属于精神文化的科学是有一定区别的。后者的主要任务是通过实践去认识物质运动（包括人类社会）的规律，它不断丰富人类的精神文化；而前者则是体现在人对自然的有目的的改造中，是创造物质文化的方法、手段的总和，它不断丰富着人类的物质文化，因此技术属于人类的行为文化。技术的本质是方法，它是人们在对自然的改造中，在物质文化的创造中不断积累经验而发展起来的。而作为精神文化的科学，不能直接进入物质文化，必须转化为技术（即转化为实践）并通过技术活动才能转变为物质文化成果。技术创造了我们现代生活所需的一切物质文化，从这个意义上说它是一切社会活动的基础，旅游活动自然也不例外。另一方面，人类进行物质创造活动的多样性本身就是一种旅游吸引物，日益

① 韩民青. 文化论. 南宁：广西人民出版社，1989：120.

兴起的工业旅游便是一个很好的例子。中国的景泰蓝制作、丝绸的织造、陶瓷的烧制，都引起无数中外游客的极大兴趣。法国不但很早就开展了参观汽车制造的旅游活动（雷诺、标致、雪铁龙三大汽车公司所属工厂每年接待游客达20多万人次），还组织了游客参观核电站、阿里亚娜火箭、“空中客车”等尖端科技项目。在参观过程中，旅客甚至可以在指导下自己实践一些较为简单的工艺技术，如制陶、织布、香水制作、手工艺品制作等等，丰富自己的感性认识，增加对技术的兴趣。而集生态环境、休闲娱乐、动手实践为一体的农业旅游同样为爱好自然、渴望回归自然淳朴的农耕生活的旅游者提供了绝佳的选择。果实收获、茶叶采摘、手工挤奶、蔬菜种植等等一切与农业技术有关的旅游项目，无疑激发了旅游者极大的动手实践的兴趣。

作为行为文化的社会规范，主要是由人类在社会实践中尤其是人际交往中以约定俗成方式构成的风俗习惯来体现的。

首先，这种社会规范具有强烈的时代色彩。随着时代的变迁及思想观念的变化，人们的风俗习惯必然也会相应地发生变化。如男女的婚配在封建社会必须遵从“父母之命，媒妁之言”；晚清以降，西风渐进，加之社会变革，男女平等、自由恋爱的观念越来越深入人心；如今随着信息技术的普及，通过媒体（如报纸、电视、因特网）来扩大自己的求偶范围也渐成青年男女的时尚。时代的进步虽淘汰了旧的习俗，但怀旧情结又始终让人们对那些古老的风俗有着某种向往，于是仿古建筑、仿古文化在各地兴起。外国新婚旅游者到中国来坐花轿、盖红盖头、拜天地，体会新奇和欢乐。

其次，社会规范又具有多样性。一方面，同样的行为方式在不同的民族文化中具有不同的内容。如中国人跷大拇指是一种高度赞扬的意思，而希腊人急剧地跷起大拇指表示让对方“滚蛋”，在澳大利亚和新西兰，跷大拇指则被看成是猥亵。同样是吃，美国人吃牡蛎，不吃蜗牛和蝗虫；祖鲁人吃蝗虫，不吃鱼类；犹太人吃鱼类，不吃猪肉；印度教徒吃猪肉，不吃牛肉；俄国人吃牛肉，不吃蛇肉。另一方面，相同的内容在不同的民族文化中具有不同的行为表现。例如人们相见行礼的形式就具有浓厚的文化气息：中国人在辛亥革命之前用磕头和作揖表示，之后用握手；日本人用鞠躬表示；在印度，向主人表示问候时要双手合十；在德国、奥地利和阿根廷有以鞋跟并拢致意的方式；法国人和意大利人则以拥抱、亲吻对方面颊表示；法属波利尼西亚人用拥抱和揉搓对方的背部表示问候；欧洲和南美洲有的地方亲吻妇女的手背表示对她们的问候。同样是表示吃饱，中国人用一只手或两只手轻拍自己的肚子表示；美国人用一只手放在自己的喉头，手指伸开，手心向下表示。所有这些行为方式既可能引起文化交往中的困惑和冲突，又可能成为不同文化背景的人交往的强大动力。如克林顿访华带头使用筷子，使得随行人员和许多美国公众都加入了练习用筷子的行列。对于许多旅游者来说，“入乡随俗”就是一种以礼俗、民俗、风俗形态出现的行为模式。

四、精神文化

由人类在社会实践和意识活动中孕育出来的价值观念、审美情趣、道德情操、宗教感情、民族性格、思维方式等因素所构成的精神文化，是文化整体的核心部分。精神文化或称“心态文化”、“社会意识”，它所反映的是人与自身的关系，即人的内心世界。社会意识又可分为社会心理和社会意识形态。社会心理指人们日常的精神状态和道德风貌，是尚未经过理论加工和艺术升华的大众心态，诸如人们的要求、愿望、情绪、风尚等等。在我国古代，朝廷设置专门机构，致力于“观俗”、“采风”，便是着意于掌握社会心理，以期“移风易俗”。社会心理较直接地受到物质文化和制度文化的影响与制约，并与行为文化交融互摄，互为表里。而社会意识形态是指社会心理经过系统的理论整理或艺术的处理升华，曲折而深刻地反映社会存在，同时以物化的形态（如书籍、绘画、雕塑、乐章等）固定下来，播扬世界，留传后世。如果想真正认识某一国度、某一民族精神文化的本质和全貌，就必须同时把握社会心理和社会意识形态。

社会意识形态又可依据其与社会存在的关系的远近，区别为基层意识形态和高层意识形态。基层意识形态是政治理论、法权观念、伦理学说，它是经济基础的集中体现，同社会存在有着密不可分的联系，但它的产生和发展却离不开社会心理这个中介环节的作用。高层意识形态指的是科学、文学、艺术、美学、宗教、哲学等，具有相对的独立性，是更高的、远离物质经济基础的意识形态。但它的终极根源仍是社会存在，尤其是社会的物质经济基础。尽管高层意识形态与本身的物质存在条件的联系不太明显，但联系却是存在的，只不过社会存在对高层意识形态的作用，是通过社会心理和基层意识形态这些中间介质来实现罢了。

我们平时谈论的文化多是指精神文化层次，它是人们对世界最本质的看法，极大地影响着其他层次的文化。特别是当一定形态的精神文化反映到物质文化、制度文化和行为文化中的时候，便在很大程度上表现出那个时代人们的精神状况。高大森严的教堂表现出西方人对“主”的敬惧，壁画、雕塑多表现为“主”的功绩和耶稣对人的爱，烘托凝重的宗教氛围；而“虽由人作，宛自天然”的江南园林则轻盈秀丽、清雅平淡、韵味隽永，充分体现了“天人合一”的哲学思想，通过分割、连通、伸缩、虚实等造园手法营造了“步移景异”、“巧于因借”的诗情画意，从而被誉为是“凝固了的绘画与文学”，使游人在园中不仅感受到自然美、艺术美，而且领悟到造园者所要表现的情感和理想。

制度文化作为一种正式的规范准则和组织，首先必须体现一个国家或民族的基层意识形态，即政治理论、法权观念、伦理道德等等。崇尚儒家的古代中国的统治者从“君君、臣臣、父父、子子”的观念出发建立“伦理—政治型”的社会制度，“中华文化的‘伦理—政治型’文化范式从‘内圣’与‘外王’的矛盾统一体中获得坚韧的理论架构，并与农业型的自然经济、宗法—专制型的社会结构，相辅相成，组合为一个完备严密的体系”①。而西方则在马丁·路德完成宗教改革后的几个世纪中确立了个人价值的重要性。这一新教伦理在经济上表现为“自由劳

① 冯天瑜，何晓明，周积明．中华文化史．上海：上海人民出版社，1990：261～262.

动之理性的资本主义组织方式”[①]，而在政治上则反映在《独立宣言》和《公民与人权宣言》中所倡导的“人人生而平等”的西方式的民主制度。作为风俗习惯的行为文化则无处不受到深层的精神文化的影响。中国人对年纪大的人要用尊称如“王伯伯”，对有官衔、职称的人都应在称呼上加上官衔和职称，如“张局长”、“李教授”，即使在非正式场合也是如此，体现了长幼有序、尊卑有等的伦理传统。而西方人即使有较高的地位或辈分，也乐意人直呼其名，以示亲切和平等，非到正式场合不用尊称，这便是平等的价值观所产生的影响。

另一方面，作为高层意识形态的文学、艺术、美学、宗教哲学和科学等，本身就能创造审美效果，因其独特的魅力而引起人们的无限向往。卢浮宫馆藏达·芬奇的名画《蒙娜丽莎》引得世界多少游客前往巴黎一睹为快；塞万提斯的《堂吉诃德》中出神入化的描写为西班牙旅行社开辟的“堂吉诃德之旅”提供了良好的活动素材和免费的广告；耶路撒冷因其同时是犹太教、基督教和伊斯兰教的圣地而使这三大世界宗教的教徒们争相前往朝圣。人们对艺术、宗教、科学的不懈追求，正是对自己人生的一种完善过程。旅游作为一种完善自我的形式，理应在文化的最高层次上为旅游者提供发展自我、实现自我的精神享受。

第二节　旅游文化的地理基础

旅游是人类多方面的地域活动，因此，作为人类文化自然基础的地理环境影响着人们旅游方式和旅游目的地的选择，也影响着旅游文化的形成和发展。

① 马克斯·韦伯著，于晓，陈维纲等译．新教伦理与资本主义精神．北京：生活·读书·新知三联书店，1987：11.

一、地理环境

地球是“人类的故乡”、“文化的载体”。这也是为什么研究人类的文化现象不应该脱离地理的、生态的环境来讨论的原因所在，对于旅游文化的研究，尤为如此。

我们生活的地球上的环境，包括自然（地理）环境和社会环境两方面。自然环境指由地球表层的岩石（包括各种矿物）、土壤、大气、水（包括海洋、河流、湖泊和地下水）和动植物等自然物质与来自地球外部的太阳能和地球内部的热能相互作用所共同形成的一个复杂的自然地理系统，即存在于人类社会周围的自然界。它提供了人类生存的各种必需品，是人的生命、人类社会生存和物质生活不可缺少的、必要的和经常的条件。自然环境的这一特性，从另一方面也决定了人类一诞生就必然要与自然发生密切联系和相互作用，即必须处理人与自然的关系。同时，人们还要处理人与人之间的关系，这导致了人类社会的形成，也就是社会环境的形成，它是人类为了更有效地组织劳动、提高生产能力与分配能力，更好地在自然环境中创造生存环境而有目的地组成的。它是在人们的文化习惯、价值观念、政治信念、社会意识、宗教信仰、知识程度、经济状况、劳动和生活方式等多方面因素作用下形成的一种复杂的社会文化系统。社会环境是一种长期存在的客观现象，它的存在对人类与自然环境的关系起着不断修正的作用。随着社会环境结构的日益复杂及其功能的日益强化，人与地理环境正从早期的自然属性为主（类似于生物与自然的关系）向人为化渐强（人对自然影响越来越大）的趋势转化。因此，可以说地理环境是社会环境和自然环境相互交织的产物，从人类社会发展角度看，它是人为化了的自然（地理）环境。

二、旅游资源

旅游活动是人们从事的一项特殊的人与地理环境的活动，它是以审美、陶冶情操、增长知识、休闲娱乐为目的，离开居住地进行的综合性的文化活动。旅游活动的产生与旅游业的发展，与旅游资源开发、利用、保护密不可分。“旅游业是一个资源产业，一个依靠自然秉赋和社会遗赠的产业”①。而所谓旅游资源，就是“能激发旅游者的旅游动机，为旅游业所利用，并由此产生经济效益与社会效益的因素和条件”②。旅游资源也可大致分为两大类，即自然旅游资源和人文旅游资源。③自然资源和人文资源共同构成吸引旅游者的最根本的力量，并经由旅游经营商整合成旅游产品，向目标客源市场投放，资源因此成为出售对象的重要组成部分。旅游资源之于旅游业，犹如工厂之于工业，农田之于农业，有着极其重要的意义。

（一）自然旅游资源

由地貌、水体、气候、生物等自然地理要素组成。由于地表自然条件的地域差异，各地区各种自然要素的不同组合，构成了千变万化的景象和环境。风光胜地的美景可以为旅游者提供美的享受；异地风光使长久生活于一个狭小天地里的人们感到新奇；温暖或凉爽的气候条件使人们前往避寒或避暑；甚至像高山、急流、极地这样严酷的自然环境，也可以满足人们探险的需求。随着工业化和城市化影响的加剧，人们向往自然，渴望回归自然的愿望越来越强烈。作为一个地区自然旅游资源的地理环境，总是由各个自然要素组成的，它们相互制约，相互影响，共同形成一个自然综合体，造成该地区特有的自然景观。一般说来，在这些要素中总有一个或几个要素具有不同于其他地区的特色。形成自然景观的要素主要有：

1. 地貌。

地貌或地形，即地表的形态，是地球内力和外力长期作用的结果。地貌按常规分类，可以分成平原、盆地、高原、丘陵和山地。平原、盆地和高原往往是人类聚居的地区，因而在不同程度上改变了面貌，并形成了人文景观突出的特色，如黄土高原上的梯田与窑洞、吐鲁番盆地的坎儿井和一望无际的澳大利亚草原和牧场。山地则受人类影响相对较

---

① 匡林. 旅游业与可持续发展. 南开经济研究，1997（2）.

② 刘振礼. 中国旅游地理. 天津：南开大学出版社，1988：4～17.

③ 刘振礼. 中国旅游地理. 天津：南开大学出版社，1988：4～17.

少，因而较多地保留了原来的面貌。高大、险峻的山峰是登山运动的对象，如亚洲的珠穆朗玛峰、贡嘎山峰，欧洲的阿尔卑斯山诸峰，美洲的落基山等。而许多山地，由于冬季积雪，是进行滑雪运动的良好场所，如阿尔卑斯山地等。而观光娱乐山地则因其垂直变化，具有与平地不同的气候条件和景色，兼以飞瀑、流泉、小溪、古松、奇花、异草，成为许多人乐意前往的风景区和避暑胜地，如我国的黄山、庐山等。

地貌按照成因类型分类，有岩溶地貌、黄土地貌、丹霞地貌、风沙地貌、火山地貌、冰川地貌等。各种不同成因的地貌类型具有不同的形态，构成风格迥异的景色。例如桂林地区的岩溶地貌，石笋、峰林、奇石、异洞构成了人间仙境。即使是沙漠这样自然条件恶劣的地貌类型，同样可以吸引人们去旅游，埃及就在著名的吉萨大金字塔旁开辟了沙漠公园。而一些间歇性喷发或是已经停止喷发的火山也成为吸引旅游者的资源，如日本的富士山、意大利的维苏威火山和我国的五大连池天然火山博物馆等。

2. 水体。

水是自然界分布最广，也是最为活跃的构成要素之一。水体是大多数风景游览区的重要组成部分。海洋占地表面积的71%，海岸地带拥有丰富的旅游资源。海水中含有多种矿物元素，海滨空气中含氧和臭氧也较多，对人体健康极为有利。海滨地区由于海洋的调节，温差较小，是理想的避暑、疗养、休假胜地。另外，海滨的自然景观（如沙洲、沙滩、断崖绝壁、海岛、海湖、海洋、动植物等）和人文景观（灯塔、海港、渔村等）对游客有着巨大的吸引力，同时海滨游览区还可以开展海水浴、垂钓、划船、捕鱼、品尝海鲜等各种旅游项目。美国的夏威夷、东南亚的巴厘岛和帕提亚、法国的尼斯、意大利的西西里岛和西班牙的巴利阿里群岛，无不以洁净、温暖、充满阳光的海滨而享誉世界，并以向世界出售阳光和海滩为骄傲。

湖泊是陆地内部最重要的水体。世界上许多风景秀丽的湖泊都被利用来开展旅游，不仅可以观赏风景，还可以开展游泳、泛舟、垂钓等多种水上活动。瑞士日内瓦湖成为闻名世界的风景区和疗养区；我国杭州西湖风景区以其秀丽的自然风光和周围众多名胜古迹的结合而驰名中外。

河流不仅是文明诞生的摇篮，为人们提供灌溉和舟楫之利，而且也是重要的旅游资源。我国著名的两条河上游览线长江三峡和桂林—阳朔间的漓江，便是将变幻无穷的两岸风光串联成了引人入胜的旅游线路。世界最大的两条河流尼罗河和亚马孙河，也开辟了这样的游览线路。在美国的密西西比河上，游船上的游客还能看见迎面驶来的（旅游公司雇佣的）运棉花的旧货船和在棉花堆上打瞌睡的黑人男孩，把游人带入马克·吐温笔下的19世纪的美国南方。河水跌落形成瀑布，由于其成因、所处环境及水量不同呈现出不同的景象，构成重要的观赏对象。美加交界处的尼亚加拉大瀑布以其宏伟的气势震撼人心，而黄山、庐山、雁荡山的瀑布却把人带入诗化的意境中去。地下水涌出成为泉水。泉水中以矿泉、温泉与旅游业关系最为密切。矿泉水含有多种矿物元素，可制成饮料。我国的泉水一向以水质清澈、口味甘醇而负盛名，如杭州的虎跑泉、济南的趵突泉、镇江金山的“天下第一泉”中泠泉、无锡惠山的“天下第二泉”惠山泉等等。温泉则可以供人们沐浴，具有医疗价值。如我国的华清池、五大连池、从化温泉、汤山温泉，都是驰名中外的疗养型温泉地。在罗马尼亚和日本，温泉甚至成为这些国家旅游业的支柱。

3. 气候。

世界各地区的气候因其纬度、位置、距海远近以及地形条件的不同而存在较大的差异，这种差异是促成人们外出旅游的重要因素。人们为了躲避严寒、酷暑或阴雨绵绵的天气，总是愿意到阳光明媚、气候宜人的地方去度假旅游。世界大多数地区的气候一年之中有明显的季节变化，因此这种以追求适宜气候条件为特点的客流有明显的季节性。

随着海拔高度变化，气温呈现明显的差异，这一点在中低纬度地区极为重要。在这些地区，山区温度低于平地，通常植被保护较好，空气清爽洁净，日照比较丰富，使人感到舒适。而太高的山则会使初到者出现高山反应，因此避暑疗养以海拔2000米以下的山为宜。美国的丹佛、瑞士的苏黎世和日内瓦、西班牙的马德里、印尼的万隆、泰国的清迈、中国的黄山等能成为著名旅游地，那里海拔略高、气候较凉爽是重要原因之一。

有时特殊的气候条件往往也能满足有特定目的的旅游者的需要。在寒冷的冬季，那些气候湿润有厚层积雪的和缓山地，为滑雪爱好者提供了理想的场所，如欧洲的阿尔卑斯山、日本的札幌等。而热带特有的海风、温暖的阳光也为日光浴爱好者们提供了绝佳的场所，因此许多旅游地区具有夏季向海滩，冬季向山地的明显客流趋势。同样，天气的变化也会形成特殊的景观，把旅游者带入特殊的意境之中，如烟雨空蒙中的西湖、漓江，银装素裹的长城，雪后初晴的断桥，黎明前的泰山日出。至于云海、佛光、佛灯、雾凇、海市蜃楼等大气物理现象，更成为不可多得的美景。

4. 生物。

地球表面绝大部分地区都或多或少地有植物生长，有动物活动。生物在长期的适应发展过程中和不同环境条件下形成了不同类型的植被和动物群，多种多样的生物群体形成了地表最有特色、最生动的外部特征。生物不仅为人们提供了各种饮食和生产原料，同时也提供了多种多样的休养娱乐环境、观赏游览对象。直接以生物为观赏游览对象的项目是植物园和动物园，这为游客特别是青少年提供了一个科学课堂和游乐场所。

近年来，随着生态旅游的兴起，人们越来越向往天然的自然保护区或动植物园。非洲肯尼亚等国有着著名的野生动物园，在非洲大草原上，各种动物在自然环境下生存、繁衍、捕食、逃生，给人以惊奇之感。而澳大利亚的大堡礁，在总面积30万平方公里的珊瑚海中，栖息着1500种鱼类以及稀有的海龟、海豚和成千上万的软体动物，仅珊瑚即有400多种，是世界上最大的海洋动物园，人们可乘小型潜艇观赏这自然的奇观。经过训练进行特别表演的大象、海豚、鳄鱼等，常能吸引青少年。动植物还是旅游者采集、狩猎、垂钓的对象，这对一些高消费的旅游者具有特殊吸引力。这些活动必须限制区域、限制种类，并有利于物种保护和生物多样性。匈牙利和东欧是开展狩猎旅游较发达的地区，由于合理保护和利用，野生动物总数反而增加。原始森林、热带雨林为游客提供优美的、有利于健康的环境，我国的西双版纳、南美的亚马孙森林、俄罗斯的西伯利亚森林，都是旅游者向往的生态旅游地。

（二）人文旅游资源

人文旅游资源是人类历史和文化的结晶，是民族风貌的反映。如果说自然旅游资源主要是自然的恩赐，由千万年来地质的变化形成，那么人文旅游资源则是人类从事各种生产、文化创造实践的结果。文化的各个层面的内容都可能成为吸引旅游者的人文旅游资源，其内容较之自然旅游资源更加丰富多彩，是形成旅游文化的最重要的部分。由于在本书相应的各章节都有所介绍，这里简单地把人文旅游资源分为以下几类：

1. 历史古迹。

任何一个国家、民族，都有自己发展的历程，先辈在创造文明的过程中留下了许多辉煌灿烂的历史古迹。这些古迹不但吸引着众多本民族的旅游者前来缅怀先辈的伟业，感慨岁月的沧桑，同时也强烈地吸引着其他国家和民族的旅游者。许多历史古迹便成为这些国家的象征。

2. 民族风情。

在长期的历史发展过程中，各民族逐渐形成各自鲜明的特点，他们的风俗、服饰、节庆活动，以至建筑、艺术、歌舞，都对异族的旅游者具有强烈吸引力。了解异族的文化，是大多数旅游者的主要动机之一。

3. 宗教。

在古代，宗教是推动人们出外旅行的主要动机之一。朝圣，无论在古代还是现代，在信仰宗教的人们心中都是一生中最大的心愿。同时，世界各地都建有各种宗教活动场所，它们不但是教徒朝拜的地方，同时也是精湛的建筑、雕塑、绘画等艺术珍品的荟萃之地。如意大利圣彼得大教堂、德国科隆大教堂等，都因其艺术魅力而吸引着众多的非教徒的旅游者。许多宗教活动仪式本身也使旅游者感到神秘、新奇。但一些宗教节日现在已经成为一般群众性的宗教色彩并不浓厚的节日，期间带有明显民族特色的文体活动使旅游者与欢乐的本地居民一起得到极大的享受，例如圣诞节、罗马的复活节等。

4. 博物馆和名人故居。

出于人们对历史、文化知识的需求，博物馆可将有关历史文化或科技内容集中、系统地向旅游者展示，可以使追求文化内涵的旅游者获得最大的满足和享受。博物馆展览以历史题材居多，并珍藏着各种艺术品和文物，有些成为闻名世界的艺术殿堂。如北京故宫、巴黎卢浮宫、伦敦国家画廊、那不勒斯国家博物馆、纽约大都会艺术博物馆等，其中陈列的宝藏成为世界诸文明的见证。随着博物馆事业的发展，博物馆种类日益繁多，从地质、机械、航天、印刷等专业博物馆，到服装、食品、邮票、生活用品等专项博物馆，无所不包。世界上许多名人的故居都具有供人参观的博物馆性质，如英国斯特拉特福的莎士比亚故居、我国绍兴的鲁迅故居。甚至著名文学作品中主人公的“故居”也都成为旅游胜地，如亚特兰大附近的塔拉由于《飘》而一举成名，人们建造了一座斯佳丽（《飘》的主人公）的故居，竟也引来无数的旅游者。

5. 城市、乡村风光。

这是与人们日常生活、工作、生产最贴近的人文景观。曾经，中国各大城市奔流不息的自行车流，是外国旅游者驻足摄影、摄像的绝佳题材。田野金黄的麦浪、城市灯红酒绿的繁华、茶馆里的老人、酒吧里的牛仔、雨中垂钓的渔夫等等，都可能成为人们向往体验的另一种生活。

6. 人造景观。

这是为一定的旅游目的而建的，在功能上为了满足人们娱乐、观赏、运动、增长知识等需求。这类景观包括公园、园林、游乐场、缩影公园、模型城、海洋世界等。其中最著名的是迪士尼乐园，每年不仅吸引了大批的孩子，也吸引着不同年龄的成人。模拟景观使旅游者在短时间内能看到一国或世界主要名胜的风貌，犹如身临其境。如海牙小人国“马德罗丹市”、曼谷的“小泰国”、杜塞尔多夫的“世界名胜缩影城”、深圳的“锦绣中华”等。

人文旅游资源类型还有很多，如科研机构、高等学府、著名公司、大型体育运动会、国际会议，另外诸如购物场所、风味佳肴、医疗保健、武术气功等项目，都可能成为向旅游者展示本国、本民族文化的旅游吸引物。

三、生态环境

旅游者的足迹几乎遍及全世界的每一个角落，即使在人烟稀少的地区也可见旅游者的身影。旅游业对环境造成的影响日益显现，这种影响随着人类旅游活动在地理空间上的不断扩展而变成一个越来越受人们关注的问题，这就是生态环境与旅游的关系问题。

旅游业对生态环境的影响受到人们的关注，首先是从旅游目的地的环境、承载能力开始的。早在 1972 年，具有世界影响的学术团体罗马俱乐部就发表《增长的极限》一书，提出了人类发展的全球性问题。这些问题包括：人口问题，工业化的资金问题，粮食问题，不可再生资源问题以及环境污染问题（生态平衡问题）。其中提出的一个重要的概念就是环境的承载能力，即环境满足人类目前和未来需要的能力是有限的。这种限制体现在旅游业中就是旅游环境承载能力，“即一定时期，一定条件下某地区环境所能承受的人类活动作用的阈值”[①]。旅游业对环境的负面影响主要来自旅游供给和旅游需求两方面。就来自旅游供给方面而言，它是在旅游开发建设过程中和旅游经营过程中发生的。作为一种污染源，它与工业污染源有共同之处，即以旅游服务设施所排放的废气、废水、废渣（“三废”）和布局不当为主。这种由旅游业供给造成的对环境的破坏，彻底改变了人们“旅游业是无烟工业”的看法。就旅游需求而言，它是在旅游者的流动和暂时停留的过程中发生的。主要表现在大量旅游者的涌入带来拥挤、混乱，人为的破坏性行为对环境造成污染和破坏，人的践踏使土质变化，大量旅游者的暂时停留带来超出以往的生产、生活资料的消耗和能源的使用，人群的集中所带来的大气污染、噪音污染、视觉污染等。[②] 旅游污染的后果是严重的，一旦超过

① 匡林．旅游业与可持续发展．南开经济研究，1997（2）．

② 陈仙波．论可持续旅游发展的理论与实践．商业经济与管理，1997（2）．

环境的承载能力，将会造成景观的破坏和消亡，如庐山琴湖，本是镶嵌在山中的一块“美玉”，湖光山色相映成趣，但由于生活污水直汇而入，加上旅游产生的垃圾、废物，水质遭到污染，已使琴湖“美色”消失殆尽。

面对日益严重的环境问题，人们开始用一种理性的思维冷却追求经济高速增长的热情，重新审视经济与环境的关系。1980年，国际自然及自然资源保护同盟在其制定的《世界自然保护大纲》中首次提出全新的可持续发展概念。1987年，世界环境与发展委员会（WCED）出版的《我们共同的未来》一书，首次提出了以可持续发展原则来迎接人类面临的环境与发展问题的挑战，并且首次赋予可持续发展完整的含义：“既满足当代人的需要，又不损害后代人满足其需要能力的发展。”随后，国际社会又通过和签署《里约宣言》、《21世纪议程》和《生物多样性公约》，进一步明确了可持续发展战略。

可持续发展概念的提出对于旅游业的发展具有重要的意义，因为无论是旅游业对自然秉赋和社会遗赠的依赖，还是从旅游破坏的产生来看，都说明旅游业是最需要贯彻也最能体现可持续发展基本思想的领域之一，因而应该成为积极倡导可持续发展的产业。“所谓旅游业可持续发展，简言之就是在保持和增进未来发展机会的同时，满足旅游者和旅游地居民当前的各种需要，其实质是要求旅游与自然、文化和人类的生存环境成为一个整体，以协调和平衡彼此间关系，在全球范围内实现经济发展目标与社会发展目标的统一”①。越来越多的人，特别是旅游业管理者和经营者意识到，一旦自然、生态环境被破坏，就很难再吸引旅游者。因此，在全世界范围内兴起了一股“可持续发展旅游”或“生态旅游”的热潮。管理者和经营者逐渐摒弃了那种盲目的投资冲动型的旅游开发，而更多地注重项目的科学性、可实施性、环境保护与和谐性以及经济性，比如开展在生态学的观点和理论指导下享受、认识、保护自然和文化遗产的生态旅游。这些旅游项目包括带有科普、科教性质欣赏

① 匡林. 旅游业与可持续发展. 南开经济研究，1997（2）.

野生动植物，绿化家园或荒山的植树旅游，探险和野营并收集遗留在自然界的废物等，同时在景观的规划和建设上要对建设所可能引起的经济、社会、资源环境的后果做科学的分析和预测。

旅游可持续发展的实现不但要在项目开发上得到贯彻，还应加强这方面教育、立法、评估指标体系的建设工作，使可持续发展走上法制的轨道。

第三节　旅游文化的民族基础

民族是人们在历史上形成的一个有共同语言、共同地域、共同经济生活以及表现在共同文化上的共同心理素质的稳定的共同体。不同民族之间语言的差异、地域分布的不同以及经济生活方式各异，使得这种差异性由于历史的原因不断地扩大，以致不同民族的人们在宗教价值观、社会制度、生活习惯、风俗礼仪和物质文化方面表现出不同的特点。差异性引起人们的好奇心，同时也驱使人们去探究异族文化的精髓，去感受异族社会那奇特的风俗习惯，去同异族的人们交流，这构成了旅游文化的民族基础。

一、民族的差异性

我们的世界是一个多民族的世界，已知的民族有 2000 多个。民族与民族之间存在着很大的差异性，这表现在人种的差异、语言的差异和宗教的差异上。

（一）人种的差异

人种被定义成具有共同基因特征的个体所组成的群体。可见，人种的划分不是以语言、风俗、国籍为根据，而是以自然体质，即以拥有共同的自然遗传基因为根据的。最早的人种分类，出现在 3000 多年前古埃及第 18 王朝西替一世坟墓的壁画上，它以不同的颜色区分人类，将人类分为四种：埃及人涂以赤色，亚洲人涂以黄色，南方尼格罗人涂以黑色，西方人及北方人涂以白色。这成为今日将人类分成白种人、黄种人、黑种人和褐种人的起源。

近现代对人种的划分起源于欧洲。1735 年，瑞典科学家林奈出版《自然系统》，从生物学的观点出发，根据肤色将人种分为四类：欧洲人（白），美洲人（红），亚洲人（黄），非洲人（黑）。1775 年，西方人类学鼻祖布鲁门巴哈发表第一篇用综合指标划分人种的著作《人类的自然变种》，将人种分为：（1）高加索人种，皮肤白色，头发栗色，头部几成球形，面呈卵形而垂直，鼻狭细，口小，主要分布在欧洲和西亚、北非。（2）蒙古人种，皮肤黄色，头发黑而直，头部几成方形，面部宽平，鼻小，颧骨隆起，眼裂狭细，主要分布在除西亚以外的亚洲，但不包括马来人。（3）尼格罗人种，皮肤黑色，头发黑而弯曲，头部狭长，颧骨突起，眼球突出，鼻厚大，口唇胀厚，多数人有八字脚，主要分布在除北非以外的非洲。（4）美洲人种，皮肤铜色，头发黑而直，眼球陷入，鼻高面宽，颧骨凸出，分布在南北美。（5）马来人种，皮肤黄褐色，头发黑而缩，头部中等狭细，鼻广大，口大，分布在马来半岛和太平洋诸岛。布氏的分类对后人影响很大，现代体质人类学的分类多与此相似。

由于环境不同，遗传基因的变化，以及它们的共同影响，人类形成了不同的人种，这种差别纯属自然现象，并非社会差别。正是这种差异才使我们的世界丰富多彩，使人们有进行旅游而获得不同体验的机会，旅游在这个意义上有助于实现种族之间的了解、交流和融合。

（二）语言的差异

语言是人类社会中客观存在的特有的社会现象，是一种社会群体约定俗成的，通过学习获得的，由词汇、语法构成的符号系统，它是在一定民族或一定地域成员之间表达意思和交流思想的交际工具。语言是文化的重要载体之一，语言的差别是不同民族间最重要的区别之一，它是同一民族保持同一性的重要纽带，同时也是不同文化间交流存在的最大障碍之一。语言的产生和确立，使得人类群体中的成员可以通过学习掌握这一符号系统，从而达到与别人交流的目的，使得社会分工和协作成为可能，从而促使生产规模不断扩大，生产效率不断提高。

人类语言的产生有各种源头，这与人类的多源头起源是一致的。语言是人类经历了漫长的适应环境、认识自然的结果，体质和发声器官的差异、社会交流方式的不同、思维方式的不同等等，都可能导致语言的差异。据法国科学院推定，世界有语言 2796 种，国际辅助语言协会估计为 2500 种。语言学家主要采用类型分类法和谱系分类法对世界上的语言进行分类。而在文化学研究中通常采用谱系分类法，即以语言来源的共同性为根据。这种分类方法对于了解语言、民族关系非常重要。

目前，国际语言学界将世界上的语言分为 23 个语系，其中比较主要的语系有：汉藏语系、印欧语系、闪语系、含语系、突厥语系、南亚语系、班图语系等等。同一语系之内，按各语言之间的亲属关系的远近又分出相近的语族，如印欧语系又分为印度、日耳曼、拉丁、斯拉夫等语族；汉藏语系分汉、藏、缅、壮、侗、苗、瑶等语族。而同一语族内又可分出相近的各种语言，如拉丁语又可分出法语、西班牙语、意大利语、葡萄牙语、罗马尼亚语等。民族划分的根据之一就是利用语言的谱系分类，因此了解了语言的分布状况就能概略地掌握民族的分布状况。

（三）宗教的差异

宗教是一种极其复杂，具有多要素、多层次、多功能的社会文化现象。它属于精神文化，属于意识形态的一部分。宗教是支持人类精神生活的重要文化现象，它对国家和民族的形成以及各个历史时期的政治经济均起着重大作用。不同民族之间的差异也同时表现在宗教信仰上。

宗教信仰在世界范围内是一个普遍现象。信仰宗教的人数占世界人口总数的 60%左右。宗教根据其分布状态、组织形式和发展的途径可分为三大体系：（1）单一民族（或部落）的宗教体系，如犹太教、印度教和神道教等，这些宗教只在单一民族中信仰。（2）普遍的宗教体系，即世界上的三大宗教——佛教、基督教和伊斯兰教。它们共同的特点是信仰者包括世界许多民族，设有容易传播的机构，在时间和空间上不受特定社会集团的制约，并且至少在某些地区成为主流的信仰。如基督教在欧洲和美洲，伊斯兰教在西亚和北非，佛教在东南亚及东亚都具有广泛而深远的影响。（3）分支（支派）的宗教体系，如锡克教、耆那教等，这些宗教是在主要宗教基础上融合了一些其他宗教教义后发展起来的支派宗教，信仰人数和影响都有限。除此之外，世界上各民族都广泛存在着原始图腾崇拜与精灵崇拜。

不同的民族在文化空间和自然环境上的差异影响着他们信仰的宗教。因纽特人靠海吃海，宗教生活中充满了渔猎崇拜；中华民族以农耕为主，很早就开始祭祀社稷，崇拜土地神和谷神；犹太人以骆驼为行走沙漠的工具，过着游牧生活，因此宗教禁忌中禁杀骆驼；希腊商业活动发达很早，因此希腊神话中就有了商业神。佛祖像古印度人，玉皇大帝像中国人，宙斯就是古希腊贵族的化身。民族神禀受着本民族的肤色形貌、心理素质、思维方式等，是民族文化的集中反映。宗教的民族性是一种抹不掉的深层烙印。我国有56个民族，各少数民族大部分信奉宗教，其中信奉伊斯兰教的民族主要分布在我国的西北地区；藏、蒙、裕固等族几乎全部信奉佛教中的喇嘛教；傣、布朗等民族几乎全部信奉佛教中的小乘佛教。此外，随着民族文化的不断交流，外民族的神也可能传入本民族，但是它必定要入乡随俗，被本民族文化认同，才可能落户扎根。如佛教传入我国时就表现为一种“道面佛身”的形象，以后又在冲突中不断地适应、调整，最终才成为被汉民族主流文化接受的汉化了的佛教。

二、民俗风情

民俗，即民间风俗，是由一个民族中的广大人民所创造、享用和传承的生活文化。民俗在社会生活中不断形成、演化和扩散，是人民传习文化的重要方式，也是规范和影响人们的行为、语言以及心理的一种基本力量。1846年，英国学者汤姆斯以“folk”（民众）和“lore”（知识、学问）合成一个新词“folklore”，用来指一个民族的“古老年代的风俗、习惯、仪典、迷信、歌谣、寓言等等”文化遗留物。这个词渐为世界各国学者接受，并于19世纪末传入我国，与我国古已有之的“民俗”一词正好吻合。“民俗”，顾名思义，就是民间生活中相沿成习的东西，与之相近的含义有“民风”、“习俗”、“风俗”等词。

民俗在任何一个社会都起到维系文化系统的作用，这就是民俗的文化功能。民俗的文化功能主要体现在以下几个方面。

（一）民俗规范文化行为

这主要是指在社会制度方面表现出来的民俗文化。制度方面的民俗文化，是指人们在特定条件下所结成的社会关系的惯例，涉及的是从个人到家庭、家族、民族以至国家结合交往过程中使用并传承的集体行为方式，包括人生仪礼、岁时节日、社会日常交际等方面的内容。它规范、影响着人的行为，并使这种行为以某种习惯表现出来。培根说过：“人们底思想多是依从着他们底愿望的，他们底谈论和言语多是依从着他们底学问和从外面得来的见解的；但是他们底行为却是随着他们平日的习惯的。”[①] 民俗所形成的各种礼节仪式、节日庆典都可以成为重要的旅游吸引物，如山东曲阜的祭孔、各地的端午龙舟节、广东春节花市、慕尼黑啤酒节、里约狂欢节等等。

（二）民俗影响文化人格

人是文化的产物，每个人都降生在特定的社会文化背景之中，这种先于他个人而存在的文化前提，对他起着一种模型的作用，使他逐渐社会化，而民俗在其中起着极其重要的教化作用。本尼迪克特在她的《文化模式》中开宗明义地写道：“个体生活历史首先是适应由他的社区代代相传下来的生活模式和标准。从他出生之时起，他生于其中的风俗就在塑造着他的经验与行为。到他能说话时，他就成了自己文化的小小的创造物，而当他长大成人并能参与这种文化的活动时，其文化的习惯就是他的习惯，其文化的信仰就是他的信仰，其文化的不可能性亦就是他的不可能性。”[②] 各民族的民俗文化，在显性的行为模式与隐性的思维

① （英）弗·培根著，水天同译．培根论说文集．北京：商务印书馆，1983：143.

② （美）露丝·本尼迪克特著，何锡章，黄欢译．文化模式．北京：华夏出版社，1987：2.

习惯上都有所体现。人作为社会的人，他在群体中具有什么样的身份、地位，社会就要求他必须具备符合该身份、地位的行为准则，民俗则提供了这种准则和思维模式。民俗同时也是民族心理认同的重要标志。它有力地增加民族的凝聚力和向心力。公元前175年，希腊塞琉古王朝安条克四世上台，对巴勒斯坦的犹太人实行民族奴役和宗教迫害就是从破坏犹太人的宗教习俗开始的，如他下令废止一切犹太教节期，禁止行割礼，禁守安息日并用犹太人视为不洁的猪在耶路撒冷圣殿上竖起的宙斯祭坛前献祭，强迫犹太人吃猪肉，等等。所有这些倒行逆施的行为，引起视宗教如生命的犹太人的反抗，起义最终取得了胜利。

（三）民俗传习文化成果并调节文化生活

物质的民俗文化，指人民在创造物质文化财富过程中不断重复模式性的活动，以及这种活动所产生的带有类型的文化成果，这种习俗包括生产习俗、商贸习俗、饮食习俗、服饰习俗、居住习俗和交通习俗等。手工艺品的制作、老字号的店铺、走街串巷的手艺人保持着古老的生产习俗和商贸习俗，从而成为令人怀旧与向往的吸引物。社会交往和精神世界也受到民俗的影响。从婚姻、葬礼、称呼、节日庆典到信仰、神话、传说、禁忌等等，无一不是民众对文化成果代代相习的结果。每一代人都从当时的民俗中学习和模仿，并在此基础上加入新的创造，新的民俗便在传统中创新出来了。同时，民俗具有一种调节的功能，即通过民俗活动中的娱乐、宣泄、补偿等方式，调适人类的生活与心理。世界上没有一个民族没有节日与游戏、文艺、体育活动，这些活动相沿成俗，调节人类的行为，使他们得到适度的放松与休息。许多民族都有狂欢节，例如古希腊罗马的酒神节，人们在节日里尽情饮酒狂欢，日常生活中的种种规范在这里全部被打破了。在宣泄情感这一方面，现代人类社会创造的最大的节日非世界杯足球赛莫属，它正日益成为四年一次的全世界范围的“民俗”。世界杯期间许多国家议会休会、商店关门、工厂放假，全世界的球迷在这期间都改变了生活规律以收看比赛，成千上万的旅游者涌到东道国。人们激动、兴奋、惋惜、痛苦、焦急、烦躁、狂欢，一切情感的宣泄都来自那只足球，可见体育比赛的魅力所在。

我们发展旅游业，其中一个重要的工作就是发掘、整理、包装、宣传和出售我们的民俗文化，如建立民俗博物馆，抢救濒临失传的民间工艺，开发有特色的区域民俗文化等等。同时又要革除恶习陋俗和歪曲的所谓“民俗”，如一些地方建“鬼府冥殿”、“西游记城”等等，格调低下、随意拼造，既丧失了经济效益，又破坏了民俗文化。

三、作为文化交流的旅游

世界上的每一种文化都不可能是在一个封闭的系统中发展的，不管主动还是被动，文化的相互影响是不可避免的。希腊历史学家波里比阿在论述从公元前 220 至公元前 145 年诸重大事件的历史时说：“在今天这个时代，历史可说已成为一个有机整体。意大利和利比亚发生的一切与亚洲和希腊发生的一切密切相关，所有各种事件，最终只归于一个结局。”① 这一“有机整体”在那个时代主要表现为商业联结和文化联结。商业的联结主要通过穿越欧亚大陆中部的陆路和环绕欧亚大陆边缘的海路。

在商业联结的背后，也是各民族之间的文化联结。“印度文化移植到东南亚，在很大程度上是靠印度商人；同样，希腊文化传播整个东方，主要是靠追随亚历山大军队东进的希腊商人。印度佛教传布中国的过程可以沿着举世闻名的丝绸之路了解到，而中国汉朝时期最重要的佛教中心洛阳城之所以闻名天下，则与它是‘来自西域的蛮族商人’的聚居地分不开”②。商旅也起到了文化桥梁的作用，“奔波在丝绸之路上的商旅，架起了东西方之间的第一座桥梁，把有关欧洲的信息带到中国，又把有关中国的信息，连同丝绸带回欧洲”③。他们当中最伟大的是 13

① （美）L. S. 斯塔夫里阿诺斯著，吴象婴，梁赤民译．全球通史——1500 年以前的世界，上海：上海社会科学院出版社，1988：175.

② （美）L. S. 斯塔夫里阿诺斯著，吴象婴，梁赤民译．全球通史——1500 年以前的世界，上海：上海社会科学院出版社，1988：187～188.

③ 陆国俊等．中西文化交流先驱——马可·波罗．北京：商务印书馆，1995：223.

世纪的商人、旅行家马可·波罗。1274年他从欧洲意大利直接到达中国北京，随后的17年间，他作为皇帝的使臣在中国各地旅行，而且还出使到东南亚等地。“他向中国皇帝讲述欧洲的历史和现状，介绍了亚欧大陆沿途各国的经济和文化，在马可·波罗留传于后世的《马可·波罗游记》一书中，可以看出他对各国先进文化做了大量的传布工作，起到了推动东西方经济文化交流的作用”①。商贸旅行促进了不同民族之间的文化交流，文化交流同时也刺激了贸易的联结，这种相互作用、相互影响的关系，到了近现代表现得更加明显。

文化交流的第二个表现是人们求知、求学、求仕的旅行活动。② 在缺乏大众传播媒介的古代，文化交流和传播的主要途径是人们相互间面对面的接触。求知旅行较早的是古希腊史学家希罗多德，他的足迹遍及埃及、西亚、黑海及南意大利各地，举凡风俗民情、旧闻传说都成了他的巨著《历史》的内容。

在古希腊，智者派创办了文法学校、修辞学校，柏拉图创办了自己的学院，亚里士多德建立了吕克昂学园。希腊时代，有伊壁鸠鲁的哲学学校和芝诺的斯多葛派学院。这些都吸引了众多希腊城邦、欧洲其他地方以及小亚细亚前来求学的青年。而亚里士多德本人也于公元前343年前往马其顿，成为后来建立庞大帝国的亚历山大的老师，可谓最早的“客座教授”。公元5世纪后，当西方世界进入基督教统治的中世纪的时候，阿拉伯世界却开始了文明空前繁荣的时期。各种古希腊的典籍被保存下来，清真寺成为人们研习和讨论的场所，“著名的‘教学环’形式在清真寺被广泛采用。环坐听讲的青年有的甚至来自欧洲国家，讲学内容除神学，教义外，还有哲学、法学、医学、数学、天文学之类；自由研究与独立探索精神得到鼓励”③。难怪罗素写道：“是希腊化文明传布

---

① 陆国俊等. 中西文化交流先驱——马可·波罗. 北京：商务印书馆，1995：94.

② 王立，刘卫英. 试论旅游文化的三个发展阶段. 黑龙江社会科学，1997 (3).

③ 朱菊芳. 高等教育学教程. 南京：南京师范大学出版社，1995：4.

到回教徒的手里，又从回教徒的手里最后传至西欧。”[①] 中世纪后期，欧洲的大学教育开始兴起，而且日趋国际化，“欧洲大学以拉丁文为主要教学语言，每个大学的学生和教师团体都是国际性的，‘游学’之风盛行。哪里大学负有盛名，就可以去那里争取执教和学习”[②]。而中国唐代就开始有相当数量的外国留学生，日本、新罗、高丽等国都派遣子弟和臣子入唐留学，一时蔚然成风，更加强了中国文化对周边文化的影响。

到了文艺复兴后期，欧洲国家的游学之风更加浓厚，特别是科学、艺术的发展，更加刺激了人们旅游的动机。罗素指出：“文艺复兴时代的人怀有漫无边际的好奇心。”[③] 这种求知猎异的要求推动了旅游文化中传统与现实、传闻与科学结合的形成。培根也主张：“游历在年轻人是教育的一部分，在年长的人是经验的一部分。”英国伊丽莎白一世时期，想在宫廷里谋个职位的贵族青年，都被鼓励到欧洲大陆去旅行以开阔自己的视野。这种旅游活动很快就被社会较低阶层所接受，在一定时期，人们普遍认为到欧洲大陆去进行“大旅行”（Grand Tour）是一个绅士所受教育中必不可少的一部分，这种旅行经常历时三年或更长。这种“大旅行”也使得欧洲大陆的佛罗伦萨、威尼斯、阿维尼翁等成为对英国旅游者最重要的旅游城市。现代的留学、修学旅游、专业讲学、国际学术交流会，更是大大丰富了人们出外求学、交流的内容，成为联结各国各民族文化的重要纽带。

作为文化交流的最重要的表现，就是近现代兴起的大规模的休闲度假旅游。随着交通工具的改进、商业化旅游制度的健全，封闭的观念被打破，人们的旅游活动从零星的商业、求学旅游迅速扩展为大众参与的、全球范围的、以观光、休闲、度假为目的的现代旅游。二战以后，不论是旅游带来的就业人数、经济收入，还是旅游人数以及各类旅游者

---

① （英）罗素著，何兆武，李约瑟译．西方哲学史：上卷．北京：商务印书馆，1963：342.

② 朱菊芳．高等教育学教程．南京：南京师范大学出版社，1995：6.

③ （英）罗素著，马元德译．西方哲学史：下卷．北京：商务印书馆，1976：32.

的消费开支，都呈几何级数增长，达到了前所未有的程度。这一过程同时也是多国别旅游文化主体、多种生活方式、娱乐手段相互模仿又彼此整合的过程，它强有力地推动了人类各地区、国别、洲际间文化的交流。同时，由旅游活动带来的商业文化、西方价值观念、物质崇拜也正对许多目的地国家特别是第三世界国家造成不良影响，严重的甚至会引起当地人对旅游者的不满和冲突。但我们相信，旅游带来的各族之间的交往，也一定会促进人们相互间的了解和理解，从而以宽容和欣赏的态度去接受异族的文化，消除误解和冲突。

第四节　旅游文化的哲学基础

人通过有意识的活动使自己的目的、意向、情趣体现在自然物上，因此，人在对自然界有所遵循的同时，也有所改造——按照人的需要来人化自然，即广义的文化创造。这时，人就把自身从一切存在物中区分出来提升为主体，把自然界作为人的活动的材料、工厂、对象和客体。在这个过程中，人们必须结成人类社会共同从事改造自然的活动。同时，人还进行着反映客观世界的精神活动，即人创造了与自然界相对应的文化世界，由此产生了主客体的问题。把人作为主体看待，意味着承认人是自己活动的主人、文化世界的主宰、自己的生活和历史的创造者；把文化世界作为客体看待，则意味着它只是人活动的对象、满足人生存和发展需要的条件。文化创造的过程，便是主体和客体相互对立又相互统一的过程。

恩格斯说："全部哲学，特别是近代哲学的重大的基本问题，是思维和存在的关系问题。"① 思维和存在的关系，从狭义说是主观和客观的关系，从广义说就是主体和客体的关系。当把思维同它的物质承担者

① 恩格斯：路德维希·费尔巴哈和德国古典哲学的终结//马克思，恩格斯．马克思恩格斯选集：第四卷．北京：人民出版社，1972：223．

（首先是人脑，然后是整个人）联系在一起，看作一个现实的整体，与此整体相对的则是人以外存在的世界，我们看到是现实的人与现实的世界的对象关系，思维同存在的关系就扩展、深化为主体和客体的关系。于是，主体和客体的矛盾不但是文化的基本矛盾，同时也成了哲学的基本问题，即人的认识活动是为了解决这一矛盾，达到主观和客观的统一，人的实践活动也是为了解决这一矛盾，达到主体和客体的统一。

哲学不仅是最高层的精神文化，同时也是文化的核心，这同样表现在它对旅游文化的影响上。“不同国家和民族的旅游主体，由于文化背景的差异，在和客体发生的关系中表现出各不相同的特点……这种差异通常表现在哲学思想、审美心理、思维方式、价值尺度等方面”[①]。因此，我们对旅游文化的哲学基础的讨论就从价值观、思维方式和审美心理这三个方面进行。

一、价值观

价值是对主客体相互关系运用尺度衡量的结果。客体满足主体的需要，客体对主体的生存和发展具有肯定作用，这种作用或关系的表现就是价值。美国学者罗基切认为：“价值观是人们关于什么是最好的行为的一套持久的信念，或是依重要性程度而排列的一种信念体系。通俗地讲，它是关于什么是重要的什么是不重要的；什么是值得做的什么是不值得做的一套信念。”[②] 价值观具有鲜明的主体独特性和深深的文化烙印，不同的民族、不同的文化对于世界、人生以及追求幸福的标准不同，从而表现出来的文化品位和文化鉴赏力有着很大的区别。

（一）价值观的差异表现在对人生终极意义追求的不同

中国传统文化中宗教色彩比较淡薄，中国人的人生观不像有些宗教色彩浓厚的文化群体那样注重来世，而是更加重视现世。无论是立德、

① 喻学才. 中国旅游文化传统. 南京：东南大学出版社，1995：12.

② 关世杰. 跨文化交流学——提高涉外交流能力的学问. 北京：北京大学出版社，1995：154.

立行和立言式的君子的人生观，还是功名利禄式的世俗的人生观，抑或“对酒当歌，人生几何”的及时行乐式的人生观，都注重现世，这与儒家哲学中“入世”的价值观是分不开的。即使是道教，也以不死和肉体常生为宗旨，总想能通过练内功（气功）和外功（金丹）而长生不老。林语堂以西方人熟悉的口气写道：“毫无疑问，中国人热爱生活，热爱这个尘世，不情愿为一个渺茫的天堂而抛弃它。他们热爱生活，热爱这个痛苦然而却美丽的生活。这里，幸福的时刻总是那么珍贵，因为他们稍纵即逝。他们热爱生活，这个由国王和乞丐，强盗和僧侣，葬礼与婚礼……所组成的生活。”[①] 而受基督教影响的西方人则特别注重来世。他们认为，人的物质生命是暂时的，只有灵魂得到拯救，升入天堂，才能得到永远不死的真正永恒的生命。印度教徒认为，人的灵魂是根据其作为的优劣，通过因果的法则而得到报应。而在伊斯兰教氛围里生长的人们则强调生活中所发生的一切，都是神的旨意的表现，人的选择和努力、成功和失败都是由于真主的计划和意旨。人们应该尽可能了解真主的意愿，人生的目的是按真主的教导去生活。佛教徒则认为，人的一生就是一个苦海，生老病死都是苦。人生的目的在于修行，消除各种欲望，修成正果，摆脱前世、今世、来世的轮回。各种人生追求直接影响着不同民族的人们对旅游文化的理解。中国古代的旅游总是与现世的生活相联系，帝王巡狩祭天，将军探险猎奇，文人游山玩水，无不如此。《圣经》中记载的以色列人的迁徙，则表达了人们凭着对上帝的信仰，即使历经磨难也要找到上帝赐予的乐土。无论是通往拉萨、日喀则的茫茫荒原上匍匐跪拜前行的藏传佛教徒，还是赶着骆驼日夜兼程前往麦加、麦地那的伊斯兰教徒，都表现出强烈的信仰，而基督教的神职人员则为了传教不惜踏遍地球的各个角落。

（二）价值观的差异表现在人与自然的关系上

在人与自然的关系问题上，不同的文化有着不同的态度：顺从，征

① 林语堂著，郝志东，沈益洪译. 中国人. 北京：学林出版社，1994：112.

服，和谐。印度教强调要理解神所创造的人类与其他生物以及无生命物质之间的关系，强调一切生物的价值，强调人类、生物和自然物之间的和谐。中国人自古以来主张“天人合一”，强调人类与大自然的和谐，对于人类必须尊重、顺应自然规律和维持生态平衡，有着相当深入的见解。孟子在《孟子·梁惠王上》中说：“数罟不入洿池，鱼鳖不可胜食也。斧斤以时入山林，材木不可胜用也。”荀子从哲理高度论述了尊重自然规律的重要性，他在《荀子·天论》中写道：“天有其时，地有其财，人有其治，夫是之谓能参。舍其所以参，而愿其所参，则惑矣！”可见，不能违拗自然规律是中国古代哲人的一贯思想，反映在中国人的景观文化上，就是为什么中国的园林多呈现自然的形态而尽量隐去人工的痕迹，而西方的园林则多以几何图形为主，讲究对称整齐的原因。

（三）价值观还体现在对价值系统中各种价值要素的偏好程度上

在同一文化中，不同的人对各种价值要素的重视程度，存在着不同的排列顺序。如有人认为钱对人生的价值是最大的，有人将内心平静视作幸福，有人将自由看作比爱情、生命更可贵的东西，有人将被社会承认看作是最重要的。而在不同文化群体中，同一组价值要素的重要性也存在不同的排列顺序。有学者列出 20 种价值要素，对不同文化背景的人进行了问卷调查。结果表明，美国人把“爱”和“友谊”作为生活中最关心的问题，把健康列在第 5 位；而韩国人却把这些问题列在第 12、14、19 位。日本人看重的是宁静和富有艺术美的舒适，不喜欢孤独；希腊人对惩罚和权力看得很重，因为惩罚与正义有密切的联系；印度人看重的是地位的光荣，相比之下，不那么看重富有，因为富有与自人、害怕盗贼有关系。西特朗和科格尔也对文化价值系统中的一些主要价值因素在不同文化中的重要性进行了对比，分别按非常重要的、重要的、不重要的、可忽略的四种强度进行排序，发现不同文化的人对于这些价值因素的重视程度是不同的，[①] 如表 3-1 所示。

① 关世杰．跨文化交流学——提高涉外交流能力的学问．北京：北京大学出版社，1995：160～161．

表 3-1 五种文化的价值要素强度分类表

价值因素	非常重要的	重要的	不重要的	可忽略的
个人主义	W	B	E	M
母亲责任	BE	MW	—	—
社会等级	WEMA	B	—	—
男子汉气质	BMEMA	—	—	—
感恩戴德	EA	MB	W	—
和睦	E	B	WA	M
金钱	WAB	M	E	—
谦虚	E	BAM	—	W
守时	W	B	ME	A
灵魂拯救	W	M	—	EBA
天命观	E	—	—	MWBA
争先	W	B	—	EAM
外露性	WB	M	AE	—
集体责任感	EAM	B	—	W
尊重老人	EAM	B	—	W
尊重青年	W	MABE	—	—
殷勤好客	EA	B	MW	—
财产继承	E	—	MWAB	—
肤色	EWB	M	—	A
耕地崇拜	E	A	—	BMW
男女平权	W	EB	A	M
人的尊严	WB	EAM	—	—
效率	W	B	EM	—
爱国主义	BMAE	W	—	—
宗教	WBMAE	—	—	—
命令主义	EMA	WB	—	—
教育	WB	EAM	—	—
直率	W	BEMA	—	—

（注：表中E代表东方文化，W代表西方文化，B代表美国黑人文化，M代表穆斯林文化，A代表非洲文化）

当然，这一调查大多列出的是西方人所关心的一些重要价值要素，而在中国人的价值体系中占有重要位置的“孝”、“贞节”、“廉耻”、“面子”等很少反映在这一调查表中。但无论如何，我们看到不同文化的人们对于同一价值要素的认识存在着如此大的差异。旅游服务若忽略了这些差异，就很难真正满足来自不同文化的旅游者的不同需求。

二、思维方式

思维方式是指人们的思维习惯或思维程序。季羡林先生认为："一个民族典型的思维方式，是一切精神文明（甚至一些物质文明）生产的基础，它必然表现在各个方面。"① 世界各文化群体既有人类所共有的思维规律，也有在自己文化氛围中形成的具有各自特色的考虑问题、认识事物的习惯方式和方法。

（一）形象思维与逻辑思维

形象思维指人在头脑里对记忆表象进行分析综合、加工改造，从而形成新的表象的心理过程。

中国人的形象思维很发达，如中国文学作品中形象类比的手法很丰富，这应归因于汉字是象形文字这一特点。汉字起源于图画，是一种象形文字，虽经几千年的演变，今天的一些汉字依然有象形的特征，例如人、山、川、出、水、火、日、月、口、凹、凸、伞等等。这一点充分表现在中国的书法上，中国书法是一种表现文字形象美的艺术，几乎在世界上独一无二，这对汉民族的认知过程、思维过程产生了深刻的影响。中国古人重视形象，强调思维中的表象作用，常常通过具体的比喻来整体地刻画事物，如对美人的描写只用"沉鱼落雁之容，闭月羞花之貌"，以给人广阔的想象空间。正因为汉字的表象作用，中国古人可以不通过严格的语法关系而较清楚地理解句子的含义。"文言由于不太受语音变化的影响，在习语和语法上有更大的自由"②。中国人直到1898年《马氏文通》出版才开始将汉语语法作为一门独立的学科来研究。中国人的形象思维在旅游文化上最突出的表现就是附会传统，特别是"因形似而附会"③。如举世闻名的桂林的"象鼻山"、"骆驼山"，长江三峡

① 季羡林．再论东方文化．群言，1991（5）．

② 林语堂著，郝志东，沈益洪译．中国人．上海：学林出版社．1994：221．

③ 喻学才．中国旅游文化传统．南京：东南大学出版社，1995：132．

上的“神女峰”，山形配以美丽的传说，达到神形兼似的效果。

西方人特别注重逻辑思维或抽象思维，这与其语言的特点分不开。拼音文字中音义之间无直接的关系，有的还存在较大的形、音分离的现象（如英语）。于是，对单词的理解往往很抽象，需要借助严密的语法及词形的变化来表达不同的意义。在古希腊，公元前5世纪就开始了语言学理论的研究。狄奥尼西奥斯·斯拉克斯在公元前100年就著有《语法术》，该书千余年间被奉为准则，对现代语法仍有很大的影响。语法是人类思维长期抽象化的结果，同时反映着人类思维的逻辑规律。语法与逻辑有着密切的联系。在西方文化中，有根据亚里士多德的理论建立起来的一套逻辑体系，三段论推理的运用成为西方人思维的基石。

（二）综合思维和分析思维

综合思维是指在思想上将对象的各个部分联合为整体，将它的各种属性、方面、联系等结合起来；分析思维是指在思想上将一个完整的对象分解为各个组成部分，或者将它的各种属性、方面、联系等区分开来。分析和综合既是相互对立的，又是统一的。中国人偏好综合，而西方人则偏好分析。“东方的思维方式，东方文化的特点是综合；西方的思维方式，西方文化的特点是分析。……在西方，从伽利略以来的400年中，西方的自然科学走的是一条分析的道路，越分越细……东方人则是综合的思维方式，用哲学家的语言说，即是西方人是一分为二，东方人是合二为一”①。中医认为，人体是各部分器官有机联系起来的一个整体，并用阴阳五行学说来说明五脏之间相互依存、相互制约的关系，这就是典型的综合思维。中医治病从全局出发，而西医则根据人体的九大系统的生理结构来解释病理现象，并将医学学科分成内科、外科、五官科等等，在五官科基础上又细分为眼、鼻、耳、口腔等各科。在艺术上最能体现这一区别的，当属中国京剧与西方的各剧种。京剧是一种综合化的表演艺术，讲究唱、念、做、打的统一。其中，唱就是歌唱，念

① 季羡林．21世纪：东方文化的时代//谢龙．中西哲学与文化比较新论．北京：人民出版社．1995：19～20．

白多是诗、赋语句的朗读，做是一种“文”舞，打则是“武”舞，一种舞蹈化的武术。而在西方的艺术剧种中，歌剧是歌者不舞，舞剧（如芭蕾舞）是舞者不歌，话剧是表演者不歌不舞，而哑剧则是不歌不舞不说，这可以看作是西方艺术专业分工的结果，体现了分析思维。

综合思维是整体优先，从整体到部分的思维方法，反映在中国人表达时间和空间的方式上，也是从整体到部分；而西方人的思维方式正好相反，是按个体优先，从部分到整体的顺序。例如中国人的时间观念是年→月→日→时→分→秒，而英国人恰恰相反，是分→时→月→年。在空间概念上，中国人表达的顺序是国家→省→市→街道→门牌号，英美人则按门牌号→街道→市→省（或州）→国家的顺序。人名的排列上，中国先是姓、辈，最后是名，而西方人则是名、父名、姓氏。中国传统哲学不否认对立，但更强调统一，强调从统一的角度去看待一切事物，在伦理上表现出顾全大局，必要时牺牲个人或部分利益。“中国哲学家讲的辩证思维比较注重对立的统一，特别注重统一，注重和谐，认为和谐、对立的融合是最重要的，西方则讲对立面的斗争是最重要的。赫拉克利特特别强调斗争，老子特别强调和谐”①。我们做学问、做研究必须既注重综合思维，又重视分析思维。例如，现在有的学者论述旅游学（或者旅游科学）是一门“综合性的边缘科学”②，它既涉及诸多学科，如文化学、经济学、管理学、地理学、历史学等等，又因旅游活动本身具有的综合性而不断与其他学科的理论进行结合。因而我们在研究旅游学的时候，就必须注重分析和综合两方面。一方面，研究者应站在自己的学科背景上，不断追踪本学科的前沿理论；另一方面，又要密切关注旅游活动的现实状况和旅游学研究的新成果，在分析的基础上综合，使旅游学研究不断拓展，不断深入。

---

① 张岱年．中西哲学比较的几个问题//谢龙．中西哲学与文化比较新论．北京：人民出版社，1995：4.

② 王德刚．试论旅游学的学科性质．旅游学刊，1998（2）；朱立元．中西古代艺术类型差异之文化探源．上海文化，1995（50）.

三、审美模式

这里，美和审美体现了客体与主体之间的关系。美是客观的，但它又不像物质、能量那样可以先于感受它的主体而生成，美的生成过程与能够欣赏它的主体系统的发育与发展有同步性和耦合关系，它是适应主体系统发育与发展过程中自我调节的需要而产生，并在与能够欣赏它的主体系统的相互作用中发展。在这个问题上，东西方美学存在着两种不同的审美模式。

东西方思维模式的区别，可以用“天人合一”（或“合二为一”）与“主客二分”（或“一分为二”）两种对立的思想传统模式来说明，这两种模式也同样存在于美学领域。“西方文化既以主客二分模式为根本，把外在世界作为人的对象，主体站在自然之外去冷静、客观地观察、研究、思考、分析之，在艺术和审美文化方面就必然注重摹仿自然，把艺术的本质看成是对自然的摹仿”①。

在西方艺术的发源地古希腊，最能代表其艺术成就和审美水准的，无疑是雕刻和叙事诗，这两种艺术形式很好地体现了主客二分的审美模式，其代表作为公元前5世纪米隆的《掷铁饼者》和荷马史诗中的《伊利亚特》与《奥德赛》，黑格尔对此作了高度的评价。西方艺术在以后的发展中继承了写实的传统，在绘画、文学、建筑方面都达到了很高的艺术成就。在对自然界的审美过程中，这种“主客二分”的思维模式也同样起着作用。人对自然的审美有着两种截然不同的心理体验——畏惧或者征服，康德称之为“力学的崇高”：“所以对于审美的判断力自然只能在这范围内作为力量，亦即值得称做力学的崇高，当它被看作为恐惧的对象的时候。……高耸而下垂威胁着人的断岩，天边层层堆叠的乌云里面挟着闪电与雷鸣，火山在狂暴肆虐之中，飓风带着它摧毁了的荒墟，无边无际的海洋，怒涛狂啸着，一个洪流的高瀑，诸如此类的景象，在和它们相较量时，我们对它们抵抗的能力显得太渺小了。但是假

① 朱立元．中西古代艺术类型差异之文化探源．上海文化，1995（50）．

使发现我们自己却是在安全地带，那么，这景象越可怕，就越对我们有吸引力。我们称呼这些对象为崇高，因它们提高了我们的精神力量越过平常的尺度，而让我们在内心里发现另一种类的抵抗的能力，这赋予我们勇气来和自然界的全能威力的假象较量一下。”[①] 人们曾问英国探险家乔治·马洛里——后来他死在珠穆朗玛峰——为什么要攀登珠穆朗玛峰，他回答道：“因为它在那里。”海明威笔下的老渔夫、笛福笔下的鲁滨孙、纵马驰骋西部的美国牛仔、代表人类登上月球的尼尔·阿姆斯特朗，无不表现出这种征服的审美情绪。而中国文化传统中的天人合一精神则引导人们走向与自然融为一体，其审美文化从一开始就强调艺术属于主体本心，反对简单地模仿外物。老子说“人法地，地法天，天法道，道法自然”，这里天人以道为基础而合一。庄子的天人合一观，更是强调“以人合天”，张扬自然与人的天性，一切应顺其自然，不可人为强制。儒家的美学观点也强调“天人合一”，而且还强调，美学的合理性同时必须合乎社会伦理规范，达到“美”与“善”的统一。中国古代的艺术和审美理论的另一个特点就是强调体物感兴，主体心灵精神与外物相交融，而非模仿。刘勰写道：“物色之动，心亦摇焉……物色相召，人谁获安！……情以物迁，辞以情发”，“是以诗人感物，联类不穷”，“人禀七情，应物斯感，感物吟志，莫非自然”。诗的“审思”之妙在于“神与物游”。

中国古代的这种审美模式很大程度影响了古代旅游家的审美经验。古人旅游，非常重视旅游主体和旅游客体的统一。既要求有可游览的对象，又要有很浓的游兴，还要有健康的体魄和辅助游览的交通工具。早在魏晋时代，人们就曾称赞雅爱山水的旅行家许询，不但有“胜情”（游览兴致），还有“胜具”（即健康的身体）。清人罗天尺在《五山志林》中说旅行“要有胜事，有胜情，有胜境”，并同时强调人与山水的融合，“山川重人，人重山川，互争胜哉”。[②] 文、感、物的和谐也是古

① （德）康德著，宗白华译. 判断力批判：上卷. 北京：商务印书馆. 1964：100～101.

② 喻学才. 中国旅游文化传统. 南京：东南大学出版社，1995：122.

代文人所追求的，古人歌咏山水的诗赋不计其数，大多将自己的志趣、好恶、情感寄寓山水。明人钟惺说他创作时，“要以吾与古人之精神俱化为山水之精神。使山水、文字不作两事，好之者不作两人”[①]。

旅游的终极目的是审美（这并不排除其他目的），而“旅游的美学本质在于三种和谐：人与自然的和谐，人与人的和谐，人自身的和谐”[②]。人不但要懂得欣赏大自然、融入大自然，还要懂得用欣赏的眼光去了解、探究和享受人类社会的文明，以达到拓宽视野、陶冶情操、健全心智的目的，在旅游中获得审美的最高境界——人与自然、社会和自身的和谐。

① 喻学才．中国旅游文化传统．南京：东南大学出版社，1995：122．

② 许宗元．论旅游的美学本质．学术研究，1997（4）．

第四章

旅游文化特征

本章提要：本章着重从旅游文化自身的范畴、结构等方面，讨论旅游文化的地域性特征、传承性特征、民族性特征、应用性特征、多样性特征以及创造性特征。

旅游文化的特征与文化的特征紧密联系，文化的特征决定并包含了旅游文化的特征，旅游文化特征是文化特征的具体表现。不过，由于旅游文化和文化在外延上并不相同，因而旅游文化有着不同于一般文化的类型和特征。

关于旅游文化的特征，理论界诸说并出，论述颇多。我们认为，旅游文化从其自身的范畴、结构和规律来看，主要有以下六个方面的特征：（1）传承性；（2）多样性；（3）地域性；（4）民族性；（5）应用性；（6）创造性。

第一节　旅游文化的传承性

人们常说，人类生活在四维“空间”中，除了立体的三维空间外，剩下的就是看不见、摸不着的另一维“空间”——时间。从另外一个角度来说，时间是人类两大背景——时间和空间中的一部分。无论“四维”说还是“两大背景”说，其实都在说明人类须臾离不开时间。甚至可以说，无论是人类历史，还是人类文化，其存在的基本形式就是时间。时间是旅游文化延续性的具体体现。

一、文化的延续性

文化是一种有生命的质的东西，它一旦形成，便会在特定的人群中凭借自己生命的活力世代相传延续。出于生存繁衍的需要，老一代总会把自己积累的生产、生活经验及技能传授给新一代。而新一代在接受家庭抚育、学校教育和社会熏陶的过程中，从前辈那里不仅继承了有形的物质成就，而且还承袭了传统的价值观念、思维习惯、情感模式和行为规范，经过耳濡目染、潜移默化的内化过程将其沉淀于显意识和潜意识底层，文化因此得以保存并留传下来。

文化的延续性在其表现上并非一成不变。有以同一种文明的方式绵延不断的，如中国文化，从上古时代以来就绵延不绝，虽然其间历经时盛时衰的曲折过程，但无论遇到什么样的挑战和危机，都一直以波浪式的形式向前发展，尽管有所起伏，但绝无中断。也有以文明异化、同化、转移方式而延续的，如埃及文化，先由亚历山大征服而希腊化，继因恺撒占领而罗马化，最后因阿拉伯人移入而伊斯兰化。埃及文化虽然由于外来文化的介入而变异，但它作为一种文化的本质，依然延续了下来。

英国著名历史学家阿诺德·汤因比在探究文化发展的进程中，曾经提出过文明发展“阶段说”，即认为每一种文明都要经过四个连续阶段：(1) 混乱时期，建立统一文明帝国；(2) 间歇时期；(3) 建立起大一统的教会；(4) “蛮族”大迁徙。从汤因比的阶段说中，不难看出在人类文明的发展过程中，挑战和应战之间的交互作用是超乎其他一切因素之上的决定因素。一个文明社会，如果能够成功应付来自环境的挑战，那么它就能走向繁荣和发展，反之则会导致衰落和变异。而最适度的挑战不仅能刺激它的对象产生一次成功的应战，而且还将激励该对象积累更大的力量去应付新的挑战，从一次成功走向另一次新的应战，以此方式有节奏地前进，以至于延续到无穷。

二、旅游文化的传承性

旅游文化无疑是文化这棵枝繁叶茂的大树上的重要一枝，因而理所当然具有文化的这种传承性特征。

（一）旅游文化进程的延续性

最早的旅游活动产生在原始社会末期。旅游活动产生的开始也就是旅游文化产生的开始，屈指算来，旅游文化已有几千年的历史。在这漫长的历史进程中，无论是朝代的更替，还是不同文明的碰撞，旅游文化始终以坚韧不拔的毅力延续下来。在这种延续中，既有以同一文明形式绵延不绝的，也有以不同文明相互包容代代相传的。

以中国旅游文化的进程为例，华夏文化在漫长的历史进程中就曾受到过几次较大的威胁。其中既有统治者为统一文化巩固统治而进行的文化摧残，如秦始皇焚书坑儒，也有因游牧民族入侵而导致的文化衰微。然而，这一切都未能阻止中国文化绵延发展的历史进程，中国文化既凭借自己强大的生命力，生生不息地存在于热爱她的平民百姓中，又凭借自己的融合力和文化优势，完成中华文化对其他文化的吸纳和融合。作为中华文化的一部分，旅游文化同样历经了这些重重劫难，并在从古代到近代以至现代的历史进程中，结出硕果累累。从上古关于旅游的神话传说，到春秋战国的商旅文化、秦汉的官旅文化、魏晋的玄游文化及唐宋的山水诗词文化，一直到今天更为丰富的大众旅游文化，中国旅游文化可谓源远流长、绵延不绝、耀眼夺目。

除了以同一文明形式代代相传外，旅游文化还通过不同文明间的相互包容、吸收、同化在历史的进程中延续。例如四大文明古国之一的埃及，在漫长的历史中，其文化虽历经不断的融合、变异，但埃及旅游文化作为一种文化的本质依然延续了下来。

（二）旅游活动的延续性

旅游者的某次旅游活动一般是短暂的，通常只持续数天或数周。以某个或某些旅游者为中心的旅游活动，随着活动的开始而开始，结束而结束。因此从表面看来，旅游活动似乎是暂时性的、中断的。但事实上，这样的旅游活动只是历史上纷繁不断、前后相承的旅游活动中的一部分，无数次短暂旅游活动的相连相续，构成了旅游活动绵延不断的特征，具体可从两个方面理解。

从旅游者个体生命的角度来看，旅游是对常态生活的一种主动的、暂时的逃脱或反叛，是文化的回归，是日常生活的补充。每次旅游活动结束后，必定伴随着一段时间内对原来生活的厌倦，对异域文化的渴求，对新的风景名胜的向往。新的旅游动机又被激起，新的旅游活动又将开始。在旅游者的生命旅程中，这样的旅游活动将会以连续的形式不断地进行下去。

从整个社会和人类的角度来看，旅游活动更是从来没有也永远不会停止。人类由无数前后相继的生命个体构成，任何一个生命个体的结束（旅游活动的结束），都只能是针对该生命个体而言，对于由无数生命个体组成的社会来说，旅游活动始终在轰轰烈烈地进行。以探险旅游为例：张骞之死，并不意味着探索历程的结束，张骞之后，我们看到了班超，班超之后，我们又看到了玄奘，直到今日，人们仍在前赴后继奔赴新疆、甘肃一带。可见，一个旅游者的具体旅游行为结束了，但整个社会的旅游活动还在继续进行。而且，从整个社会发展的角度来看，随着社会的进步，闲暇时间的增加，收入的提高，交通的现代化，旅游活动将更加丰富和频繁，而且将永远延续下去。

（三）旅游资源的延续性

无论是自然旅游资源还是人文旅游资源，一旦形成，便具有相对的稳定性，而且还将长时间地延续下去。

自然资源是天然赋存的，它的形成是自然景观控制因素，包括地质作用、地球水体水文特征、气候区域差异等作用的结果。在这些控制因素的作用下，自然景观一经形成，就具有了相对稳定的物理状态。例如，五岳名山之中的泰山，地质史长达22亿～24亿年，自从发生地壳运动生成以来，一直以其雄伟的英姿矗立在那里。

人文资源是人类历史活动的遗存，许多人文古迹由于记录了某些时代的特征，是某些重大历史事件的见证，因而往往受到人们的尊崇。此外，人文旅游资源中的神话传说、历史典故、民风民俗等，作为一种意识形态，长久地存在于人们的头脑中，不容易受到破坏，具有很强烈的延续性特征。

通过对旅游文化历史进程的延续性、旅游活动的延续性以及旅游资源的延续性的考察，不难看出，旅游文化作为人类智慧的结晶，凭借自己的多姿多彩，在人类文化史上绵延不断，鲜明地体现出了旅游文化的延续性特征。

第二节　旅游文化的多样性

一种生活方式，一种行为模式，一种思维方式，一种风俗习惯，一件物质产品，一件精神产品……都是旅游文化多样性的具体体现。

文化多样性特征产生的原因多种多样，但总的来说，时间、空间的作用和各种文化之间的相互作用是文化多样性产生的主要原因。文化是人类社会活动的产物，人类社会活动随时间的推移而愈发丰富和频繁，所能创造的文化也就愈发多姿多彩。人类生活在不同的地域空间中，不同的地理环境对人的社会生活会有不同的影响，而这种影响的后果就是派生出不同的文化类型。另外，不同的文化之间往往相互影响，相互作用，而这种影响和作用的结果，就是融合产生新的文化类型。

一、旅游文化多样性特征产生的原因

旅游文化多样性特征产生的原因来自多个方面：

首先，源于旅游本身。旅游是一项包括食、住、行、游、购、娱的多元性综合性活动，任何一个环节所体现的文化色彩，都属于旅游文化的范畴。

其次，源于时间和空间的特性。不同时期、不同地域，人们在旅游活动中所得到的精神体会，所积累的旅行经验，所创作的旅游作品，都属于旅游文化的范畴。

第三，由于旅游者文化水平和审美情趣的差异，旅游文化呈现出多姿多彩的格局。

由于以上因素，旅游文化显示出缤纷多彩的多样性特征。

二、旅游文化多样性特征的表现

（一）旅游动机多样化

动机是激励行为的原因，人只要处在清醒的状态，他所从事的各种活动就离不开动机的激励。顾名思义，旅游动机是推动人们旅游的内部驱力或张力。在日趋紧张的社会，工作繁忙，人际关系复杂，知识不断更新，使人应接不暇、身心疲惫，因而人们都渴望到大自然中去领略山川秀色、田园风光，去游览名胜古迹，参观历史文物，参加令人振奋的体育运动和使人愉快的游戏，忘掉那些令人烦心的事情，使紧张的神经得到松弛和调和。正是出于这种需要，人们才产生了旅游的动机。但是由于人们所处的环境不同，面对的问题不同，寻求的乐趣不同，再加上旅游活动本身的综合性特征，因而，旅游动机也是多种多样、各不相同的。就旅游的主要动机而言，就有健康动机、文化动机、交际动机、宗教动机和业务动机等等。如果细分下去，还可以找出更多的动机类型，旅游动机的多样性特点由此可见。

（二）旅游需求多样化

亚伯拉罕·马斯洛的需要层次理论是有关人类需要的最著名的理论。在这个理论中，马斯洛将需要分为生理、安全、爱、受尊重和自我实现五个层次。旅游可以满足某些尚未满足的爱，受到一定的尊重和在一定程度上达到自我实现，因而，旅游需要在马斯洛的理论中属于较为高层次的需要。作为一种较为高层次的需要，由于旅游者来自不同的国家和地区，有不同的身份和目的，因而多样性和差异性更为鲜明和突出。

不同类别的旅游者有不同的旅游需要。团体旅游者一般对安全感和保障感需要较高，而散客旅游者则更为注重自我的满足和自我的实现；国内旅游者注重于风景和人文古迹的欣赏，而外国旅游者关注于中国的文化和生活方式。

不同阶层的旅游者有不同的旅游需要。处于社会上层的旅游者在旅游中往往讲究舒适优越，看重面子和名声；而处于社会下层的旅游者讲究实惠和节约；中层的旅游者则比较看重价格，要求所付的代价与所获得的利益大致相等。

不同年龄的旅游者有不同的需要。中年人一般看重与自己年龄和身份相称的享受；老年人则比较珍惜生命，喜欢故地重游，喜欢和家人在一起；小孩子则大多喜欢无目的地游玩；青年人喜欢与同龄人结伴出游。

不同性别的旅游者有不同的旅游需要。一般来说，女性旅游者喜欢结伴外出，喜欢购物；而男性旅游者则喜欢知识性、竞争性强的活动。

此外，不同文化程度的旅游者旅游需求也不相同，文化程度高的旅游者喜欢高品位的旅游，而文化程度一般的旅游者往往喜欢追潮流、赶时髦。

旅游需求的多样化无疑是导致旅游文化多样性的因素之一，也是旅游文化多样性的一种具体表现。

（三）旅游活动多样化

作为一种复杂的社会活动，旅游包括了食、住、行、游、购、娱六大要素，而每一种要素本身又都包含有多方面的内容。例如，从食的要素来说，品尝异地不同风味的菜肴无疑是激发旅游动机的原因之一，就好像人们到北京要吃全聚德烤鸭、到天津要吃狗不理包子一样，不同地域、不同民族形成的不同风味是旅游者在吃上追逐的目标。从行的要素来说，旅游者的出行方式可以采取多种多样的途径，如飞机、火车、轮船、巴士等。从游的要素来说，有丰富的自然和人文资源可供选择，如名山大川、都市风情、主题公园等等。从购的要素来说，有多种商品可供选择，既可到有购物天堂之称的香港去体会购物的疯狂，也可漫步于苏州小镇街头买一些有地方特色的刺绣，还可到杭州西湖的灵隐寺去求一串庇佑的佛珠。从娱的要素来看，既可参加一些富有特色的地方旅游活动，也可到主题公园一尽游兴。总之，旅游活动内容丰富多彩，无论是食、住、行，还是游、购、娱，都能从中体会出多样性来。

（四）旅游资源多样化

旅游资源大体上分为两类：一类是自然旅游资源，一类是人文旅游资源。自然旅游资源又可分为气候条件、地貌风光或自然景观、动植物资源及天然疗养条件四种。人文旅游资源则更为复杂，它包括有形的和无形的两种，在有形的人文资源中又可分为历史的人造资源和今人有意识建造的当代旅游资源两种，包括历史文物古迹、民族文化及有关场所，有影响的国际性体育和文化事件，富有特色并具备一定规模的现代文化娱乐场所，经济发展和建设成就及当地居民对游客的态度等。可以看出，旅游资源是一个内涵非常广泛的集合概念，它既可以是自然的，也可以是人文的；既可以是历史的，也可以是现代的；既可以是有形的，也可以是无形的。这反映了旅游资源的多样化特征。

（五）旅游文化多样化

旅游文化多种多样，既有旅游哲学，如孔子所说“知者乐水，仁者乐山”，也有旅游艺术，如王希孟的山水画《千里江山图卷》，俞伯牙、钟子期的“高山流水”。旅游文学作品更是丰富多彩，既有旅游诗，如苏轼《石鼻城》：“独穿暗月朦胧里，愁渡奔河苍茫间。渐入西南风景变，道边修竹水潺潺”；也有旅游词，如宋周端臣《少年游·西湖》：“四山烟霭未分明，宿雨破新晴，万顷湖光，一堤柳色，人在画图行”；又有旅游散文，如柳宗元的《小石潭记》；还有旅游山水文献，如徐霞客的《徐霞客游记》等，可谓精彩纷呈、千秋各异。

综上所述，旅游文化是一种多样性文化，具有典型的多样性特征。

第三节　旅游文化的地域性

旅游是人们离开常住地，为了满足生活和文化的需要或各种各样的愿望而做的经济和文化的活动。也就是说，地域性是旅游文化鲜明的特征。

一、旅游资源分布的地域性

旅游资源的分布，无论是自然旅游资源，还是人文旅游资源，抑或都市旅游资源和乡村旅游资源，都具有鲜明的地域性特征。下面以中国为例进行说明。

（一）自然旅游资源

我国自然旅游资源的布局具有经度地带性、纬度地带性和垂直地带性三个特点。

经度地带性。我国地势从西到东呈阶梯状分布，自然景观因地势、地形、气候等自然要素的不同而沿经度方向变化：西部有号称“世界屋脊”的青藏高原，平均海拔在4000米以上，世界最高的珠穆朗玛峰巍然耸立；中部多山地、高原，峨眉山、武当山、青城山、大兴安岭、太行山，可谓是名山荟萃，景观奇特的黄土高坡和内蒙古草原也分布在这一地区；东部第三阶梯地势最低，多平原、江湖，这一地区河流众多，水网密织，风光旖旎柔美，著名的西湖、太湖点缀其间，又有风光秀美的武夷山、庐山、雁荡山，是旅游景观最为丰富和集中的地区。

纬度地带性。这是自然景观的又一分布规律。我国从南到北因受不同气温带影响，各地景观迥异：既有长夏无冬的海南岛、生机勃勃的西双版纳热带雨林，又有北国银装素裹的林海雪原。同样是三月，北方仍是冰冻三尺，而广东、海南却早已春花烂漫。

垂直地带性。同一景区，由于空间高度不同，气候垂直分布，景观随之改变。白居易暮春四月登庐山山顶，见桃花盛开，而山下早已凋谢，惊喜之余，遂作《大林寺桃花》诗一首。诗云：“人间四月芳菲尽，山寺桃花始盛开。长恨春归无觅处，不知转入此中来。”反映的即是自然景观的垂直地带性分布特征。

可见，由于地域不同，自然景观风格各异，各有千秋。

（二）人文旅游资源

古代有“五里不同风，十里不同俗”的说法。林语堂先生在《中国人》一书中，以文学家的笔触写道："南方与北方的中国人被文化纽带连在一起，成为一个民族。但他们在性格、体魄、习俗上的区别之大，不亚于地中海人与北欧日耳曼人的区别。"不同的地域，有不同的民俗、思想观念和宗教信仰，人文旅游资源的分布同样具有地域性色彩。

以建筑为例。建筑是人文旅游资源的典型代表。风格不同的民居作为建筑的重要分支，以其鲜明的地域性色彩，正越来越多地受到旅游者的关注，成为民俗旅游的一道亮丽风景线。东北、北京、河北、山东一带，为适应北方干燥寒冷的气候，民居多为四合院式；南方气候暖湿，住宅多为"四水归堂"式（"四水归堂"为当地俗称，意为各屋面内侧坡的雨水都流入天井），布局虽类似四合院，但院子较小，俗称"天井"，有很好的排水功能。闽西地区的大土楼则可以说是传统民居中最有特色的一种。它是客家人为保护自己而创造的一种独特的建筑形式，反映着他们的风俗习惯和生活方式。楼房呈环形，内包庭院，一般三至四层，可住几十户人家。此外，还有云、贵一带的干栏式住宅。黄土高原上的窑洞式住宅以及青藏高原上的碉房，也都因地域不同而自成一体，成为吸引国内外旅游者的独特的人文旅游资源。

（三）都市旅游文化与乡村旅游文化的地域差异

近代社会的产业革命加快了都市化进程，使人的工作和生活重心从农村转移到了都市。为逃避单调的劳动程序和紧张的生活节奏，人们产生了返回宁静的大自然中去的需要，并认为乡村、野外才是旅游目的地，城市只是工作、生活的地方。只有远离都市，人们才能领略到大自然鲜见人工雕琢的雄、奇、险、秀、幽、旷、奥的美景。因此，乡村野外旅游以其少有人工点缀的自然景观吸引着旅游者，使旅游者在旅游活动中获得身心的放松、美的享受。

然而，随着都市化进程的进一步发展，作为对传统旅游方式的反向和突破，都市旅游也日渐成为旅游者关注的目标。都市旅游不同于乡村旅游、森林旅游和海滨旅游，也不同于探险旅游、度假旅游和疗养旅游。它并不以局部单一的资源、景观、情趣、环境吸引旅游者，而是以都市的整体形象对旅游者产生巨大诱惑力。波澜壮阔、严肃深邃的政治形象，繁荣富裕、产品琳琅满目的经济市场，历史悠久、厚重典雅的文化氛围，吸引着旅游者前来观光、体验与参与。

可见，都市旅游不同于乡村旅游，其旅游形象、旅游产品都是“非自然”的，是人类文明成果的一种浓缩。比如，人们谈到北京，就认定它是中国的首都，是全国政治、经济、科学和文化的中心，是皇城古都，风景名胜荟萃之地。旅游景点不外乎是天安门广场、故宫、颐和园、八达岭长城等。又比如上海，人们认定它为中国最大的经济、文化中心和港口城市，具有强大的经济实力和雄厚的科技文化力量，正在建设成为太平洋西岸最大的国际化城市和购物中心，等等。由此可见，作为旅游吸引物，都市旅游与乡村旅游有着质的不同。旅游者在都市旅游中观光、购物，开阔眼界，增长知识，获得的感受也与其他旅游截然不同。

二、旅游业发展的地域性

由于旅游资源、经济发展及政府政策等方面的地域差异，旅游业的发展不可避免地呈现出地域性的特点。

（一）旅游市场分布的地域性

旅游企业的接待对象来自世界各地，地域性是旅游市场的重要特征。从地域性角度分析旅游市场，可以根据不同地区的旅游消费者对同类产品或服务的喜爱与要求，对价格销售渠道、广告宣传的不同反应，来确定对本企业有利的地区市场。世界旅游组织就是根据市场的地域性将世界旅游市场划分为欧洲市场、北美市场、东亚及太平洋地区市场、非洲市场、中东市场和南亚市场六个市场。

（二）旅游客流分布的地域性

从旅游客源看，欧美等经济发达国家一直是世界国际旅游的最大客源地。近几年随着亚太地区的不断发展，该地区的客源正以前所未有的速度增长。例如，我国旅游业的国际客源就主要集中在日本市场、韩国市场、东盟五国市场及澳大利亚市场。

从旅游流向看，旅游客流分布有以下几个地域性特点：

欧美是国际旅游的中心。无论在接待人次上，还是在国际旅游收入上，欧洲始终独占鳌头，成为世界国际旅游业最发达的地区。美洲特别是北美地区，也是国际旅游的热点。

亚太地区开始成为国际旅游新的热点。随着亚太地区特别是中国经济的发展，这一地区的旅游业异军突起，在国际旅游业中的地位迅速提高。

非洲正成为欧美旅游者的游览胜地。非洲从20世纪60年代下半期开始发展国际旅游业，到70年代初步形成了国际旅游市场，欧美旅游者去非洲旅游日益增多，非洲成为他们重要的旅游目的地。

（三）旅游活动的地域性

不同地区的旅游者有不同的旅游活动。旅游者的旅游需求，从文化学的角度来说，不外乎两方面的原因：一是追求文化的差异，领略异地文化的风采；二是寻求文化的认同，探寻自己所处文化环境的发祥地。正是由于这两个方面的原因，人们的旅游活动呈现出地域性特征。欧美人涌向亚洲，去领略与西方截然不同的东方文化；涌向非洲，去寻求远离西方文明的古老的非洲文化和原始风情。同时，许多北美人、东南亚人纷纷来到欧洲和中国，去探寻他们文化的发源地。

三、区域旅游文化现象

旅游文化以其整体性著称，但在统一性的基础上，各地区又展现出了独特的差异性。以中国古代旅游文化而论，就有齐鲁文化、关陇文化、三晋文化、吴越文化、荆楚文化、巴蜀文化和岭南文化等区域旅游文化。在这些独特的区域旅游文化中，各民族的旅游文化获得了充分的展示，从远古的遗址，到建筑、风俗、服饰、饮食，乃至精神风貌，无不流露出自身的光彩，反映了各地域深厚的旅游文化积淀。区域旅游文化是旅游文化的重要内容之一，既能使旅游者领略到个性的永恒，又能体味其间无穷的乐趣。

第四节　旅游文化的民族性

每个民族都有自己的文化传统和特色，使其与其他民族区别开来，这就是文化的民族性。

文化的民族性和文化的地域性互为表现，每个民族都生活在特定的环境中，不同的环境造就了不同的生产、生活方式，形成了不同的语言、文字、艺术、道德、习俗，构成了不同的民族文化。民族文化一旦形成，就会成为稳定性的因素沉淀于一个民族之中，成为一个民族强有力的粘合剂与内聚力。即便共同的地域改变，不再具有相同的经济生活，人们仍然不会立刻改变自己对民族文化的认同和归属。例如，美国现在有大批的华侨，这些华侨虽与祖国隔着茫茫大海，分处完全不同的两个地域，但是，中华民族的文化特性已深深地植根于他们的血脉之中，因而他们的日常行为方式仍沿袭了中华民族的传统。China Town实际上可以看作文化的地域性移植。因此，分布在不同地域的同一民族，其文化虽有一些变异，但却有明显的同源性。除了上面提到的长期保留着炎黄文化传统的分布于世界各地的华人社区外，还有有“马背上的部落”之称的吉卜赛人的文化、频繁迁徙的犹太人的文化，它们都是跨地域存在的文化。

当然，随着民族之间的交往，不同的民族文化有了交融，逐步使民族与文化的共同体根基受到动摇。当今世界许多文化已跨越了民族的樊篱，人类社会的发展将会使更多的文化超越地域和民族的限制而广泛存在。但是，文化大同的实现毕竟是一个相当漫长的过程。因此文化的民族性将依然十分明显，并影响人类的行为，这种影响在旅游文化范畴体现得尤为突出。

一、不同民族有不同的旅游文化资源

地球上分布着不同的民族，各民族在发展过程中形成了各自的文化

传统。在其影响下，旅游资源便成了不同民族特点的代表，起到了反映不同文化的作用。

众所周知，东西方文化因民族的不同，有着很大的差异。东方文化（尤其是中国文化）是以意欲自为、调和持中为其根本精神，而西方文化则是以意欲向前要求为根本精神。这种根本精神上的差异在各自不同的旅游文化资源上有着直接的反映。

中国的旅游资源主要是以山水、宫殿和城楼等为主体的民族文化景观。中外旅游者也都乐意在游览这些名胜古迹的同时去体味中国传统文化中所蕴含的带有民族特色的内涵。比如，长城向来都被视为中华民族的象征，然而也有学者提出，长城其实体现了中华民族“庭院文化”的特质。而所谓“庭院文化”，就是一种结合了地域占有、封闭自守的综合文化。中国的建筑，中国人的行为，都带有不同程度的内倾性和封闭性。长城的建造，与其说是为了抵御北方少数民族的侵略，毋宁讲是对空间的占有。中华民族因为这堵墙逃过了许多劫难，中华民族也因为这堵墙限制了自身的发展。

西方旅游资源同样也受到本民族传统文化的影响。以美国为例，由于美国是一个新兴国家，传统的东西较少，再加上美利坚民族与生俱来的活力和开拓精神，因而旅游资源呈现出一种外展性的特点。主题公园（如迪士尼乐园）以及近些年兴起的一些新型旅游项目，都可视为这种外展性的体现。

二、不同民族有不同的旅游文化特点

文化传统的差异，必然导致各民族旅游文化特点的不同。下面以东西方民族旅游文化的一些特点为例进行说明。

（一）旅游动机

总体来讲，西方民族的旅游动机比中华民族强烈。虽然不能排除经济发展水平对旅游动机的影响，但这种差异的形成有着更为深远的文化方面的原因。西方传统文化强调支配自然，强调着眼于未来，强调个人主义，塑造了西方民族较普遍和较明显的外倾型性格特点；而中华民族一贯的圣贤教导就是“父母在，不远游，游必有方”，反映了中华民族的内倾型性格特征对中国人旅游动机的阻抑。

（二）旅游动机类型

因民族文化不同所导致的中西之间在旅游动机上的类型差异，主要表现为中华民族对于单一性的需求，即寻求平衡、和谐、相同、没有冲突和可预见性的倾向较为明显，对多样性的需求程度稍逊于西方民族。西方民族强烈的探索意识有着悠久的历史，并且发展到了冒险的程度。他们的旅游需要表现为在征服自我、征服世界的过程中满足个人的好奇心和体现个人的竞争本能，具体如发现新的旅游地，参加登山、滑翔跳伞、潜水冲浪、乘气球飞行和航海等既有高度刺激性又富有浪漫色彩的活动。而中华民族传统文化的特点，决定了中国人缺乏冒险的旅游动机，对旅游活动中复杂性、多样性的追求颇有限度。所以林语堂先生曾经说：“我们（中国人）对探险南极或者攀登喜马拉雅山实在毫无兴趣，一旦西方人这样做，我们会问：‘你这样干的目的何在？你非得到南极去寻找幸福吗？……我们在荡舟湖心之时并不渴望走到山脚下去，我们在山脚下时也并不企求翻越山顶。”① 当然，这种状况在现代已有很大改变。

（三）目的地选择

首先，由于旅游动机上的差异，中西方旅游者在目的地类型的选择上呈现不同倾向。西方人对个性突出的目的地或景观，诸如高山大海或者民族文化色彩奇特浓郁的地区颇感兴趣，而中国人信奉天人合一，喜欢小桥流水、波澜不惊的平和景观。

其次，由于中西方民族在人际关系方面的观点不同，旅游者在选择目的地的决策方式上也有很大差别。受个人自由主义影响，西方旅游者在选择目的地时一般较少受他人的影响。而中国人具有较强的重视群体的传统观念，因而容易受他人左右。

① 林语堂著，郝志东，沈益洪译．中国人．上海：学林出版社，1994：335．

（四）旅游组织形式

西方民族明显的个人主义倾向在他们的旅游组织形式上同样得到了充分反映。为了尽情享受属于个人的时间和空间，西方民族的旅游者单独外出度假的情况相当普遍，似乎与人结伴或与家人同行会损害自己旅游的感受。相反，中国人因为有强烈的群体意识和不喜冒险的性格，所以在出国旅游和国内长途旅游中，多喜欢组团的形式，认为这样可以相互照顾，获得安全感，个人单独外出旅游的情况比较少见。

（五）旅游习俗

这是中西方民族不同风俗习惯在旅游各个环节上的体现。例如，中国人对数字很讲究，他们往往选择带 3、6、8、9 这些数字的日子出游，也喜欢住带这些数字的楼层和房间，而不喜欢带 4 的数字。西方人则忌讳“13”。在宴席上，中国人喜欢劝酒，甚至灌酒，而这在西方人看来简直是无礼之举。在斋戒日和星期五，英国人正餐一般吃炸鱼，不吃肉，以纪念耶稣受难，而中国人则无此习俗。这样的差异可谓不胜枚举。

第五节　旅游文化的应用性

旅游文化作为一种年轻的文化类型，有着很强的应用性特征，具体可以从以下三个不同的角度理解。

一、从旅游者角度理解

（一）刺激旅游动机

最直接的实用价值是刺激旅游者的旅游动机，并为旅游者对旅游地和旅游时机的选择提供参考。

旅游文化的地域差异强烈地激发着人们的好奇心和求知欲。感受异地文化，领略异域风情已越来越多地成为人们的旅游动机。例如，欧美等西方国家的旅游者为神秘古老的东方文化所吸引，纷纷涌向中国、日本及东南亚各国；而与此同时，越来越多的东方国家的旅游者也正逐渐把好奇的目光投向多姿多彩、光怪陆离的西方社会。即使同一个国家，不同民族的异族风情也深深吸引着非本民族的人们。多样的旅游文化对于激发人们的旅游动机，其功用不可忽视。由于文化的延续性，同一文化的异地继承者往往还会产生“寻根”的愿望，海外华侨、华裔中一浪高过一浪的“寻根热”和“寻根旅游”，就是一个例证。

旅游文化对于旅游活动的参考价值同样十分重大。假如一个人想目睹一下热带雨林的奇异风光，就一定会去美丽的海南岛；如果他想领略一下傣族风情，就一定会去云南，而且很可能在清明前后，因为那时有欢乐的泼水节在等待着他。假如他心仪城市风景，那他的旅游目的地一定是杭州。如果他要看“断桥残雪”，那就得选择冬天；如果他想看的是“曲院风荷”，那么夏天是最好的时间。

由此可见，当某一地区的风景名胜、民俗习惯以一种文化的形式被传播、宣传并被人们耳熟能详之后，它们不仅刺激着人们的旅游动机，而且还成为人们旅游详尽、生动的参考，帮助他们做出旅游决定。

（二）丰富旅游活动

旅游文化极大地丰富着人们的旅游活动，使旅游者在旅游活动中能够身心愉悦，眼界开阔。进入旅游者视角的山山水水，如果仅仅具有地理学或者地质学上的意义，那么它的美就变得十分有限。因为这种纯静态的自然景观迟早会让旅游者感到枯燥乏味。而当多彩的旅游文化赋予这些静态的景观以人文美之后，一切便不同了：一山一水不再仅仅是一山一水，它或峥嵘突兀，状似困兽；或婀娜多姿，形如美人。无数的神话传说，加上历代文人骚客的吟咏，使人身临其间，眼前是如画美景，路边是亭台楼阁，耳边又萦绕着幽怨动人的传说、抑扬顿挫的千古名句。这边是“小桥流水人家”的玲珑剔透，那边是“古道西风瘦马”的悲凉沧桑，哪还会有“乏味”二字，旅游文化的实用性在这里再次得到了很好的体现。

（三）产生教育功能

随着教育的普及，旅游者的文化素质日益提高，旅游文化的教育功能正逐渐为人们所重视。

旅游文化在旅游活动中通过各种方式向旅游者传递信息，让旅游者在感受美、欣赏美的同时，不知不觉提高了自身的审美情趣。这种作用过程虽然潜移默化，但它的效果却不容忽视。

祖国壮美的河山、悠久的历史、古老的文化无不从内心深处激发人们强烈的民族自豪感。旅游文化的这种教育作用是课堂和书本无法比拟的。旅游者正是通过旅游文化的熏陶，不断增强和培育自己的爱国主义意识。

二、从旅游业角度理解

旅游业的快速发展为旅游文化的发展进步奠定了良好的基础，而当旅游文化发展到一定阶段以后，它又成为一股推动旅游业发展的巨大的实实在在的力量。

首先，旅游文化具有强大的宣传作用。由于旅游文化具有地域、历史和民族方面的差异，所以，它往往成为一个旅游区独特的“商标”乃至“说明书”。四川丰都的“鬼文化”，让人们一说到丰都就想到“鬼城”，就想到当地闻名全国的民俗旅游；浙江舟山的普陀山，则让人马上想到“佛国”，想到神秘的宗教旅游。还有诸如山东曲阜、云南大理、浙江绍兴、江苏扬州……几乎所有的著名旅游城市都有自成一体的、独特的标志性旅游文化。通过宣传学上的“口碑效应”，旅游文化轻而易举地给广大民众造成深刻印象，为旅游业的宣传做出了巨大贡献。

其次，旅游文化对旅游资源开发，具有很大的实用性。

旅游资源开发是旅游业的一项重大任务，如果没有旅游文化的介入，旅游资源的开发就无从谈起。无视旅游文化的指导作用，旅游资源开发就往往意味着破坏。因此，如何体现文化、突出文化、宣传文化正越来越多地成为旅游资源开发的重点。

在旅游资源开发过程中，旅游文化起指导作用。把握景观文化的内涵是旅游资源开发的一个重要原则，它要求让旅游者身临其境时，思想感情能受到感染，即力求做到情景交融。我国历代对寺庙旅游资源的开发都有极高的造诣：处深山古刹，听梵钟佛唱，看香烟缥缈，其情其景颇让旅游者有超凡脱俗之感。倘若抛开文化的内涵不管，盲目建设，硬要在海天佛国建造现代化的摩天大楼，不但不能锦上添花，反而不伦不类。

旅游文化也为旅游线路的设计提供了有实用价值的参考。旅游者如果想窥祖国饮食文化之一斑，那么，旅游线路的设计便可以是广州、成都、北京、南京、无锡、上海；如果想领略江南的水乡风情，那么可以去南京、扬州、镇江、常州、苏州、杭州、绍兴；如果对佛教文化感兴趣，那么可以到山西五台山、四川峨眉山、安徽九华山、浙江普陀山。由此可见，旅游文化是旅游规划的指导思想，没有它的指导，旅游线路就会显得松散混乱，缺乏整体感。

三、从旅游产品角度理解

旅游产品包括旅游资源及旅游企业为旅游者提供的各种设施和服务等。旅游景点的宣传、介绍，旅游地图、导游手册等旅游产品都是旅游文化的组成元素，而它们在旅游活动中为旅游者提供的各种服务正是旅游文化实用性的又一体现。

第六节　旅游文化的创造性

旅游文化具有创造性。作为旅游主体的旅游者，要体现其存在的本质、力量，要实现自身的价值，就必须创造文化。所以，既不存在没有对象的旅游文化，也不是一切都可以成为旅游文化，唯有创造才能成就旅游文化。

一、没有创造就没有旅游文化

旅游能集中体现一个民族文化素质和创造能力。作为启动中国文化创造的一种内力，旅游在人伦观念、神话思想、宗教情感、哲学观念、生产活动、艺术创造以及生活风俗中都有充分展现，并发挥着组织、教化、认识、改造、选择、整合、满足等不同功能。

中国是世界古代文明的摇篮之一，中国上古神话中的英雄有巢氏、燧人氏、伏羲氏、神农氏等，实际上都是人类文明最初阶段旅游者的化身，是人类不懈的努力和创造揭开了中国旅游文化的朦胧篇章。

旅游与宗教文化有着密切的关系，国内外宗教圣地和宗教活动场所，无一不是闻名遐迩的旅游胜地。作为一种典型文化旅游资源，宗教文化以其鲜明的特色，较高的文化品位和独特的意境吸引着广大的旅游者。

旅游文学是旅游文化的重要组成部分，中国历史上重要的旅游文学样式和体裁，无一不是旅游文化创造的产物，如汉赋、游记、山水诗、山水文等。中国文学史上著名的游记作家，如谢灵运、鲍照、元结、柳宗元、欧阳修、王安石、苏轼、苏辙、陆游、范成大、袁宏道、袁中道、袁枚、龚自珍等，都对游记散文从内容到形式进行了创新，为时代写照，给山水传神，从而确定了游记散文成为独立的体裁。

所以说，没有创造就没有旅游文化。

二、没有创造就没有旅游文化特色

特色是旅游文化的根基，没有特色就没有旅游文化。而创造是旅游文化的源泉，没有创造，就没有旅游文化的特色。

（一）没有创造，就没有旅游文化的地方气息

我国地域广阔，旅游文化有着浓郁的地方气息。例如中国传统节日春节，大年初一各地的饮食习俗体现了浓郁的地方气息。山东地区吃素馅饺子，泰安一带吃黄面窝窝，豫西一带吃饺子煮粉皮，广东潮州一带吃“腐圆”，无锡一带吃炸元宵，宁波一带吃赤豆年糕，真是各有特色，各有创造。又如端午节，各地的竞渡方式、龙舟造型并不相同。在汨罗江畔，每年端午节在龙舟竞渡开始前，先要抬着龙头到屈子庙前祭拜，然后才能开始赛龙舟。龙舟分青龙、黄龙、白龙等，从船身、船桨及船上的旌旗，都统一颜色。而福建的龙舟，船首雕刻的龙，口能开合，舌

能转动，栩栩如生。江浙地区的龙舟竞渡则另有一番景象，他们不在白天举行，到了晚上，龙船才张灯结彩，来往穿梭。

（二）没有创造就没有旅游文化的差异性

旅游文化以其整体性著称，但在统一性的基础上，因为创造，各地区显示出了独特的差异性。以中国古代旅游文化为例，有齐鲁旅游文化、三晋旅游文化、吴越旅游文化、荆楚旅游文化、巴蜀旅游文化和岭南旅游文化的差异性。

再如，同为佛寺，五台山佛寺以宏伟著称，九华山佛寺以民舍构造闻名。同为古塔，有楼阁式塔、密檐式塔、亭阁式塔等各种样式。

（三）没有创造就没有旅游文化的民族特点

中国是一个多民族的国家，各民族在旅游文化上都有浓郁的民族特色，有着丰富多彩的民族节日，富有生活情趣的民俗风情，以及各式各样的民族音乐、舞蹈、美术、服饰、饮食等。

中国的旅游文化正处在转型时期，旅游的发展开始由经济驱动逐渐转向经济与文化双轮驱动。在全球经济一体化的背景下，许多曾经成功的旅游企业逐渐丧失了领导地位，而一些创新型旅游企业，通过不断的努力，颠覆了原有的行业霸主，并取而代之，这就是创造的力量。没有创造就没有旅游文化的发展！

第五章

旅游文化传统

本章提要：本章从旅游文化弘扬和传承的角度着重讨论旅游文化的五大传统，即旅游文化的政治传统、与民偕乐传统、重人传统、重文传统和重游传统。设立“旅游文化传统”一章，是本书的一大亮点和特色，主要基于旅游文化的稳定性和传承性思考。东汉著名思想家王充有这样一句经典名言：“知古不知今，谓之陆沉”，“知今不知古，谓之盲瞽”。旅游文化传统，虽然形成于古代，但却传承于今天，乃至对未来的旅游文化发展有重大影响和借鉴作用。

文化发展的一个基本规律是文化的积累和变革。文化绝非凝固的化石、僵硬的模式，而是常与变、因与革、内与外相统一的有生命的机体。每一代人都会在继承前人文化的基础上，增加新的知识和内容，这是文化的积累性；同时，文化又会随着社会经济、政治的变革发生变化和革新，这是文化的变革性。当我们考察文化的积累和变革时，常常会发现一些相对稳定、长期延续的内在因素，它们在文化积累中一再被肯定，在文化变革中一再被传承，这便是我们所说的文化“传统”。

学术界常把文化和传统两个词连用，称“传统文化”或“文化传统”，而实际上这两个连用词组语义有所不同。“传统文化”主要相对于现代文明而言，这里的“传统”只是一个时间性概念，“传统文化”的意义大致相当于过去的文化，它可以包括过去的一切文化现象；而“文化传统”的意义，则主要是指历史文化中影响深远，以致对现代仍有重大影响的内在要素。① 本章所探讨的旅游文化传统，即是对这样一种意

① 张岱年，姜广辉．中国文化传统简论．杭州：浙江人民出版社，1989：4．

义上的文化传统的沿用和发挥。

旅游文化传统，作为社会意识的诸种成分之一，形成和发展于数千年间物质文明和精神文明共同进步、交相推进的进程中，因而具有稳定性和变革性等特点。对于旅游文化传统的认识和评估，是一项意义重大而深远，同时又极其复杂和细致的工作。

第一节　旅游文化的政治传统

旅游与政治结合，是中国旅游文化的一个传统。中国旅游文化的这个传统，可以归结为政治型或政治伦理型。

一、政治型旅游文化传统的具体表现

所谓政治型旅游文化，是说旅游文化极其重视伦理道德、政治事功并且形成了主观修养和外在客观政治相结合的旅游文化传统。其具体表现是：

（一）政治旅游是旅游活动和旅游文化最重要的形式之一

旅游是一项综合性的活动。旅游活动的形式多种多样，有政治旅游、经济旅游和文化旅游，也有休闲旅游、观光旅游、考古旅游和探险旅游。其中尤以政治旅游内容最为丰富，形式最为多样，影响最为深远。人类历史上几次最负盛名的旅游活动，如麦哲伦首次环球航行、哥伦布发现新大陆、徐福东渡、张骞通西域、郑和下西洋，都是典型的政治旅游，具有浓厚的政治色彩。充满皇家气派的“观光”一词，传承流变至今，充分显示了政治旅游的独特魅力。

（二）具有政治身份或地位的旅行家是古代乃至近代旅游活动和旅游文化的主体

在现代大众旅游诞生以前，旅游活动始终是少数人的活动，而非全民众的活动。旅游活动和旅游文化的主体，也主要是以封建帝王为首的包括贵族、官僚、士大夫、文人墨客以及部分僧侣、神职人员在内的掌

握着国家政治命运的统治阶级。他们皆因特殊的政治任务和目的，或者为了巡视考察，或者为了谋求仕进，或者奉命迁谪，旅游四方，周行天下。而广大的普通民众，由于政治和经济等方面的原因，出游的机会很少。因而，古代的旅游文化主要是一种政治形态的旅游文化。

（三）政治旅游形成一种制度

在世界旅游史上，形成制度而且是国家定制的旅游形式，只有政治旅游一种。

以中国为例，在中国旅游史上，帝王旅游占有十分重要的地位。大约从夏代始，便出现了“巡狩”这种具有政治色彩的帝王旅游活动。据说，巡狩是虞舜立下的规矩，规定天子每隔数年须巡狩天下，考察守土保民的政绩。《左传》中有“王有巡守”、“王巡虢守”的记载，便是先秦时期存在巡狩制度的实实在在的事例。而且，从《孟子·梁惠王下》“吾王不游，吾何以休？吾王不豫，吾何以助？一游一豫，为诸侯度”的记载看，所谓游豫，明确是指帝王、诸侯巡视观光一类带有政治色彩的旅游活动，说明以帝王巡狩为目的的政治旅游已初具制度雏形。

历史上把帝王巡狩这种带有政治目的的旅游活动搞得轰轰烈烈而且正式成为封建定制的是秦始皇。秦始皇登基 12 年，5 次巡游天下，封禅泰山，既有示强威服海内的政治目的，又有游山玩水的旅游动机。以后遂成定制，一直延续到清代。只不过，清代的巡狩和封禅，政治目的退居次要，特别是清代的乾隆皇帝，几次下江南，主要是为了游乐。

（四）旅游（求仕）—政治（入仕）—旅游（归隐）成为政治家们理想的人生通途和政治模式

为了使旅游能够在政治的庇护下成长和发展，历代的政治家和思想家巧妙地祭起了政治与旅游一体化旗帜，旅游遂与政治具有了相互制约和相互依赖的共生关系，相互补偿和相互协调的互助关系，以及循环转化的再生关系。

《论语·泰伯》记载有孔子的一句政治名言，叫作“天下有道则见，无道则隐”，而且孔子还曾明确表示，道不行，他将“乘桴浮于海”。孔子这种依违于仕隐之间的政治态度，对旅游文化的影响很大，旅游（求仕）—政治（入仕）—旅游（归隐），成了古代理想的政治人生模式。旅游既成了政治的起点，又成了政治的归宿。

（五）旅游与政治联姻，成为政治的内容

旅游虽是一种文化活动，但古往今来却和政治息息相关。中世纪的欧洲，就有设施豪华，专为封建贵族提供高级服务而不计盈亏的大旅馆。旅游与政治联姻，更是中国旅游文化传统的一大特征。至少从周代开始，旅游与政治就结下了不解之缘，并得到制度方面的肯定。中国古代旅游交通道路的开辟，旅游资源的开发和利用，旅游文化的继承与发展，无一不是政治最直接的产物，成为政治的附庸和内容。即使到了旅游事业高度发展的今天，仍有许多国家和地区将旅游变相等同于政治接待。可见旅游服从于政治、成为政治的内容，是旅游文化的一贯传统。

二、政治型旅游文化传统的功过利弊

政治型旅游文化范式的架构，对于旅游文化的建设和发展，大体上起到了正负两个方面的作用和影响，可谓功过利弊，泾渭分明。

（一）政治型旅游文化传统的利

旅游与政治联姻并纳入政治的轨道，客观上使许多重大的旅游活动和旅游基础设施建设以及旅游资源的开发利用，能够在政府的统筹领导和规划下得以开展和进行。哥伦布美洲大陆的发现，达·伽马印度之行，秦汉驰道的兴建，丝绸之路的开辟，徐福的东渡，五岳名山的论定，郑和的七下西洋，邮驿馆舍制度的确立，无一不是政治型旅游文化传统的产物。政府重视旅游事业建设和发展的优良传统，今天仍具有现实意义。

1979年，在联合国秘书长的一份报告里，称我们这个时代是“旅游猛增的时代”。报告指出：据一些专家说，随着旅游业出现引人注目的兴旺，单单国际旅游行业的收入，就已经开始超过钢铁工业这样的主要企业的收入，而且也的确超过了军备费用。由于旅游业和其他经济部门比较，具有投资少、利润大、收效快的特点，因而，世界各国和各地区都十分重视旅游业的发展，把旅游业作为国民经济的支柱产业。旅游与政治联姻，政治为旅游服务，成为一种共识。1998 年世界旅游日的主题——“政府与企业的伙伴关系”，既是这种共识的最好说明，也是旅游文化政治传统新的魅力所在。

政治的规范和导向，伦理道德的制约和引导，也能在总体上保证旅游文化健康有序的演进方向。

由于社会、政治、经济和文化等各方面因素的制约，在现代旅游诞生以前，旅游始终被视作一种奢侈行为。把旅游纳入于政治的范围，客观上可以使古代和近代的旅游能够在政治的庇荫下获得生存和发展。

（二）政治型旅游文化传统的弊

旅游文化是一种独立的文化，旅游活动也是一种有个性的活动，把旅游纳入于政治的轨道，客观上阻碍了旅游文化的自身建设和发展。特别在古代，由于封建政治呈专制独裁的统治格局，旅游几乎成了政治的附庸，这是古代旅游在形式上不免单调，在内容上不免陈旧的一个主要原因。

政治型旅游文化传统，虽然利弊互见，但从总体、主流而论，毕竟是利大于弊、功大于过，起到了推动和促进旅游业发展的作用。

第二节　旅游文化的与民偕乐传统

旅游乐，但是，是独乐还是与民偕乐，其间所反映和揭示的不仅是旅游文化的道德问题，而且还是旅游文化的价值观念问题。

一、思想基础和理论基础

就世界范围而言，由于世界各民族观察问题的角度不同，重心不同，因而形成了迥然有别的旅游内容和风格。与民偕乐的旅游文化传统，虽非中国所独创、独有，但是由于中国的政治和文化十分重视民众的力量，因而，旅游文化的重民传统表现得尤为突出和充分。探讨旅游文化与民偕乐的重民传统，以中国作为个案，最具典型意义。

旅游文化与民偕乐传统的思想基础和理论基础，是崛起于春秋战国时期的民本主义思潮，也即民为邦本、与民偕乐的中国文化精神。

（一）民为邦本

民为邦本的思想，有一个漫长的历史发展过程，它的源头可以追溯到遥远的殷周之际。《尚书·盘庚》中所记载的“重我民”、“罔不惟民之承”、“施实德于民”、“视民利用迁”，可以视作我国民本思想的开始。

殷周交替的社会大动荡显示出了民众的力量和作用。周初统治者从殷亡的教训中意识到，民意是上帝意志的一种反映，“民之所欲，天必从之”，“夫民，神之主也。是以圣王先成民而后致力于神”。因而提出了“保民敬德”的思想。这不能不说是一个巨大的思想飞跃。但是，这些记载所反映出的重民思想，显而易见是在敬天的前提下萌动的，也就是说，它并不给民众以人格的尊严，而仅仅是出于维护统治秩序的需要。

春秋战国是中国封建制度的确立时期，民众的力量日益展现出来，并为新的统治者所认识和重视。纵观晚周文献，可以发现民本思想已经形成一股声势浩大的潮流。最先提出民为邦本思想的哲学家是道家学派的创始人老子。老子说：“圣人无常心，以百姓心为心”，“民之饥，以其上食税之多，是以饥”。

民为邦本也是儒家思想和理论的基石，在儒家学说中有集中的反映。孔子主张富民、教民，提出“节用而爱人，使民以时”，孟子则坚持“民为贵，社稷次之，君为轻”，强调政得其民，失民必定亡国灭身。荀子认为，“用国者，得百姓之力者富，得百姓之死者强，得百姓之誉者荣”。他的关于君舟民水，水可载舟亦可覆舟的著名比喻，更是集中地反映了民为邦本的思想。

宋元明清时期，民本思想得到进一步强化。如朱熹认为“天下之务莫大于恤民”。明清之际的思想家黄宗羲针对“天下受命于天子”的尊君论观点，甚至高呼“天下之治乱，不在一姓之兴亡，而在万民之忧乐”。这类命题与春秋战国时期“民贵君轻”的思想一脉相承，体现了

“民为邦本”的文化传统。

（二）与民偕乐

与民偕乐是民为邦本的民本思想或者说重民传统在旅游娱乐领域的一种具体的实践和应用。

最早提出与民偕乐这一思想的是孔子。而把与民偕乐思想发挥到极致的是儒家学派的另一位杰出代表孟子。他系统地阐述了与民偕乐这一重民传统的旅游学意义，认为统治者要想君临天下，不仅要在经济上保证民众的基本生存条件，在政治上倾听民众的呼声，而且还要在生活上、娱乐上、旅游上“与民偕乐”。孟子曾苦口婆心地劝谏梁惠王，希望他对于“台池鸟兽”一类的赏玩和“田猎”等一类的娱乐活动，能够做到与民偕乐。在孟子看来，只有“与民偕乐”，统治者的娱乐之“乐”、旅游之“乐”才能得到保证。孟子还进一步指出，君主应当“乐民之乐”，切不可“独乐”，因为统治者的“独乐”必然引起民众的怨愤。所以，孟子说“乐以天下，忧以天下，然而不王者，未之有也”。

二、与民偕乐的旅游文化传统

与民偕乐的旅游文化传统，是社会、政治、经济、文化多种合力作用的结果。一旦形成，便迅速渗透于旅游生活的方方面面。

（一）与民偕乐旅游思想的进一步完善和发扬

孟子提出的与民偕乐思想，究其实质还主要是一种政治伦理和哲学伦理。由政治伦理和哲学伦理向旅游思想的转化并最终成为旅游文化的一个优良传统，时间上大致在唐宋时期。代表人物是宋代著名的政治家与文学家欧阳修和范仲淹。欧阳修的《醉翁亭记》作于贬官滁州期间，是为琅琊山一座亭子而作的题记。作者借山水以寄托深意，明确提出了与民同乐的旅游思想。北宋名臣范仲淹在其《岳阳楼记》中，更是写下了千古名句：“先天下之忧而忧，后天下之乐而乐。”与民偕乐的旅游思想由与民同乐演进到让民先乐，可谓发展到了理论高度的极致。

（二）节日旅游发达

旅游文化千差万别，旅游活动多种多样，但是就旅游文化的实际而言，节日旅游最为发达，形式最为集中，旅游事象最为丰富。这一方面取决于节日本身，另一方面也取决于旅游文化与民偕乐的重民传统。

节日的安排是人们对自然时间的利用和把握，体现了人的主导性和能动性。由此，生产和休闲、劳作和娱乐、敬神和事鬼、参道和礼佛，都被安排得井然有序。而构成这种格局的“砖瓦”就是一个个的节日。为了充分体现与民偕乐这一重民旅游文化传统，建立在原始崇拜和民俗信仰基础上的节日，经过不断改造和演化，大多发展成了高度整合化的旅游佳节。

以元宵节为例。元宵节是我国传统节日中的大节，起源于道教，但它一开始就和宫廷、官府有着密切关系。从历史记载可知，历史上有几位皇帝对元宵节节俗活动曾有所作为。比如唐睿宗制作了巨型灯轮，唐玄宗制作了灯树、灯楼，宋太祖则把元宵灯期由三天延长到了五天。历代封建统治阶级之所以大力提倡鼓励并积极参与元宵节一类的节日娱乐和旅游，用他们自己的话来说，完全是因为“朕非游观，与民同乐耳”。类似这种体现与民偕乐旅游文化传统的节日还有许多，如春节、立春、春分、中秋、重阳、冬至等等。由此可见，节日旅游的发达和盛行，与与民偕乐的旅游文化传统有直接的联系。

（三）观光旅游盛行

“观光”一词出自《周易·观卦》“观国之光，利用宾于王”，即观仰国家的光辉盛治，后泛指观览。对于帝王的“观光”，“言王者巡狩观民，其行从容，若游若豫”可以作为很好的解释。用现代的话来说，就是通过观光这种旅游形式，去落实和展示旅游文化与民偕乐的重民传统。中国古代帝王、诸侯以考察民风民俗为主要内容和目的的观光旅游特别发达，原因概出于此。

（四）旅游以近游为主，旅游资源以人造景观见长

因与民偕乐这一重民旅游文化传统的深刻影响，中国古代的旅游以近游为主，人们大多不敢肆意远游，探险旅游很少。而在欧洲，特别是中世纪以来，由于重民传统影响较弱，因而出现许多著名的探险旅行家，远距离旅游相当发达。西方国家的旅游资源地，许多是远离城市的

海滨和温泉所在地，而中国古代的旅游活动场所主要是局限在居住地附近便于与民偕乐的园林和城镇公园。

第三节 旅游文化的重人传统

“天地定位，山川通气，事毕矣，而又必生人，以充塞往来其间。则人也者，大天、大地、大山、大水之所托以恒不朽者也。人有两目，不第谓其昼视日，夜视月也。又赋之两足，亦不第欲其走街衢田陌，上长安道已也。”这是明代著名的旅行家王思任在他的《游唤序》一文中所阐发的一通议论。在《游丰乐醉翁亭记》一文中，他又说：“山川之须眉，人朗之也；其姓字，人贵之；运命，人通之也。滁阳诸山，视吾家岩壑不啻数坡垞耳。有欧、苏二老足目其间，遂与海内争千古，岂非人哉。”

在王思任看来，人文事迹是山魂水魄，是自然的精华，是名胜根由，旅游文化的所有层面都围绕着人这个中心展开和汇集起来，可谓画龙点睛地点明了旅游文化的重人传统。

一、中国文化的重人传统

儒家思想是中国文化的主干。学术界不少人在谈到儒家思想时多用“人学”、“人性的觉醒”、“人的发现”来概括其理论特质和价值。由此不难看出，中国古代知识体系的主要对象是人本身，其他的知识多是围绕人这个核心而被提出来的。

中国古代的宇宙观是以天人合一、天人合德的形式表现出来的。《春秋繁露·阴阳义》曰：“天亦有喜怒之气，哀乐之心，与人相副，以类合之，天人一也。”在董仲舒看来，天人可以互相感应，互相合一，整个宇宙是人格化、伦理化的和谐统一体，它是社会与自然的融合。借用庄子的一句话，那就是“天地与我并生，而万物与我为一”。显然儒家是从设定的人的本性出发，进而推论出天地自然乃至宇宙整体，这是儒家认识论与宇宙论的基本建构方式。《孟子·尽心上》说："尽其心者知其性也，知其性则知天矣。存其心，养其性，所以事天也。夭寿不贰，修身以俟之，所以立命也。"儒家理论所表现出的这种思维方式，必然使之以人作为宇宙自然的中心。《礼记·礼运》上说："故人者，其天地之德，阴阳之交，鬼神之会，五行之秀气也。"又说："故人者，天地之心也。"儒家把人视为宇宙自然的中心，这种人性的扩充推广即为宇宙自然的全体。所以儒家观念中的天地自然，实际上是人化的天地自然。《孟子·尽心上》说"万物皆备于我"，意思说天地自然中的一切都是以人为中心而构建起来的。

道家看重的是个人生命的存在和对人性自然的维护。他们抨击君主，鄙弃物欲，为的是个体价值的实现，独立人格的保持。所以，儒道两家无论从方法上还是从体系上，都可以充分说明中国文化传统的重人倾向。

中国文化以人为中心的认识论和宇宙论，决定了它在方法上必然以天地自然去说明和体悟其人文命题的素材。"子在川上曰：'逝者如斯夫，不舍昼夜。'"孔子从日夜不息的川流中悟到的是不竭如水的智慧涌动所能带给智者的旅游快乐，它不仅揭示出了儒家学说体系的根本意义，而且还道出了中国旅游文化的重人传统。

二、旅游文化的重人传统

旅游文化的重人传统，东西方都有表现。只不过由于中国旅游文化特别看重审美主体，因而旅游文化的重人传统表现得尤为充分和突出。下面以中国为例进行说明。

(一) 名人名胜资源与旅游文化的重人传统

1. 名人名胜资源。

名人名胜资源中的名人，指的是历史名人，也就是指历史上在某一领域崭露头角，在某一方面对国家、民族、人民起过重大作用，并对后代有着深远影响的那类历史人物。名人名胜资源包括与名人相关的历史遗迹，名人身后的纪念场所、纪念建筑，名人笔下的山川风貌、历史遗物和以名人命名的景观，内容相当广泛。

章采烈先生把它分为七种类型：(1) 名人故里名胜，即名人的出生地、名人的故乡。(2) 名人故居名胜，即名人青少年时代生活和读书的地方，或是成年后生活和工作的场所。(3) 名人贡献地名胜，即名人一生创建丰功伟绩的地方。(4) 名人游历地名胜，即名人游历过的地方。(5) 帝王陵寝名胜，即历代帝王陵园。(6) 名人墓地名胜，即名人死后葬身之地。(7) 名人纪念地名胜，即历史名人的庙宇、祠堂、牌坊等建筑。①

2. 名人名胜资源与旅游文化的重人传统。

唐代著名诗人刘禹锡在他的《陋室铭》一文中开宗明义地写道："山不在高，有仙则名；水不在深，有龙则灵。"这里所说的"仙"、"龙"，实际上是指名人的知名度。为了进一步阐明旅游文化的这种重人传统，刘禹锡举了历史上两位著名的名人，即三国蜀汉的诸葛亮和西汉的扬雄（字子云）进行论证："南阳诸葛庐，西蜀子云亭，孔子云：'何陋之有？'"南阳诸葛庐只是几间十分不起眼的草屋，从旅游景观的角度讲，毫无开发的价值，但却由于诸葛亮的知名度而千古流传；西蜀的子云亭，也十分平常，却因与扬雄这样一位知名的历史人物结缘而闻名遐迩。无独有偶，元代的王恽在他的《游东山记》中也有类似的思想："赤壁，断岸也，苏子（轼）再赋而秀发江山；岘首，瘴岭也，羊公（祜）一登而名垂宇宙。"湖北黄州城西门外的东坡赤壁，又名文赤壁，断岩临江，突出下垂，色呈赭赤，形如悬鼻，因而得名。但它并非是三国时期赤壁之战的所在地，却因为苏轼的误会，写下千古名篇前后《赤壁赋》和《念奴娇·赤壁怀古》而名闻古今。湖北襄阳的岘山，本身也不过一个丘陵而已，只因晋朝襄阳太守羊祜于民有德，曾率领僚属登上此山，感慨人生短促，遂名垂宇宙。王恽最后感慨地写道"山以贤称，境缘人胜。"可谓一语中的，点明了旅游文化因人而异的重人传统。

---

① 章采烈. 中国名人名胜特色旅游. 北京：对外经济贸易大学出版社，1996：9～25.

历史名人不仅可以使旅游资源由无名转化成有名，而且还可以使旅游资源根据历史名人级差排定大小和高低效应。

所谓历史名人级差，是指按历史名人的知名度大小，也即对历史所起的作用大小，把历史名人分成若干个级别。而所谓历史名人级差效应，则是指利用历史名人的不同级别，获取不同的社会效益和经济效益。一般说来，历史名人的知名度越大，效益越好；知名度越小，效益越差。换言之，名人名胜旅游资源知名度的大小、开发利用价值的高低，很大程度上取决于历史名人知名度的大小。奥地利由于有音乐大师莫扎特这样一位世界级历史名人，享有“世界音乐之乡”的美誉；山东曲阜由于有儒家学派的创始人孔子这样一位世界级文化名人，因而被列入“世界文化遗产名录”。相比之下，江苏赣榆虽是徐福这样一位国际级历史名人的出生地，成为日本旅游者的朝祖圣地，但由于徐福的知名度较莫扎特和孔子低，因而据此形成的名人名胜旅游资源，其价值影响和知名度都远较奥地利和曲阜为小。

（二）旅游文化史主要是旅行家活动的历史

旅游文化史，内容丰富，包罗万象，涉及旅游文化的各个层面。但是，其主要部分或者说最为光辉灿烂的部分，则是旅游者旅游活动的历史。

在世界旅游文化的发展史上，作为旅游活动主体的旅游者占有举足轻重的地位。他们的经历和成就，丰富了旅游知识的宝库，为旅游文化增添了光彩。在这些旅游者中，有新航路的开辟者哥伦布、达·伽马，环球航行的麦哲伦，航海王子亨利，美国西进运动的先驱刘易斯以及威廉·克拉克；也有开拓中国西北疆域的探险家张骞，跋山涉海、沟通中外文化交流的旅行家法显、玄奘，周游各国的海上旅行家汪大渊、周达观、郑和以及重视实地调查的地理学家徐霞客。他们勇于探索、敢于创新的精神，不怕困难、不屈不挠的意志，在旅游文化史上写下了光辉篇章。如果没有这些举世闻名的旅行家，旅游文化的历史将会变得暗淡无光。如果不突出这些旅行家的事迹，旅游文化的历史味同嚼蜡。因此，旅游文化的历史，实际上就是旅游者的历史，体现了旅游文化的重人传统。

第四节 旅游文化的重文传统

"一切高深，可以为山水，而山水反不能自为胜；一切山水，可以高深，而山水之胜反不能自为名。山水者，有待而名胜者也，曰事，曰诗，曰文，之三者，山水之眼也。"（钟惺《蜀中名胜记序》）

旅游文化的重文传统，是指旅游者在旅游过程中重视文学创作的传统，旅游文化的这一传统直接促成了旅游文学门类的诞生和旅游文学的繁荣。

一、旅游文化重文传统的历程

旅游文化的重文传统源远流长。中国神话传说时代，黄帝、夏禹就已经知道在游历名山大川时刻石纪念。进入夏、商、周三代，我们的祖先对旅游有了进一步的认识，不但明确提出了"旅"和"游"这一类概念，而且还开始了真正意义上的旅游文学的创作。其中，以《穆天子传》所记载的西周第五代君王周穆王的西游最为引人注目。特别是"游春山"一段，不但描写了春山的美丽景色，而且还描写了周穆王西游观赏时的谈话和活动。春秋战国时期，旅游文化的重文传统有了更为成熟的孕育，文学作品中以山水自然或以纪行为内容的成分日渐增多。《论语·先进》中"暮春者，春服既成，冠者五六人，童子六七人，浴乎沂，风乎舞雩，咏而归"的描写，即是一次春游活动的真实记录，历来被认为是我国古代最早描写春游的散文文学。到了两汉，赋体兴起，文学作品中的旅游成分更趋丰富，有的甚至可以视作旅游文学作品了。例如汉武帝的《秋风辞》、刘歆的《遂初赋》、班彪的《北征赋》，都用相当的篇幅描写了帝王贵族的旅游活动。尤其是东汉马第伯写的《封禅仪记》，详细记述了汉光武帝封禅泰山这一盛事。文中除了叙述封禅仪式外，还按照足迹行踪描写了泰山的险峻、登山的艰难及下山的经过，可以看作为最早的旅游散文。

魏晋南北朝是旅游文化重文传统形成的时期。文人雅士为求全身，寄情山水蔚然成风。孙登长啸于山中，嵇康、向秀优游于林下，谢安消磨于山水，陶渊明采菊于东篱下，刘子骥采药于衡山，王徽之雪夜访友，王献之山阴道上行……他们嗜游如命，以致旅游得到了空前的发展。他们不但欣赏自然美，而且还努力运用文学再现自然美。魏晋南北朝时期著名的旅游文学作品有：中国现存最早的一首完整的山水诗《观沧海》以及谢灵运的山水诗、陶渊明的田园诗；以记叙游踪、抒发诗兴、为诗集作“序”而流传千古的西晋石崇的《金谷诗序》、东晋王羲之的《兰亭集序》、庐山诸道人的《游石门诗序》；书信体旅游骈文有南朝宋鲍照的《登大雷岸与妹书》，齐梁陶弘景的《答谢中书书》，梁吴均的《与宋元思书》、《与施从事书》、《与顾章书》；旅游散文有东晋法显的《佛国记》、北魏郦道元的《水经注》……魏晋南北朝时期，旅游文学创作的繁荣和旅游文学作品的丰硕，与这一时期旅游文化重文传统的形成有着直接的关系。

隋唐宋元是中国旅游发展的时期，也是旅游文化重文传统进一步发展的时期。文人墨客们登临五岳山川，横渡江河湖泊，踏访文物古迹，赏览园林池畔，留下了或雄浑，或明丽，或洒脱，或缜密的不同佳作。名家名篇迭出，有如群星会聚，璀璨夺目。著名作家及其代表作品有：唐代王维的《山中与裴秀才书》、元结的《寒亭记》和《右溪记》、韩愈的《燕喜亭记》、白居易的《三游洞序》、柳宗元的“永州八记”、李翱的《来南录》；宋代欧阳修的《醉翁亭记》、王安石的《游褒禅山记》、苏轼的《石钟山记》、陆游的《入蜀记》、范成大的《吴船录》等等。这些游记散文力求把握观览景物的个性，并将主观之情融入其中，达到情景交融的境界，旅游文化的重文传统得到进一步的发展。

明清时期旅游文化的重文传统，主要体现为作家众多，作品空前繁荣，并且涌现出一批专门从事旅游文学创作的作家，而且在创作上也有创新。当时有名的游记作家就有宋濂、李东阳、袁宏道、袁中道、钟惺、谭元春、刘侗、祁彪佳、王思任、李流芳、徐霞客、张岱、袁枚、姚鼐、方苞、龚自珍等，他们都以各具特色的游记为整个游记文学增辉添彩。

自1919年“五四”新文化运动开始，旅游文学创作从内容到形式都有了划时代的变化。几乎所有“五四”以来的著名作家，如鲁迅、李大钊、朱自清、郁达夫、俞平伯、郭沫若、茅盾、老舍、林语堂、夏丏尊等，都曾涉及旅游文学这个领域。中华人民共和国建立后，旅游文学创作更是空前繁荣，数量之多，质量之高，品种之新，均创历史纪录。

由此不难看出，各个时代的旅游文学是各个时代旅游者行踪的真实记录，是旅游文化重文传统一种具体而切实的体现。

二、旅游文化重文传统的意义

旅游文化的重文传统，无论对旅游，还是对文学，都具有积极的意义。

（一）充实了文学内容

旅游文学在文学创作和文学史上占有举足轻重的地位和影响。以汉赋为例，范能船先生据清代陈元龙编辑的《历代赋汇》一书统计，现在能看到的汉赋有125篇，除少部分外，绝大多数作品都与旅游密切相关，其数量之多、内容之广、形式之美、文字之丽，令人赞叹。可见，旅游文化的重文传统，丰富了文学史的内容，如果没有浩如烟海的旅游文学作品，文学史也许会稍显黯淡。

（二）拓展了旅游文学门类

旅游文化的重文传统，体现在旅游文学创作的各个方面，如诗、赋、词、曲、散文、对联、碑文、石刻、传说。旅游文学的门类得到了拓展，以现代文学分类的眼光来看，旅游文学至少有诗歌、散文、小说及戏剧文学四类。[①]

（三）造就了大批旅游文学作家

旅游文化的重文传统，培育和造就了一大批以旅游文学创作为主导的旅游文学作家。在中国文学史上占有举足轻重地位的旅游文学作家就

---

① 冯乃康. 中国旅游文学论稿. 北京：旅游教育出版社，1995：77.

有山水诗人谢灵运、田园诗人陶渊明，和把游记散文这种体裁发展到一个崭新阶段，从而确立了游记散文成为一种独立的文学体裁的柳宗元等。而且事实是，在文学史上，几乎所有的作家都程度不同地参与了旅游文学的创作。旅游文学作家数量之多，影响之大，在文学史上是少有其比的。

（四）积累了浩如烟海的旅游文学作品

旅游文化的重文传统，其最直接的结果便是产生了大量的旅游文学作品。旅游文学作品浩如烟海，成了一座取之不竭的文学宝库。

（五）旅游文学作品状景写物，景因文显，景以文传

俗话说“江山需要文人捧”，指的就是旅游景点这种景以文传的现象。柳宗元写了“永州八记”，使永州的西山、钴鉧潭、袁家渴、小石城山等名扬中国；张继写了一首《枫桥夜泊》，使苏州寒山寺名闻遐迩；欧阳修写了《醉翁亭记》，使滁州琅琊山家喻户晓；王羲之写了《兰亭集序》，使绍兴的兰亭誉延千古；范仲淹写了《岳阳楼记》，使岳阳楼名闻世界；王勃写了《滕王阁序》，使南昌的滕王阁身价百倍，而由同一个滕王在四川阆中所建的滕王阁，却因为没有像王勃这样的著名文人为之作序，所以虽历经千载，却鲜为人知。这些景点原来未必神奇秀丽，但一经著名文人的文字张扬，结果誉满天下。

宋代滕子京谪守巴陵郡，于重修岳阳楼时致书范仲淹求记。《与范经略求记书》中颇有几句值得玩味的话：“窃以为天下郡国，非有山水瑰异者不为胜，山水非有楼观登览者不为显，楼观非有文字称记者不为久，文字非出于雄才臣卿者不成著。”滕子京这种“景以文传”、“楼观非有文字称记者不为久”的认识，可以说是旅游文化重文传统最集中的体现。

第五节　旅游文化的重游传统

重游是一个民族的思想，一个民族处事的态度，也是一个民族的传

统。旅游文化的重游传统，既受民族传统心理结构的影响，也受一定历史阶段政治、经济和文化的制约，常于不知不觉之中，相演相嬗。从本质而言，重游是一个民族对于旅游的一种深层次的心理恐惧，对于旅游文化的演进，起到了很大的影响。

一、重游旅游文化传统的基础

旅游文化重游传统的思想基础和理论基础是行路难，也即对旅行和旅游的一种恐惧。

（一）徒步旅行的艰辛

唐代诗人李白写有一首著名的《行路难》诗，堪称行路难旅游文化中的绝唱。诗云："欲渡黄河冰塞川，将登太行雪满山。……行路难，行路难，多歧路，今安在?"古代，道路不畅，交通落后，人们的旅行和旅游，最初只能以徒步的方式进行。在车辆发明和畜力开发之后，徒步旅行仍然在相当长的一段时间内继续作为旅行交通的主体形式而存在。战国时期著名的论辩家苏秦，当年远道求学，"负书担橐，触尘埃，蒙霜露，越漳、河，足重茧，日百而舍"。家境贫寒，只能背负书籍，肩挑行李，不避霜露，以致脚下生了几层老茧，每天要走百余里方能停宿，徒步旅行的艰辛与困苦，于此尽见。

（二）地理环境的阻隔

徒步旅行难，凭借交通工具旅行同样也难。神州大地多有高山深谷、江河天堑、原始森林、浩瀚沙漠、荒凉沼泽，它们共同构成旅行往来巨大的地理障碍。李白的另一首名篇《蜀道难》，便是对地理环境深刻影响和制约旅行的最形象的描述：

> 噫吁嚱，危乎高哉！蜀道之难，难于上青天。蚕丛及鱼凫，开国何茫然。尔来四万八千岁，不与秦塞通人烟。西当太白有鸟道，可以横绝峨眉巅。地崩山摧壮士死，然后天梯石栈相钩连。上有六龙回日之高标，下有冲波逆折之回川。黄鹤之飞尚不得过，猿猱欲度愁攀援。青泥何盘盘，百步九折萦岩峦。扪参历井仰胁息，以手抚膺坐长叹。问君西游何时还，畏途巉岩不可攀。但见悲鸟号古

木，雄飞雌从绕林间。又闻子规啼夜月，愁空山。蜀道之难，难于上青天，使人听此凋朱颜。连峰去天不盈尺，枯松倒挂倚绝壁。飞湍瀑流争喧豗，砯崖转石万壑雷。其险也如此，嗟尔远道之人胡为乎来哉？剑阁峥嵘而崔嵬，一夫当关，万夫莫开。所守或匪亲，化为狼与豺。朝避猛虎，夕避长蛇，磨牙吮血，杀人如麻。锦城虽云乐，不如早还家。蜀道之难，难于上青天，侧身西望长咨嗟。

（三）人为因素的阻碍

封建社会重农抑商，等级森严。商人不得乘马车，不得“行驰道中”，而且还要“引车避匿”。加上古代社会混乱无序，盗匪猖獗，行旅途中经常遭到抢劫，“道路张弓拔刃，然后敢行”。所以，古代旅行者时有生命之虞。久而久之，这种对于万里艰险之途的忧虑，即行路难的慨叹，便积淀成为旅游文化经久不衰的永恒的主题，成为旅游文化重游传统的思想基础和理论基础。

二、旅游文化的重游传统

主要表现为惧游、慎游、限游和重游等旅游观念、习俗，以及与之相呼应的旅游活动程式。

（一）旅游文化的惧游传统

旅游风俗和传统，就影响和渗透面而言，恐惧旅游的一面似乎占据着主导地位。晋陆机《拟行行重行行》诗写道：“悠悠行迈远，戚戚忧思深。”唐代诗人张籍的《行路难》诗写道“湘东行人长叹息，十年离家归未得。弊裘羸马苦难行，僮仆饥寒少筋力。君不见，床头黄金尽，壮士无颜色。”温庭筠的《商山早行》诗写道：“晨起动征铎，客行悲故乡。”韩愈被贬潮州刺史赴任途中，作《左迁至蓝关示侄孙湘》一诗以寄情，写道：“一封朝奏九重天，夕贬潮阳路八千。欲为圣明除弊事，肯将衰朽惜残年。云横秦岭家何在？雪拥蓝关马不前。知汝远来应有意，好收吾骨瘴江边。”字里行间透出面对艰险行途的忧悸不安。宋陆游在《太息·宿青山铺作》中写道：“太息重太息，吾行无终极。冰霜迫残岁，鸟兽号落日。秋砧满孤村，枯叶拥破驿。白头乡万里，堕此虎豹宅。道边新食人，膏血染草棘。”范成大在《两虫》诗中写道：“鹧鸪忧兄行不得，杜鹃劝客不如归。”不难看出，旅游者的心境，完全已为沉郁灰暗的惧游基色所笼罩。

（二）旅游文化的慎游传统

慎游旅游文化传统是慎游观念的一种发展和补充。而慎游观念的形成，主要是为了平衡和消融因旅行和旅游带来的诸多恐惧和不安。慎游传统的原则，是谨慎小心，尽量少游，甚至不游。

旅游文化的慎游传统，主要表现为三个方面的内容：

保重身体。旅游者出门在外，往往要经历生死险境，也就是陆游在《自兴元赴官成都》诗中所说的“此生均是客，处处皆可死”。所以，旅游文化的慎游传统，要求万里之外，以保重身体为第一要务。

结伴而游。旅行常常是一种结伴而走的集体性行为，那是因为结伴而游，总比单独行走来得安全可靠。

游必有方。中国古代的封建礼教有一条不成文的规定，那就是外出旅行和旅游，必须谨慎小心，并且有正当的理由，否则就应受到限制。中国古代认为外出旅行或旅游的正当理由主要是经商、游学、游宦、镇戍和游豫等。

旅游文化的慎游传统，传承至今，仍时有表现。“一路小心”的叮咛和嘱托，便是这种表现的最好说明。

（三）旅游文化的重游传统

重游是旅游风俗的核心，是由惧游、慎游等观念演变而来的，在一定程度上左右着旅游风俗的性质，并为后代所继承。另一方面，重游风俗中的许多观念和习俗，在长期的发展中，演变成了一系列的行旅程式，其中有的还上升为礼俗，成为传统。旅游文化的重游传统具体表现为这样一些做法和内容：

卜行。旅游是人生中的一件大事，所以古代人们在外出旅游前，一般都要先行占卜择日，以示吉凶，吉则行，凶则避。1975 年我国考古工作者在湖北云梦睡虎地秦墓中发现两种秦简《日书》，总计 423 支简。内容涉及出行归返，即规定所谓“行归宜忌”，也就是规定什么日子和时辰可以出行回归，什么日子和时辰则绝对不可以出行回归，多达151支简，不仅数量相当可观，而且规定的禁忌也相当繁密。其中有关于行归时日的禁忌，如“达日，利以行”，“外害日，不可以行作”；有关于行归方向的规定，如“午，北吉，东得，南凶，西不反（返）”；还有久行、长行、远行的限制，如“十二月甲子，（以）［毋］以行，从远行归，是谓出亡归死之日也”。《日书》中规定的行忌，共有十数种，全年行忌日合计多达151天，可见当时出行禁忌的苛严繁密。这种卜行择日的重游习俗，一直延续到清代，时至今日，在许多国家和地区仍盛行不衰。

祖道。是古代送行祭道的一种宗教习俗。祖，祭道神。汉应劭《风俗通义》卷八有这样的记载：“共工之子曰修，好远游，舟车所至，足迹所达，靡不究览，故祀以为祖神。”除了定期祭祀祖神之外，行旅之人上路时也要进行类似的殷勤祭祀，这就是祖道。有关祖道祭祀记载的文字很多，如《诗经·大雅·韩奕》“韩侯出祖”，《左传·昭公七年》“梦襄公祖”，《汉书·刘屈氂传》“丞相为祖道”，等等。许多作家还专门写了祖道诗，以记其盛。如晋孙楚写有《祖道诗》，张华写有《祖道征西应诏诗》，陆机写有《祖道潘正》，唐王浚写有《祖道应令诗》……可见，祖道风俗在古代的盛行，上自帝王将相，下至普通百姓，无不浸沉其中。

送行。“长亭外，古道边，芳草碧连天。晚风拂柳笛声残，夕阳山外山。天之涯，地之角，知交半零落。一壶浊酒尽余欢，今宵别梦寒。”这是近代著名音乐家李叔同创作的那首脍炙人口的《送别》曲中的歌词，它形象地展现了绵延数千年的送行重游风俗。

送行传统在我国形成很早，《诗经》中就有关于送行活动的记载。送行的路程长短不一，一般以城郊分界为限，唐宋则多以灞桥、劳劳亭为界。灞桥又名销魂桥，在长安东灞陵，因迎来送往皆至此，所以人呼为销魂桥。李白《忆秦娥》中那句“年年柳色，灞陵伤别”，即是古代灞桥送行的例证。劳劳亭在今江苏南京市境内，也是古代闻名的送别之所。李白《劳劳亭》诗：“天下伤心处，劳劳送客亭。春风知别苦，不遣柳条青”，说的即是劳劳送客亭。

离筵。亲人外出，家人和好友为之设宴，这种重游送行风俗古代叫作离筵。离筵，也叫设宴。《元史·王磐传》：“（王磐）资德大夫致仕……太子闻其去，召入宫赐食……行之日，公卿百官皆设宴以饯。”反映的就是古代离筵送行这一习俗。

饯饮。这是送行即将结束时，亲朋好友在路边为行人举行的一种敬酒道别仪式。《诗经·大雅·韩奕》：“韩侯出祖，出宿于屠，显父饯之，清酒百壶。”晋何敬祖《洛水祖王公应诏诗》：“游宴绸缪，情恋所亲。薄言饯之，于洛之滨。”表达的就是这种亲朋好友对行人的惜别之情。道别饯饮有三种用意，一是为了在感情上加强游子的家乡观念；二是借酒浇离别之愁；三是饮酒壮胆，以壮行色。

折柳。离别是人生最大的痛楚，所以亲朋好友与外出游子道别分手的时候，往往要折柳相赠，以寄托相互间的依依不舍之情。折柳有两种寓意，一是柳树生命力强，用它赠友送别，意味着无论去到天涯海角，都能枝繁叶茂；二是柳与“留”谐音，有“挽留”的意思。折柳风俗在我国出现很早，《诗经·小雅·采薇》中就有“昔我往矣，杨柳依依，今我来思，雨雪霏霏”的描述，被誉为描写离愁别绪的千古名句。杨柳袅娜多姿，显示着家乡的美丽，又似含有无限的柔情，挽留着即将外出的游子。所以到了汉代，折柳赠别的风俗相当流行。据《三辅黄图》卷六记载：“灞桥在长安东，跨水作桥，汉人送客至此桥，折柳赠别。”这种风俗一直盛行并延续，直至明代，才渐趋淡薄。梁元帝《折杨柳》：“同心且同折，故人怀故乡。”明杨慎《折杨柳》：“芳菲随处满，杨柳最多情，染作春衣色，吹为玉笛声。如何千离别，只赠一枝行。”中国古代的折柳赠别之盛由此可见。

唱离散曲。主要是为了增加思念忧伤的色彩。中国古代的离散曲出现很早，《汉书·王式传》有“歌骊驹”的说法，服虔注说：“逸诗篇名也……客欲去歌之。”所以，“骊驹歌”大概是目前我们所知最早的一首离散曲。到了汉代，开始出现了著名的专写离别之情的曲调《折杨柳》，离别歌唱开始定型为一种习俗和传统，并为后代所继承。历代提到唱离散曲的很多，如梁简文帝《咏柳》“欲散依依采，时要歌吹人”，《折杨柳》“曲中无别意，并是为相思”，李白《赠汪伦》“李白乘舟将欲行，忽闻岸上踏歌声”，而唐代著名诗人王维的一首《送元二使安西》则更使《阳关三叠》成为千古流传的送别名曲。可见，唱离散曲是古代常见的一种重游送别风俗。

赠物。睹物思人，所以，旅游程式中又有赠物道别的习俗。所赠之物，则不外乎钱、扇、衣服或其他随身携带的细软之物。古代送行中还流行赠相离草的习俗。《诗经·郑风·溱洧》有“伊其将谑，赠之以勺药”之句。《古今注》曰：“牛亨问曰：‘将离相赠之以芍药者，何也？’答曰：‘芍药，一名可离，故将别以赠之。’”

赠言。也是旅游文化中的一种送别习俗。所赠之言，则不外乎“一路平安”、“多多保重”一类的临别嘱托。

赋诗。这种习俗和传统在文人骚客中风靡。古代因离别而赋的诗作举不胜举，著名的有汉李陵的《赠苏武别诗》，苏武的《别李陵》，魏曹植的《送应氏诗》，南朝宋谢灵运的《邻里相送方山诗》，梁简文帝的《饯别诗》，唐沈佺期的《古别离》，陈子昂的《送客》，李白的《金乡送韦八之西京》，宋黄庭坚的《赠别李端叔》等。

执手。即握手，也是旅游文化广为流行的一种送别程式。李陵《赠苏武别诗》：“屏营衢路侧，执手野踟蹰。”《三国志·太史慈传》记载刘繇亡于豫章，士众万余人未有所附，孙策命太史慈安抚，“饯送昌门，把腕别”。《三国志·宗预传》：“聘吴，孙权捉预手，涕泣而别。”《三国志·曹休传》：“为镇南将军……执手而别。”等等，这些都可以作为离别握手习俗存在的见证。

书报平安。旅游在外，一般都要写封家书，以报平安。韩愈《寄皇甫湜》：“敲门惊昼睡，问报睦州吏。手把一封书，上有皇甫字。”杜甫《酬韦韶州见寄》：“深惭长者辙，重得故人书。”杜甫《暮秋枉裴道州手札，率尔遣兴，寄近呈苏涣侍御》：“久客多枉友朋书，素书一月凡一束。”岑参《敷水歌送窦渐入京》：“水底鲤鱼幸无数，愿君别后垂尺素。”现代则多以电报、电话等通讯方式进行。

软脚。慰劳行旅远归者的一种礼仪。其直接意义，原本可能是说让旅游者疲惫僵硬的行脚得以休息、放松，所以又叫洗软。后来逐渐演变为用饮食慰劳款待的含义。

洗尘和接风。宴请刚刚经历了长途行旅生活的客人，称之为“洗尘”。“洗尘”一说最初的由来，可能是源于行旅在外必然多蒙风尘，需要洗濯的缘故。“接风”一语的应用，推想可能发生于以风作为交通运输动力的帆船客运开始兴起的年代，后来逐渐形成为家人亲友经历行旅生活之后“摆酒”、“治席”款待的一种礼节规范。①

以上这些旅游程式和旅游风俗，实实在在折射出旅游文化的一种重游传统。它植根于丰富的历史土壤，体现了一个民族的智慧和精神。时至今日，仍有不少内容和形式（如道别握手、送行赠言、洗尘接风）为人民大众所宗所本，在现实旅游生活中显示出活力。

① 王子今．中国古代行旅生活．北京：商务印书馆国际有限公司，1996：169．

第六章

旅游者文化

本章提要：旅游，人是主体，旅游者文化是旅游文化的核心。本章从六个方面构架旅游者文化理论的基本体系。通过本章的学习，能够理解旅游者文化的内涵，认识旅游者文化在旅游文化中的地位，了解旅游者文化的研究对象，掌握旅游者文化的特征和影响要素，洞悉当代旅游者文化的走向。

旅游者既是旅游文化系统的创造主体，又是旅游文化系统的最终载体，是研究旅游文化的出发点。旅游者在旅游过程中，与各种各样的文化现象产生联系，因而研究旅游文化必须研究旅游者文化。

第一节　旅游，人是主体

一、什么是旅游者文化

在旅游学和旅游文化学研究中，旅游者文化通常以“旅游主体文化”进行表述，“旅游者”则主要出现于旅游消费行为学、旅游市场学和旅游心理学等学科。旅游主体文化和旅游者文化虽然并无太多语义上的差别，但“旅游者文化”的内涵和外延更加贴切，所以本书在旅游文化学研究中，首创“旅游者文化”这一概念，并旗帜鲜明地表达“旅游，人是主体”这一主旨和中心思想。

（一）什么是旅游主体文化

学术界对于什么是旅游主体文化的论述很多，简要介绍如下。

白槐认为：旅游主体文化研究就是要研究旅游者需要什么；对于旅游者的需要，哪些应加以适应，哪些是不能迁就甚至是要坚决抵制的；研究如何增加对旅游者的吸引力；研究如何提高旅游者的观赏水平。[①]这种说法单纯强调旅游者的文化需求和观赏水平，不足以概括旅游主体在旅游活动时的全部文化现象，未能揭示出旅游主体文化的本质。

卢云亭认为：旅游主体文化要素应包括旅游者的政治主张、思想和信仰；旅游者的旅游动因；旅游者的居住地文化形态；旅游者的文化素质、受教育程度；旅游者的职业；旅游者的心理、性格和爱好；旅游者的生活方式。[②] 这种说法比较具体，概括了旅游者在旅游过程中的各种文化现象，但忽视了旅游者的主要活动——旅行游览时的文化现象，因此作为一个完整的概念来说明旅游主体文化也有不妥之处。

杨时进认为：旅游主体文化是旅游者的文化形态、价值尺度及其所具有的异域异族的传统观念和表现形态。[③] 这种说法比较抽象，也不够全面。

王明煊认为：旅游主体文化是与旅游者的思想观念、心理特征和行为方式有关的文化，它具体包括旅游者的所在国（地区）的文化形态；旅游者的思想信仰；旅游者的文化素质；旅游者的职业和经济状况；旅游者的心理、性格和爱好；旅游者的生活方式；旅游者的消费习惯。[④]这种表述既明确界定旅游主体文化的概念，又指出了具体的研究内容，值得重视。

（二）什么是旅游者文化

旅游者，顾名思义，就是游客，也就是指那些旅游的人。

---

① 白槐．关于旅游文化的论述纲要∥白槐．旅游文化论文集．北京：中国旅游出版社，1991：61～66．

② 卢云亭．旅游文化学及其系统结构分析∥白槐．旅游文化论文集．北京：中国旅游出版社，1991：125～134．

③ 杨时进，沈受君．旅游学．北京：中国旅游出版社，1996：405．

④ 王明煊，胡定鹏．中国旅游文化．杭州：浙江大学出版社，1998：9～10．

旅游者文化，是指旅游者在旅游过程中形成的各种共有的文化事项和文化现象的综合。由于旅游者是一个暂时性的社会角色，旅游者的身份起于旅游活动的开始，止于旅游活动的终结，所以需指明“在旅游过程中形成的”；由于旅游者既指个体也指群体，但根据文化的性质，无论个体群体，均需有多数成员共享才能称之为文化，所以说“共有”；由于旅游者的旅游活动全过程涉及方方面面的文化现象，所以称之为“文化事项和文化现象的综合”。

二、旅游者文化研究什么

消费者 ← 各种文化因素（生活水平的提高，使得消费者追求更高层次的文化享受，影响其可能选择旅游的价值取向逐渐成为重要取向之一）

↓

潜在消费者 ← 各种旅游现象，其中各种旅游文化现象更为引起关注（媒体促销、景区信息、社会旅游时尚等影响消费者的消费价值观，促使形成旅游动机）

↓

现实旅游者（即旅游者）← 旅游动机：诱发旅游的心理动力，相应条件具备时，潜在旅游者即进入旅游决策过程，变为现实旅游者的步骤由此开始

↓

收集信息：通过媒体、社会关系等收集旅游信息，在此基础上根据自己的爱好、想法和媒体的引导进行意向性选择

↓

意向性咨询：对自己的选择进行咨询和确认，依据个人价值取向、情趣和性格特点等，开始确定旅游消费的方式

↓

购买旅游产品：选定适合自己的旅游方式和消费模式，根据所选择的旅游目的地进行必要的文化准备和物质准备

↓

旅行游览：这是旅游者对目的地旅游资源的审美过程，审美、享受美是旅行的真正要义，也是旅游主体文化的最主要部分

↓

返回：旅行结束，一次美好的体验和回忆将使旅游主体终身受益：增长知识、扩大视野、陶冶性情、结交朋友等

图 6-1　旅游者在选择旅游取向过程中对文化现象的筛选以及实施旅游决策后各阶段所包含的文化现象

研究旅游者文化，不能以一般消费者的文化现象作为研究对象，而应侧重于消费者成为旅游者的文化进程，侧重于旅游的文化性与旅游主体的关系。基于以上认识，我们从消费者成为旅游者、选择旅游的过程及相关文化性因素的演绎选择中进行归纳。

由旅游者在选择旅游取向过程中对文化现象的筛选可以看出，旅游活动过程主要涉及两个方面的内容，即旅游消费过程和旅游审美过程。因此，旅游者文化主要包括旅游消费文化和旅游审美文化。旅游是旅游者的高级文化活动，从旅游者旅游决策的过程来看，旅游的文化现象，无论是文化性的影响因素还是文化性过程、文化性结果，都应成为旅游者文化的研究对象。因此，旅游者文化的研究对象主要包括：

旅游消费文化——包括旅游者的消费价值观、生活方式、消费方式、消费行为模式等。

旅游审美文化——包括旅游者的文化背景、审美类型、审美方式、审美结构等。

影响旅游者文化形成的因素——包括社会文化、历史认识等。

三、旅游者文化在旅游文化中的地位

旅游是旅游者的活动，没有旅游者便没有旅游活动。旅游活动要通过旅游者来实现，因此旅游者是旅游活动的主体。旅游者之所以被作为旅游活动的主体看待，是由旅游者在旅游活动中所处的地位决定的。[①]

首先，旅游者是旅游业发生、发展的关键。可以这么说，旅游资源开发主要解决“看什么”的问题，旅游者研究则是解决“谁来看”的问题，旅游业研究最重要的使命就是要解决“怎么看”的问题，没有旅游者，“看什么”和“怎么看”就毫无意义了。

其次，旅游者是旅游服务的对象，旅游产业化的核心问题是旅游者问题。食、住、行、游、购、娱六要素的灵魂也是旅游者，六要素如果不协调，服务质量就不能使旅游者满意，旅游者就会离去。

---

① 喻学才. 旅游文化. 北京：中国林业出版社，2002：63.

最后，旅游者是旅游业的衣食父母，旅游业通过其所拥有的接待设施和所提供的服务，从旅游者那里获取经济利益。在市场经济条件下，旅游业属于服务性行业，它面对的是由旅游供给和旅游需求所构成的市场即旅游市场。旅游者是旅游产品的购买者和消费者，旅游资源的开发利用、旅游业的发展和进步，都以旅游者的需求为转移，旅游需求制约着旅游供给。

从本质上说，旅游文化是旅游的“人”化，即旅游者的文化。从文化的角度看，旅游者是旅游文化的承载者和传播者。旅游者承载着原有文化内涵，前往相异的文化空间中旅行和游览，在将原有文化传播到异地的同时，也将各地的文化和风俗传播回原有的文化环境之中。旅游者并非简单的搬运工，他还在文化传播的同时，在两种或多种文化的比较和熏陶中，创造出新的文化和审美成果，如游记等。更重要的是，“旅游主体在旅游过程中，在对文化差异的比较及文化交流的追求中，不断提高自身的文化修养和素质，实现对真善美的认同”①。“潜在的旅游者由于受到旅游动机的冲击和旅游客体的吸引，在旅游业的介入下实现了旅游，在旅游过程中产生了欢快愉悦的心理状态和审美情绪，这种心态和情绪是旅游三要素中任何一个要素都没有的。这就是旅游文化最初和最核心的部分”②。由此可见旅游者文化在旅游文化中处于核心地位。

第二节　旅游者文化特征

旅游者文化是旅游者在旅游过程中形成的共有的观念形态和行为模式。旅游者文化既有其他各种文化的共性，又有其独有的特性。旅游者文化特征主要体现在四个方面。

---

① 周谦. 泰山旅游文化发掘初议. 人大复印报刊资料（旅游经济），1990（6）.

② 冯乃康. 中国旅游文学论稿. 北京：旅游教育出版社，1995：5.

一、时代性特征

旅游者生活在一定的时间和空间背景之下，不同时代旅游者的旅游文化观念和行为方式是有差别的。旅游者的时代特征实质上反映了旅游者的古今差异。

首先，从旅游者的构成来看，古代的旅游者主要为上层统治者，封建贵族与文人官宦构成了古代旅游的主体，几乎没有大规模全民性的旅游。而今天，旅游已经是广大民众的一种重要的休闲方式，旅游观念深入人心，大规模的全民旅游成为世界范围内的一个普遍现象。

其次，从旅游者对旅游的感受来看，传统的中国社会是一个农业社会，其主要特点是安土重迁、重农抑商、自给自足，再加上宗法制的社会组织形式，所有这一切都极大地阻碍了社会人员流动。离别亲友犹如孤雁单飞，“日暮乡关何处是，烟波江上使人愁”，“在家千日好，出门一时难”。中国传统旅游概念中蕴含的这种悲苦惨淡的基调，乃是对于居家的温馨和血亲的聚集而产生的。由于旅游使亲人聚居的温暖局面遭到破坏，因此，把旅游视为悲苦之事，就不只是如西方人那样仅仅出于对旅途艰辛的恐惧，而是因离开“所属群体”迫于无奈的选择而引起的心灵深处的折磨。[①] 而现代意义上的旅行已不再是“travail”（英文“travel”的源词，意为艰辛、困难和危险），大家流连于各个景区，乐不思归。旅游者在旅游过程中体味更多的是忘情的愉悦。

第三，旅游者审美观念的变化也体现出这种时代特征的差异。对于同一个旅游客体，由于旅游审美的标准不同，古代人可能并不视为美景，而现代人则欣赏有加。

二、民族性特征

每个民族都有自己的文化传统和特色，使其与其他民族区别开来，

① 张继涛．旅游主体文化的特征分析．湖北大学学报（哲学社会科学版），2003（5）．

这就是文化的民族性。旅游文化的民族性特征实质上反映了旅游者的中外差异。

首先，从旅游者的旅游性格上可以看出这种区别。西方传统文化强调着眼于未来，强调个人主义的价值取向，塑造了西方民族较普遍和较明显的外倾性格特点。而中国传统文化塑造的人普遍具有内向的性格倾向。中国民间有“好出门不如歪在家”、“在家千日好，出门一时难”、“看景不如听景”等俗语，就反映了中华民族内倾的民族性格对国人旅游动机造成的阻抑。

其次，从旅游者的旅游消费行为上也可以看出这种差异。例如中西方旅游者在目的地类型的选择上有不同的倾向。西方人信奉天人对立的价值观念，富有探险精神，多选择新奇的、不寻常的旅游场所，喜欢率先来到某个地区享受新鲜的经验和发现的喜悦，喜欢接触他们不熟悉的文化和人民。中国人信奉天人合一，喜欢小桥流水、波澜不惊的平和景观，多选择熟悉的甚至是人人皆知的、规划建设相当成熟的目的地。

此外，中西方旅游者在旅游消费结构支出、旅游组织形式、旅游消费习俗等方面也有着很大的差异。

三、扩散性特征

旅游文化是一种流动的文化，因为旅游者总在不断地变换空间。旅游主体文化、旅游客体文化和旅游介体文化在不停地碰撞、整合，因而具有扩散性。旅游者对旅游目的地文化的影响主要表现在：它一方面使旅游地传统文化复兴，并在增强当地居民文化自豪感以及打破封闭落后的社会文化环境、推进旅游地现代文明的发展中起到积极作用；另一方面，旅游发展引起旅游地传统文化的丧失、贬低与扭曲以及犯罪和社会伦理失范等负面效应，又使人们对旅游发展产生抵触，甚至是恐怖行为。①

---

① 李星明，赵良芳．旅游者对发展中国家的旅游地社会文化影响研究．华中师范大学学报（自然科学版），2002（2）．

旅游对社会文化的影响实际上是“对人的影响”，即旅游者对东道主的影响。[①] 只要旅游开始，旅游者与旅游地居民相遇时，就会因各种价值体系的不同，造成社会文化的冲突与碰撞。[②] 因此，旅游者对旅游地社会文化环境的影响是明显的、直接的。旅游者带给东道主最直接的影响就是当地人逐渐远离自己的本土文化，转而模仿旅游者的文化，使以前较单一的民族文化向多样化的方向发展，最终导致旅游地社会文化潜移默化甚至土崩瓦解。例如在发展中国家，旅游者在食、住、行、游、购、娱方面表现出较高水平的需求和消费，以及客观上具有的社会、经济优势，使旅游者在整个旅游过程中表现出明显的优越感。加之游客的约束比在居住地要少，使旅游地居民表现出一定的羡慕和盲从心态。旅游者的这种“示范效应”促使旅游地居民对旅游者言谈举止、穿着打扮、生活方式等进行曲意的迎合、追求和模仿。当然，这种影响也可能进一步激发当地人奋发向上的精神和增加追求财富的开创意识，从而促进旅游地原生居民传统思想观念的转变，增强旅游地开放观念和现代化意识。[③]

总之，旅游者文化扩散的是某些文化特质，而非一个完整的文化形态；其次，旅游文化的扩散在旅游主体方往往是无意或被动的，在东道主方却是主动的。对东道主而言，旅游者是上帝，旅游者总是对的，那么，为了使“上帝”满意，东道主会设身处地对旅游者的期待做出热情的回应，为旅游者制造一个完美的环境，旅游者文化就这样渐渐地在接待地积淀并扩散开来。

---

① （英）阿利斯特·马斯逊，费济阿利·华尔著，郑利平，邓善译．旅游业效益学——旅游地经济、自然和社会影响研究．广州：广东旅游出版社，1991：73.

② （法）罗贝尔·朗卡尔著，陈立春译．旅游和旅行社会学．北京：商务印书馆，1997：35.

③ 李星明，赵良艺．旅游者对发展中国家的旅游地社会文化影响研究．华中师范大学学报（自然科学版），2002（2）.

四、规范性特征[①]

从社会学的角度来讲，旅游者是一个社会角色，一旦一个人成为旅游者，那么他的行为在一定程度上就会有别于其在日常生活中的行为，必须遵守一定的行为规范。再者，旅游者可以划分为不同的亚文化群体，各群体都有自己的观念形态和行为模式，因此，旅游者也会受到来自所属团体内部规范的制约。旅游者文化的规范性主要体现在两个方面：

其一，旅游者要遵守一般性的行为规范，如道德、法律规范等。同时，作为旅游者，还必须遵守接待地的法律规范和道德规范。

其二，旅游者要入乡随俗。每一个民族都有自己的风俗禁忌，俗话说，“十里不同风，百里不同俗”，“入门先问禁，入境先问俗”。习俗是人类社会中沟通人际关系、协调人际行为的社会规范系统。习俗是民间约定俗成的，主要靠的是个人自觉或无意识地接受其规约，从而实现人际关系的沟通和人际行为的协调。习俗的内容极其复杂，各民族的衣食住行、人际交往、行为规范，无不浸透着各种习俗文化要素。旅游者对于东道主的习俗应给予尊重和理解，避免因触犯禁忌而造成不愉快的旅游经历。

第三节　旅游者文化的影响要素

影响旅游者文化的要素是多方面的，概括起来可以分为内部要素和外部要素两大部分。其中内部要素更多地强调旅游者自身各种行为对旅游者文化形成和发展的影响，外部要素则更多强调外界因素对旅游者文化形成与发展的影响。

① 张继涛. 旅游主体文化的特征分析. 湖北大学学报（哲学社会科学版），2003（5）.

一、内部要素

旅游者的学习是影响旅游者文化层次高低、水平深浅的主要内部要素。旅游者在不断的学习过程中使自己的消费行为更加理性，审美心理更加成熟，休闲活动更加丰富。旅游者主要学习三个方面的内容：

第一，学习合理消费。目前在我国部分旅游者中还存在着许多非理性的消费行为，如选择旅行社时重价格轻品牌；选择旅游线路时避冷趋热；旅游购物时不理智；追求感官刺激，从事违法消费活动等等。而学习合理消费就意味着旅游者应该学会如何辨别互相竞争的旅游产品和服务，即学会如何成为旅游市场中一个精明的购买者。他需要学会区分和评价互相竞争的旅游产品和服务，以及如何处理购买决策中的风险和疑虑。比如节假日、黄金周，旅游景区一般都人满为患，为了避免节假日旅游消费的风险，旅游者通过学习，积累经验，在节假日旅游时，就会更理性地选择目的地，避开热门线路和出游高峰期。

学习合理消费还需尽力避免一些不利于理性消费的心理，包括从众心理、贪图便宜心理、炫耀心理等。从众心理指旅游者在做出消费决策时没有自己的主见，人云亦云；贪图便宜心理是指旅游者在做消费决策时过分看重价格，而忽视对旅游企业品牌信誉和旅游产品质量的考察；炫耀心理是指少数旅游者做出某些旅游购物决定的目的不是为了实用，而是为了炫耀财富。①

第二，学习相关规范。旅游者应多了解旅游行业和旅游企业的操作规范，熟悉旅游相关法规，这样既有助于保护自身的合法消费权益，又可避免因不懂法规而进行一些违法的消费活动。例如旅游者应该知道在参加团队旅游过程中如何维护自己的合法权益。首先，在出行前应该询问旅行社是否已经办理了旅游意外保险，因为付给旅行社的费用当中已经包括这种费用；其次，出行前应与旅行社签订合同，明确对方应该提供的服务质量标准，如果旅行社故意或因过失不履行合同，就应对旅客

---

① 李菊霞，林翔. 关于引导我国旅游者消费行为的思考. 商业研究，2001 (6).

承担赔偿责任；在旅游过程中，如果导游不按合同规定，擅自改变活动日程，减少或变更旅游项目，擅自增加用餐、娱乐、医疗保健项目，擅自安排到非旅游部门指定的商店中购买伪劣商品，旅游者都有权要求旅行社按规定给予赔偿。

学习相关规范还要做到遵纪守法、入乡随俗。旅游地政府为创造良好旅游环境，大都会规定一些行为规范，如不准随地吐痰、禁止在名胜古迹上乱刻乱画、不准乱扔污物等，旅游者应遵章守纪，自觉执行。同时到异国异地旅游时，应注意了解对方的民俗民风和规矩，做到入乡随俗。譬如，泰国小孩的头摸不得，印度小孩抱不得。又如到泰国之前应了解进入寺庙要脱鞋，女士见到僧侣要避让，女士游览大皇宫不能穿短裙和凉鞋等等习俗。

第三，学习旅游审美。不仅旅游消费需要学习，旅游审美同样需要学习。根据马斯诺的需求理论，人们有审美的需要，它是仅次于自我实现需要的高层次需要。要欣赏音乐和绘画的美，首先要有能感受音乐的耳朵和感受形式美的眼睛。作为旅游审美的实施者，旅游者要在旅游过程中获得美的享受，就必须学习和掌握基本的美学知识和审美技巧。由于旅游活动集自然美、社会美、艺术美和生活美于一身，旅游者就需要学习和积累多方面的美学知识。唯有如此，才能道出景观美在哪里，而不至于明知“此中有美意”，却“欲辨苦无言”。

二、外部要素

影响旅游者文化的外部要素主要包括三个方面，即传统文化、接待地文化和社会行业规范。

（一）传统文化影响

旅游者是散布在不同时空中间的人，他们身上都留下了传统文化的烙印。文化造就和影响了旅游者的消费习性和具体旅游消费行为。我国是一个拥有五千年文明历史的国家，久远而深厚的传统文化对于我国旅游者出游心态，旅游价值观念的形成以及旅游方式的选择，均产生了深远的影响。我国传统文化对旅游者的影响主要包括：宗法伦理与道德的影响、地理环境文化生态的影响、古代哲学思想的影响。

宗法制讲究同族聚居，可使人们产生重血缘、重乡土的社会心理。宗法观念使人产生无尽的“桑梓之情”，无论走到哪里，都觉得根在故乡。这种浓厚的乡土观念对人们的外出旅游影响很大，使人很难离乡别家，外出旅游。

以“孝亲”观念为主的伦理规范对中国旅游者心态产生极大影响。在中华文化系统中，孝道被视作一切道德规范的核心和母体，所谓“父母在，不远游，游必有方”，“孝子不登高、不履危”，目的就是要劝导人们恪守孝道，固守家园，漫无目的的游历是不可取的。

文化生态是一个社会的地理环境、经济基础、上层建筑和意识形态的综合。地理环境的各种因素造就了旅游者固有的思考问题方式，旅游者的意识、观念、习惯或时尚受周围环境的影响很大。

中国古代哲学思想总体上是一种“重静而轻动”的形态，真正向上发展的动态属性被主静的整体意识压抑住了。以静为本必然对代表着“动”和“朝气”的冒险性旅游加以遏制，这种传统使得国人在超越既有生存空间、跨越自然环境方面有所欠缺，在旅游时受到很多遏制，失去了跨越更大范围文化空间的可能性。①

（二）旅游接待地文化影响

旅游文化有扩散性，但并不意味着旅游者与东道主之间的文化传播是单向的。其实，旅游接待地文化同时也会辐射到旅游者身上。简而言之，旅游者文化与接待地文化是互动的。

旅游者的成长与旅游目的地有着密切的关系。“读万卷书，行万里路”以成才的事实与道理，广为人们所熟知。“行万里路”式的旅游，实质上是读天地间一部无比生动丰富的巨著。古人说：“无字书者，天地万物是也。”吴越清风，秦陇劲气，燕赵豪情，皆吞吐于胸；民间的质朴人情，古迹的历史遗韵，都市的现代气息，都引来心灵撞击，人的

---

① 杨瑞霞. 传统文化对我国旅游者的影响. 洛阳工学院学报（社会科学版），2000（4）.

心胸、思想因而开阔、豁达，提高智慧，增长才干，成长为改造世界的人才。因此，接待地文化对旅游者文化的成长和丰富起着重要的作用。

（三）社会规范与行业规范影响

社会规范有两种存在形式，一是成文的、带有强制性的规范，如法律、条例及各种规章制度；二是不成文的，不具强制性的规范，如道德、民俗等。这些规范对旅游者来说有一个内在化的过程，当这些规范内在化以后，才可能由旅游者在旅游过程中反映出来，从而转化为旅游者文化的一部分。

1999年通过的《全球旅游伦理规范》多次规定了旅游者的义务，如“旅游活动的开展应当与东道地区和国家的特征与传统保持一致，并尊重其法律、惯例和习俗”。“在旅游过程中，旅游者和访问者不应当从事任何犯罪行为，或者从事任何根据到访国家的法律被认为是犯罪的行为，要戒绝那些被当地人感到是冒犯和伤害的行为，或者可能会破坏当地环境的做法；不从事任何有关违禁药品、武器、古董、受保护的物种和产品以及危险品和根据国家规定禁止物品的交易活动”。[①] 除了宏观的行业规范以外，各旅游企业对旅游者也会有一些具体的约束性措施，如旅行社与旅游者签订的合同中，对旅游者的行为都有明确的规定，如不得随意迟到、不得擅自离团等。

第四节 当代旅游者的文化走向

文化是制约和决定旅游者消费行为的根本性因素，对旅游者消费行为的影响是全方位的。因此，随着文化的进一步发展和更新，人的消费行为及与此相关的消费方式也在发生变化。除了传统的游览、观光、团体旅游等消费方式外，旅游者更多地追求自我发展和实现的需要，在旅游消费行为中出现了更多的文化趋势及走向。

① 张广瑞译. 全球旅游伦理规范. 旅游学刊，2000（3）.

一、旅游方式多样化

旅游方式多样化主要表现为自驾游与户外运动等的兴起。自驾游与各种户外运动是旅游者崇尚自身价值体现的一种标志。比起大众化的旅游方式，现在的旅游者不是那种人云亦云、不成熟的旅游消费者，他们更加注意表现自我，根据自己的喜好做出旅游选择，包括旅游方式、旅游内容、出行形式等，显露出自己的特点，玩得尽兴、尽意。他们对那种组织性较强的团体旅游不屑一顾，认为束缚个性，强制多于自主，不能满足自己的需要，因此转而加入到各种个性化旅游的大军中去。

二、旅游需求细分化

每个旅游者都有需求，这是人们追求自我实现的标志。为了满足各种各样的需求，就出现了产品和满足需求方式的多样化。当今社会不再强调一致性、标准化，而是突出多样性、灵活化。旅游市场进入买方市场后，针对需求的多样化，市场细分不只是一个停留在理论上的名词，类型众多的较小规模的专门市场，如商务旅行、度假旅游、探险旅游、蜜月旅行、家庭旅行等在分割、取代原有的大众市场。每一个细分市场都有自己的特点和与众不同的需求。如观光旅游与度假旅游的差异就很大。首先，观光客重视觅奇览胜、开阔视野、一饱眼福；度假者则以疗养、休闲、娱乐为旨趣，更注重消费行为的自觉性。其次，观光客经常是以最小的花费和最少的时间玩最多的景点，获得尽量多的感性认识；而度假者则追求旅游的质量，更要求有特别的、足够的、耐人寻味的活动形式和内容。再次，观光者满足于走马观花，可以比作浮光掠影的求知者；度假者则是饱含闲情雅致、从容的思索者。此外，观光客更注重旅游服务的便利性，而度假者则看重服务的情调性和温馨程度。由此看来，需求的多样化带来市场的细分，小规模的专门市场更注重旅游的质量和享受度。

旅游需求细分化的另一鲜明特征是更加崇尚回归自然。当今社会，由于工业污染的加重和工作生活的快节奏，人们对于日常生活和工作表现出强烈的烦躁不安，转而追求返璞归真，崇尚清净、优美、洁净的大自然，逃避都市的喧嚣和繁杂，"回归自然"成为时尚。于是追求淳朴、回归自然、享受自然的旅游动机在全世界范围内得到强化，生态旅游、海洋旅游、乡村旅游、探险旅游方兴未艾，成为当今世界旅游发展的一种潮流。

三、旅游意识积极化

旅游是人类物质文明发展到一定阶段的产物，是一个国家或地区经济发展和国民生活水平提高的结果。随着人们可支配收入的提高，闲暇时间的增加，出游交通设施和交通工具进一步完善，旅游者进行现实的旅游活动也将大大增加。有关研究表明，最受欢迎的现代休闲与娱乐方式，已经不再是那种纯旁观的传统方式。同样，作为休闲方式之一的旅游来说，旅游者在其旅游过程中积极参与的愿望正变得越来越强烈。这是现代人积极体验和积极参与意识不断强化的表现。这一趋势是世界性的，具有相当强劲的势头。从文化的角度来看，旅游者参与意识的不断强化，是旅游者对实现自身价值的追求在提高。旅游者更希望自己是个表演者、参与者，对每一项旅游节目都愿意体验一番，以此分享成功的喜悦。

第七章

旅游消费文化

本章提要： 本章着重研究旅游消费文化，对旅游消费动机进行文化解构，对中西旅游消费文化进行差异性比较，并对旅游消费文化进行现状解读和趋势研判。

旅游作为世界经济的一个重要产业，正以其前所未有的发展势头，发挥着拉动作用，旅游消费作为一种新经济现象，已经成为人们消费行为的一种时尚。

旅游消费既是一种经济行为，同时也是一种社会文化行为。在经济全球化的背景下，随着信息技术的飞速发展，社会文化呈现出复杂性、多样性、可变性和持续性，并深刻地影响着人们的基本信仰、价值观念和生活准则。与之相适应的旅游消费文化也正在发生前所未有的变化，并对旅游业及旅游消费发展、产业结构升级换代等一系列问题，产生重要的影响。

第一节　旅游消费文化

旅游消费文化伴随着旅游消费活动产生而产生，发展而发展，研究旅游消费文化首先应从旅游消费的基本概念及其基础理论入手。

一、旅游消费

（一）旅游消费的概念

旅游消费是旅游与消费的一种结合行为，关于旅游消费的概念目前尚无一致的说法。

刘辉煌认为："旅游消费是社会生产力发展到一定阶段所产生的一种综合性的社会经济现象，它是人们为了了解自然和社会、寻求新的感受、发展和完善自我，而以旅游商品为消费对象的一种特殊的高级的生活消费方式。"①

宁士敏认为："旅游消费，作为一种较高层次的消费行为，是在有时间保证和资金保证的情况下，凭借旅游媒体服务创造的条件，在旅游过程中对以物质形态和非物质形态存在的行、吃、住、游、购、娱等旅游客体的购买和享用过程，旅游消费是人们发展和享受的需要。"②

贺小荣则在上述定义基础上，提出"旅游消费是指旅游消费者在自己的常住地以外，通过消费一定的旅游产品而引起的消费现象和消费关系的总和"③。该定义比较全面地阐述了旅游消费的含义，从旅游消费的主体、客体，以及消费的地域等方面对旅游消费活动做了界定，并且指出旅游消费不仅是旅游消费者个人的活动，而且涉及与之相关的一切消费活动和消费关系，道出了旅游消费的综合性。但是将旅游消费的地域界定为常住地以外，未免过于狭隘。旅游消费的地域并不局限于旅游地，人们在旅行之前在常住地为旅行所做的准备工作中的消费，也是旅游消费不可缺少的一部分。

本书将旅游消费定义为：

旅游消费是人们为了满足发展和享受的需要，借助旅游媒体服务创造的外部条件，在旅游消费过程中产生的以经济现象为主的各种消费现象和消费关系的总和。

（二）旅游消费的结构和特点

人们为了满足个人生活需要，必然消费各种物质资料，在这些消费中，包括基本生存需要和发展与享受需要两个方面。

---

① 刘辉煌．也谈旅游消费问题．消费经济，1997（4）．

② 宁士敏．现阶段我国旅游消费发展环境与基本特征．经济界，1999（4）．

③ 贺小荣．旅游消费的概念及其基本特征刍议．桂林旅游高等专科学校学报·旅游学科建设与旅游教育增刊，1999（S2）．

旅游消费是人们在基本生存需要得到满足之后而产生的一种高层次的消费需要。旅游消费的过程，不仅是旅游者获得精神、物质享受的过程，也是旅游者增长见识、扩大视野，使体力和智力得到充分的发展，提高自身素质的一条重要途径。

不同的旅游者在旅游过程中所消费的各种类型的资料，例如物质产品、精神产品、服务等的比例关系各不相同，因此分析旅游消费，首先就要分析旅游消费的结构。对旅游消费的结构可以从不同的角度进行划分：

从旅游者所购买的旅游消费资料的不同用途出发，可分为满足旅游者在食、住、行、游、购、娱等六个方面的消费支出。

从满足人们旅游需求的不同层次出发，可分为生存、享受和发展三个层次。旅游者在旅游过程中的食、住、行等方面的消费，是满足旅游者在旅游过程中的基本生理需要的消费，而在旅游活动中因观赏、娱乐、学习等而消费物质产品和精神产品则是满足旅游者的精神享受、智力发展的需要。在旅游活动过程中，这两种消费有时相互交错，很难严格划分它们之间的区别和界限。

从旅游消费对旅游活动的重要性出发，可分为基本旅游消费和非基本旅游消费。基本旅游消费是指进行一次旅游活动所必需的而又基本稳定的消费，如旅行住宿、饮食、交通游览等方面的消费；非基本旅游消费是指并非每次旅游活动都需要的且具有较大弹性的消费，如旅游购物、医疗、通讯消费等。

从旅游消费资料的形态出发，可分为实物消费和劳务消费。实物消费指旅游过程中所消耗的物质产品，如客户设备、客户用品、食品、饮料等实物资料。劳务消费则指旅游者在旅游过程中所消耗的活劳动，如交通运输服务、导游服务、饭店服务、餐饮服务等等。

当然，关于旅游消费的分类还可以根据不同的旅游目的地、不同国家和地区、不同的旅游类别以及不同的旅游季节进行划分。

由于旅游消费对象及内容的特殊性，旅游消费与一般的消费活动有区别，具有自身的特点：

1. 旅游消费是综合性的消费。

旅游消费不同于一般物质产品一时一地的消费，一次旅游消费活动是一个连续的动态过程。旅游消费对象是由多种成分构成的综合体，作为旅游消费对象的旅游产品是一个综合性的概念，既包含着物质的因素，也包含着精神的成分，既有实物产品，又有活劳动表现出的服务，既有劳动产品，又有非劳动的自然创造物。

2. 旅游消费是一种以服务为主的消费。

在旅游的整个活动过程中，服务消费占主导地位，它贯穿在整个旅游活动过程中，包括交通服务、导游服务、食宿服务、餐饮服务、文化娱乐服务、购物服务等。

3. 旅游消费是一种不可重复的消费。

在旅游产品交换过程中，不发生旅游产品在空间与时间上的转移，而是旅游者亲自到旅游产品生产地来进行消费。由于服务的提供必须以旅游者的存在即旅游者的实际购买为前提，所以旅游服务的提供也就是旅游产品的生产过程和交换过程，同时也是旅游产品的消费过程。

旅游产品生产、交换和消费在时间上和空间上都是统一的。旅游产品的不可转移性和时间性的特点，决定了旅游者对旅游产品的消费是不可重复的。

4. 旅游消费是弹性很大的消费。

旅游消费是人们在基本生存需要得到满足后而产生的一种高层次的消费需要，其消费需求弹性很大，除旅游产品的质量、价格、旅游者的收入水平外，国际政治经济形势，旅游者的个性特征如年龄、职业、性别、受教育程度、宗教信仰以及旅游地的社会经济发展水平、风俗习惯、旅游供给因素等都直接或间接地影响着旅游消费的数量和质量。

二、旅游消费文化

（一）消费文化

没有消费，就不可能产生消费文化。消费被作为一种文化现象来研究是近代以来的事。消费是由一定观念、心理支配的有一定模式、习惯的社会行为，它体现着消费者的审美趣味、价值观念、道德规范、思维方式，因而也是一种文化现象。消费文化作为一种文化范畴，属于上层建筑中的意识形态，它是指消费者的消费价值判断、指导思想与行为准则以及反映在物质产品上的文化层次和文化趋向。它既包括体现在消费者身上的文化，也包括体现在物质产品上的文化。

由于前工业社会生产不足，消费水平低下，消费不得不受到限制，消费文化对生活方式的影响较弱。随着科学技术的进步和生产力的迅猛发展，现代社会消费品极大丰富，人们拥有了多种多样的消费选择。与此同时，消费文化一跃上升为一种重要的流行文化，对生活方式的作用日益增大，生活方式中的消费文化取向日益鲜明和浓厚。

（二）旅游消费文化

不同的旅游者有不同的旅游消费，并且有各自不同的原因和理由，但文化因素的影响是客观存在的。

旅游消费，是一种特殊的文化现象。旅游消费方式是旅游者选择的一种文化性行为，是旅游者根据自己的偏好、习惯、性格特点，有针对性地选择不同的旅游消费方式，最大限度地满足自身需求和欲望的一种文化倾向。

旅游消费作为一种文化现象，始终受两种文化的影响和冲击，一种是旅游消费者原有的已形成的消费文化观，另一种是旅游者未知的外来的消费文化观。

有关旅游消费文化的定义，国内学术界还未见专门的论述。以消费文化为基点，结合旅游特点，我们试对旅游消费文化定义作如下表述：

旅游消费文化，是指有关旅游消费的价值观念、信仰、判断、知识和思维方式，以及物化在旅游消费活动中的消费时尚、习惯和倾向。

三、旅游消费文化内涵及其特征

（一）旅游消费文化内涵

旅游消费文化作为人们在旅游消费方面的一种内在和外在的行为文化，其内涵主要有：

1. 旅游消费文化是一种工业文化。

现代社会商品生产的扩张，引起旅游消费欲望的高涨，而科学技术的发展又为满足人们的旅游消费提供了丰富的物质手段和场所以及大量的闲暇时间。因此，通过一定的旅游消费文化把大众“培养”成为旅游消费者，就成了极为必要的社会工作。从这个意义上讲，旅游消费文化就是“培养”旅游消费者的文化。

2. 旅游消费文化是一种世俗文化。

旅游消费文化是一种重视现世，极力倡导消费生活的个人性、隐私性和自由性的文化。与崇尚节俭不同，旅游消费文化提倡享乐，认为旅游消费生活应该是丰富多彩的，是自由开放的，是顺应时尚的。

3. 旅游消费文化是一种商业文化。

旅游消费文化是一种以市场为导向、服从市场需求的商业文化，即使再高雅的旅游文化产品往往也不得不接受商业文化的过滤和炒作。

4. 旅游消费文化是一种感性文化，是后现代文化的产物。

旅游消费文化是一种消费“梦想、影像和快感”的文化，所追求的是消费的激情和体验。它具有一种无限深度性和无拘束性。

5. 旅游消费文化是一种闲暇生活方式文化。

旅游消费文化不同于其他消费文化，其本质特征是一种生活方式文化，而且主要是关于闲暇生活方式的文化。

（二）旅游消费文化特征

旅游消费文化不同于其他消费文化的本质特征包括：

1. 旅游消费文化的精神需求特征。

其他一般的消费文化是一种惯常性的生活认识，它已经形成为一种下意识或无意识的行为，是一种可知性的获取，以物质生活需求为主。而旅游消费文化则是打破生活常规的一种突破性的生活方式，是为了最大限度地满足精神上的需求。

2. 旅游消费文化的动态地域特征。

其他一般的消费文化主要在已经熟悉和习惯的范围内进行，所以其表现出的是一种相对稳定、相对静态的文化现象。而旅游消费文化则摆脱了习惯性的较稳定的生活方式，进入了一个动态游览式的生活圈，所以表现出的是以动为主的地域性文化特征。

3. 旅游消费文化的变异特征。

已知的消费活动大多是在既有的生活习惯、生活规律的驱动下，在原有的基础上不断重复的一种消费活动。而旅游消费则是离开已有的生活区域，打破原有的生活习惯，不断随着政治、经济、文化、社会条件的变迁而变化。

4. 旅游消费文化的时代性特征。

旅游消费文化具有鲜明的时代特征。随着时代的发展，人们的旅游消费观念、消费方式等都会顺应时代的要求表现出时间上的特征。

四、旅游消费文化的研究对象及其内容

（一）旅游消费的文化学研究

旅游消费既是一种经济活动，又是一种文化活动。人们的旅游消费行为既具有经济属性，又具有文化属性，这就是旅游消费的二重性特征。旅游消费的文化学角度研究，其意义和价值，主要体现在以下三个方面：

1. 社会文化行为是实现旅游消费的前提和条件。

旅游消费并不仅仅意味着个人独自消费某件物品，重要的是在进行消费之前已存在着无数的文化活动和文化现象。

2. 旅游消费行为受文化因素的制约和影响。

只有从文化学的角度出发，才可能对这种行为进行深入透彻的分析。人们的旅游消费需求、消费水平、消费方式、消费结构、消费效益、消费质量，无不受人们所处的社会政治制度、意识形态、习俗传统、社会价值取向、伦理道德观念等社会文化因素的影响和制约。旅游消费者的不同文化背景，会造成旅游消费行为的差异，如果缺乏文化学研究，将很难理解这种差异。

3. 旅游消费活动对文化乃至整个社会运行体系具有强大的反作用。

这种作用有积极的一面，同时，挥霍性消费与享乐主义式消费也会

带来很多负面的效果。

（二）旅游消费文化的研究对象

旅游消费文化是站在经济文化一体化的高度，用文化的视角去审视旅游消费，研究旅游消费领域的文化现象。在揭示旅游消费文化的发展趋势和内在规律的基础上，研究如何发挥旅游消费中文化因素的作用以提高消费的文化含量，从而促进人的全面发展和社会全面进步。

旅游消费文化主要研究旅游消费与文化之间的内在必然联系，以及旅游消费在文化系统中的运行发展规律。

（三）旅游消费文化的研究内容

旅游消费文化的研究内容有以下八个方面：

旅游消费行为。包括旅游消费行为的一般过程、旅游消费者的购买决策、消费习惯、消费技能和消费者购买后的反映等。

旅游消费者家庭。包括家庭的旅游消费决策、家庭生命周期中不同阶段的旅游消费以及作为消费单位的家庭。

旅游消费者群体。包括旅游消费行为的意见倡导者、消费者的从众行为等。

旅游消费者阶层。包括阶层的划分与消费、市场细分与阶层、炫耀消费等。

旅游消费者文化。包括旅游消费习俗、消费流行、消费观念等。

旅游消费者运动。包括旅游消费者问题和消费者运动的发展等。

旅游消费者组织。包括旅游消费者组织的特点、功能与权力等。

旅游消费者权益。包括旅游消费者与经营者的角色以及角色关系等。

第二节 旅游消费动机的文化解构

一个人能否成为旅游者，不仅需要外在的客观条件，还需要内在的动因，更多的时候旅游动机是旅游消费行为的决定性因素。旅游动机是诱发旅游者外出旅游的心理动机，是由人们追求发展、实现自我的需要和需要对象具有的内在和外在属性激发而形成的。

旅游动机是旅游消费需要的具体化，是旅游消费需要与旅游消费行为之间的中介。旅游消费动机转为旅游消费行为后，最后通过旅游消费结果来满足旅游动机的需要。旅游消费需要主要属于精神享受和发展需要，是一定文化背景的产物，也就是说，是文化因素影响的结果。因此，分析文化因素对旅游主体旅游动机形成的影响，阐明旅游动机与文化需求之间的关系就显得尤为重要。

一、旅游动机产生的文化现象分析

旅游消费与日常商品消费不同，它主要表现为一种追求精神享受和发展需要的需求，这种需求就是旅游动机产生的直接原因。人的需求是多层次的、多类型的。根据美国著名心理学家马斯洛的需求层次理论，生理与安全需求是人的低级需求，安全需求以上的为高级需求；只有低级需求得到满足后，高级需求才得以产生；高级需求通常比低级需求具有更大的价值。我国先秦思想家墨子所谓的“食必常饱，然后求美；衣必常暖，然后求丽；居必常安，然后求乐”，就说明了人类在满足生存需要基础上产生享受需要的必然。享受不仅是物质的，还包括精神方面。高级的精神享受同样具有满足自然欲望的一面，但更多地表现出人的社会性的一面，这往往成为衡量人类社会文明程度的一个标尺。对一个完整的人来说，发展需要是一种内在的必然性的需要，是人的一种永恒的追求，这种追求超越了生理的或本能的欲望，上升到了社会文化层次，具有社会文化意义。旅游是人们生活水平提高，超出生存需要后的高层次需求，这些需求既有精神方面的，也有物质方面的，但更多地表现为人们对自己知识才干的扩充和个性的满足方面的需求。

因为旅游需求的存在，就有了旅游动机的存在。虽然旅游者的旅游动机因其年龄、性别、种族、阅历、文化程度、职业特长、兴趣爱好、健康状况等不同而不同，但在每一具体的旅游活动中却往往以某一动机为主。总体来说，文化的地域差异性仍是旅游动机产生的主因。古代旅游者的旅游层次和出行距离虽然有所局限，但都无不以文化活动为主体。现代人对生活环境的依附则比较松散，旅游者涉及社会的各个层面，出游距离更是遍及全球。在现代社会中，旅游者各种心理活动要求和活动能力已逐步升级并带有强烈的文化色彩。文化是最基本、范围最为广泛的旅游动机。

二、旅游动机满足的需要形式

动机是需要的表现形式，需要通过相应的动机表现出来。旅游动机满足的需要主要包括以下几种：

探新求异的需要。探新、求异、猎奇是人们普遍存在的心理状态。现代社会中，人们比较喜欢适时短期改换一下自己的生活环境，并且对不同于自己乡土的食物、风光、习俗和文化感兴趣。随着经济的发展和信息手段的不断进步，人们对自己乡土以外的地区或国家的了解有所增加，这导致了人们更加希望离开本土到其他地方去看看，了解不同的风土人情。这种对异域文化的向往，成为旅游者旅游的主要动机。欧洲旅游委员会曾对赴美国的旅游者进行过旅游动机调查，结果是60％的游客主要是受美国文化的吸引。这些旅游者希望观赏美国千姿百态的自然景观，更渴望了解美国的现代都市风情、科技创举、生活方式和生活习俗等。

求知求学的需要。随着人们生活水平和教育程度的提高，各种信息传播的广泛和深入，人们对外部世界的了解更加全面，需要通过旅游消费活动到其他地方去了解新事物、观察新现象。通过对新事物的了解、学习，寻求新的发展目标及途径。

逃避现实的需要。这种需求起源于产业革命。机械化生产使得工作对于许多人来说变得极度单调乏味，由此一些人出现了一种迫切的需求，即要求定期地避开永无休止的常规操作和使人压抑的城市生活，同时狂热地崇尚旅游和度假。在现代社会，由于工业化和城市化进程不断加快及激烈的市场竞争，人们的工作和生活节奏不断加快，精神处于高度紧张状态，生活单调而枯燥。人们渴望暂时离开所处的工作、生活环境，到环境幽雅、空气清新、风景秀丽的地方去调整、休养身心，获得精神和情感上的慰藉。

审美的需要。即感受、观赏和享受美的一种文化需要。人们企盼通过旅游消费活动，在旅行游览过程中观赏、体验和享受存在于各地城市和乡村中的自然景观和历史文化景观的美，去领悟韵律美、和谐美、恬静美等不同类型、不同形态的美。

寻求尊重和自我实现的需要。即人们希望通过旅游消费活动，寻求发展、挑战极限，获得别人的尊重，以达到自我完善为目的的一种最高层次的文化需要。在西方社会，虽然这种高层次的需要同人们的政治、经济、社会地位密切相关，然而旅游特别是到外国名胜地区旅游的经历，也常常为人们所羡慕和崇拜，从而有助于人们满足个人受尊重的需要。还有一些人通过科学考察和各种探险活动，揭示自然奥秘、宣传环境及生态保护知识，实现自身抱负，体现自身价值，满足受社会尊重的需要。

第三节　旅游消费行为的文化分析

一、旅游消费理论在旅游消费行为上的体现

文化学的旅游消费理论体现在对影响旅游消费行为的各种文化因素的研究上，即个人、家庭、社会群体、社会阶层和文化五个方面。

（一）个人特征与旅游消费行为

在影响旅游消费行为的因素中，有许多是与个人特征相联系的。例如性别、年龄、性格、偏好、信仰等等，对于旅游消费文化来说，所要研究的是，这种不同的个人文化特征与其消费行为之间的关系及其规律性特征。

（二）家庭与旅游消费

不同类型家庭的旅游消费特征是各不相同的。如核心家庭由于成员

年纪较轻，往往具有年轻人的消费特征，注重时尚和风格。主干家庭则具有成年人和老年人的消费特征，旅游消费观念相对保守。

以家庭生命周期而言，在家庭生命周期的不同阶段，旅游消费行为和方式也各不相同。单身阶段，旅游消费主要表现为个人消费；新婚阶段，家庭旅游消费增大；空巢阶段，则旅游消费需求明显减弱。

（三）社会群体

社会群体对旅游消费行为的影响主要表现在：调节消费行为，形成生活方式，预测消费倾向。

旅游消费者一旦选择了参照群体，就会不断调节其旅游消费行为以保持与参照群体的一致性，而影响其一致性程度的因素则有市场规模、自信心、崇拜程度等。

（四）社会阶层与旅游消费

社会阶层与旅游消费文化之间的关系，表现为同一社会阶层的旅游消费者的消费行为具有较多的相似性，不同社会阶层则具有很大的差异性。

（五）文化与旅游消费

任何个人或群体的旅游消费行为都发生在一定的文化背景下，并受文化的影响。文化对旅游消费行为的影响形成了旅游消费文化。

旅游消费文化正是通过社会、阶层、参照群体等影响到家庭，使个人从童年起就受到旅游消费文化的影响，这种影响对旅游消费者行为起着导向的作用、整合的作用和社会化的作用。

二、文化对旅游主体消费行为的影响

文化因素制约旅游者的某些心理需求，禁止和限制那些本民族和社会不允许或不赞同的旅游消费行为。每个人都生活在一定的文化环境中，从小受到周围文化的熏陶，并建立起与该文化相一致的价值观念和行为准则。不同国家、不同地域、不同民族的文化传统和价值观念有着很大差异，因此在消费行为上不尽相同。

文化决定人的行为标准，使人们进行旅游时，对符合自己文化要求的则趋之，不符合者则避之，这反映了文化对个体行为的影响。所谓“出国问禁”、“入乡随俗”等似乎与此矛盾，其实恰恰相反，这正是旅游者为了避免麻烦来规定自己行为的。每个民族、每个国家、每个社会都有自己的价值观念和审美标准，美的、丑的、对的、错的有不少都是相对而言，它必须符合一定的规则，体现出差异性。不同的社会、不同的民族都有自己不同的选择，深受周围文化影响的旅游者，也会用与本民族、本社会一致的行为准则来要求、规范自己，不符合本社会、本民族的旅游动机势必遭到排斥和禁止，反之亦然。例如信奉伊斯兰教的穆斯林旅游者在旅游目的地的选择上，往往把伊斯兰教圣地麦加作为首选，在饮食上也严格遵守伊斯兰教的饮食习惯及有关规定。

文化因素决定旅游主体的旅游消费观念和行为标准。不同地区的旅游者由于受各自文化因素的影响，旅游消费观念和行为方式有着明显的差别。例如，在日本旅游团队中，日本旅游者会按照民族文化上的标准如年龄、社会地位等排列次序，并以此来约束自己相应的旅游消费行为。而西方旅游者由于价值观念不同，具有很强的自主意识，喜欢直率地表达自己的意愿和要求。

文化因素影响旅游者的消费习惯和具体的消费行为。由于文化的差异，不同阶层的人们在价值观、消费观、道德观和生活方式上也存在明显差异。因此构成了不同类型的旅游消费群体。例如在发达国家的上层人士中，追求名誉的旅游消费习惯和行为成为时尚，而中产阶层人士的旅游消费习惯和行为具有讲求实在的特点，青年大学生则追求旅游中的自我实现，表现为探新求异，勇于冒险。

文化因素通过社会风气、参照群体影响旅游消费行为的发展方向。文化因素对一定时代和地域的社会风气起着关键性的作用，而任何一个相关群体的旅游消费趋向和潮流都与当时的文化背景密切相关。譬如生态旅游的兴起与可持续发展观念逐渐为人们所接受不无关系；乡村旅游最初在部分知识分子群体中兴起，他们作为参照群体对其他群体起到潜移默化的感染作用。

第四节　中西方旅游消费行为的差异

一般人格并不是生物本能，而是可塑特质，这种可塑特质是在文化观念的影响下逐渐形成的。文化作为一种信仰、价值观念、态度、习惯、风俗、传统以及行为方式，必然影响旅游者的生活志向——他所扮演的角色、他与别人的关系、他感知事物的方式、他感到需要的物品和服务，以及其他作为消费者的具体行为。中西方旅游者在选择旅游消费的进程中，受各种因素影响，表现出不同的旅游文化现象。

一、旅游目的地选择的差异

中国旅游者偏重于知名的历史文化古迹和风景名胜区及建设发展较成熟的景区，在自然景观的选择上，大多喜欢优美和谐的景物，对中华民族始祖的发源地及故乡也比较热衷。西方旅游者喜独特、好新奇，比较倾向不同寻常的旅游目的地，喜欢接触他们不熟悉的异质文化和民族，喜欢自身智力和体力能得到充分展示的旅游项目，在经受考验中享受成功的喜悦。他们在自然景观的选择上，大多喜欢原始古朴的景物；在历史文化景观的选择上，注重选择那些保持原始风貌的景观。另外，中国人具有较强的群体观念，易受他人支配，从众心理严重。在选择目的地时，很容易听从他人的意见，受他人或社会流行观念的影响，从而使得一些知名度较高的旅游地在旺季期间达到饱和甚至超载，而一些知名度不高但景色奇美的旅游地却很少有人问津。

二、旅游方式选择的差异

由于中西文化在人与人关系问题上的观点不尽相同，旅游者在选择目的地的决策方式上也有差别。中国旅游者在远程或出国旅游中，多选择组团的形式；近程或假日旅游则往往选择全家出游或亲友同游的方式，较少个人单独出游。

西方旅游者在选择目的地时较少受到他人的支配和影响。随着信息技术的发展，他们甚至连旅行商的建议也不愿意听取，而往往通过个人电脑查询有关资料，选择自己感兴趣的旅游目的地。西方旅游者选择单独出游方式比较普遍，也有选择组合旅游方式，喜欢“基本结构（订房、机票）＋自然选择”的模式。自助型的旅游方式已成为许多西方年轻旅游者所推崇的时尚。

三、旅游消费支出的差异

由于文化背景不同，中国人的基本消费观在旅游消费领域主要表现为：第一，因有节俭传统，在交通和住宿方式的选择上注重经济实惠；第二，重有形物品的消费，轻劳务性消费，比如不愿意光顾提供有偿服务的旅游中介机构，不情愿花钱聘用导游，但购物的倾向特别明显；第三，重纯娱乐性消费，轻发展性消费。国内旅游者一般较少光顾博物馆、艺术馆一类的场所，也较少像西方人那样以旅游的形式参加学习班和科学考察活动。西方旅游者则非常注重劳务性消费（服务质量）；在交通和食宿的选择上开支较多；旅游中求知、考察、探险、健身方面的支出也相对较多。

四、旅游消费习俗的差异

如中国人外出旅游不喜欢住带“4”的楼层和房间，因其与“死”谐音，喜欢“8”，因其与“发”谐音；西方人则忌讳“13”，在出游时也会有意地回避带这个数字的东西，这是源于《圣经》“最后的晚餐”中出卖基督的是其第13个门徒。信仰佛教的旅游者喜欢参观寺院，尤其是一些影响大的寺庙、佛塔、佛教艺术品，而基督教信徒则很少这样做。

五、旅游审美的差异

中国人崇尚静，所以“观静”成为旅游审美活动的内容，它与人的心理体验相结合，通过旅游审美来达到怡乐性情、愉悦身心的目的，体现出人性自由的审美情调。

西方人外倾的性格使得他们考察美、感受美都着眼于动态，西方的旅游审美往往通过溢于言表的激动、兴奋来表达，因而西方人在旅游中会寻求一些刺激的活动，他们追求的是一种形式美和现实美的享受。

第五节　旅游消费文化现状解读及趋势研判

中国旅游消费的迅速兴起并臻空前火爆，肇始于休假制度的改革。自实施黄金周以来，旅游在中国大地上异军突起，成为人们茶余饭后热门的话题。旅游已不再是少数人奢侈的生活方式，而是一种大众化的高品位的生活追求，成为衡量人们生活质量的重要标志及消费时尚。

经济的迅猛发展，全球化进程的加快，不仅改变着中国的经济结构，而且改变着人们的消费观念。中西方旅游消费文化不断融合，旅游消费的“文化含量”迅速提高，旅游消费文化出现了日新月异、精彩纷呈、快捷时尚的新景象。

一、旅游消费文化现状解读

（一）旅游消费文化发展背景及原因分析

我国旅游消费文化在现阶段更趋于时尚和快捷的时代背景及原因主要有：

第一，现代社会是以消费为中心的社会，人类社会的结构中心已从生产转向消费，从劳动转向生活，因而指导消费和生活的文化在现代社会中扮演了重要的角色。

第二，现代社会是大众传媒支配的社会，大众传播系统及广告声像作为旅游消费文化的载体和符号充斥着人们的生活空间，不仅成为人们生活的策源地，而且成为人们生活中的一部分。

第三，现代社会是经济过剩的社会，产品琳琅满目，且技术、文化含量日益提高和复杂化，消费者有时仅凭自己的常识无法判断和选择自己所需要的商品，只能依靠学习和掌握消费文化，才能对自己的选择胸有成竹。

第四，现代社会是文化消费的社会，人们不仅消费商品的使用价值，而且消费商品的品牌或形象。商品的文化象征意义越来越重要，文化的附加值越来越大，这使得商品的购买与消费不仅仅是一种纯粹的物质行为，而且演变成为一种文化行为。

（二）我国旅游消费文化现状解读

1. 我国旅游消费文化主体特征分析。

（1）我国旅游业和旅游消费迅速发展，使得旅游消费文化随之快速升温。

（2）旅游消费文化层次不断提高。我国旅游消费的内容丰富多彩，虽然从总体来看，一般性的观光旅游仍然很多，但是选择高层次的文化旅游以及其他一些特色旅游的游客越来越多。人们对旅游消费的要求不仅仅停留在观光娱乐上，而且还希望在科学文化知识、个人素质方面获得提高。因此富有地方特色的，具有丰富文化内涵的旅游项目，在旅游消费市场上获得了广大游客的喜爱。

（3）旅游消费文化的个性化色彩逐渐浓厚。主要体现在许多旅游项目、旅游产品的开发都开始注重满足游客的个性化要求，不断提高旅游产品的内涵。像登山探险、民族服饰与歌舞、具有传统特色的风味饮食等都融入旅游产品之中，使游客在旅游消费过程中能够根据自己的兴趣爱好选择项目。

（4）假日型旅游消费文化特征鲜明。中国现阶段旅游消费者集中在双休日、节假日出游，进而形成相对趋同的假日型旅游消费文化特征。

（5）跨代型旅游消费成为旅游消费文化主流。跨代型旅游消费文化特征主要有两点：一是就中国家庭整体而言，消费结构趋于雷同，都不得不压缩正常的即期的生活消费，节衣缩食去进行远期的消费；二是就单个家庭而言，消费支出主要集中在子女的教育性消费品、子女成家立业（包括结婚、购房、生子等）所需的消费品等方面。

跨代型旅游消费文化主要受我国传统文化的影响。我国传统文化崇尚家庭而轻视个人，个人欲望往往被家庭的需要所压抑。家长往往为了家庭与子女的利益而放弃自己的需要，因而在进行消费选择时，不是从个人的角度，而是从整个家庭的角度出发。

2. 现阶段中国旅游消费文化存在的问题及其发展引导。

伴随中国旅游的不断发展，诸多不健康、不正常、非理智的旅游消费文化倾向也在不断蔓延和滋生，如炫耀型倾向、迷信型倾向、恶习型倾向等。

（1）炫耀型旅游消费文化倾向。指人们在旅游过程中追求奢侈、豪华，消费目的已不在于满足自身的正常的物质和精神需要，而是把旅游消费当作一种标志与象征，炫耀自己的富有、身份与地位。如一些旅游者一味地追求乘豪华客机，住高星级宾馆，到高档餐厅。在他们心中，似乎只有自己的消费大大超出其他旅游者，才能心满意足，才能体验到旅游的快乐，甚至有一种自我实现的“高峰经验”。他们的旅游消费已与其实际需求大大脱节，与其收入、地位、名望、身份等极不相符。

（2）迷信型旅游消费文化倾向。这种旅游消费又可称为愚昧型旅游消费，其最大特点是在旅游过程中把大量钱财用于满足某种虚幻的精神寄托上。这些旅游者遇庙就拜，烧香问佛，许愿还愿，寻仙问药。迷信是一种病态的传统文化，在文化层次较低的社会群体中尤为盛行，往往造成社会资源的极大浪费。

（3）恶习型旅游消费文化倾向。这种消费文化倾向指旅游者在旅游过程中，将钱财用于那些完全无益于身心健康的、直接产生社会公害的活动中去。最典型的表现就是嫖和赌。虽然旅游不是嫖、赌的最终根源，但旅游的暂时性与异地性，往往诱发旅游者道德感的弱化，尽管社会舆论在不断地谴责这些行为，但在旅游过程中这种消费依然存在。

上述畸形旅游消费文化倾向带有较强的模糊性特征，虽然难以建立一套系统、规范的规章制度进行指导，但也不能任其发展。引导和发展健康的旅游消费文化，宏观上可以为政府部门的决策提供有效的方案，微观上能为旅游企业的发展提供合适的途径，并且引导旅游消费文化的积极建设，同时让旅游者更好地享受旅游消费，得到更多的旅游文化享受。引导措施主要有：

第一，应大力开展旅游消费教育，树立正确的旅游消费文化观。

消费教育在发达国家已十分普及。通过消费教育，消费者可以掌握有关消费资源管理和消费决策制定的知识和技能，避免或修正畸形消费行为。消费教育在我国也已经开始展开，但主要集中于保护消费者权益、打假识假等方面，远没有达到像人口教育、环境教育的那种程度。至于旅游消费教育更是匮乏，只见于一些电视宣传，不系统，不正规，严重滞后于汹涌而来的假日经济和旅游潮流。因此，开展全民旅游消费教育，确立正确的旅游消费文化来引导旅游消费，势在必行。

第二，加强传播媒介管理，正确引导旅游消费文化。

在现代信息社会中，人们对传播媒介的依赖或者说传播媒介对人们的影响、控制的程度是以往任何一个时期都无法比拟的。由于传播媒介对人们的价值取向、生活态度、行为习惯等起着强烈的控制和导向作用，而许多旅游者正是受传媒中大量的畸形消费行为的影响，而产生种种不良消费倾向的。因此，必须加强对传播媒介的管理。传播媒介不应对那些非合理性的旅游消费现象津津乐道，大肆渲染，应告诫广大旅游者根据自己的消费能力、个性爱好，尤其是遵循合理性原则消费旅游产品，承担起应有的社会责任。

第三，完善旅游立法，强化旅游管理，改善旅游消费环境。

我国的旅游法规建设还不健全、不完善，尤其是对一些非合理性旅游消费行为，很难做出纠正和调整。即使明显属于违法行为，在执法上也缺乏力度。旅游管理部门在整治旅游环境方面也存在诸多问题，亟待加强。

第四，选择健康的旅游消费方式。

旅游消费方式即人们消耗旅游产品资料、享受服务的方法、途径与形式。旅游消费方式一方面受着社会生产方式的规定、社会文明程度的制约以及国民思想意识的支配；另一方面，旅游消费方式又对社会的生产方式、精神文明和生活质量具有重大的主导与调控作用。选择和确立健康文明的消费方式是优化旅游消费行为和旅游经济增长方式的重要内容与条件。无论是要实现旅游消费行为的合理化，还是实现旅游经济增长方式的集约化，都必须抛弃那种病态野蛮的消费方式而树立一种健康文明的消费方式。选择和确立健康文明消费方式，从社会方面来说，首先是要大力发展社会生产力，提供各种质优量多的物质与精神产品，切实不断地改善人们的生活环境和生活条件。其次是要加强旅游消费理论研究和旅游消费教育，帮助人们学习旅游消费知识、理解旅游消费价值，树立起科学合理的旅游消费观念和消费态度。再次则是要健全生活指标体系及质量控制体系，引导人们的旅游消费方式向着科学、文明、健康化的方向发展。对于作为消费主体的个人来说，关键是要学习旅游消费知识，更新旅游消费观念和增强旅游消费能力，不断提高自己的旅游消费质量。从个人旅游消费行为上说，则应增加精神消费的比重，在满足基本物质生活需要的条件下，将旅游消费重心转移到提高精神生活质量、提高文化旅游产品的消费上来，最终促进自身全面发展和自我实现。

第五，推进旅游消费主体的社会化。

消费社会化有广义和狭义两层含义。所谓狭义的消费社会化也就是经济学意义上的社会化，它是指“消费领域中消费服务由消费者自己承担的比重不断减少或下降，由社会提供的服务的比重不断增加的动态过程”。而广义的消费社会化则是社会学意义上的社会化，它主要是指人的消费需求的社会化满足、消费资源的社会化配置和消费行为的社会化控制，这种消费的社会化在现代市场经济条件下是通过商品交换和市场机制来实现的。作为旅游消费的主体的旅游者是社会中的人，旅游消费主体的社会化显然是一种人的社会化，它是指旅游者成长为具有成熟的旅游消费意识和一定的消费能力的合格的消费者的过程，它的基本内容就是通过家庭、学校、工作单位、大众传媒等组织文化作用的途径，培养人的应有价值观念和消费意识，增进人的应备消费知识与消费技能，从而造就能够扮演合格消费者角色的社会公民。从内因论观点和主体性角度来看，旅游消费主体的社会化是整个旅游消费系统社会化的根据和依托，它必然地构成了实现旅游消费系统社会化和旅游消费行为合理化的主体条件与关键因素。

二、中国旅游消费文化发展趋势研判

现阶段中国旅游消费文化总体上仍处于起始阶段，开放程度不高，各种旅游消费文化思潮共存交融。旅游消费文化的框架结构并不清晰，主流特征并不显著，大体上属于一种粗犷式旅游消费文化形态。

在新时期经济全球化和消费文化盛行的大背景下，我国旅游消费文化的发展趋势，将主要表现为：

1. 由传统旅游消费文化向现代旅游消费文化演变。

一是实现从物质消费到精神消费的转变，休闲、娱乐、享受等精神消费得到更多的关注。

二是传统消费观念向现代消费、另类消费观念的转变。

三是由温饱消费向小康消费转化。

2. 由中国旅游消费文化向中西合璧旅游消费文化演变。

随着全球经济一体化进程的加快，跨国界的贸易、旅游、文化交流等活动日趋增多，有中国特色的旅游消费文化在新时期出现了新的变化。主要表现为：

一是异域旅游消费文化在我国登陆，并被追求时尚和新潮的一代所追捧。西方消费文化成为当今社会的消费主流，我国旅游消费文化也深受其影响。

二是中西合璧的旅游消费文化氛围逐步形成。追求高效率、高享受、原生态的旅游消费文化逐渐被我国普通大众所接受，使得当今社会在某些方面的消费观念逐步与西方生活方式融为一体。

3. 由地域旅游消费文化向区域旅游消费文化融合演变。

伴随旅游者的流动，相关的消费习惯、消费方式、风俗、审美等也相互影响、相互渗透。

4. 由大众文化向个性文化演变。

未来旅游消费文化个性化的需求更将突出，旅游消费日益成为一种享受和情调，成为自我实现的需要。

第八章

旅游审美文化

本章提要： 旅游审美文化也是旅游文化的主要研究内容之一。本章从五个方面阐述旅游审美文化理论的基本内容。要求通过本章的学习，能够理解旅游审美文化的内涵，了解旅游审美结构层次，掌握旅游者的审美动机类型，认识旅游审美心理过程，熟悉旅游审美感受的层次特征。

旅游者在旅游活动中，除了物质上的需求外，还有精神上的需求，我们称之为审美需求，或称旅游审美。旅游审美是旅游者的主要活动，也是旅游者旅游的主要目的，还决定了旅游者旅游质量的高低。由于旅游者来自不同的国度、不同的民族、不同的阶层，具有不同的文化修养和审美习惯，因此在审美过程中，旅游者表现出不同的审美感受。旅游主体审美是我们研究旅游主体文化的一个重要课题。

第一节　旅游审美的文化内涵

审美能力是当代人重要的文化素质之一，是构成文化人格的重要组成部分，是人的全面发展的重要内容。旅游者在旅游审美对象的感染下得到陶冶和提高，反过来，审美意识又促进旅游者对旅游景观的审视和欣赏。就这样，在主客互动、无限循环的过程中，旅游者的审美素质得到提高，人格得以日趋完善。文化在旅游活动的过程中对旅游者的人格塑造起着重要的作用，促进着人的全面发展。旅游主体审美的文化内涵主要体现在如下几个方面：

一、旅游者具有一般审美主体的规定性

旅游者是旅游审美行为的承担者，是指有着内在审美需求，具有审美结构和功能，并与旅游资源结成一定审美关系的旅游者。旅游者作为旅游审美主体，具有一般审美主体的规定性。

首先，旅游者是精神活动的主体。在具体的审美活动中，旅游者作为主体追求的主要是精神享受而非物质享受，是旅游产品的精神价值而非实用价值；在审美活动中，旅游者运用的本质力量主要是精神感觉力量而非实践感觉力量；在旅游审美过程中，旅游者的活动主要表现为精神活动而非生理性本能活动或实践性物质活动。当然，旅游审美主体也有物质方面的需求，但其精神活动是根本的、主要的，物质活动是衍生的、次要的，其对象化的本质力量和方式都是精神性的。

其次，旅游审美主体是情感活动的主体。人的精神活动有多种状态，如科学认识活动中的理智状态、社会伦理活动中的意志状态、宗教活动中的信仰状态等。在旅游审美活动中，旅游者不能排斥上述状态的出现，但主要是处于一种情感状态，否则就不可能进入审美境界，获得旅游的真正乐趣。

再次，旅游审美主体是自由的生命活动的主体。人的任何一种审美活动都是摆脱了肉体需要支配的活动，是脱离了对“物”的绝对依赖性的活动，旅游审美活动更是如此。旅游者不是低级的实用主义者，而是能对对象凝神观照、不旁及日常功利、不为物质欲望所纠缠的享有高度生命自由的人。

二、旅游文化活动能够提高旅游主体的审美素质[①]

旅游是古今中外人们所追求的一种休闲方式，是一种超越功利的自

① 张文祥．旅游文化．北京：中国财政经济出版社，2001：63.

由和谐的人生状态，是一种轻松自在的审美活动。在对自然景观和人文景观的审美观赏过程中，旅游者的情操在不知不觉中得到陶冶和塑造。旅游文化活动对审美能力的培养和塑造是其他形式所无法取代的，它主要在如下几个方面提高旅游者的审美素质：

第一，审美鉴别和欣赏能力的提高。审美鉴别能力是审美欣赏的前提条件。审美欣赏能力是在审美感受能力和鉴别能力的基础之上，对美的形式、内容进行整体把握与审美评价的能力。它不仅是对美的外在形式的敏锐感受，而且是透过对外在形式的审美想象，品味、领悟其深层的内涵与意味，引发心灵震荡和审美愉悦。审美欣赏能力的提高是审美修养中最重要的内容。旅游审美活动的范围广泛，类型丰富，层次多样，前人旅游欣赏经验的启迪，旅游工作者的介绍与引导，使旅游者在获得审美感受的同时，其审美鉴别和欣赏能力在潜移默化中也得到提高。

第二，审美感受能力的培育。要发现美就必须培养提高对审美对象的感受能力。审美感受能力是由对审美对象的外在形式因素——形态、颜色、声音、质地的感受能力，以及对审美对象的情感表现和象征意义的感知能力两者构成的。在这两方面能力中，前者使人发现审美对象外在形象之美，后者使人发现和体验到审美对象深刻的内涵之美，是更为高级的感知能力。文化从多方面、多层次培育旅游者的审美感知能力。在旅游文化观赏活动中，旅游者的情感最容易得到激发，这更易于审美感受能力的提高。

第三，审美创造能力的培养。审美创造能力是审美实践活动中按照美的规律直接创造美的事物的能力。在现代旅游活动中，旅游参与性活动愈来愈多，为旅游者的审美创造提供了良好的机会。例如在民俗节庆的旅游活动中与少数民族同胞一起展现自己的舞姿等等。旅游中的审美创造是在一种轻松自由环境中的创造，更有益于审美创造能力的培养，更易于发现人们内在的潜能。

三、文化是旅游主体获得审美愉悦的契机[①]

审美愉悦的获得，不是客体的愉悦转嫁给了主体，也不是主体的生理机能莫名其妙地得到了美感。它是客体的某种审美属性，作为一种信息刺激了审美主体。西方人所说的"移情"，中国古人说的"情景交融"，讲的就是客体作为一种"文化"，由于它的涌动，它的激发，唤起主体的理解、共鸣，于是主体产生一种特有的"情"。文化、知识的丰富，能广泛地为旅游主体获得审美愉悦，提供更多方面、多角度、多层次的契机。所以旅游主体的文化知识越多，在旅游审美活动中获得的审美愉悦就越多。旅游主体的文化知识功底越深，在旅游审美活动中获得的审美体验也越深。

四、文化是旅游主体获得审美情感升华的依托

在旅游审美过程中，旅游者获得丰富的审美情感，得到一种别无替代的精神满足，这种审美情感和精神满足是旅游活动的重要收获，却不是唯一和最后的收获。加深理性认识，是旅游审美者更高一级的追求。人类全部实践活动的最终目的是认识和把握世界。人类的旅游审美活动也是一种认识活动，只是它的突出特点在于到异地用感性形式体验当地的风物之美，从而获得美感。以艺术的形式掌握世界，这种方式虽然不同于对世界的"政治经济学的"，不同于对世界的"宗教的"、"实践—精神"的掌握，但它也是认识掌握世界的重要方法之一。[②] 这就需要使旅游审美情感升华为正确的理性认识。

在旅游审美活动中只停留在情感阶段是不够的，必须能够"跳进去"，还得"跳出来"。人对审美情感的感受是短暂的，使它转化为理性认识则是人的终身财富。倘若缺乏理性的指导，情感的力量就可能迷失审美指向。例如在英国有一个十分优美的峡谷景观，但不幸的是每年有

---

① 田连波．旅游审美学．开封：河南大学出版社，1997：313～316.

② 杨柄．马克思恩格斯论文艺和美学．北京：文化艺术出版社，1982：538.

多位旅游者在这里跳崖身亡，这就是情感的力量迷失了审美指向造成的恶果。

第二节　旅游者的审美结构层次

旅游者的审美结构的层次及其完善程度，是审美主体审美能力的重要基础。审美结构是使旅游者成为审美主体的内在结构，是旅游者观赏、认识、体验事物的“使人愉快的属性”的心理层次。这个审美结构，是生理和心理的混合物，是自然性和社会性的结合。完善的审美结构是获得旅游审美愉快的重要基础。人类对大自然的审美范围，也随着实践能力和思维能力的提高而不断扩展。这种审美范围的扩展，是人类文明发展的结果。这个对自然界由“对立”到“为我”的过程，就审美主体而论，也是人的审美结构日臻完善的过程。就实践生活中的现代人而言，由实践主体成为审美主体，也有一个产生、发展和日臻完善的过程。人的审美结构的完善程度不同，直接制约或影响旅游审美的质量。旅游者的审美结构一般由三个层次构成：

第一层次是生理层次。它主要是指作为一种生物所具有的刺激—传导—反应的本能及由此产生的某种情绪，所产生的情绪表现为一种生理上的快适，即所谓的快感。人的美感，是人对客观存在的美丑属性的主观能动反映，即感受到外物的“使人愉快的属性”。人的这种高级的精神体验，也以快感为生理基础。只是这种精神性的美感是建立在生理性的快感基础之上的。这是因为人的高级的感觉器官对客观世界的感受更加细腻，再加上理性的参与，就有不同于一般动物的非人的低级的感觉器官的结果。

第二层次是心理层次。心理层次或所谓的意识层次是比生理本能更高的一个层次，是指人对对象的体验、理解、联想、想象的心理意识及其机制。很显然，没有心理意识，美感也是不会产生的。《红楼梦》中林黛玉眼中的花，没有喜悦，没有灿烂，没有直上青云的奢想，有的只是泪水和悲伤。她哭道："花谢花飞花满天，红消香断有谁怜？"林黛玉对花的观察、怜惜和保护，由此产生的伤感、痛苦和绝望，正是林黛玉深层心理的"物化"。所以审美主体的心理意识及其机制构成审美主体更高一个层次的审美结构。审美主体心理健康和丰富能大大提高旅游审美活动中的美感质量；倘若心理灰暗和狭隘，就会直接影响旅游审美格调。

第三层次是社会文化结构层次。[①] 作为社会的人，特有的语言、生活方式、宗教、艺术、神话、科学、历史、哲学等构成了人生活于其中的文化世界。这个特殊的文化世界的历史积淀，形成了特有的包括传统、习俗、信仰、趣味、价值观、审美观、社会心理等在内的全部意识形态。社会文化层次是最高的层次，它实质上是人在世代相传过程中形成的社会文化结构。在审美活动中，社会文化结构起着中介作用，通过这个中介，主客体互相联结、融合、渗透、同一，审美主体才具有主观能动性。

一切审美愉快的获得，特别是高层次审美愉快的获得，总是与社会文化的特殊结构分不开的。例如旅游者到河南省开封市的潘杨二湖旅游时，总会看到清澈的杨家湖和浑浊的潘家湖，而且两湖在御道下的涵洞处相连，界限分明。这里面就有一个北宋奸臣潘仁美和忠臣杨业的传说，还有人为此赋诗道："乘兴东游古宋都，龙亭俯瞰见双湖。潘杨清浊传千载，自古孤臣本不孤。"其实两湖清浊本是由污染程度不同造成的，本与忠奸不相连，然而一种特有的历史文化，给人以不尽的思索和回味，能给旅游者更多的美感。所以旅游者在这里看见的就不仅仅是临江断岩、苍松翠竹和烟波浩渺，而总是有一种东方文化内涵和韵味激打着旅游者的心。但对于一些不理解中国文化的外国旅游者来说，就很难读懂和把握其中的深层内涵。

---

① 田连波．旅游审美学．开封：河南大学出版社，1997：304．

第三节　旅游者的审美动机类型

旅游审美需要，是指促使人们从事旅游审美活动的一种要求和满足。旅游审美之所以成为旅游者的需要，是社会物质生活和精神生活发展的必然结果。一旦基本的生理需要得到满足，人们就会产生旅游审美这种汇自然美、社会美、艺术美为一体的高级的精神需求。①

有了旅游审美需求并不意味着就有了旅游审美活动，它还需要有旅游审美动机的激发。因此，旅游审美动机就成为旅游审美需求过渡到旅游审美活动的心理中介，成为在旅游审美需求刺激下推动人进行旅游审美活动的内部原动力。随着现代社会的不断进步和物质生活的极大丰富，人们高级的精神需求日益强烈，于是倾向能最大限度地满足这种需求的旅游审美活动，产生了旅游审美动机。

旅游审美动机具有多重特性。从广义来看，它是笼统的，是指向所有旅游审美观照对象的。但从狭义上来说，它又因人而异。例如同样出于审美目的的旅游者，有的偏好观赏自然美，有的侧重体察社会美，有的希望享受艺术美，有的则追求文化生活美。依据旅游审美对象的性质来分，旅游者的审美动机大致可分成自然审美型动机、社会审美型动机和艺术审美型动机三种类型。

一、自然审美型动机

这是一种以大自然为载体的审美类型。自然审美型动机是指向自然美的欣赏活动，它意味着游览大自然的山水风光，对动物、植物、气候、地质等自然现象进行观照。

大自然是一种本然的物态存在，它之所以成为旅游审美的载体，是由于它已进入到人类的文化圈，并且成为人类旅游的一种直接的观赏对

① 陈宗海．旅游美学．福州：福建人民出版社，2004：60.

象。人类审美在自然领域的展开虽然相对较晚，但是自然界在现代旅游审美活动中的地位却很高。自然万物是纷繁复杂、变化多端的，它能给旅游审美者以层出不穷、永远率真而又新奇的美感，因而自然审美主题永远不会被人遗忘。同时自然万物又具有“天然去雕饰”的纯真美，这类美在现代人的生活环境中已经越来越少，所以它特别被现代人所钟爱，是现代人旅游时首选的审美主题。自然审美观受到人与自然关系的制约。在生产力水平极为低下的时代，人屈从于自然，依赖于自然，因此无从欣赏自然。随着人类对抗自然能力的增强，自然之物大量进入人类生活，推进了自然审美文化的萌芽。把自然当作审美客体，始于中国的先秦时期，以后不断获得进展。进入现代社会，随着工业化、城市化进程的加快，更多的人发出了“回归自然”的呼声，物态审美有了更快速和更广阔的发展。

自然是天赋的，对它的欣赏不具有强制性和主导性，因而是随意的。但是，自然的韵律也需要发现，这种发现当然要依赖于主体的审美结构，决定于主体的审美层次。不同层次的旅游者即使是同时同地置身于某一自然景观之中，所获得的精神享受及其丰富程度也会大大不同。由于人们各自的气质、阅历、情趣、年龄、生理、体质状况和文化修养不尽相同，因而在自然审美动机的指向性方面必然存在一定的差异。有的可能崇尚阳刚之美，便生寻访险峰峻岭的意向；有的或许偏爱阴柔之美，故怀游览清泉幽谷的动机。①

二、社会审美型动机

人类的社会交往、社会活动过程，也是美的创造过程。这些美普遍存在于人类的道德伦理、习俗礼仪、婚姻家庭、社会制度、宗教信仰、生活方式以及社会产品中，并以人类自身的存在状态和活动状态显示出来。旅游者所到之处，必然会以审美的态度观察、体验这些美，由此形成一种社会审美文化形态。社会审美主题包括对风土人情的了解，对政

---

① 乔修业．旅游美学．天津：南开大学出版社，2000：159.

治、经济现象的观察，对文化、艺术、科学的考察，对历史、考古的研究以及探亲访友、与特定的人群交际等。

社会审美活动的对象主要是人的存在和活动所构成的人类社会，具体地说是人精神性存在的心灵、品格、情操、智慧、情感、理想等。当然人的这些精神性存在只有外化为感性的物质存在，才能成为可以直观的对象，成为旅游审美的客体。因此，社会审美的对象既是有韵味的形式，也是有意味的形式，但主要是有意味的形式。社会审美与社会制度、社会功利意识直接相关，旅游中的社会审美文化可以说是旅游客源地和接待地的两种社会制度、社会功利意识的碰撞，旅游者从中得到的，应该说既有一般心理官能上的赏心悦目、猎奇览胜，又有伦理道德层次上的震动和启迪。

中国自古以来的“尊老爱幼”、“乐于助人”、“拾金不昧”等道德情操对外国游客具有相当的魅力，客观上已经构成了一种特殊的以欣赏社会美为导向的旅游审美动机。[①]《海南日报》2005 年 1 月的一则新闻《三亚掉钻戒，北京喜复得》就反映了这样的情况：俄罗斯游客阿妮娅和两位朋友来三亚度假，住在亚龙湾的天域度假酒店。两周后他们结束旅程，赶搭飞往北京的班机。飞机快降落时，阿妮娅突然发现，手上的钻戒不见了，这是当年丈夫送给她的定情信物，价值 9000 多美金。下飞机后，他们赶紧与天域酒店前厅部联系，说钻戒可能掉在酒店了。前厅部接到电话后，赶紧到阿妮娅住的房间查看。这时，服务员已经清理好房间，但没发现这枚钻戒。于是他们又冲到酒店的生活垃圾堆里，解开垃圾袋仔细查找。一个多小时后，终于在一个垃圾袋里找到这枚钻戒。阿妮娅第二天一早就要飞往俄罗斯，这枚钻戒必须在起飞前送还。由于钻戒价值昂贵，三亚几家速递公司都不敢接活儿。天域酒店与阿妮娅商量后，决定派人从三亚飞往北京，亲自将钻戒送到阿妮娅手中。就这样，一枚价值昂贵的钻戒遗失不到一天，就从千里外的三亚“飞”到北京回到失主手中。阿妮娅感动得紧紧握住天域度假酒店员工的手，连

① 乔修业．旅游美学．天津：南开大学出版社，2000：160.

声夸赞中国酒店的服务质量高!①

这一平凡的善行竟有如此神奇的震撼人心的力量，正说明温暖的人情在社会交往中占有何等重要的地位，具有何等珍贵的价值。所有这些待人接物的行为方式，综合起来就会构成一个相对完整的社会美的意象，折射出其社会成员心灵美的特质。如若细细体察的话，这种对人情与社会风尚的审美反映通常带有伦理的色彩和崇高的意味，对升华人的情感和振奋人的精神具有积极的作用。

三、艺术审美型动机

旅游活动中的艺术审美文化，是指旅游者与作为旅游审美客体的各种艺术品发生“同构”关系而产生的文化形态。严格地说，艺术也是人的一种生存状态和生活活动，艺术审美也属于社会审美的范畴。但是，艺术审美具有典型性、特殊性。

艺术品是人们按照一定的意图，遵循美的法则创造出来的有意味的形象。与天然风景美不同，艺术美是人创造的，凝聚着人类劳动和智慧，因此艺术作品具有鲜明的主体性、形象性特点。中国的民间工艺美术如陶瓷艺术、漆器、剪纸等等，不仅造型优美，工艺精巧，风格独特，而且兼具观赏与实用价值，对旅游者具有极强的审美吸引力。

基于艺术作品的两个特点，艺术审美与其说是艺术品与旅游者之间“同构”关系的发生、深化，不如说是旅游者与艺术创造者通过艺术品这个媒体进行的相互沟通和交流，因而艺术审美具有对旅游主体的某种主导性和强制性。一方面，旅游者审美时或多或少、自觉不自觉地受到艺术创造者主观意图的影响；另一方面，也只有当欣赏者把握了创作者的真正意图，艺术品的魅力和价值才能得到最大程度的发挥。在众多的海外游客中，崇尚中国传统艺术者不乏其人。他们千里迢迢，不远万里过来，就是为了在中国的社会与文化氛围中，亲自领略中华民族艺术的美学风采。这是因为中国的传统艺术不仅在世界艺术之林中占有相当重

① 高虹．三亚掉钻戒，北京喜复得．海南日报，2005-01-21.

要的地位，而且具有丰富而独特的审美价值。[①]

由于艺术是一种特殊的社会意识形态，艺术生产是一种特殊的精神生产，艺术品的审美价值主要不在于它的存在本身，而在于它的内在意蕴。这种内在意蕴是社会文化的历史积淀，与人类的哲学、宗教、道德、科学有密切的关系。因此，旅游中的艺术审美对于旅游主体亦有一定的要求。艺术鉴赏本身是一种审美再创造活动，是人类特有的一种高级的复杂的特殊的精神活动。这就对鉴赏主体提出了相应的条件和要求，也就是说，艺术作品的旅游吸引力与旅游者的文化艺术修养和审美鉴赏能力成正比，旅游者只有具备相应的主体条件，才能真正进入艺术审美活动之中，获得审美的快感和愉悦。

第四节　旅游审美心理活动过程

旅游审美过程是旅游者在现实而具体的观光游览活动中所进行的一种价值判断过程。该过程通常伴随着复杂微妙但愉悦自由的心理活动。如同其他形式的审美实践活动一样，旅游者的旅游审美活动也涉及审美心理的四大要素：审美知觉、审美想象、审美理解和审美情感。这些要素作为特殊的审美心理功能，在互动作用中引发出不同程度的审美愉悦或审美快感。

一、感知

旅游审美感知是指旅游审美对象刺激人的感官而引起的各种感觉和随之而来的知觉心理活动过程。感知是感觉和知觉的合称。在旅游审美过程中，旅游审美主体必须首先通过感觉和知觉才能同旅游审美对象发生反映关系。因此，感知因素在旅游审美过程中通常起一种先导作用。如果没有审美感觉作基础，就不可能有审美想象、情感和领悟的和谐活

① 乔修业．旅游美学．天津：南开大学出版社，2000：159.

动。故美国学者帕克说："感觉是我们进入审美经验的门户；而且，它又是整个结构所依靠的基础。"①

感觉和知觉，借助于感官产生的初级心理感受，是人认识过程的开始，审美感知的功能是审美主体进入审美体验的门户和基础，但审美主体是否能在感知的基础上获得进一步的审美快乐，还受审美主体审美感受力的影响。审美感受力是指审美主体对通过感官感知的美的形式和内容的把握能力。审美感知能力的高下直接影响到具体审美感知质量的高低。在实践中人与人的审美感受力是有差异的，同处一景的游客表现往往不同。正如马克思所说，对于没有音乐感的耳朵来说，最美的音乐也毫无意义。因为任何一个对象对我的意义都以我的感觉所及的程度为限。

旅游审美主体只要具有健全的感知生理器官——眼、耳、鼻、舌、身，就总会具有一定的感知力。但是，并非每个旅游者的感知力发展都是平衡的。有些旅游者的感知力可能特别强，而有些旅游者的感知力可能相对比较弱，比较简单，停留在普通感知力的水平。审美感知力强的旅游者对感知对象的形式、结构、形体、色彩、线条、明暗、空间互动等特别敏感，形成的感知表象特别具体、细致、生动、鲜明、完整。而只具有普通感知力水平的旅游者对对象形式结构的反映就显得比较迟钝，所获得的感知表象往往比较粗糙、零碎、模糊。

审美感知有直接和间接之分。所谓直接感知，是指审美感官与审美客体发生直接接触，这在欣赏自然美这种亲临其境的旅游审美活动中表现得十分突出，而且最容易导致审美的动态感与立体感。所谓间接感知，一般指对艺术品的欣赏，它不直接与审美实体接触，而是通过文字符号或音调等媒介的刺激诱导，来间接地领略语言与音乐艺术的美，如小说、诗歌等。

审美感知往往涉及直觉的因素。譬如我们看见一片风景、一幅绘画或一块色彩，瞬间感到是那么赏心悦目，但又说不出所以然。这似乎是

① （美）H. 帕克著，张今译．美学原理．北京：商务印书馆，1965：50.

直觉在起作用。但这种直觉不是本能意义上的直觉，而是社会意义上的直觉或审美意义上的直觉，它“积淀和凝冻着”一定的社会历史内容和“集体无意识”，并以感性和直观的形式影响着人的审美知觉能力。这种直觉作用在通过“原始积淀”、“艺术积淀”和“生活积淀”而成的人的审美心理结构中，占有十分重要的地位。

二、想象

马克思称想象力为“人类的高级属性”，这是因为人在从事审美欣赏和艺术创作实践中，均离不开丰富而自由的想象。如果说感知是审美的出发点，情感是审美的动力，理解是审美的认识因素，那么想象则可谓以上三者的载体与展现形式，或者说是审美感受的枢纽。想象的这种特殊功能主要表现在它能够借助情感的推动，把审美的感知和理解联结起来。由于审美感知所得的是充满情趣的、包含过去经验在内的生动活泼的审美意象的联结、综合，在特定的情感作用下，产生新的审美意象。这就使审美感知能借助想象而得以超越时空的限制，既取得了感受的相对自由，又取得了更为深广并带有感情色彩的感受内容。

旅游审美的过程同时也是一个想象力不断迸发的过程，无穷的想象力会给旅游者营造一个广阔的观赏空间。想象作为一个心理范畴，一般可分为初级和高级两种形式。初级形式指的是简单联想，包括接近联想和类比联想；高级形式则是指审美知觉想象与创造性想象。

以游览泉城济南的大明湖为例，当我们徜徉在绿柳飘拂的湖边，看到满池姿态婀娜的荷花以及远处千佛山的倒影，肯定会马上联想到清人刘凤诰“四面荷花三面柳，一城山色半城湖”的诗句。这就是较低层次的简单联想。但作为更高级的创造性联想则未必人人可以达到。创造性联想观赏者往往会通过眼前现实的、客观的景物，充分发挥自己的创造力，对潜藏在记忆深处和景物背后的深层含蕴进行探求，从而创造出一种崭新的艺术形象。“想象空间是由过去的东西在现在中的潜在出现或保存和未来的筹划在现在中的尚未实现的到达而构成的‘共时性’的统一体。只有凭这样的想象，才能让‘敞亮’与‘隐蔽’同时发生，从而让我们玩味无穷”①。

知觉想象主要是面对富有感染力的艺术品或美丽的自然事物而展开的，不能完全脱离眼前具有感性形象的事物。例如当我们面对罗丹的著名雕塑《思》，仅从外观上看，整个形象只不过是安在未经雕琢的像座上的一位冷冰冰的女性头像，她年轻、俊美、秀逸、聪慧，仿佛沉浸在深刻的内心活动之中。她到底在思考什么呢？处于特定心境或情感并善于想象的欣赏者总会情不自禁地展开无尽的遐想，从而从女像深邃的沉思中领略她内心的悲哀与欢愉、怨苦与思慕、豪放与婉约、坚贞与缠绵。此时的女像已不再是一尊冷冰冰的大理石像了，而是欣赏者的想象所赋予的一位有血有肉、意趣无尽的活生生的女性形象。② 总之，“这种模糊的原始材料经过想象的改造的加工之后，便成了发乎自然而又不同于自然的东西。外部自然只是一种死的物质，而想象却赋予它们以生命；自然好比是一块未经冶炼的矿石，而心灵却是一座熔炉。在内在情感燃起的炉火中，原有的矿石溶解了，其分子又重新组合，使它的成分和关系发生了变化，最后终于成为一种崭新的形象在眼前闪现出来”③。创造性想象是在脱离开眼前的知觉对象，在内在情感的驱动下对回忆起的种种形象进行彻底改造的想象，是一种能够表现内在本质的艺术想象。它比知觉想象更为高级和复杂。创造性想象通常采用变形、浓缩与粘合等方式来绘形构影或表现再造。创造性想象的基础是丰富的经验、大量的观察、无数次的感知以及一定的创造天才。正如英国学者埃伦茨韦格所说：“艺术家从无数次经验中认识到，他可以让意识失去控制，然后便会有新的想法奇迹般地从不知什么地方突然冒出来，并带来他久已盼望的问题的解答。”④ 创造性想象类似文学创作中的形象思维，是一种能够表现内在本质的艺术想象。艺术家往往在创作过程中，脱离眼前的事物，凭借这种创造性的想象，在内在情感的驱动下对许多记忆表

① 张世英．进入澄明之境——哲学的新方向．北京：商务印书馆，1999：95.

② 陈宗海．旅游美学．福州：福建人民出版社，2004：76.

③ 滕守尧．审美心理描述．成都：四川人民出版社，1998：59.

④ （美）M. 李普曼编，邓鹏译．当代美学．北京：光明日报出版社，1986：423.

象进行剖析和综合，从而创造出一种从未存在过的崭新的形象，即艺术典型形象。严格地说，创造性想象是一个“由表及里”和“由里及表”的综合想象过程。

三、情感

情感是指审美经验中所涉及的知觉情感。这种情感常常表现为主体在社会实践中对客观事物的一种主观情绪反应，是伴随着知觉活动直接产生的。审美过程中涉及的情感大体上有两种，一是知觉情感；一是组成审美过程诸要素按一定比例配合达到一种自由和谐状态时所形成的审美愉悦，即审美情感。

情感是伴随知觉活动而直接产生的，而且总是被主体看作是知觉对象的一种客观性质。西方经验派美学家鲍桑葵曾经称这种情感为知觉对象的第三性质。“这种情感常常表现为主体在社会实践（特别是审美活动）中对客观事物的一种主观情绪反应，是伴随着知觉活动直接产生的”[①]。这种情感的因素在审美过程的一开始就会投影到审美对象当中去，影响到旅游者的整个审美感受。德国美学家立普斯将这一现象总结为“移情说”。移情是一种主动的投射，是把原本没有生命、没有情感和思想的审美对象看成是有意识和生命的存在，是可以和自己的情感进行交流和产生共鸣的。立普斯以对古希腊巴底隆神庙的“多利克式”石柱的审美体验为例，形象地说明了这种移情作用。从物理学的角度来看，这种石柱不过是具有巨大重量的一个支撑物而已，然而在审美观感上，它却能给人一种耸立向上、雄强、镇定的男性力量之美。

在旅游的过程中，旅游者所接触到的花鸟林木、山景水色、宫殿楼阁等，都会让他们产生不同的感情期待，投入不同的情感因素。“春山淡冶而如笑，夏山苍翠而如滴，秋山明净而如妆，冬山惨澹而如睡。”（郭熙《林泉高致》）山的四季景色固然不会有如人的情绪变化般的生动体现，但由于人在看山时已不自觉地将自身对于四季变更的

① 王柯平．旅游审美活动论．北京：旅游教育出版社，1990：57．

情感融入其中，才显出山也有了如同人一般的欢欣与忧愁了，才有了对待同一对象所产生的不同审美感受。“感时花溅泪，恨别鸟惊心”（杜甫《春望》）的忧愤与“两个黄鹂鸣翠柳，一行白鹭上青天”（杜甫《绝句》）的明快，都是由于人的情感因素的影响才形成的审美差异。不同的审美对象会给我们的心灵带来不同的触动，也会唤起我们不同的情感体味，融入到景物中，从而产生不同的审美感受，获得不同的审美体验。

格式塔学派“结构同形说”观点认为，人的情感生活实际是各种心理要素充分活动之后达到的一种兴奋状态，这种兴奋状态本质上是一种外力的结构，各种不同的情感生活皆有各自不同的力的结构。当某一特定的外部事物在大脑力场中造成的结构与伴随着某种情感生活的力的结构达到同形时，这种外物看上去就具有了这种相应的情感性质。正如李泽厚先生总结的：“本来，自然有昼夜交替季节循环，人体有心脏节奏生老病死，心灵有喜怒哀乐七情六欲，难道它们之间（对象与情感之间、人与自然之间……）就没有某种相映对、相呼应的共同形式、结构、秩序、规律、活力、生命吗？……树木葱茏一片生意的春山与你欣快的情绪，木叶飘零的秋山与你萧瑟的心境；你站在一泻千丈的瀑布前的那种痛快感，你停在潺潺小溪旁的闲适温情；你观赏暴风雨时的气势，你在柳条迎风中感到的轻盈……这里面不都有对象与情感对应的形式感么？梵高火似的热情不正是通过那炽热的色彩、笔触传达出来？八大山人的枯枝秃笔，使你感染的不也正是那满腔的悲怆激愤？你看那画面上纵横交错的色彩、线条，你听那或激荡或轻柔的音响、旋律，它们之所以使你愉快，使你得到审美享受，不正由于它们恰好与你的情感结构一致？”①

但应该看到，要真正科学地解决情感的表现性问题，还必须把“结构同形说”建立在马克思主义实践美学基础之上。因为，内在心理结构与外部事物结构上的同形或契合，虽然是无意识的，而且有一定的生理

① 李泽厚．李泽厚哲学美学文选．长沙：湖南人民出版社，1985：443～444.

基础，但实质上是人类积千百年的社会历史实践活动之后获得的一种能力。只有通过社会历史实践，才能够赋予这一结构人的理想和观念内容，从而使自然事物某些结构形态放射出美的光芒。

四、理解

理解是指在审美活动中，主体用某种感性的形式对客体意蕴和审美活动意蕴的直接的、整体的把握和领会。它是审美活动的理性因素，是美感中不可缺少的要素，渗透在知觉、想象和情感的整个过程中。

理解是深层内在的领悟，是对融合在形式中的意味的直观性把握。这种意味之于形式，“如水中盐、蜜中花，体匿性存，无痕有味”(钱钟书语)。理解是审美心理活动中最主要的因素，它积理性于感性之中，融思索于想象和情感之中，常常在暗中发生效用，使美感不断得以深化。从实际情况来看，对自然美的凝神观照，在一定程度上就包含着这种超感性而又不离开感性，趋向概念而又无确定概念的领悟因素。

对审美对象理解程度的深浅会直接影响到审美层次的高下，旅游者对旅游景点或游览观赏的对象如果有充分的了解，那么在观赏过程中必然会激起更多的共鸣。比如说北京的故宫，作为皇家宫殿的典型代表，故宫建筑群集中体现了封建皇权君威和儒家的礼数规则，每一处建筑的布局，每一处陈设的摆放，每一个细节的雕刻，每一个彩绘的含蕴都有着特殊的意义，都有着独到的象征作用。置身于这个肃穆、宏阔的建筑群之中，只有你理解到了这些，才能获得充分的审美感受，才不是仅仅将观赏目光停留在皇家奢华生活或宫廷秘史的猎奇上。[①]

理解所需要的一个重要条件就是具备相应的文化素养。旅游不是单纯的游山玩水。无论是秀美壮阔的自然风景，还是丰富厚重的人文景观，都潜藏着深厚的文化内涵。所以，具备一定的文化素养，对所要游览的目的地有适当的知识储备都会有助于旅游者获得更丰富的审美享

① 谢璐．现代旅游审美论．山东师范大学硕士论文，2004.

受。旅游审美所包含的丰富内容涉及历史、地理、文学、建筑、艺术、宗教、科学等多种学科，可谓包罗万象。只有具备了相当的文化素养，审美者才能拥有获得审美体验的契机，审美情感才能得到升华与提升，在审美过程中实现如刘勰在《文心雕龙》中所说的“寂然凝虑，思接千载；悄焉动容，视通万里；吟咏之间，吐纳珠玉之声；眉睫之前，卷舒风云之色”，达到“思理为妙，神与物游”的审美境界。

第五节 旅游审美感受的层次特征

旅游个体的千差万别以及社会环境的复杂多变，导致旅游者的审美心理活动丰富多彩，各有千秋。美感是沟通审美对象（景观世界之美）和审美主体（旅游者）之间的桥梁，它在旅游审美中起着重要的心理中介作用。美感的形成过程似乎很复杂、微妙，而且千变万化，无规律可循，但实际上，如果我们仔细去研究它的发生和发展，还是可以发现它的特征和层次感的。

旅游者在实际的审美过程中，欣赏不同的景观或美的形象时，会获得不同的审美感受。有时观赏同一审美对象，也会出现一个仁者见仁的问题，或者说旅游者各自的审美感受在程度上不尽相同，往往呈现出多层次性。因为这既受制于审美对象，又受制于旅游者自身。根据著名美学家李泽厚先生美感内在自然化的总原则，可以将旅游审美活动分为“悦耳悦目”、“悦心悦意”、“悦志悦神”这三个层次特点。

一、悦耳悦目

悦耳悦目是指以耳、目为主的全部审美感官所体验的愉快感受。这种美感形态通常以直觉为特征，仿佛主体在与审美对象的直接交融中，不加任何思索便可于瞬间感受到对象的美，同时唤起感官的满足与喜悦。正如英国美学家夏夫兹博里所言：“眼睛一看到形状，耳朵一听到声音，就立刻认识到美，秀雅与和谐。”① 初游名山的旅游者，尽管峰林奇景给人以一种陌生感，但当环顾瘦削山体和满山植被等自然景象时，感觉到的是那样的和谐、安详、静谧。适应人生理的以绿色为主的自然色调、清新空气、沁人心脾的树香、林间百鸟的啼鸣等自然之美，使旅游者不知不觉地陶醉于其中，在生理舒适与情感愉快的交融中进入悦耳悦目的审美境界，获得初级的审美享受。

一般来说，悦耳悦目是广大旅游者最普遍的审美感受状态。这种美感形态，表面上看来似乎是纯然感性的，是以生理快适为基础的，然而它实际上已融合着一定的理性与社会因素。人的感官之所以在功能上有别于动物的感官，如眼睛可欣赏美的形式、线条与色彩，耳朵能欣赏美的音响、节奏与韵律，正因为他们在人类长期的社会实践活动中不断演进或者“人化”，积淀和凝结着历史文化心理等方面的内容，能够自然地分辨或本能地趋附美的对象。但由于它们毕竟是生理的东西，必然保持着生理的特点，从而对人的审美活动也有一定的制约作用。譬如说，人假如强迫自己老看一种东西而无变异，即便对象再美，长期下去也会逐渐感觉不到美。接待工作中，如果在一条旅游路线中不断安排重复的旅游内容，就违背了“美在新奇”这一旅游审美活动的基本规律。

悦耳悦目的旅游审美感受，一般以下列三种类型的旅游者为多见：第一种类型，是那些缺乏旅游经验的旅游者，他们对于旅游的审美规律、审美特征知之甚少，感受到的往往是一种具体的、直接的、形式的美感形态；第二种类型，是那些初来乍到的旅游者，他们虽然有足够的旅游经验，但由于对新的审美对象缺乏了解，所以容易获得直观的、初级的审美享受；第三种类型，是那些缺乏审美特质的旅游者，他们虽然有足够的旅游经历，也多次接触过该审美对象，但由于审美能力的限制，审美形态始终停留在直观阶段。②

---

① 北京大学哲学系美学教研室．西方美学家论美和美感．北京：商务印书馆，1980：95．

② 沈祖祥．旅游心理学．福州：福建人民出版社，1998：215．

二、悦心悦意

悦心悦意是指透过眼前或耳边具有审美价值的感性形象，在无目的中直观地领悟到对方某些较为深刻的意蕴，获得审美享受和情感升华，进入一种“对心思意向的某种培育”的欢快喜悦状态。这种悦心悦意的美感效果是一种意会，在许多情况下很难用语言加以充分准确的表述，类似我们通常所说的那种“只可意会，不可言传”的美感经验。事实上，在对审美客体之形象和结构的凝神观照中，想象、情感和理解等心理功能交相引动，逐渐展开，其结果将会促使审美主体从有限的、偶然的、具体的形象中，领悟到其中无限的、必然的和本质的意味。比如在传说刘三姐抛绣球之处的阳朔大榕树下听到壮族姑娘的对歌，感到的不只是音响、节奏与韵律的形式美，而是一种载着甜蜜而淳朴的爱情信息流或充满青春美的心声。

悦心悦意的审美感受在欣赏自然景观中亦表现得十分突出。比如去莫干山旅游，穿过竹林，来到剑池，听了关于莫邪、干将铸剑的传说，再环顾三叠泉及“万绿丛中一点红”的观瀑亭，此起彼伏的鸟鸣、清凉幽静的环境、透明洁净的空气，将会使你在心醉神迷中或生无限之遐想，或生飘然若仙之感，或生超然出世之情。简言之，身临此境，你所感受到的不仅仅是眼前这些悦耳悦目的景物，而是一种唤起清新自由的春天般生活的快慰和喜悦。这对摆脱城市喧闹和重压的旅游者来讲，会使他们那种淡漠的情感得到某种朦胧或模糊的补偿和慰藉，甚至使他们那种几乎异化了的人性在自由自在的永恒自然里得到一定程度的复归和唤醒。

如果说悦耳悦目以感性或直觉为主要特征，那么悦心悦意则以知性或理解为主要特征。前者表现为在生理基础上的感官体验（当然也包含超感性和社会性因素），后者则表现为在认识基础上的观念上的喜悦。比较而言，悦耳悦目通常处于直觉感性状态，限于审美客体的形象结构；悦心悦意则处于和谐自由的想象和理解状态，主体在凝神观照中往往借助想象的飞翼，超乎具体形象，把握其中蕴含的深广意味。

三、悦志悦神

悦志悦神作为审美感受的最高层次，泛指主体在观照秀美或崇高、动态或静态的审美对象时，经由感知、想象、情感，尤其是理解等心理功能交互作用，从而唤起的那种精神意志上的奋昂或愉悦状态和伦理道德上的超越或完善动力。这种美感形态之所以高级而深刻，是因为它体现了主体大彻大悟、从小我进入大我的超越感，体现了个人与对象的高度和谐统一。《庄子》一书中所表现出的企图控扼宇宙万物的信心和决心，便是中国古代较早追求悦志悦神的旅游审美感受的具体体现。[①]“天地与我并生，而万物与我为一”，“独与天地精神往来，而不敖倪于万物”，“予方将与造物者为人……而游无何有之乡”。踌躇满志，出语惊人，充分显示了庄子企图控制身心，驾驭和游历整个自然界，获得主体人格大彻大悟和升华的大无畏气概。李泽厚先生总结说，悦志悦神的审美感受，在我国常常表现为“感到自己和自然和整个宇宙合而为一，似乎达到某种超道德的本体高度”，即“天人合一”的至高审美境界。[②]

① 沈祖祥．旅游心理学．福州：福建人民出版社，1998：217.

② 李泽厚．李泽厚哲学美学文选．长沙：湖南人民出版社，1985：410.

第九章

旅游客体文化

本章提要： 旅游客体文化所包括的内容很广。本章主要从生态旅游资源文化、历史文化旅游资源文化、社会旅游资源文化三个方面对旅游资源文化进行阐述。

旅游客体是旅游者的游览观赏对象，它本身的文化面貌、文化结构、文化意蕴、文化价值、文化特色，及其所处环境的区域文化背景与氛围等，都直接影响甚至决定着旅游者的旅游审美效果。而旅游者在游览过程中与旅游客体所进行的各种互动中所产生和蕴含的文化现象、文化特质、文化因素等，又在一定程度上影响着旅游客体自身及其所处环境文化的发展演变。因此，在一个比较完整的旅游文化系统中，旅游客体文化占有非常重要的地位。

第一节　旅游客体文化概述

旅游客体是针对旅游主体而言的，它是指作为旅游主体的旅游消费者的游览观赏的对象物。它既指人们常说的旅游资源，也指旅游资源开发后形成的旅游景观，同时还包括那些隐性的但能被旅游者感受到的各种因素。旅游客体文化则是指旅游文化系统中以旅游客体自身文化价值为基础，融合旅游客体的背景文化及来自旅游者的文化审美投射等因素而形成的综合体。

一、旅游客体文化的概念及内涵

旅游客体本身的丰富性、旅游文化系统的复杂性、旅游者文化的灵活性等，都使人们在探讨旅游客体文化时遇到不小的困难。在已出版的旅游文化学方面的著作中，有关旅游客体文化的内容总是最不明确，最缺乏统一的认识。有的是把“作为文化现象的旅游资源及其开发”[①] 作为跟旅游客体文化相接近的内容进行论述，有的是把“旅游地生态文化系统”[②] 或“旅游文化资源”[③] 作为跟旅游主体文化相并列的内容进行阐释。而在正面论述旅游客体文化的著作中，对旅游客体文化往往是从文化的内在关系层面来阐释的，认为“人与自然的物质交换关系及人与社会的行为转化关系中因物感生的精神部分就形成了旅游客体文化”[④]。这样的阐述其实只是从大的方面指明了旅游客体文化的文化属性与文化成因，而且在具体论述时往往是以旅游客体的类型、美学特征及文化功能为中心。[⑤] 应该说，这样的论述对我们全面、正确认识旅游客体文化（而不是旅游客体）的内涵与特质还不够，却从不同方面给我们进一步揭示旅游客体文化的内涵带来了很多启发。

我们认为，旅游客体文化是指旅游文化系统中以旅游客体自身文化价值为基础，融合旅游客体的背景文化及来自旅游主体的文化审美投射等因素而形成的综合体。它既包括旅游客体自身的文化面貌、文化结构、文化意蕴、文化价值、文化特色，又包括旅游客体所处环境的区域文化背景与氛围，还包括在旅游者审美投射作用下旅游客体发生的文化变化等，有着极其丰富的内涵。一般而言，它可从旅游资源文化、旅游景观文化、旅游接待地文化等三个层面进行论述。

① 马波．现代旅游文化学．青岛：青岛出版社，1998：128.
② 章海荣．旅游文化学．上海：复旦大学出版社，2004：64.
③ 郝长海等．旅游文化学概论．长春：吉林大学出版社，1996：73.
④ 谢贵安，华国梁．旅游文化学．北京：高等教育出版社，1999：251～252.
⑤ 赵荣光，夏太生．中国旅游文化．大连：东北财经大学出版社，2003：79.

二、旅游客体文化的特点

作为旅游文化系统中重要组成部分的旅游客体文化有着鲜明的特点：

第一，内容丰富性。旅游客体文化涵盖的面、涉及的点都极其广泛，它由不同性质、不同表现形式的文化因素所构成，因此它首先具有内容丰富的特点。

第二，范围渐增性。旅游客体文化的范围会随着旅游业发展速度的加快和程度的加深、随着旅游主体旅游审美与消费的价值观及趣味的变化而不断扩大，其范围呈现出持续渐增的特点。

第三，美学价值高。旅游客体文化最根本的特质在于其具有突出的美学价值，它是旅游主体旅游审美的最重要的对象，是旅游审美得以实现的最重要的载体。

第四，知识含量大。旅游客体文化涉及大自然的鬼斧神工的造化物，更包括人类在长期的生存历程中各种独特的创造物，还关系到当代人的各种新创造。因而它知识、智慧含量大，对旅游主体具有重要的启智性。

第五，利用手段、方式的多样性。旅游客体文化的丰富性及旅游主体审美消费趣味的多样性，决定了旅游客体文化的利用手段及方式方法的多样性。这一特点对旅游开发者的创新能力提出了严峻挑战。

三、旅游客体文化的功能

（一）在区域文化整体发展中的重要功能

作为旅游客体最主要部分的旅游资源和旅游景观具有鲜明的地域性特征，它们是特定地域重要的文化经济资源，在特定区域经济文化整体发展中占有重要地位，在某些地区甚至起着决定性的支配作用。从这个角度来说，旅游客体文化跟区域文化整体发展之间有着极其密切的关系。一方面，旅游客体文化的面貌、特色、质量等受特定区域总体文化特征及发展水平的影响和制约；另一方面，旅游客体文化是区域文化总体发展中一种极其活跃的文化因素，其自身的更新与发展又在很大程度上直接影响着区域文化的总体发展，成为区域文化形象塑造的重要推动力量和区域文化资源市场化进程中的重要引导力量。因而，旅游客体文化的功能首先体现于它跟特定区域文化总体发展之间的关系中。这样看来，旅游客体文化自身文化系统的更新与提升就不仅仅只是旅游业发展中的问题了，而且是区域文化总体发展中的重要内容。

（二）对旅游者的功能

旅游客体文化最直接、最重要的功能主要体现在有助于旅游者眼界心界的开阔、心态的健康、人格的健全和强健以及文化自觉意识的形成等。

作为旅游者游览观赏对象的旅游客体的内容是丰富多彩、面貌各异的，古今中外、自然人文等无所不包，它对于旅游者而言不仅意味着视野的开拓，更意味着心理层面的释放与自由。通过对各种类型旅游客体的游览，旅游者摆脱了受特定时空条件所限制的被动状态，体现出一种积极突破生存环境束缚的主动心态和强健的人格精神。而且更重要的是，旅游者眼界心界的开阔，直接有助于固有文化偏见的消除和文化宽容心态的养成，推动旅游者从“各美其美”发展到能够“美人之美”，最后形成一种“美美与共，和而不同”的健康文化心态。而这正是近年来许多学者大力提倡的文化自觉意识的核心内容。旅游客体文化在旅游主体健全人格的塑造与培育方面发挥着非常重要的作用。

（三）在旅游文化系统生成与优化中的功能

旅游客体文化是整个旅游文化系统的重要组成部分，其品质优劣、质量高低、范围大小，都直接影响着旅游文化系统的生成与正常运行，进而影响着旅游产业的文化含量与文化品位。

第二节　旅游资源文化

旅游资源是旅游客体的主要内容，是发展旅游业的主要依据和基础。旅游资源文化是旅游客体文化中一个首要的、基本性的内容。

一、旅游资源文化的内涵及类型

旅游资源文化是指旅游资源形成的基础、原因以及旅游资源的文化价值、文化特色、文化魅力、文化功能等。

旅游资源形成的基础与原因主要是旅游资源的文化属性、旅游资源吸引力的来源。

旅游资源的文化价值意味着旅游资源吸引力的内容、层次与级别。

旅游资源的文化特色与魅力是指旅游资源吸引力的个性化程度，它直接影响旅游资源吸引力的大小、强弱。

旅游资源的文化功能则着重于旅游资源对旅游主体而言的旅游审美效应和对所在区域而言的文化发展效应。

旅游资源文化的类型首先取决于旅游资源的类型。旅游资源的分类有多种划分方法，因而旅游资源文化的类型也可分为多种。根据本章内容的特点与要求，我们根据将旅游资源划分为生态旅游资源、历史旅游资源、社会旅游资源三大类的方法，相应地把旅游资源文化分成生态旅游资源文化、历史旅游资源文化和社会旅游资源文化三个部分来进行论述和分析。力图通过对上述三大类型旅游资源文化的分析，对旅游资源文化问题能有总体上的认识和把握。

二、生态旅游资源文化

（一）生态旅游资源的内容

生态旅游资源是在人与环境关系的大框架中来审视旅游资源的产物。狭义的生态旅游资源一般是指自然生态旅游资源；广义的生态旅游资源则既包括自然生态旅游资源，也包括文化生态旅游资源。本节所谈的生态旅游资源主要是指自然生态旅游资源，一般是指以优美、良好的自然生态环境为基础形成的旅游资源。

从生态旅游资源的具体构成要素而言，它包括森林、草原、湖泊、海滨、沙漠戈壁等丰富的内容。

从生态旅游资源的开发潜力及开发方向来看，可供开发成生态旅游产品的有生态环境、生态景观、生态文化、生态科技、生态产业等。

从生态旅游景区的角度看，生态旅游资源集中于以自然景观为主的风景名胜区、自然保护区、森林公园、生态公园之类的地方。就我国而言，森林公园、自然保护区等很大程度上成为开展生态旅游的最重要的载体。

（二）生态旅游资源的文化意蕴与审美价值

1. 满足人类“回归自然”的深层心理需求。

具有良好自然生态环境的生态旅游区是满足人们“回归自然”需求的最佳去处。绿色一直被人誉为生命的颜色。作为生态旅游资源最主要构成的动植物资源，动物被称为人类最亲密的朋友，而森林则被称为人类永久的家园。这些说法都从本质上道出了自然生态环境跟人类心理之间深层次的关系。人类自身从丛林中来，那里是人类永久的心灵故乡。随着人类文明的发展，跟自然对应的社会发达起来，人类的生活离自然日益遥远。当体现着人类文明成果发展水平的城市高度发达、人类生活日益受技术主导的时候，回归自然成为全球性的潮流。不仅是身体的回归，更根本的是心灵上的回归，从自然中得到最安详的抚慰，这已经成为当代人对自己城市生活必要的、有益的调节与补充。因此，自然生态旅游资源最根本的价值在于其对人类“回归自然”的普遍心理需求的满足。

2. 丰富旅游者的生态知识，提升生态道德素养，提高生态文明水准。

生态道德素养是现代公民素养教育中极其重要的一项内容，生态道德素养的高低直接决定着生态文明的水准。而这些都跟人类处理好和自然生态的关系，与自然和谐相处，最终取得文明的持续健康发展有着极为密切的关系。自然生态旅游资源是自然生态环境中最优美、最有特色的部分，包括山、水、动植物等极为丰富的内容，其中蕴藏着丰富多彩的自然生态知识，可以说是生态资源与知识的宝库。它是人们获得生态知识、培养生态道德观念、提升生态道德素养的最佳载体，在对自然生态美景、奇景的欣赏过程中接触生态、了解生态，学习生态知识，培养生态道德观念，是一种提高游客生态素养的最直观、最生动、最有效的途径与手段。

3. 自然生态的多彩与奥妙可激发旅游者的哲思，使他们对人类文明演进与发展问题具有更科学、更深刻的认识，提高人生境界。

生态旅游景观的美学风格丰富多彩，有的雄伟壮观、惊险峻峭，有的奇异独特、柔美秀丽，有的幽深静寂，有的旷远宏阔、活力迸发。这些生态旅游景观既可使旅游者领略大自然的千娇百媚，给旅游者带来“悦耳悦目”感官层面的享受，还可给旅游者带来心、志、神层面的冲击与思考。人在大自然中，所感所思会跟在日常生活中有很大不同，会暂时摆脱掉那些过于功利的观念与想法，养成一种大视野，而大视野有助于形成一种大格局。在鬼斧神工、沧海桑田的自然景观面前，旅游者无形间会对个人的人生、对社会的发展等大问题产生很多反思和追问。从自然生态环境中得到的诸多感悟，是直接有助于提高旅游者的人生境界的。

4. 生态旅游资源具有突出的康身健体的功效。

生态旅游地都是生态环境非常优美的地方，除了具有使旅游者赏心悦目的景观资源外，更是富含很多有益于人体的元素。在近几年兴起的生态旅游的热潮中，出现了“天然氧吧”、“森林浴”等流行的养生概念。康身健体是当前旅游市场上一种很重要的旅游动机，被很多旅游者所看重和追求。而所谓的“天然氧吧”、“森林浴”突出的都是自然生态尤其是森林资源所具有的有益人体的养生功能。西方国家新出现的“园艺疗法”看重利用的也是自然生态环境所具有的康身健体方面的良好功效。

5. 生态旅游资源还是开展体育运动、娱乐活动、探险旅游、特种旅游的良好载体。

随着旅游动机多元化趋势的发展，人们已不再满足于生态观光旅游，生态旅游地因而成为开展体育、娱乐、探险等活动的场地。森林、草原、湖泊、海滨、沙漠戈壁等都吸引了参与式生态旅游活动开发者和爱好者的目光。定向越野、原始森林探秘、滑草、滑沙、水上运动赛事、摩托车越野、滑翔、沙漠探险、攀岩、节事活动等近年来在生态旅游地蓬勃开展，这些活动在借助生态旅游地特定环境、背景的同时，也为传统生态旅游地增加了时尚因素和时代魅力，活动与环境一起使生态旅游地平添几分旅游吸引力。

从直观层面而言，生态旅游资源有益于人们身心多方面的休养与发展，而从根本上来说，它为人类在休闲状态下通过欣赏、享受自然而了解自然生态，学会跟自然和谐相处提供了极好的条件与途径。

三、历史旅游资源文化

（一）历史旅游资源的内涵及特点

历史旅游资源一般是指人类祖先在漫长的历史过程中所创造、积淀的优秀的、有特色的各类文化财富，由于具有特定的历史文化价值而吸引历代旅游者参观游览。它是通常所说的人文旅游资源中极其重要的组成部分，是遗产类的人文旅游资源。

从历史旅游资源的构成要素看，人类社会发展过程中所创造且流传至今的政治上、经济上、军事上、文化上的各类遗产，包括文物古迹、遗址遗迹等，都可能构成历史旅游资源的内容，构成要素非常丰富。

从历史旅游资源的表现形态看，它既包括有形的物质文化遗产，如各类遗址遗迹遗物、历史建筑、历史街区、历史文物等实体性景观，也包括无形的非物质形态的文化遗产，如跟旅游景观有关的神话传说、风物故事、艺术技巧、传统习俗等。前者构成历史旅游景观，后者或可物化为历史旅游景观，或可成为历史旅游景观的文化背景，形成一种浓郁的历史文化氛围。

从历史文化旅游景区的角度看，以历史文化作为主要吸引力的旅游景区（点）主要有历史文化名城、古镇、古村落，各类博物馆、纪念馆、纪念地、遗址公园等。它们是历史文化旅游景区的不同类型。

历史旅游资源一般具有如下一些特点：

1. 深厚的历史积淀性。

历史旅游资源最突出的特点在于一个“古”字，其最大的价值也体现于这个字上。它把人们的眼光引向“过去”，引向自古至今的整个历史过程，这就是它深厚历史积淀性的明显表现。这个特点给今天的旅游者的游览观赏提出了文化素养上的要求，历史文化知识不足会影响人们对景观历史文化内涵的理解和欣赏。

2. 显著的历史阶段性。

历史旅游资源是人类社会在过去的特定时期创造物的集中体现，它记录和反映的是过去某个时代所发生的重要事件，带有显著的历史阶段性和强烈的时代精神性。这一特点也对当代旅游者的欣赏能力提出了挑战——如果不了解历史旅游景观的时代背景和它所映现的时代精神，很难把握景观的真正价值和美学魅力。

3. 鲜明的民族文化性。

历史旅游资源蕴含鲜明的民族性特征，它们都是某个特定民族的历史创造。提到黄帝陵、炎帝陵，马上让人想到中华民族的祖先；听到牛郎织女、白蛇传等民间传说，即让人领悟到汉民族对美好爱情的祝愿与追求；听到《江格尔》、《格萨尔》、《玛纳斯》等著名民族史诗的名称，会让人把思绪转向蒙古族、藏族和柯尔克孜族的传统文化；看到布达拉宫、塔尔寺等建筑，即让人领悟到藏传佛教的博大精深……鲜明的民族性使历史旅游资源在厚重、庄严中增添了几分鲜艳的亮彩。

4. 强烈的渗透性和文化倾向性。

历史旅游资源是特定历史时期人的创造物，它既受当时整个时代氛围和社会环境的影响和制约，又受创造者的价值观、态度、立场、心态、技能等因素的直接影响。这一特点使得历史旅游资源在具有丰厚的历史文化内涵的同时，也体现出一种明显的文化倾向性和情感张力。这种倾向性与张力对旅游者而言具有强烈的渗透作用。皇家景观的宏大奢侈、宗教景观的神秘庄严、民间创造的灵巧机智、民族英雄墓地及纪念地的悲壮肃穆等，都对游览参观者的心理产生强烈的渗透作用。除此之外，文学艺术的感染性、民俗风情的感化性等都是历史旅游资源文化倾向性和渗透作用的具体体现。

5. 开发的多重性、无限性。

历史旅游资源反映的是过去的社会生活史，是先民智慧的结晶。其内容极其丰富，表现形态多姿多彩，价值功能各有侧重，个性特色各有所长，而且其价值、特色会随着时代的发展变化而改变，具有无限的阐释可能。因此，对历史旅游资源的开发具有明显的手段多重性、潜力无限性的特点。这是历史旅游资源在旅游业发展中占有重要地位的原因之一，也是它区别于他类旅游资源的突出特征。

（二）历史文化旅游资源的文化意蕴与审美价值

历史文化景观尤其是物质实体性的历史景观，往往是特定历史时期艺术成就的代表，有着迷人的表现形式，散发着形态美的魅力，具有极高的观赏审美价值。以建筑为例，以北京故宫为代表的皇宫建筑、以长城为代表的古代军事建筑、以苏州园林为代表的古典园林建筑、以明十三陵为代表的帝王陵寝、以五台山寺庙群为代表的佛教建筑、以武当山道观为代表的道教建筑、以上海外滩建筑群为代表的近代建筑等，都有着极高的审美观赏价值，给游客带来视觉上的愉悦和享受。

历史文化旅游资源蕴藏深厚的历史文化内涵，可以说是历史文化知识的宝库，它具有丰富旅游者历史知识、增长旅游者见识的旅游功能。而且在所有类别的旅游资源中，历史旅游资源是“可说性”最强的旅游资源，其可说性就来自它的历史渊源、背景、特定时代特征等。一个看起来毫不起眼的文物景观，其背后所蕴藏的历史文化事件可能会让一个导游讲半天，把游客带到遥远的过去，使游客在对旅游景观的审美联想与想象的过程中，在穿越时光隧道般的审美体验中获得丰富的历史知识和文化常识。因此，历史旅游资源具有明显的历史认识价值，被誉为是最生动、最直观的传统文化教科书。

作为历史文化旅游资源主体的文物古迹、文化遗产，凝结着先民应对生存环境挑战、改善生存生活环境、提升生活质量过程中所表现出来的智慧。它是前人的文化创造物，是前人创造性、创造力的集中体现。最典型的是被列入世界文化遗产名录的项目，是古人非凡智慧与创造力的最突出的代表。不管是显赫的政治军事方面的文物遗产、神奇的宗教景观，还是平凡的古民居建筑、民俗历史遗产，或是以神话传说、民间工艺、古典艺术为代表的非物质性文化遗产，都让后人深深领会到古人的历史创造力和艺术杰作的永久吸引力。悬空寺、麦积山石窟、故宫、悬棺船棺、秦始皇陵、河北赵州桥等经典的历史景观永远给后人一种穿越时空的启迪智慧的作用。而寓于那些非物质文化遗产中的观念、意识、精神等也永远给后人带来无尽的想象和潜移默化的道德教化。历史旅游资源在启迪后人智慧、促进道德教化的同时，其中蕴含的古人的开拓精神、创造毅力与伟力、天才的想象与技艺等，还可以一直激励后人创造自己历史的雄心和信心，成为后代人永远的智慧、精神营养品，生生不息地发挥其独特的重要作用。

历史文化旅游资源还承载着人类文明的记忆，是后人缅怀历史、发怀古之情思古之幽的依托。人类不是纯粹靠理性向前发展的，情感的作用在中华民族文化发展中极其突出。在当前全球化大潮席卷每一个角落、城市化进程日益加速、社会转型进入关键阶段的时代背景下，历史文化旅游资源的情感寄托功能越发明显。它是人们寻求历史文化之根、寻求文化认同感、感受文化亲和力的最佳对象和载体，从而为人们提供持续的心灵滋养。这一点直接有助于文化的健康发展。

历史文化旅游资源所具有的上述特质使它一直被视为人文旅游资源中的最重要的组成部分，成为人们进行文化旅游的最重要的对象物。

四、社会旅游资源文化

（一）社会旅游资源的内涵与特点

社会旅游资源是指跟人们当下社会生活紧密相关、对游客具有吸引力的那部分活动或景观。它包括民俗风情旅游资源、购物旅游资源、城市景观旅游资源、会议旅游资源、商务旅游资源、娱乐旅游资源、体育保健旅游资源、教育旅游资源、饮食旅游资源等。

社会旅游资源这一概念的提出，是当代旅游认知对象日益日常化、旅游动机多元化的大趋势所导致的旅游资源开发理念创新的产物。一般而言，最早、最易成为旅游认知对象的是自然界的优美风景和前人创造的历史文化遗产，但随着人们出游频率的增加、旅游文化素养的提高和旅游价值观、旅游趣味的变化，那些以当代社会生活中某些常态组成部分面目存在的文化事象也越来越引起旅游者的关注。对特定国家、地区、民族的日常生活方式的好奇，直接促使旅游地开发者把那些跟人们当下社会生活紧密相关、对异地游客有吸引力的因素纳入了旅游资源开发的范畴。

社会旅游资源概念的提出及发展，也是当前旅游与休憩活动、旅游与工作日益融合的大趋势的体现。当旅游者的注意力不再仅放在对传统的典型的名胜景观的游览上，当本地人的休憩活动甚至日常生活都能吸引异地游客眼光，当更多的游客追求旅游与工作融为一体的时候，社会旅游资源便应运而生了。

社会旅游资源概念的出现还是当前人类社会文化交流活动的速度空前加快、程度空前加深对旅游业提出新挑战的产物。随着人类文明的发展与进步，随着信息技术的快速发展，不同文化间进行交流与沟通、借鉴彼此最新成果的需求日益强烈，这直接对文化交流活动的速度、频度和程度都提出了挑战和要求。为回应这种挑战，各个领域都在做着各自的努力。旅游业处于文化交流的前沿，提出社会旅游资源概念，开发社会旅游资源产品，正是其回应上述挑战的新思路、新手段。

社会旅游资源的特点表现在以下几方面：

1. 鲜明的时代性。

社会旅游资源和历史旅游资源从根本性质上来说，都属于人文旅游资源的范畴。二者都具有时代性特点，但二者的时代性特点的内涵有着本质区别。如果说历史旅游资源的时代性主要是指其特定的历史阶段性的话，社会旅游资源的时代性特点则主要是指其当下的时代性或当代性。前者重心在过去，后者重心在当下。正因为如此，学界也有人把历史旅游资源称为历代人文旅游资源，而把社会旅游资源称为当代人文旅游资源，从而把两者统一在人文旅游资源的大框架中。

2. 内容的综合性。

由于社会旅游资源是特定地区和民族日常生活方式的全面展现，所以其内容可以说是无所不包，带有极大的综合性。举凡民俗风情、人际关系、传统节庆、民间生活方式、文化艺术形式、现代建设成就、变革新事，甚至正常运转的政府机构、厂矿企业、高校军营等都可列为社会旅游资源的范畴。我国浙江省杭州市近年来在社会旅游资源开发方面动作很大，把一些法院、高校、老字号商铺等企事业单位都列入了风景点的范围，首批向国际游客开放的56个社会旅游资源点都已经正式挂牌，成为国际游客领略“开放的杭州”的有效窗口。

3. 性质的日常化。

这一特点跟上面提到的时代性密切相关。社会旅游资源往往是当代社会生活中某些常态组成部分被开发者或旅游者赋予旅游价值与功能的产物，并非专为发展旅游业、吸引游客而开发，很多时候只是对日常生活内容进行附加旅游功能的开发。如异地游客乘地铁等轨道交通工具进行的都市风情游，跨江大桥建设中附加观光电梯的设计，在大型厂矿企业正常运作状态下进行的工业旅游等，都反映了社会旅游资源具有日常化的特点。

4. 范围的动态性。

社会旅游资源没有固定的范围局限，既可以是传承至今、带有很多传统因素的民俗风情，更可以是当代的发展成就和新变革。它跟经济社会发展息息相关，体现出明显的动态性的特点。这一特点其实又延伸出社会旅游资源开发的创新性与永续性的特征，可供开发的内容非常广泛，而且不存在消亡的问题，因此，谁能洞察旅游市场需求特点，以创新理念开发出社会旅游产品，或者在传统旅游产品中融入更多的社会旅游资源的因素，谁就将在竞争中占据优势地位。社会旅游资源是旅游开发企业的富矿，但它对旅游企业的创新意识、创新能力、资源整合能力等有着非同一般的极高的要求。

5. 价值的多样性。

很显然，社会旅游资源提供给游客的绝不仅仅是一般的旅游观光价值，满足游客的也不仅仅是一般性的、传统的旅游动机。它往往能满足游客参观游览、求新猎奇、学习考察、参与互动、文化探秘、职业发展、康乐养生等多方面的旅游需求，赋予一次旅游活动以多重的价值与功能。

（二）社会旅游资源的文化意蕴与审美价值

社会旅游资源的自身特征决定了它在文化意蕴与审美价值方面也有着不同于他类旅游资源的表现。

1. 社会旅游资源是旅游者领略旅游地现实发展状况、感受其时代精神的良好载体。

社会旅游资源展现给旅游者的是一幅五彩斑斓的现实生活的画卷，它几乎可以囊括旅游地经济社会文化发展状况的方方面面。它传递给旅游者的不是一个已经长期固定化了的、被定格了的传统形象，而是一个活生生的、反映着当地最新发展状况的现实场景。因而，它总是特别能吸引那些对旅游地形象持有传统观念的旅游者求新猎奇的目光，为他们进行形象对比、获取旅游地最新信息和把握当地的时代精神提供了很好的机会。

2. 社会旅游资源是旅游者在旅游地进行深度旅游的对象，为旅游者深层次触摸“真实的旅游地社会”提供了条件。

深度旅游是近年来国际旅游市场上出现的较新的概念，它明显不同于浮光掠影般的观光旅游，而是强调深入接触旅游地的社会文化，以使旅游者获得文化心理上深层次的满足。一般的旅游名胜并不代表旅游地的全面、真实的状况，它们可能只是旅游地的某一个侧面。对旅游名胜景观的游览还只是较浅层次的旅游活动，随着旅游者个人旅游经验的丰富和旅游价值观的成熟，他们大都会把目光转向旅游名胜的背后，转向产生旅游名胜景观的当地社会。而社会旅游资源正是满足旅游者进行深度旅游的对象物。

3. 社会旅游资源还是促使旅游文化交流得以真正实现的桥梁。

旅游活动的实质是一种跨文化的交流，这种文化交流能否真正实现、交流水平的高低、交流效果的好坏等受到许多因素的影响和制约。其中文化误解、文化隔阂、文化偏见、文化障碍等是最大的制约因素。而这些因素存在并发挥作用的根本原因在于客源地居民对旅游地的社会文化状况缺乏及时、全面、真实的了解。社会旅游资源恰恰为旅游者深层次了解和触摸“真实的旅游地社会”提供了条件与机会，为减少误解、修正偏见、形成比较客观的认知奠定了基础，直接有助于推动旅游文化的深层交流。

社会旅游资源概念的提出无疑地给传统的旅游资源开发理念带来了很大挑战。由于很多资源要素分散于各行各业、社会的各个方面，并非像旅游名胜景观那样多属于旅游管理部门的管辖范围，因此其开发过程中明显增加了许多需要跟相关部门进行协调的工作内容，而且社会旅游资源开发还往往要考虑到政治敏感性、经济文化安全性等方面的问题。因此，它对文化创意能力、资源整合水平、综合协调能力等都有更高的要求，绝不是随手拈来般轻松的事情。

第十章

旅游景观文化

本章提要： 本章从景观的形、意、背景文化、阅读文化四个方面完整构建了旅游景观文化的结构和内容，并分析了旅游景观文化的时间性、空间性、民族性三大特点。

第一节　旅游景观文化的内涵和外延

一、旅游景观的地理学含义

（一）景观的源与流

"景观"一词源于 landscape，最原始的意思是"风景"、"景色"、"山水"等，后成为地理学科的名词之一，被解释为自然地理区划中特定类型的区域。后来人们把凡是作为人类欣赏对象的自然景物或自然现象都称为"景观"。近代美学研究大多把景观限于自然风光。但在当代，越来越多的人提出，景观不仅包括自然的，也包括人文的，从而使"景观"一词的范畴又有了很大的扩展。从旅游文化和现代旅游的角度认识和审视景观，可以把景观理解为被开发和利用的旅游资源的重要部分，是旅游吸引物的重要构成。

（二）旅游景观范畴

旅游景观不等同于旅游资源。关于旅游资源，国内外学术界众说纷纭，没有形成统一的定义。目前关于旅游资源的认识，是与现代旅游发展联系在一起的。大体而言，旅游资源是旅游活动的客体，凡是对旅游者具有吸引力的自然因素、社会因素和其他任何因素都可能构成旅游资源；旅游资源可以是物质的，也可以是精神的。但是旅游资源本身不是旅游吸引物，它必须经过开发，才能转换为满足旅游者旅游愿望的目的物和吸引物。

具体而言，旅游资源包括三部分内容，即生态资源、历史资源和社会资源。生态资源的主体构成是山水和自然风貌。历史资源的主体构成是文物古迹、故居名胜，它集中体现在历史方面。社会旅游资源的主体成分比较复杂，大体而言，凡与人们社会生活有着较紧密联系的活动，如民俗、购物美食、艺术表演、旅游服务、节庆祭典等，即属于社会旅游资源，它集中体现在社会生活方面。

旅游景观按其属性，基本上分为两类，即自然景观和人文景观。自然景观以山水景观、自然风貌为主体，人文景观以建筑、园林、历史遗迹为主体。购物美食、民俗风情等社会旅游资源无法构成旅游景观。

旅游资源是自然和社会因素的产物，它可能是物质的，也可以是精神的。但旅游景观，无论是自然景观还是人文景观，都是由物质所构成。

在一般情况下，旅游资源先于旅游景观存在。很多景观在其初始时期，并非是以满足旅游者的需求而修建，也就是说，它不是旅游景观，但是它可能构成旅游资源。随着后人的开发和利用，这些资源就成为旅游景观。名人故居、历史遗迹都是其中突出的例子。

由此我们可以认为，旅游景观与旅游资源，从时间分析，应先有旅游资源，经过开发和利用，才会生成旅游景观。从结构分析，旅游资源可以是物质的，也可以是精神的，而景观仅限于物质。从内容分析，旅游资源包含生态、历史和社会三大资源，而旅游景观不具有社会资源的内容。

应该说明的是，对于旅游资源和旅游景观的认识，因为社会经济和文化的发展变化，不同的时代和社会会有不同的解释和理解。本书只是从现代旅游的视角，来认识和理解旅游资源和旅游景观。

二、旅游景观文化的概念界定

旅游景观文化既非景观与文化简单的结合，也非景观与文化的叠加重合。上述研究方法，也许能较好地解释“这一个”景观的文化，但不能很好地解释“这一类”景观或者“这一代”景观的文化，更不能科学地分析景观的繁衍流变，从而不可能真正认识和理解景观。所以，旅游景观文化应是探讨和研究旅游景观生成、发展的历史文化背景，旅游景观的结构、特点与文化内涵，以及旅游景观观赏者和旅游景观之间的审美与被审美关系。它的研究方法是把旅游景观文化视作现代文化家族中的一员，以文化为本体，以此观照旅游景观；而不是以旅游景观为本体，由此去寻找和探讨与文化相关联的部分。

第二节　旅游景观文化的形和意

作为旅游文化的组成部分，旅游景观文化有其完整的结构和内容，有其自己的特点。

旅游景观文化由四个部分内容组成：（1）景观的形。它是物质的、外露的东西，是旅游者接触景观文化最初也是最直接的部分，是景观文化的外在表露，是景观文化物化的体现。（2）景观的意。它是文化的、内在的东西，是景观直接依托和体现的文化意蕴，是景观的“小文化”。（3）景观的背景文化。它是外在于景观的文化、思潮和社会风尚等因素。景观的“意”，也就是它的内在文化，常常会受到外在文化的制约。如所谓园林风格、建筑特色等都无法逃离它所背靠的社会、时代对它的影响乃至支配。如果说，景观的“意”是景观直接文化内涵的体现，那么景观的背景文化是景观间接的文化内涵，是景观之所以产生的时代、社会思想文化的体现，是景观繁衍发展的文化，是景观的“大文化”。（4）景观的阅读文化。它是旅游者对景观的认识、理解和利用，也就是旅游者与景观之间审美与被审美的文化关系，具体包括旅游者对景观的正读文化和误读文化。景观的阅读文化在一定程度上类似景观的审美文化。但是景观的审美文化又不能替代阅读文化，因为景观审美文化基本上以景观阅读文化中的正读文化为主体，它无法包含或容纳景观文化中的误读文化。旅游者的阅读文化是对景观文化的拓展与丰富，也是景观文化的重要组成。

旅游景观文化是上述四方面内容完整和有机的结合，四者不可或缺，否则就会导致对景观文化认识的不完整或不正确。

一、旅游景观文化的形

旅游景观的形，是景观的形状与构制，包括景观的色彩、形状、结构、相貌、质地、材料和工艺等。它较为直观、易于感知，是景观的外在体现，是景观文化的外化与物化。

就山水而言，高山的雄厚、险坡的陡峭、崖巅的挺直，水面的辽阔、水势的激荡、波涛的汹涌等，都是山水的形。

就建筑而言，雕栏玉砌、飞檐翘角、廊柱殿门、粉墙青瓦、壁刻窗饰等，都是建筑的形。

人文景观的形有其时间的界限。以建筑、园林而言，少有越千年而完整不变的。人文景观的形会因为时间而形变，以至消弭于无形。

就一般意义而言，形、意相随，如某座寺院的损毁，某尊古塔的倒塌，形之不存，其意也无从体现。但是意又可在一定程度上跨越时间的界限，可以通过语言或文字延续下来，使被毁的形得以再现。

景观的形是可以仿造的。建筑师依照北宋李诫编修的《营造法式》、明代计成编著的《园冶》和清工部《工程做法则例》所规定的程式化的结构技术，可以成功地仿造出宋代、明代或清代的建筑或园林。目前，纽约大都会博物馆中国厅中按苏州网师园仿照的“明轩”，就是形的仿制的杰作。

形的仿制并不很复杂，但是形所具有的意，也就是景观的文化内涵，是极难简单地以仿制的手段加以实现的。不少人文景观成为名播四海的胜迹，关键在于它长期积累下来的和建筑本身浑然一体的历史文化背景，在于它本身所具有的丰富的文化内涵，而这种历史和文化是无法仿造的。如埃菲尔铁塔只适合于巴黎，这是时间、空间和人的条件所决定的。在其他地方仿造埃菲尔铁塔，无论怎样美轮美奂，也只能是一座钢铁的空壳，不可能有内在的法国文化的真实神髓。同样，离开了拿破仑，巴黎的凯旋门只是一座庞然大物而成不了法国的象征。长城倘若再建于西方，它只会被理解为一堵长墙，而不可能闪烁民族团结、国家统一的精神之光。所以说，那些内涵丰富、文化独特的景观永远只能仿其形，而不可能有其意。就像临摹世界名画，可以有其形，却不能现其神一样。

应该强调的是，当今社会已经进入“后发展”阶段，也就是世界已经进入现代化的发展过程。在这个阶段，文化已经演化成文化工业，文化生产在很大程度上成为商品生产。因而，文化复制不仅成为可能，而且变成不容忽视的现实，其中的人造景观，就是文化复制的一种体现。

在旅游资源开发中，历史题材的运用与移植、各类古建筑的复制，对于尊重民族历史、弘扬传统文化无疑具有重要的意义。但必须强调的是，这类景观的再现或复制，应该严格地局限在相同的人文环境和自然环境之中，尽可能地求得形似和神似，追求形神兼备。复制古迹，从某种意义上说，也是一种传承，它是历史在时空中的延续，所以这种复制也具有文化的意义。遗憾的是，某些古迹或历史景观的复制因为急功近利，所以存在着严重的文化错位、历史失实、地理失真等问题。等而下之的，不惜采取媚俗手段，歪曲和编造历史，把历史古迹景观的塑造引入误区，产生不良的负面效应。这样的景观不仅形离，更谈不上神合。

历史题材的旅游景点无疑属于大众艺术，当然不必弄得高深古奥，但大众艺术并不是胡编乱造的艺术，如果历史景点连最基本的历史事实都荡然无存，留给游客的将只是怀疑、困惑和虚无。

二、旅游景观文化的意

旅游景观文化的意是无形的，它是凝结在景观内的文化意识，是景观的文化内涵。没有这种无形的意，也就是文化存在的内在根基，就不可能有有形的景观的生成。所以，景观的形与意是相统一的。

景观的形是一种物质的立面，而景观的意则是精神的立面，二者使景观呈现在观赏者的面前。景观有了意，也就有了景观的生命。然而，景观的意是一种内在的文化，它是无法通过外力强加的。人造景观中的世界名胜，它所具有的意，是造景者的意，绝非原先的意，这应是清楚的事实。

论及景观的意，中国古典园林中的景观——不系舟，无疑是很好的注解。不系舟，即旱船，它是古典园林中模仿舟船所建的小筑，是古典园林中常见的景观。这类旱船多建有船首、船舱或船楼，大抵与水船相仿。然而，旱船景观的意义并不在于形，而是在于它的意，在于它的象征意义。不系舟通常是园主表达个人意愿和情感的曲折反映，是古代文人不满现实生活，追求遁世隐逸思想的折射。“人生在世不称意，明朝散发弄扁舟”，古时文人以泛舟江湖，游历山水来化解自己胸中的愤懑。而园中造舟，正寄寓了这种游历山水的理想，体现了古园旱船景观丰富的理性内涵。

上海豫园亦舫、苏州拙政园的香洲、岭南清辉园和余荫山房的船厅等都是上述理想或心态的物化体现。可惜的是，旅游者在观赏中国古典园林时（包括导游在园林讲解时），常常是只注意园林的景，也就是园林的形，而忽视了园林的意；注意了园林的地理空间，忽略了中国士大夫的精神空间。园林“重在构字，含意至深。深在思致，妙在情趣”①。因而游览中国古典园林只有观景与会意皆备，才能真正窥探到中国古典园林的真面。

岳阳楼之所以成为天下名楼，主要不是因为它的建筑，而是因为它所具有的韵味深长的文化内涵。是杜甫《登岳阳楼》和范仲淹《岳阳楼记》所抒发的吐纳天地，心系国家安危，先天下之忧而忧，后天下之乐而乐的情操，使岳阳楼名满天下，超越时代，成为历代旅游者心中的圣地。

---

① 陈从周．园林谈丛．上海：上海文化出版社，1980：10.

同样，世界不朽名著《巴黎圣母院》使一幢冷冰冰的石头大房子变成了一个充满温情的场所。雨果的《巴黎圣母院》在1831年出版，其时巴黎圣母院已是年久失修，摇摇欲坠，濒于颓毁。在雨果身体力行的倡导下，法国政府才决定全面修复大教堂，历时数十年，从而使巴黎圣母院起死回生。所以在一定意义上，可以说是雨果赋予了巴黎圣母院物质生命和精神生命。更有意思的是，雨果小说的出版，引起了全社会对巴黎圣母院等古建筑的重视，法国人重新发现曾经被鄙夷不屑的中世纪的艺术，因此引发了一场审美趣味的革命，使得中世纪的景观得以再生。

假如说，历史景观意的体现，有不少是与文学名篇、历史人物相联系，那么当代景观的意，则更多与建造者的创意密切相关。

由勒·柯布西耶设计的朗香教堂一出现，就在全世界的建筑界引起轰动，被认为是伟大的建筑。勒氏认为信徒上教堂是为了与上帝沟通，所以他在设计教堂时，刻意把它建成一个“形式领域的听觉器件”。他认为朗香教堂应该像人的听觉器官一样“柔软、微妙、精确和不容改变”。朗香教堂通过建筑的体、形、空间和颜色的调配处置，强烈地表达出建筑设计者与存在主义相通的人的情绪、情结、心境和意象。①

这里容易产生疑问的是，原生形态的山水景观，其意是如何体现的？自然和风景是一种客观的存在，但作为原生形态的山水之所以能成为景观，主要不是因为它的物理环境的变化，而是因为人类在利用和改造山水的过程中，将自身的需求、智慧、能力凝聚于山水之中，从而赋予山水以意。也就是说，山水景观是人的本质力量对象化的结晶，山水景观实际上打着人的深深的印记。人们对于自然界的印象，对自然景观的认识，是由人们社会的文化的进程来决定的。山水景观有着人类认识世界改造世界的文化内涵。所以说，山水景观的意，实际上是人类与自然心物感应的产物。

① 吴焕加．论现代西方建筑．北京：中国建筑工业出版社，1997：130～159.

三、旅游景观的背景文化

正如伟大的法国文学家雨果所说的：人类没有一种重要的思想不被建筑艺术写在石头上。从中国的长城到德国的科隆大教堂，都是人类重要思想的体现。各种景观建筑构成了人类社会思想文化发展的轨迹。景观，尤其是著名的景观，形式上是个人创作的作品，而实质上却是社会和时代的产物。不同的景观是人们不同的生活方式、宇宙观、价值观、审美习惯、思维方式和行为心理的典型反映。换言之，是社会和时代孕育、催生和促成了景观的生成和发展。景观不仅仅体现了样式、技艺和景象，更凝聚着当时当地的文化、传统、历史和生活。因而只有对景观所赖以生成的社会思想文化有较为深切的了解，才能更为深刻地认识和理解景观。

以园林为例，它的亭台楼阁、山石草木等物质形态，凝聚着园林创造者与欣赏者及其时代留下的观念与情趣、文化与思想，因为各类园林“有它特殊的宇宙观与人生情绪为最深基础”①。

（一）园林景观的背景文化

中国园林如同中国古代书、画、诗、文等传统艺术一样，是中国知识分子情感的不同表现形式。从中国古典园林中，我们可以窥测到中国知识分子独特的心灵，寻找到中国文化血液中禅的因素。

首先，中国古典园林的兴起本身就与士大夫以心性为立足点的中隐意识紧密联系。封建时代，中国的知识分子希冀既能超脱身在朝阙的烦扰与羁绊，又不必遁隐山林，忍受寂寞与清苦，这样就有园林的兴起与发展。园林成为士大夫沟通仁与隐、城市与山林的物质和精神桥梁。

其次，中国的园林追求静境。静境一直是士大夫文人、佛教追求的最高境界之一，而中国的古典园林又以文人园林、寺庙园林为主流，因而“中国古典园林不管依傍何种建筑流派，都要以静作为自己的韵律。

---

① 宗白华．介绍两本关于中国画学的书并论中国的绘画//宗白华．艺境．北京：北京大学出版社，1987：81.

有了静，全部构建会组合成一种古筝独奏般的淡雅清丽，而失去了静，它内在的整体风致也就不可寻找”①。

再次，中国的古典园林，遵循一种寂照的方式审视世界和自然。中国的园林尊重自然，取法自然，用人工的力量来建造天然的景物，即所谓“虽由人作，宛自天开”。这种方式通过写意的手法来融合宇宙和涵蕴自然。与西方人不一样的是，中国人观照自然的方式是写意的。中国古人并不需要直接走进自然，只是凭借丰富的想象力，以一池水代表沧海，以一假山代表林壑气象，以一片石代表数峰，人坐在室中可与宇宙自然灵犀相通，体现了中国道教神与物游和佛家心与境寂的境界。中国古典园林实际上是中国的知识分子用石、水、建筑、植物所勾勒的山水画卷，是园主心境的描摹，包含着园主的直接体验和心灵感悟，是天人合一智慧的凝聚与升华。

法国凡尔赛公园的风格典雅和谐，是法国式花园的最高成就。凡尔赛的园林艺术是强制自然、改造自然。它把阳光下自由生长的树木花草，随心所欲地修剪成整齐划一的几何图形，或直，或圆，或方。法国式公园修饰整齐，体现了对秩序的追求和对规范的倡导。

英国式古典公园侧重于再现大自然风景的具体实感，审美的感情蕴含于被再现的物象之中。园林创作，原原本本地把大自然的构景要素山、水、植被等经过艺术的组合，相应于用地的大小而呈现于人们的面前，是一种理性的、客观的写实。

法国的规整式园林和英国风景式园林是西方古典园林的两大流派，它们都反映了西方对自然的态度，这就是人与自然的相对分离与互相排斥。

（二）建筑景观的背景文化

中国封建社会时期漫长，专制思想和宗法思想长期统治着社会，体现在思想文化上，就是抹杀个性，推崇共性，导致中国传统建筑个性很弱，缺少独特的风格。建筑以追求共同的形式，崇尚共性为主流。

① 余秋雨．江南小镇//余秋雨．文化苦旅．上海：东方出版中心，2001：112．

民居建筑直接受制于封建伦理宗法思想。以北方的四合院为例，严格遵循天理和祖制，体现了宗法社会的基本结构与秩序。建筑结构突出长幼有序、上尊下卑、内外有别与大家庭集居的特点。四合院四周围墙高筑，庭院深深，是内向封闭型的生活格局的建筑形态化。四合院房舍与墙体之间构成的闭锁性建筑格局，既意味着内部的和合与统一，又标示出内外关系的规范和对于人我分际的极端注重。四合院作为文化思想的一种映照，也在一定程度上体现了中华民族传统的精神文明，如尊长爱幼、孝悌亲情，以及和乐精神。①

巍峨壮观、富丽堂皇的宫殿建筑，同样与封建时代的绝对忠君思想不无联系。西汉初年萧何在劝进刘邦时，就曾建议造宫殿："非壮丽无以重威，且无令后世有以加也。"宫廷建筑的风格给人心理上的作用不言自明。

同样，在凡尔赛宫和花园的设计中，对方位的极度崇拜，对坐向的刻意追求，处处、时时要突出人间至尊的地位等等，也可以看到以路易十四为典型的法国封建君权在艺术上的体现。

西方的宗教对西方建筑产生过深刻的影响。在封建社会里，西方的宗教建筑甚至成为各个时期文化的重要特征。在宗教时代，大教堂的兴建就像是一股风，席卷欧洲各大城市。每个城市都把大教堂视作本城的骄傲，人们通过兴建教堂这种形式，"以无声的语言，向我们表达着他们的思想、感情与向往的目标"②。

在13世纪，哥特式建筑大盛，它不仅影响了市政的建筑，也影响了世俗建筑，还对人们的审美情趣发生作用。"哥特式建筑风格最初只不过是对高度和光亮的偏爱，但由于在这一技术中得以发展起来的某种趣味标准的作用，它成为13世纪的唯一的占统治地位的艺术。它排斥了那些与其不谐调的因素，修正了另一些因素以适应它的意图，还发展

---

① 李先逵．中国民居的院落精神//李先逵．中国传统民居与文化：第五辑．北京：中国建筑工业出版社，1997：8～9.

② （美）伊利尔·沙里宁著，顾启源译．形式的探索——一条处理艺术问题的基本途径．北京：中国建筑工业出版社，1989：13.

出另一些符合其趣味的因素”[1]。这里我们不仅看到宗教的力量，也看到了宗教艺术对景观的巨大影响。

由于统治者对佛教的提倡和支持，中国历史上也曾有过寺庙建筑非常辉煌的年代。唐朝诗人杜牧的诗句“南朝四百八十寺，多少楼台烟雨中”写出了南朝佛寺的繁荣和美丽。据史料记载，江南梁朝的寺院曾达2846所之多。南朝佛寺的兴盛，是和当时最高统治者重视与提倡联系在一起的。

中国佛教的特色是融合玄理，它直接影响着寺庙园林向自然山水发展，寺院与自然风景相结合。“天下名山僧占多”，寺庙园林的发展，不仅丰富了中国旅游景观的内容，也为保存中国历代建筑的精华做出了重大贡献。正如建筑史家梁思成所言：“中国历代建筑遗物，以祠庙寺观为最多；古代建筑之精华，多赖寺观得以保存下来。”[2]

各个民族不同的思维模式与哲学观也对建筑景观产生影响。如明代南京皇城的层层叠叠、多重围合、轴线展开的布局就留下了中国人思维模式的深深的痕迹。东方传统建筑，如中国传统民居（以三合院或四合院的院落式民居形式为主，使用的人数最多，地域分布也最广）的建筑空间就很好地体现了“天人合一”的哲学观。这类建筑大多体现为内眺式，从四周形成一个中心，向内观望，以四方上下的空间与宇宙包涵，在狭小尺度的三维空间里俯仰乾坤、观照万物。

建筑景观艺术，在一定意义上可以说是人类文化最典型、最集中的体现。我们可以从哥特式的教堂去寻找基督教的教义，从印度石窟中感受佛教神秘主义哲学的氛围，从中国园林中窥见老庄玄学的真谛，从现代的波特曼共享空间中体会到美国人乐观、开朗的外向性格。

这里必须强调的是，景观的文化内涵，常常取决于它的背景文化和历史联系。因为，景观一旦离开某个历史时段的文化背景，它的文化意

---

① （美）露丝·本尼迪克特著，王炜等译．文化模式．北京：生活·读书·新知三联书店，1988：49.

② 梁思成．中国建筑史．天津：百花文艺出版社，1998：368.

义的传递就可能发生改变，它的美学含义也会随之变化。

景观背景文化有时还会直接影响景观本身。如延安宝塔，它的初始设计思想，必然是出于宗教上的原因，它的文化意义主要是在宗教意识上。后来，延安成为领导中国人民反抗日本侵略者的中心，成为中国革命的圣地，宝塔就成了革命圣地延安的象征。宝塔原设计的宗教含义消失了，它更多地体现为中华民族不甘屈服于外来侵略的反抗与斗争精神。又如天安门和前门，人们对其在帝制时代的作用与意义早已淡漠了。皇家宫殿的门楼，在中华人民共和国时代已经褪去了帝王的色彩，而成了中华民族的象征。人们所看到的是它饱经风雨的身躯所记载的民族史，是把它视作中华人民共和国的国家标志。景观的背景文化的变更使景观产生新的内涵。这时，人们看到的已不仅仅是景观的实体，而更多的是景观的象征意义。

可以进一步指出的是，某些景观在其设计意图中可能较多地反映了帝王思想、殖民者意识以至法西斯思想，但是随着时代的变迁、历史时光的流逝，原来的设计主题和内容也会发生相应的变化，而成为人民大众所喜爱所欣赏的景观。这与景观文化的时间性（也就是动态性）和景观美学意义的不确定性有着相当的关联，这也是我们认识和理解景观背景文化的意义和作用所在的一个重要方面。

四、旅游景观的阅读文化

（一）旅游景观的阅读文化

景观形成以后，必然会吸引怀有不尽相同目的的旅游者，他们会对景观作出有声或无声的评论，有意或无意的美学鉴赏。因为各人所具有的文化背景和知识结构并不相同，不同的人具有不同的美学趣味、评论标准，常常会对同一景观品出许多不同的“味道”，得出不尽相似的结论。这样，就有景观的阅读文化。事实上，景观的文化价值和美学价值，只有通过旅游者的阅读才能真正得到体现。

（二）旅游景观文化的正读与误读

景观的阅读文化主要体现在两个方面：一个是景观的正读文化，它包括对景观形、意和景观背景文化的认识和理解。景观的正读文化更多地表现为景观的审美文化。另一个是景观的误读文化，这种误读又表现为两个方面，一种是因为时代、历史、文化、社会等原因，旅游者对景观出现误读。这里的误读，就是指旅游者按照自身的文化传统、思维方式、自己所熟悉的一切去解读另一种文化的景观。另一种误读是指旅游者对景观有意识地误读，从而赋予景观以不同于景观本身的文化内涵与意义。

1. 旅游景观的正读文化。

关于旅游景观的正读文化，主要是强调旅游景观观赏者阅读的视点不仅仅在景观的外在形态，更要透过外在形态去体验景观的内在文化与精神。景观的阅读，有一个心物感应和心物交融的过程。就如白居易在《白苹洲五亭记》所说，“大凡地有胜境，得人而后发；人有心匠，得物而后开”。所以景观的阅读，其实是一种境心的相遇和境心的交流。

景观的阅读，以自然山水为例，就要力求在山水审美的过程中把握山水的形态美、自然美，追寻山水的历史和文化内涵；同时把自己的性情融进山水景观中，透过山水景观，追求自我人格的完美与高尚；还要强调心与物的同性同境，注重用自己的心灵来感受和体验山水，具备和山水一样的自然心情，从而在欣赏山水的过程中与山水打成一片。①

2. 旅游景观的误读文化。

关于景观误读的第一种原因，应该说，不同文化之间的误读是难以避免的。比如说，一尊维纳斯古雕像，希腊人把它作为一个崇拜的对象，而中世纪的牧师却把它看作是一尊不吉祥的邪神像。希腊人和中世纪的牧师是从不同的传统和文化角度来认识它的。

由于景观的审美已经超越了美丑与对错之分，一种景观越是能展示出自己更多的角度和形象，其具有的内涵就越丰富，从而也就越是可能引起不同旅游者的误读。如贝聿铭设计的法国卢浮宫金字塔、罗杰斯与

① 任仲伦．游山玩水——中国山水审美文化．上海：同济大学出版社，1991：91～98.

皮亚诺设计的法国蓬皮杜文化中心等都曾经引起不同的争论。所以，景观误读一方面丰富着景观文化，另一方面又从完全不同的角度扩展了景观文化的解读方式。

当然，并不是所有景观误读的作用都是积极的，有些误读是出于民族或文化的偏见，有些是出于意识形态的对立，这些误读的作用无疑是消极的。

另一种景观的误读则是有意识的误读。这种误读背离了景观本身，看似误读，实为一种新的理解或新的视角，而且某种误读，本身就是一种新的发现。鲁迅先生《论雷峰塔的倒掉》一文，是对雷峰塔有意识的误读。鲁迅把雷峰塔视作封建势力的一种象征，从而热情地欢呼雷峰塔的倒掉。其实雷峰塔的建造，相传是因为北宋吴越王钱俶为得子祈保平安，它的自然倒塌，也与封建势力的兴衰风马牛不相及。

正如有些旅游文化研究者所言，“牵强附会，张冠李戴，是中国旅游文化的特色”，“我们可以从形形色色的地方志书中，从诗人墨客的文集中，从用作谈资的轶闻琐记中，观察到这种现象的普遍存在。如果我们深入到天下名山大川去作旅游考察，从各景点的传说中，从游人的闲话中，从一些似是而非、真真假假难以分辨的古迹中，更可以印证上面的结论”。[①] 这里所说的旅游文化，其实也就是景观文化的特色，不仅中国如此，外国也是如此。英国旅游地尼斯湖水怪就是其中一例。需要补充说明的是附会景观的传说，应有其“传”的一面，这就是它或确有传承，源自地方史志、各种文献；或流传民间，为民间所承认；或有鲜明的地方民间民俗特色。这类“传说”，切不可胡编乱造，不可有太大的随意性和通用性。

景观的附会，是对景观有意或无意的误读，因为它本不是景观建造的原始本意。后人“弄虚作假”的渲染与加工实际上是赋予景观以新的文化内涵，进一步丰富了景观的内容，从而这些误读（或附会），也逐步演变为景观文化的有机组成部分。景观的误读，在某种意义上也可以

① 喻学才．中国旅游传统文化．南京：东南大学出版社，1995：132．

说是不同文化背景下个人或群体创造力的一种体现。

所以，阅读景观不仅仅是阅读景观的本身，附于景观的神话传说、民间故事，常常也是景观阅读的内容。应该说明的是，这种阅读更多的是与人类的情感联系在一起。当流连于西湖断桥，脑海中浮现出白娘子与许仙在桥头首次相会情景的时候，有人理智地告诉你，白蛇不会成精变人；当平湖望月，憧憬着月里嫦娥、玉桂吴刚的时候，有人明白地告诉你，人类已经登上月球，那里一片苍茫荒凉——这时带给人的感觉绝不是科学的智慧之光，而是大煞风景的絮聒。因为这时候的阅读，充盈着情绪，激荡着情感，使人沉浸在虚无缥缈的昏昏然与茫茫然之间。这时，不需要科学的证明，不需要事实的真相。科学表达的是不争的事实，神话表现的是人类丰富的情感。

由于景观中凝聚着一定的审美心理，景观在被欣赏时又进一步诱导出新的审美心理活动。所以，景观作为一定的欣赏心理的“物化”形态，它的存在是和景观观赏者的精神活动联系着的，景观的阅读常常是与情感紧密相连的。

当然对于景观的阅读，常常是以年龄和经历为基础，对景观文化的理解，有时会与个人对于时代和人生的感触相对应。对于景观文化的阅读，不同的人站在不同的层面，会做出不同的理解。景观文化的深刻内涵，并不是每个阅读者都能深切体会的。即就体会而言，站在了“第一台阶”，也只能体会到“第二台阶”，而不是从“第一台阶”就能体会到“第四第五台阶”的。这里就有一个阅读者不断提高自己的阅读能力，也就是审美能力的问题。而阅读能力的提高，主要是常两个方面，一个是博览“群书”，行万里路，观万种景，在比较中区别优劣，提高鉴赏能力；一个是加强美学修养，从他人的审美体验中汲取营养充实和提高自己。

景观阅读的最高境界，不是只看到眼前的景观，这是观光旅游者走马观花、蜻蜓点水式的游览就能获取的；也不是只触及眼前的“一个”景观，这是理解了景观的形和意的旅游者所能做到的。景观欣赏的最高境界应该是旅游者做到景从眼前过，意在心底留，能够从眼前的“一个”景观，“看”到同一类型的景观；同时他所看到的不再是景观的表象，而是景观之外或者说是隐于景观之后的创作者的灵魂和精神，是景观所传递出来的民族文化心理和时代的精神气质。

第三节　旅游景观文化的特性

旅游景观文化作为从属于旅游文化的组成之一，除了具有旅游文化的一般特性外，还具有自己的特点，这就是景观文化的时间性、空间性和民族性。

一、旅游景观文化的时间性

旅游景观文化的时间性，也称时代性或阶段属性。旅游景观文化有其生命发展的阶段性，历经生成、发展、高潮、衰退和消亡等不同演变阶段，具有一定的生存期限和生命周期。有的景观昙花一现，仅有数年十数年的历史，而有的旅游景观可历千年而不衰。

就欧洲古建筑景观而言，就有着明显的阶段性。公元 1 世纪推出罗马式建筑，6 世纪出现拜占庭建筑，9 世纪有罗曼建筑问世，13 世纪风行的是哥特式建筑，14 至 16 世纪则以欧洲文艺复兴建筑为主流。

中国古典园林历史悠久，它的发展也带有明显的阶段性。据中国古典园林专家研究，中国古典园林景观的发展史大致可以分成五个时期，即先秦两汉的生成时期、两晋南北朝的转折时期、隋唐的全盛时期、两宋到清初的成熟前期和清中叶到清末的成熟后期。①

旅游景观文化的时间性表明，景观在反映人类文明时，和其他艺术一样，都具有时代感。从古希腊、古罗马、中世纪式、文艺复兴时期、巴洛克式、现代主义，直到现在的后现代主义的景观都表明人类文化不断发展的轨迹。而迪士尼乐园一类主题公园，无疑也是当代科学技术、

① 周维权．中国古典园林史．北京：清华大学出版社，1990：10～11.

智慧和思想文化的结晶，有着它鲜明的时代特点和烙印。

旅游景观文化的时间性还表明，不同的景观会有不同的时代特征。在每个历史阶段都会或都能够推出属于它那个时代并能代表它那个时代的景观，但同一个景观也可能随着时间的变化会有不同的文化内容或审美价值。

应该指出的是，艺术的繁盛期并不一定就是社会的繁盛期。艺术的发展在很多时候不与社会的发展同步，成熟的社会会产生成熟的艺术，不成熟的社会也会产生成熟的艺术。不少景观艺术创作都在社会发展低级阶段就走向了它的顶峰，后人不仅不能超越，甚至不能再现其风采。

景观艺术同科学技术的重大差别在于后者是从较低级、较简陋形式上升到较高级、较完善的形式，而某些艺术则在社会早期发展阶段就已达到其最高的艺术水准。景观艺术的发展不同于科技的线性发展方式，它是一种风格代替另一种风格，是周而复始的螺旋形发展方式。正因为如此，景观的修复与重建是一件非常复杂和难度极高的工作，必须认真对待。

现在我们维护古城，使一些旅游景观再现过去的风貌，这是需要的，也是可以理解的，因为怀旧是人类解不开的情结。但同时，我们应该看到趋新更是人类执着的追求。当代旅游者有当代的追寻和渴望，所以我们在景观建筑上应该有所作为、有所发展、有所前进。

同时，旅游景观不是考古发掘，并非愈古愈显示其价值，而是不同时期不同风格的景观，各有自己的历史文化意义和旅游价值。从景观文化的角度来看，与其耗资数百万元重建一座废弃数百年的古园或古塔，不如新建一座具有现代意义的旅游新景观。旅游景观的开发和建设拘泥于复古是不可取的。景观文化的时间性，还表现在时间会冲淡政治、冲淡意识形态的某些分歧，从而会淘汰一部分景观，也会造就一部分景观。在冷战时期，柏林墙曾是一道代表着不同意识形态的著名风景线，两德统一，柏林墙就消失了。著名的越南胡志明小道，曾经是抗击美国入侵的炸不烂的军火运输线，随着战争烽火的烟消云散，这里却成了人们观光、游览的景观。这都是明证。

二、旅游景观文化的空间性

旅游景观文化的空间性，也称地域性。人类文化，是地域性的产物，景观文化也同样是地域性的产物，是各不相同的地域生成和造就各种景观，从而构成景观世界的多彩多姿。景观文化的空间性大致可体现在两个方面，一是地域的文化特点，二是地域的物理因素和自然因素。

以景观的地域文化特点而论，有人曾对印度和中国的佛教建筑做了比较，认为在古印度佛教建筑中，舍利塔与石窟为主要形式，舍利塔是中心的建筑形式。舍利塔供佛教徒顶礼膜拜，从而是崇拜的中心对象。而舍利塔在中国则演变成与民居及园林建筑中的楼阁相结合的形态，具有可供观赏乃至登临的性质，因而世俗化、审美化，后来的塔更成为寺庙园林环境的构成因素之一。[①] 中国寺院建筑与印度佛教建筑的外在差异，正是中国佛教与印度佛教的内部文化精神差异的显示。

以园林景观而言，苏州园林之美，在于集江南湖光风景之大成，是江南生活环境的景物集中化与强调化。苏州园林的清雅是江南文化熏染的结果。同属古典园林，中国的北方园林与南方园林就有相当的差异，前者是大家风范，后者是小家碧玉，这是王者之气和儒者之风的分别。

景观的空间性还表现为地域的物理因素和自然因素。

景观的形成和产生大多与自然风土有一定的联系。正如国际著名的环境造型专家杨英风在比较日本京都名景桂离宫和埃及开罗住宅建筑时所论述的，桂离宫"建筑四周围是向自然开放的，建筑以柱子为特色，模仿自然中的枝干，横竖交错生长。因此，建筑物化入自然，变为自然的一部分，或庭园的一部分"。而"日本的开放式建筑是日本那种温暖湿润的气候与风土下的必然产物"。开罗的阿拉伯式建筑则是"厚墙包围之下的方形住宅"，阿拉伯人在"其建筑内开辟一个静谧的内庭，种植着苍郁的植物，让高高的青空映入水池"，它表现阿拉伯人在干旱少雨的条件下，追求人与自然并存的一种美与和谐，说明阿拉伯人沟通自

① 任晓虹．禅与中国园林．北京：商务印书馆国际有限公司，1994：88.

然的意向。[1]

以中日比较，中国地域广阔，因而景观外向雄大；日本地域狭小，景观就内向奥深。因为气候、温度、取材、地理等多种原因，中国的建筑景观可分为南北两式。同时在南北两式中，各自又分若干区域风格，如南方诸式中，闽、粤、桂一带与长江流域便大有不同。

因为地域的自然条件，中国的佛像雕塑景观，南北方也有明显的不同。北方敦煌、龙门、大同的石窟佛像粗犷豪放，因为它多取材于坚硬的花岗石，从而线条刚劲浑厚；而南方杭州的飞来峰、南京栖霞山的千佛岭佛像则细腻柔媚，因为它多取材于石灰石，从而线条圆润委婉。

意大利的雕塑，是旅游者最向往的景观之一。它之所以名播世界，与意大利人的地理和生活环境有关。意大利盛产大理石，从而意大利人在自己的生活环境中常常直接把大理石运用到建筑、雕刻和工艺品中去。他们在日常生活中与大理石建立起了深厚的感情，因而能把大理石的美发挥到极致，使意大利的雕塑景观成为世界景观中最具吸引力的一部分。

同样，由于所处地理位置不同，地方材料和传统建筑技艺等方面的差别，各地伊斯兰教建筑形成独特风貌。以伊斯兰教建筑中最具特色的清真寺建筑为例，从建筑的平面布局、空间处理、外观造型和装饰风格等方面进行综合分析，大体可分为五个不同的地区，这就是西亚和非洲东北地区、欧洲西南部和非洲西北部、黑海沿岸国家、中亚地区与恒河、印度河流域。[2]

三、旅游景观文化的民族性

旅游景观文化的民族性表现在两个方面，即独特的民族审美心理和独特的民族景观。

---

① 杨英风口述，刘苍芝撰写．景观与人生．台北：远流出版社，1976：107～108．

② 邱玉兰，于振生．中国伊斯兰教建筑．北京：中国建筑工业出版社，1992：7～10．

世界各个民族因为居住地环境的差异而各具特殊的精神活动本质，其中审美心理是重要的构成。这种审美心理机制是长期的互涉、调和、熔铸的结果。

就古典园林景观而言，西方园林的风格是写实的，它再现自然的真实，追求的是真境；中国园林的风格是写意的，它描摹自然，艺术地模山范水，追求的是幻境；日本园林的风格是大写意，在园中不植一草一木，也不开凿一沟一渠，以枯山水表现抽象的自然，追求的是悟境。这些都与各民族的审美心理密不可分。

同样，东方古典建筑体现的是东方民族的审美观念，其造型风格以布局变化、屋顶向四面大幅度延伸为特点，结构对称，装饰精巧，屋檐四角凌飞挑起，呈现翩翩起舞的景象。西方古典哥特式建筑景观体现的则是西方民族的审美观念，它的造型讲究怪异、大胆、纤巧和富丽，要求有灵活宏大的空间，追求粗大重叠的柱子和高耸的穹隆，这种建筑风格是要体现基督教的超尘出俗和"天国尊严"。哥特式建筑风格"既不限于一国，也不限于一种建筑物，它从苏格兰到西西里，遍及整个欧洲，所有民间的和宗教的，公共的和私人的建筑，都是这个风格"①。这种样式的建筑曾经持续了400年。这里我们就不能仅仅用宗教的原因来对哥特式建筑作出解释，实际上它已与西方民族的审美趣向（当然，这种趣向不排斥有宗教的因素在内）联系在一起。

同样，东方的佛教雕塑景观，以曲线造型，体现了佛陀悟道时的崇高宁静的心绪，同时又吸取希腊雕塑表现崇高美学意识的手法。但东方雕塑造型规范，又是希腊艺术所没有的，这是东方人超时空的永恒观念的反映。

这里需要强调的是，不同的民族景观，只有特色的区别，绝无优劣高下之分。

景观文化民族性的另一方面是景观的独特性。在一定意义上可以说，景观只有是民族的，才是世界的。自1972年联合国教科文组织通

① （法）丹纳著，傅雷译．艺术哲学．北京：人民文学出版社，1963：54.

过《保护世界文化和自然遗产公约》以来，列入《世界遗产名录》的遗产已有1000多处。世界遗产委员会认为，人文景观只有具备下列一个或一个以上的条件才有可能列入《世界遗产名录》，这就是：文化古迹除了真实性和可靠性外，还应该能代表某一文化；某种文化或是传统生活方式的突出典范；或与具有普遍重要意义的思想、信仰相关；或产生过重大的建筑上的影响。同时，这种文化古迹是某一民族各方面创造才能的综合表现，但它又是人类共同继承的文化遗产。列入《世界遗产名录》的景观大多是世界著名的旅游景观，这些景观无疑有其独特的、民族性的一面，而更作为世界的遗产被人类共同接受。可以说，世界著名的景观具有超时空的魅力，它属于它所产生的那个时代和民族，但它又超越了产生它的时代和民族，因而成为人类普遍情感的反映和追求。

当今的时代是文化交融的时代，这种交融是时空性的。因而旅游景观也会发生民族文化的交融和历史与现代的交融。如美国新奥尔良市中的意大利喷泉广场就是时空和文化交融的体现。意大利喷泉广场，是当地意大利移民集聚的场所，这里常常举行庆典之类的活动。新奥尔良的喷泉广场就运用了许多意大利文艺复兴时期和巴洛克时期的建筑符号，使人联想起罗马，想到历史与现实，这是景观时空交融的范例之一。

在指出景观文化民族性的同时，我们还想指出的是，现代工业的世界性浪潮冲击着经济和文化，现代科技的高度发展和信息传递的日益迅捷，使得世界一体化的趋势越来明显，因而景观文化的国际化也正在不断加强。高技术的主题乐园、后现代的建筑景观、简约时尚的抽象雕塑的流行，这已经不是单纯的民族性所能解释。景观的民族性与国际性的结合，是一个值得进一步深入探讨的课题。

第十一章

旅游目的地文化

本章提要：本章通过介绍旅游目的地文化、旅游目的地形象与旅游目的地文化的形象策划三方面的内容，揭示旅游目的地文化在旅游文化体系中的重要地位。

在旅游文化系统中，旅游景观是旅游者最容易感知到的物质文化对象物，因而在对旅游文化的论述过程中，一般先把它作为阐述对象。但旅游活动本质上是一种跨文化的交流活动，旅游者在不同地域间的流动所感知到的绝不只是某地有限的几处旅游景观。事实上，旅游目的地的一切都可能成为旅游者的感知对象物，旅游者实际感知到的往往是旅游目的地文化的综合状况。因此，在旅游文化研究中，旅游目的地文化不仅不可忽略，而且更要重点关注。可以这样说，旅游目的地文化是旅游文化中最为综合、最为全面、最为根本的文化内容之一，在旅游文化体系中占有极其重要的地位。

第一节　旅游目的地文化的基本定义

一、旅游目的地的基本定义

旅游目的地，顾名思义，就是指能够满足旅游者各种各样的旅游目的的地方或主要活动地点。旅游者之所以离开自己常住地到心仪的旅游目的地旅游，是因为旅游者觉得到特定的目的地进行旅游能够获得比其他地方更多更好的满足感和幸福感。也就是说，该特定旅游目的地对旅游者具有磁场般的超强吸引力。从这个意义上也可以说旅游目的地是能够使旅游者产生强烈的旅游动机，并为之努力的旅游地。

二、旅游目的地的主要类型

旅游目的地大体可以划分为以下七种类型。

第一种，单一型旅游目的地。就是指从居住地或客源地出发到达目的地后再返回原地。比如说著名的旅游城市香港，它是购物和商务的目的地。又如瑞士，它是商务会议的目的地。

第二种，门户型旅游目的地。是指多目的地旅游路线中到达的第一个目的地。例如，法国巴黎是赴欧的第一站，又如昆明是去云南旅游的门户城市。

第三种，终点型旅游目的地。是指旅游者返回居住地之前最后逗留的地方。例如海南的三亚，它有一定的休闲空间和文化场所，并有非常好的服务接待设施。

第四种，集散型旅游目的地。发展模式有服务的集成、业态的集成。比如温泉之乡隆化。

第五种，漫游型旅游目的地。是指旅游者在安排第一个停靠站之后，最后一个停靠站之前的任何一个地方。例如，乡村型自驾、徒步、骑行之地加拿大落基山。

第六种，节点型旅游目的地。如购物表演场所等。上海人喜欢去舟山吃海鲜，舟山就属于节点型旅游目的地。

第七种，非典型旅游目的地。它是非公益性的，来自个人的兴趣爱好，如博物馆、艺术馆等。

三、旅游目的地文化的基本概念

旅游目的地文化是指旅游目的地特定区域文化背景和社会文化环境。在任何一个旅游日的地，旅游者除了能直接接触到以旅游景观、旅游资源为代表的旅游名胜外，还能感知到更为宽泛的文化内容。如旅游目的地的独特文化氛围、服务文化、社区文化、环境文化等等。这些文化内容有时未必表现得很明显，但它们是构成旅游目的地文化环境的基础性部分，都是旅游者旅游时的感知对象，对旅游者的动机形成、旅游决策、旅游体验质量等具有深刻的影响。

第二节　旅游目的地文化背景

一、旅游目的地的区域文化背景

各具特色的地域文化构成了旅游目的地的区域文化背景。一般认为，地域文化专指中华大地特定区域源远流长、独具特色、传承至今仍发挥作用的文化传统。

一方水土孕育一方文化，一方文化影响一方经济、造就一方社会。在中华大地上，不同社会结构和发展水平的地域自然地理环境、民俗风情习惯、政治经济情况，孕育了不同特质、各具特色的地域文化，诸如齐鲁文化、三秦文化、燕赵文化、中州文化、三晋文化、湖湘文化、荆楚文化、巴蜀文化、徽文化、吴越文化、闽文化、岭南文化等。

齐鲁文化堪称内涵丰厚、影响深广的一种地域文化。它既是中华文化大家族中的重要成员，又是中华文化的活水源头。它在传承、发展过程中，逐渐与封建社会主流文化发生密切的联系，自汉代以后，更成为中华文化的有机组成部分甚至是主干。儒学作为齐鲁文化的核心，对齐鲁文化起着引导和塑造作用，推动齐鲁文化成为中华文化的主体。这是齐鲁文化的一个重要外在特征。从内在特征看，鲁文化的突出特点是正统性、传承性、稳固性和辐射性，齐文化的特色则在于务实性和开放性，重工商、讲实惠。该文化区域内弥漫着实在、豪爽、粗犷的民风。

关中平原土地肥沃，既是三秦大地上最丰饶的地区，也是中华农耕文明的发祥地之一。三秦文化的基本精神可概括为“自强不息”、“厚德载物”，形成了朴实本分、安土重迁，又任劳任怨、恪守祖训的相辅相成的民风。

巴蜀文化涵盖今四川、贵州、云南北部及陕西南部，其源头有二：以成都为中心的蜀文化和以重庆为中心的巴文化。其最显著的特点是自然环境的封闭性和文化的开放性之间矛盾的统一。蜀文化专指以成都平原、岷江流域为中心的独具特色的区域文化。蜀文化具有如下特征：历史悠久，灿烂辉煌；兼容并蓄，渴求开放；追求和谐，讲究休闲；传承文明，积淀丰厚。

三晋地区历来为兵家必争之地，是游牧部落与中原政权争夺的焦点。该地文化具有豪放与婉约结合的性格，多产将帅，多产忠义之士。封闭的盆地保存了丰厚的晋文化的积淀和天赐煤海宝藏，也造成了贫瘠、艰辛和质朴、内向的民风。

以悲壮见长的燕赵风骨，具有一种侠义忠烈、雄强豪放的阳刚之美，被人誉为游牧文化和农耕文化的混血儿。燕赵文化是中国文化中冲突最为激烈、震荡最为频繁的区域文化，充满着悲壮的悲剧之美。

得中原者得天下，中原自古为中国的政治和地理中心，故多古都。同时还是中华民族文明摇篮、母亲河黄河流经的重要区域。儒道风骨、忠义为本、厚重古朴、正统遗风是其最为明显的特征。

湖湘文化表现出一种博大宏伟、敢为天下先的开放精神和革新精神。忠君爱民、忧国忧民的爱国主义情怀；格物致知、经世致用的务实学风；敢为天下先的改革精神和艰苦朴素的奋斗精神，是其突出特征。

吴越之地人文兴盛。吴越文化总体上是一种具有开放精神和开拓精神的文化，是一种智业文化。且几度有偏安政权在此驻足，为文化的保存、发展与开拓做出重大贡献。江浙人的重商传统、海派的大度趋新等都是其表现。

明清以后岭南学派形成的务实求变思潮与近代西学新思潮的碰撞，铸造了中西合璧的近代岭南文化及其追新求变的文化精神。相对于正统文化来说，它是一种边缘文化，非正统、非中心性，有一种反专制反正统的民主精神、叛逆精神和革命精神。

这些不同个性特质、各具鲜明特色的地域文化类型是中华大地特定区域的人民群众在特定历史阶段创造的文化结晶，是源远流长的中华文化的有机组成部分，是中华民族宝贵的文化遗产和文化财富，对今天各地区区域经济社会的全面发展仍具有根本性的影响。旅游业从根本上说属于文化产业的范畴，地域文化是一个地方发展旅游产业的基础性条件，构成旅游地的文化背景和文化底色，极大地影响着区域旅游文化的面貌和旅游地的文化形象。

二、旅游目的地的社会文化环境

如果说地域文化传统构成旅游目的地的文化背景和文化底色的话，那么旅游目的地当下的社会文化发展状况形成旅游目的地的社会文化环境。地域文化特质是人类文化历史创造的产物，但这种文化创造是一个连续不断的过程。任何一种地域文化都在随着时代进程的变化而发展变化，从而使各地的文化状况打上鲜明的时代烙印。传统的地域文化经改造、整合后大都发生了文化转型，这种文化变迁的最直接的表现，就是旅游地当下的社会文化实际发展状况。旅游地的区域文化背景给旅游者提供了独特的区域旅游文化标识和文化想象的巨大空间，而旅游目的地当下的社会文化环境则为旅游者获得直观文化感受、把握文化发展脉搏、领略旅游地的现实文化魅力提供了对象。中国进入近现代社会以后，整个社会文化发生了巨大变迁，各地域文化都在经受多方面冲击的过程中曲折发展，而新中国的成立更是使地域文化的发展进入崭新的阶段，改革开放国策的实施则把中国文化置于世界文化发展的大舞台中，在同各种文化形态和平共处中迅猛向前发展。这些都使得传统的地域文化不可避免地产生新变化，这些新变化就具体体现于旅游地社会文化现实发展状况之中。

三、旅游目的地文化功能与作用

旅游目的地文化根本上决定着旅游目的地旅游资源、旅游景观的文化内涵和内在品格。旅游资源和旅游景观是旅游目的地文化的重要组成部分，甚至可以说是标志性的内容，是旅游者最先、最容易感知的对象物。但这些资源与景观的深层文化内涵与意蕴是由旅游地域文化总体状况所决定的。这一点提醒旅游者在进行文化旅游的时候，要想真正读懂、欣赏所见旅游景观的意蕴与魅力，必须首先对景观所在地整体的文化状况有所了解和把握；也提示旅游地开发部门，要想提高本地的文化旅游魅力，仅仅开发建设旅游景观是远远不够的，必须注重于对景观背后深厚地域文化资源的挖掘和开发，增加景观的文化厚度。

旅游目的地文化使旅游者形成一种关于旅游目的地的文化意象，建立一种心理层面的文化图景。旅游者关于某地旅游动机形成的一个基本前提是脑海中有一个清晰的文化图景，而这种文化图景的形成有赖于通过对旅游地域文化的了解而受到的熏陶与感染。旅游地之间的竞争绝不仅仅是旅游资源、景观等旅游名胜资源之间的竞争，根本上说是整体性的区域旅游文化的竞争。旅游业的发展也取决于区域旅游文化全方位的发展。

旅游目的地文化既是旅游业赖以进行旅游产品、旅游景观开发和旅游形象塑造的资源宝库，又是旅游业对旅游目的地文化发展所做贡献的体现。在开发利用中向前发展，是旅游目的地文化的一个明显特点。深入挖掘、整合、包装、弘扬地域特色文化资源，消化吸收古代和现代文明成果，把地域山水文化、生态文化、民俗文化、革命文化、宗教文化、史迹文化、体育文化、美食文化等全面融入旅游产业，是丰富旅游地旅游产品内涵、提升旅游目的地文化品位、创造独具鲜明特色的旅游文化体系最有效的途径和手段，是一个国家或地区旅游业保持自身特色的决定因素，也是促进特色文化向现实生产力转变、培育塑造目的地旅游文化品牌、增强旅游地市场竞争力的必由之路。而旅游业对旅游目的地特色文化的开发与利用，带动着区域整体文化产业和文化事业的发展，推动区域文化整体规模的扩大和素质的提升。下面以著名的长江三峡文化和徽文化为例作具体分析。

重庆市为充分挖掘、利用本地独具特色的文化资源来为经济社会发展服务，近年来用大手笔打出文化牌——建设长江三峡文化长廊，引起社会各界的广泛关注。它以横贯600公里的长江为中心地带，以特色鲜明的文化旅游产业为龙头，带动两翼地区多种文化艺术品种齐头并进、共同发展。长江中心带从下游往上，包括巫山猿人文化、长江三峡和大宁河小三峡、白帝城与张飞庙、天坑地缝、石宝寨、丰都鬼城等历史人文与自然风光，以及三峡地区近千处文物遗存，到上游重庆则有红岩革命纪念馆、歌乐山革命纪念馆、大后方抗战纪念馆、陪都遗址、重庆博物馆、重庆自然博物馆，以及具有浓厚地域色彩的文学艺术。通过文化长廊建设把这些瑰丽的文化资源整合为一条特色鲜明、内涵深厚的文化旅游线路，在提高重庆旅游市场竞争力的同时，也带动、促进着当地多种文化艺术品种的共同发展。

徽文化是形成于古徽州大地上的典型的传统社会文明形态，是我国地域文化群落中的奇葩。由于其内涵极为丰富，由此形成了著名的徽学。徽文化包括经济、政治、教育、学术、艺术、科技、工艺等领域，如徽商、徽州土地制度（佃仆制）、徽州宗法制度、新安理学、徽州朴学、徽州方言体系、徽派篆刻、徽派版画、新安画派、徽州戏曲、新安医学、徽派建筑、徽州文房四宝、徽州三雕艺术、徽菜、徽州乡风民俗、徽州历史人物、徽州文献等。从旅游角度说，徽州文化是一笔丰厚的旅游文化资源，具有极高的文化旅游开发价值。徽文化既以物化的形态在徽州大地上处处留下了可视的历史痕迹，如徽派建筑和徽州古民居、古牌坊群、古街镇、古村落、古巷里老街、花山谜窟、徽州园林、徽州历史名人故居等景观，又以精神化的、非物质的形态蕴含于该地区的文化肌理之内，如徽剧、徽州的风土人情等，至今仍时时地、无处不在地影响着徽州人的言行，使徽州大地的方方面面都刻着徽州文化的烙印，甚至寻常百姓家都可作为异地旅游者进行徽文化探访的景点。徽文化深厚的文化底蕴，广博的文化体系，样式各异、丰富多彩的表现形态，鲜明独特的地域文化色彩，使它具有旅游观光、学术考察、文化体验等多方面的旅游价值。黄山市作为徽州文化的主要发源地，不仅保存了大量的关于古徽州历史记载的文献资料，而且拥有别处无法替代的徽州文化及人文景观。徽州文化是黄山市的宝贵财富，是旅游文化领域的又一座“黄山”，是黄山市建设旅游强市的最重要的文化资源依凭。只有做好了“徽文章”，使徽州文化与旅游业充分融合，而且在二者融合的过程中推动徽文化在新时代的发展，黄山市旅游业的发展才能获得持续不断的推动力，也才有可能在国内外旅游市场上树立起永远不会被别的旅游地模仿的、垄断性的独特旅游形象，从而形成该市旅游业发展的核心竞争力。

第三节　旅游对接待地社会文化的影响

旅游业无疑已成为最大的世界性产业之一，旅游贸易已成为国际服务贸易中非常重要的组成部分。但旅游本质上是一种大规模的跨文化交流活动，这种活动的效应绝不仅仅体现在经济方面，还广泛体现于社会文化方面。尽管后者看起来没有前者那么直接和明显，但旅游的社会文化影响问题显然更为复杂、更为深远。

旅游的社会文化影响问题一般应包括两个大的方面：一是旅游活动对旅游者、对旅游者出发地的文化影响，一是旅游活动、旅游业的发展对旅游接待地的社会文化影响。这两种影响都同时存在，但由于该领域的探讨往往具有促进旅游接待地或目的地旅游业持续健康发展的潜在意图，因此，在论述旅游的社会文化影响的问题时，总是把重心放在旅游目的地发生的由负载着特定地域文化的旅游者、旅游投资者与当地居民、旅游业管理与服务部门等相关各方之间的文化联系所带来的社会文化影响上。所以本节就略去旅游对出发地文化影响的问题，而直接就旅游对接待地的社会文化影响问题进行分析，尤其偏重于旅游业对民族地区、传统文化集中地区社会文化影响的分析。

最早对该问题进行系统、深入探讨的是西方的人类学家。20 世纪 50 年代，西方世界的旅游业快速兴起，在目的地和客源地都引发了广泛的社会文化问题。20 世纪 60 年代，人类学者开始关注旅游现象，并以多种视角研究旅游。70 年代时作为人类学分支之一的旅游人类学工式诞生。几十年来，人类学者最为关注、研究成果也最为丰硕的就是旅游对目的地社会文化影响的问题。瓦伦·L·史密斯主编的论文集《主人与客人》、杨（Young）的《旅游，福音抑或灾难?》、特纳和阿西的《成吉思汗的马队》、肯德克主编的《旅游：发展的通行证?》、皮卡德的《巴厘：文化旅游与旅游文化》等著作都是该领域的重要成果，对旅游对接待地的社会文化影响问题做了非常深入的研究。[①] 这些已有的研究成果为我们科学认识和分析旅游的社会文化影响问题奠定了基础。

一、主要表现

旅游产业直接或各种间接的影响所导致的旅游目的地的社会与文化变迁，具体情形非常复杂，一方面是旅游产业中的影响因素复杂多样，另一方面是旅游接待地的类型不尽相同，而且旅游业导致的变化中，有些变化是明显的，有些变化的效应则要等很长一个时期才可能显现，因此，很多时候很难一概而论地说它是好是坏，任何机械的、简单化的分析都不是严肃的科学态度。这里主要侧重于从一些大的方面就旅游对民族地区的社会文化影响问题进行分析。

（一）旅游产业直接增加了旅游接待地人们的经济收入，提升了当地民众的生活质量

这是旅游业的社会文化影响中最为明显、最为人们所看重的一个方面，也是地方政府大力发展旅游业的根本动力所在。

旅游业的诸多产业特性如劳动密集型、产业关联性、环保型等使它成为许多地区区域经济发展中颇受青睐的产业类型。它能够加快民族地区脱贫致富的步伐，“旅游扶贫”成为我国扶贫工作中的独特创造。它促使旅游接待地的交通、通讯等基础设施建设实现根本性的提升，加快了当地社会的城市化进程。这种情形几乎在所有旅游接待地都有发生。随着旅游业的发展，旅游接待地的公共基础设施和旅游专用设施包括交通、通讯、金融、水电、旅行社、宾馆、酒店、餐饮业、购物、娱乐设

① 宗晓莲，甘万莲．文化人类学研究与旅游规划．思想战线，2004（1）.

施等获得了很大的发展，极大地改善了当地民众的生活环境，提高了当地民众的生活水准、生活品位。

（二）旅游业促进了旅游接待地文化资源的保护和发展

旅游本质上是一种文化的大众消费行为，前提是文化的商品化和产业化，主要通过人们对旅游地之地域文化或族群文化的各种再定义、再创造和再生产而实现。[①] 为了满足大批旅游者的旅游需求，旅游接待地一般都会最大限度地对本地文化遗产、民俗风情等文化资源进行挖掘和整理，加工成各种类型的可供消费的旅游产品向市场出售。这个过程表面上看是来自旅游市场各种需求的压力，但从旅游地文化变迁的角度看，它实际上可能强化、保护、改善和促进当地某些传统的发展。旅游业使当地民众重新认识自身文化的价值与作用，更加尊重和热爱自身传统文化，促进保护意识。文化旅游产品的加工与再生产，在使一些濒临灭绝的文化遗产重新恢复生命力的同时，也刺激着当地民众新的文化创造力的生成与培育，及新文化形态的出现，从而推动当地文化的发展。

（三）发展旅游业在心理和文化方面结束了少数民族地区的边缘化状态，使当地社区的文化自豪感、地域意识、民族意识空前高涨

旅游业对于少数民族地区而言既是一项经济产业，又是一种极好的文化展示和文化宣传，有效促进了当地社会跟外界之间的文化交流与传播。旅游地形象的凸显、知名度的提高、外来游客对当地文化表现出的极大兴趣，都使当地民众心理受益，有助于恢复文化自尊心，激发文化自豪感和文化认同感。而且，旅游生产过程中的文化艺术创作可以整合和表达一个少数民族的特殊身份，在客源地文化的作用下，这些创作得到重新阐释和评价，当地社会也会因处于被观察的位置而激发出强烈的文化反思。这些都促使旅游接待地民众的地域意识尤其是民族意识出现空前高涨和变得格外敏感。丽江纳西族因发展旅游业导致的文化自豪感和民族自尊心之空前提高的情形是非常突出和典型的。尤其是1997年

① 宗晓莲．布迪厄文化再生产理论对文化变迁研究的意义——以旅游开发背景下的民族文化变迁研究为例．广西民族学院学报（哲学社会科学版），2002（2）．

丽江古城被列入世界文化遗产名录，极大地激发了当地民众的地域认同和民族意识。即便在很多文化的表象特征实际上已日益脱离其现实日常生活的背景下，人们依然强烈地为本民族的各种文化如东巴教、传统服饰和纳西古乐而自豪，为自己作为纳西人感到骄傲。[①] 印尼的巴厘人在旅游业发展过程中，曾成功地利用西方学术机构提供的技术来审视和保护自身的文化，并走出国门，在世界舞台上展示自己的文化。这种因发展旅游业而激发的文化自尊心、文化自豪感和地域意识、民族意识，直接影响着旅游接待地社会文化的传承和变迁。

（四）发展旅游业可极大促进旅游接待地尤其是少数民族地区的对外开放

旅游业是天然的外向型产业，具有全球化背景，这是旅游业区别于其他产业的一个重要特征。伴随旅游业的发展，大量的资金、人员、信息、技术、管理制度和文化观念等，自然都会大幅度地涌入旅游接待地。为了接收、消化这些珍贵的发展要素，旅游地社会或民族社区大都会做出各种对外开放的尝试和努力。同时，外来因素的快速增加，加速了旅游地社会跟外界之间的联系与交流，促进了当地社会民众观念的变化与更新，刺激着当地民众新观念的形成，最常见的是旅游地居民逐渐养成的市场意识、效益观念、开放心态等。这种意识、观念上的变革对旅游接待地的社会文化发展影响甚大。

（五）旅游业促使旅游接待地社会发生了很多结构性的变动及必要的制度性创新

最典型的表现是，在旅游地传统的社会结构里地位低下的妇女在旅游业中非常活跃，她们在制作、销售旅游工艺品、纪念品方面表现出了文化创造力和想象力。她们通过自己的创新性劳动提高了自己在家庭和社区里的地位。旅游接待地的产业结构、当地社区的生计模式在旅游业

① 周星．旅游产业给少数民族社会带来了什么．云南民族大学学报（哲学社会科学版），2004（5）．

的刺激和带动下都会发生一些明显的改变。①

（六）旅游业的发展也可能导致旅游接待地具有地方特色和民族特色的文化传统出现流失或变异

旅游业在为接待地社会文化带来多方面积极影响的同时，也潜藏着加速民俗文化商品化进程、消解地方文化特色、损害民族社区认同和民族文化完整性等消极效应。在汹涌而来的外来客商和外来游客的双重压力下，旅游接待地社会文化往往会出现一些变形甚至扭曲。对旅游经济效益最大化的追求，使得旅游接待地有关部门忽视了旅游地的合理容量问题，而长时间的超容量接待很容易引发接待地的文化冲突。为了一味迎合大众游客的旅游趣味，滥用不多的文化资源，低级的旅游开发将文化阉割变异，具有神圣意味的文化仪式贬值，使当地仪式参与者、相信其内涵的人的心理遭受创伤。旅游地的民族村寨往往处于商业化的“被表达”状态，他们的想法和声音都不同程度地受到了干扰和扭曲，他们的利益得不到很好的保护，地方文化特色和文化完整性被浓厚的商业气息所包围，遭到不同程度的削弱和破坏。这些情形在世界上很多地方，包括我国云南的西双版纳、丽江及贵州等民族旅游地区都出现过，对旅游地的生命周期、旅游地社会文化的持续健康发展都非常不利。

二、旅游对接待地社会文化影响的因素

旅游产业发展对接待地社会文化的多方面影响上文已作论述，但仅仅了解这些影响的结果是远远不够的，我们还应进行更深入的分析，找到旅游对接待地社会文化影响的因素及其发挥作用的途径。这样才能为控制旅游业的消极影响提供条件和依据。

旅游对接待地的社会文化影响可以从两个层面来分析。一是旅游者的旅游活动所带来的影响，一是当地社会因发展旅游业而带来的权力政治、市场资本导致的影响。这两个层面交织在一起发挥作用。

① 周星．旅游产业给少数民族社会带来了什么．云南民族大学学报（哲学社会科学版），2004（5）．

旅游者的旅游活动带来的影响主要体现在：旅游者对接待地的文化想象图景、旅游者的旅游行为和旅游者对接待地的感受与评价。旅游者对接待地的文化想象图景是一种先入为主的文化意象，它直接影响着旅游者实地旅游的感受。旅游者的行为对接待地而言有一种天然的示范作用。旅游者的进入，打破了居住者的自有与自享的局面，旅游者身上所体现的人生态度，引发居住者对旅游者的态度，也引发居住者对自己人生的思考。接待地居民从旅游者行为中所得的见识的增加直接化为其自身精神的构建。旅游者的行为尤其是不文明旅游行为所带来的文化冲击和视觉效应影响着旅游地的文化生态。作为异质文化负载者或携带者的旅游者的一举一动在旅游场景中都意味着一种“文化展现”，不文明旅游行为直接误导旅游地居民对“异域文化”的理解、认识和评价，影响旅游地文化的选择机制。旅游者的感受与评价则影响着旅游地形象的构建与推广。

因发展旅游业而导致的权力政治、市场资本、媒体等因素对旅游地社会文化的影响要复杂一些，可从旅游地内部和外部两个角度进行分析。就旅游地内部即当地社会而言，政府相关部门发展旅游业的路径选择及政策倾向、旅游开发者的资金安排与经营策略、旅游企业的管理文化及其员工行为、当地社会主流话语等，是对旅游地的社会文化起决定作用的几个因素。就外部影响因素而言，旅游地外界主流媒体对旅游地的报道倾向、有话语权的旅游者和相关学者及课题研究者作为“他者”对旅游地的见解和评价、客源地旅游代理商对旅游地的营销策略等，影响着旅游地的形象构建，影响着当地社会对自己文化价值的认识和判断。

旅游对目的地的社会文化影响问题是一个跨文化交流领域中非常复杂的问题，这里只是从大的方面作了勾勒和分析，为旅游接待地社会文化的良性健康发展提供一些启发与思路。

三、追求变迁中的文化和谐

旅游接待地社会文化环境的变迁很难完全避免，而且那种积极的变迁还是人们所追求的，要防止的是那种消极的变迁。应通过对相关影响因素的控制与调适，保持社会文化变迁中的文化和谐，追求旅游接待地社会文化的良性、持续发展。这样做的最终目的是达到一种东道主与游客、东道主与环境、游客与环境之间和谐相处、和谐发展的局面。很显然，这将极大地考验政府规划者、私营业主和当地社区负责人的智慧。

追求旅游接待地社会文化变迁中的文化和谐，有以下三方面的含义：

（一）保持旅游接待地社会文化的“传统”与“当代发展”之间纵向的文化和谐

其核心在于对旅游地民俗、历史文化资源的挖掘、利用与开发，不管是采用何种方式和形式，都应该符合特定地区区域文化的特质和地区文化当代发展方向，绝不能为了一味追求旅游市场吸引力而对接待地社会文化资源进行肆意开发，绝不能为牟利而滥用和破坏民族文化。旅游地社会文化资源的开发必须要有利于优秀民族文化的传承和当地文化生态环境的优化，有利于推动当地经济社会整体的和谐发展。

（二）保持旅游者的文化消费权与旅游目的地居民文化发展权之间的和谐

旅游地文化旅游项目的开发、包装必须征得主人的意愿，对当地文化中任何因素的公开化展示与出售，都绝不能成为对区域文化特质、民族文化内涵的损害与剥夺。不能在满足旅游者文化消费需求的旗号下，在商业资本与权力政治的双重压力下武断地侵犯或剥夺接待地居民的文化主权。应充分尊重旅游接待地社区、居民自主继承发展自己文化传统的意愿，特别是充分理解各地区、各民族文化在漫长历史发展中形成的自我意识和自我特色，让接待地居民自己决定文化保护、开发与发展的路该怎么走。要实现这一点，必须不断提升当地社区、居民的文化表达、文化判断和文化选择的能力，建立有效保障其发挥文化表达权的机制，尊重他们发出的声音，充分发挥其对自身文化发展的调控能力。这是维护民族文化免受商业化、旅游化过分侵扰的有效举措。强大的地方力量基础有助于引导旅游发展向着与当地社区和谐一致的方向发展，防止社区混乱和分裂。

必须切实保障当地居民的应得利益。当地居民是负有特定文化内涵的区域文化、民俗文化旅游产品生产过程中最重要的因素，必须合理分配旅游业发展带来的一切收益，最大限度地使当地人从中获取应得的利益，绝不能利用其缺乏权利意识和谈判能力而肆意侵犯他们的文化利益，任由大块的收益被投资者和政府有关部门瓜分。一般而言，最有可能从旅游业中受益的是那些外来中间商，以及少数在旅游区为游客提供食宿的当地商人和旅馆老板。在这种情况下，要想保证接待地居民的旅游收益权，要求当地相关部门必须建立科学、合理的旅游收益分配制度，以协调、平衡各方的利益。

（三）保持旅游地居民的旅游谋利冲动与地区文化遗产保护、民族文化当代发展之间的和谐

文化旅游尤其是民俗旅游的兴起，使民族地区居民意识到他们平常的生活内容可以成为赚钱的资源。为了追求利益的最大化，他们总是会按照自己的意愿进行“旅游产品生产”，但这种自发的旅游谋利冲动若得不到科学引导与调控，往往会跟地方文化遗产保护、民族文化当代发展发生冲突，如拆老房建新房的做法即是典型例证。这显然有违于文化和谐的目的。

而要实现旅游接待地社会文化变迁中的文化和谐，必须对政府、旅游开发者、旅游者、当地居民等各个相关方面都要有所要求与制约。

政府相关部门发展旅游业要有正确的政策导向和恰当的路径选择。地区旅游业的发展绝不能只把注意力放在创汇、创收和解决就业人数等经济方面的效益上，仅考虑其产业和市场层面的问题。旅游业是一项经济产业，但它也是典型的文化产业。文化遗产、民俗风情等旅游资源的开发跟民族精神的传承、民族道德的维系、民族文化的认同和民族凝聚力的增强都有密切的关系。因此，政府部门发展旅游业的政策制定、路径选择都应重视接待地社会的整体发展与进步，重视旅游业对接待地社区长期影响，必须把旅游发展跟区域文化变迁、社会转型与整合等问题联系起来综合考虑，这既是区域旅游开发能够持续健康发展的基本前

提，也是旅游地构建和谐社区、和谐社会的必然要求。政府的旅游发展理念与价值观直接影响甚至制约着旅游开发者、当地居民天然的谋利冲动。

政府应通过由民族文化专家、文化人类学家参与制定的着眼于旅游地经济社会长远发展的区域旅游开发规划和各种政策法规，对旅游开发利益相关者（旅游投资商、开发者、当地社区及居民）的行为进行有效引导与调控，引导旅游发展向着与当地社区和谐一致的方向发展。

而在旅游者层面，应大力提倡“尊重—理解—融入”这样一种文化旅游新理念，提倡参与观察式旅游，培育健康的文化旅游心态，摒弃居高临下的观光猎奇、肆无忌惮的窥视等旅游行为。有关方面应尽最大的努力去阻止游客掠夺神圣文化制品，把控游客参与仪式活动，引导旅游者学会设身处地、以当地人的观点看问题，接受多元文化互补共存的人类现实。旅游者应真正成为区域、民族文化的探索者和欣赏者，而不是骚扰者和入侵者。

追求旅游接待地社会文化变迁中的文化和谐的最终目的，是使旅游接待地居民能享受到文化开发与发展的成果而乐于参与旅游开发中的文化创造和文化生产，使旅游接待地的社会文化呈现良性、健康的发展态势，文化生态环境得到整体上的优化，使旅游者由于受到不同文化因素的熏陶和感染而培养出一种“各美其美，美人之美，美美与共，和而不同”的文化多元和文化宽容心态。而这正是旅游业发展的最高境界。

第四节　地域文化内涵的挖掘与旅游目的地品牌形象的包装与打造

随着旅游目的地数量的不断增多，旅游目的地之间竞争空前加剧。在这种态势下，旨在凸显旅游地域文化特色与个性、塑造旅游目的地品牌的旅游目的地形象策划引起各旅游目的地的高度重视。而旅游地形象的塑造跟旅游地文化之间有密切关系。

一、地域文化的挖掘

地域文化是指特定区域源远流长、独具特色，传承至今仍发挥影响和作用的地方文化。

塑造旅游目的地文化必然要以地域文化为基础，地域文化的发掘对旅游目的地开发起着至关重要的基础性作用。旅游目的地文化品牌的形成是一个长期累积的过程，旅游目的地要想具备长久的生命力和吸引力，就不能离开对地域文化的深度挖掘。

（一）地域文化是旅游目的地开发的前提和基础

地域文化是旅游目的地文化的灵魂，在开发旅游目的地过程中，地域文化作为基础性素材，发挥着至关重要的作用。在旅游目的地开发和管理过程中，可以体现以下三个方面内容：

第一，地域文化的开发，离不开市场导向。根据市场分析，不断开发出更多集聚地方特色和文化内涵的旅游目的地，力求吸引其他文化区域的潜在旅游者。

第二，在旅游目的地开发的同时，也要不断增强地方性和民族性的内容和风格。

第三，不能为单纯追求经济利益，而制造伪地域文化和虚假附会文化。

（二）地域文化与旅游目的地文化产品开发的对应关系

1. 将无形文化资源变为有形旅游产品。

地域文化潜力巨大，如何将优秀独特的地域文化转化为优质的旅游产品，以文化的内涵丰富旅游产品的内容，并在旅游产品体系中完美地体现地域文化特色，是地域文化挖掘的关键所在，具体可以从以下几个方面展开：

（1）建立旅游产品信息中心，利用高科技手段对产品进行集中表现，收集该地区各种文化典故，利用多种动感手段表之于形。

（2）在宗教文化旅游产品里，可以利用多种手段对佛经故事、道教传说等进行开发展示，烘托宗教文化的博大精深、神圣玄秘。

（3）在民俗文化旅游产品中，可以开展各种民俗活动及表演，如各类戏曲杂剧、民间歌舞等等。

（4）在古都文化旅游产品里，应该深度挖掘该地区的历史文化积淀，增强其历史文化厚重感，尤其从曾在此定都的朝代入手，烘托各朝各代的古文化氛围。

2. 丰富旅游目的地的地域文化内涵。

鉴于富涵地域文化的旅游产品有其高雅性和严肃性，因而在旅游产品开发及其体系构建中除了体现高雅严肃性之外，还应注重其生动趣味性，故此应该多开发一些文化与趣味并重的项目，吸引游客参加，具体表现在以下几个方面：

（1）在古都文化类的旅游目的地里，可以增设相关互动项目，重现古代上朝的场面，并且允许游客装扮角色，还可以增设古代曲艺、陶艺馆，让游客参观并参与其中。

（2）在宗教文化类的旅游目的地里，开发重点景区内的一些宗教节日，并把在重要节日举办的宗教活动对游客开放。

（3）在民俗文化类的旅游目的地里，民俗博物馆可开发游客参与性旅游项目，如民间剪纸、古代婚俗等。

由此可见，旅游目的地如果要吸引游客注意力，就要具备富涵人文魅力、时代观念和创新意识的旅游产品，因为人居环境可以展示人文精神，人居环境与自然相呼应，自然环境又衬托着人文。只有更好地挖掘地域文化内涵，才能提升旅游产品的文化品位；同样地，也只有开发出优质的旅游产品，并把旅游产品的文化品牌做得足够细、深、精、透，才能充分体现出地域文化的优势和特色，才会拥有旅游竞争的优势地位。

二、旅游目的地形象的概念、特征及作用

要正确认识旅游地形象这一概念的本质内涵与特征，首先应全面认识“形象”一词的含义。“形象”一词来源于心理学，一般是指能够引起人们的思想或感情活动的具体形状和姿态。它包括四层含义：首先它

是一种具体的形状或姿态，不是虚幻的、抽象的；其次，它是客观事物的外观形式，以真实存在的具体事物为基础，是具体事物在人的脑海中的投影，不是凭空杜撰出来的；第三，它是人的思想感情活动的结果，是人对于具体事物的认识和印象，带有浓厚的主观色彩；最后，形象一旦形成将深刻影响人们的思想和感情，进而会成为其行为选择、兴趣取舍的依据。根据"形象"一词的上述内涵，并借鉴有关旅游地形象问题的研究成果，我们认为，所谓旅游地形象，就是旅游者（或潜在旅游者）关于旅游地综合性、概括性的认识和印象，是旅游地内在的历史文化蕴含和外在特征的综合表现。它是由旅游地的历史传统、文化积淀、现实状况等多方面构成的、能为旅游者感知到的一种特殊的信息，是旅游地本身状况与旅游者带有鲜明感情特征的心理体验两方面的统一。它具有以下主要特征：

1. 综合性。

旅游地形象是一种综合认识的结果，是旅游者在对旅游地整体的感知、体验基础上形成的综合认识和总体评价，并非是人们对旅游地个别因素的认识。

2. 主客观统一性。

旅游地形象既是旅游地客观存在状况的反映，具有客观性，同时又是旅游者思想活动的结果，带有浓厚的主观色彩，它是主客观两方面的统一。这个特征可使旅游地形象分成两个层面，一个是想象的形象或本底形象——旅游者到旅游地之前头脑中关于旅游地的形象，一个是实际感知形象——旅游者通过在旅游地的实地游览形成的印象。

3. 相对稳定性。

旅游地形象的基础是旅游地本身的客观存在状况，这些客观物质基础如旅游地位置、气候、自然景观品质及数量等一般不会在短时期内改变。从旅游者来看，其心目中关于某旅游地的形象一旦形成，将深刻影响其思想和感情，短期内很难发生变化。所以说旅游地形象具有相对稳定性。

4. 可塑性。

旅游地形象不是一成不变的。一方面随着时代的发展和旅游者审美趣味、旅游需求特点的变化，旅游地本身要逐步调整和改善自己的具体形象，如建造新景观、开设新型旅游项目等；另一方面，旅游地形象作为旅游者的认识与印象，也会随旅游者对该旅游地认识的不断加深和自己旅游趣味的变化而发生变化。所以旅游地完全可能通过自身有意识的努力来改变公众对自己的认识和印象。这一特征也正构成人们探讨旅游地形象建设有关问题的逻辑基础。旅游地形象在旅游市场竞争中发挥着日益重要的作用。良好、鲜明的旅游地形象成为吸引旅游者的最关键的因素之一，它已成为旅游地在竞争日趋激烈的旅游市场上赢得竞争优势的最有力的工具。因此，旅游地形象的塑造与建设越来越引起旅游景区（点）经营管理者、旅游地政府部门的高度关注与重视。

三、旅游目的地文化与旅游地形象之间的关系

1. 旅游目的地文化是塑造旅游地形象的重要基础和主要依凭。

旅游地形象是一种综合认识的结果，是旅游者在对旅游地整体的感知、体验基础上形成的综合认识和总体评价。但这并不是说旅游地方方面面的因素在构建旅游地形象中发挥着同等重要的作用。事实上，旅游地各方面因素对旅游地形象质量的影响作用并不相同。我们把其中起主导作用的因素称为“形象敏感因素”，形象敏感因素对旅游地形象的形成及其质量优劣起着决定作用。旅游目的地拥有的高品质的文化资源及其所体现出的文化个性与特色，就是最重要的形象敏感因素。一个地方吸引外地游客的根本原因在于该地所独具的甚至是垄断性的旅游资源与旅游景观，而这种景观往往是地域文化的产物。也正因为如此，旅游地形象的塑造与建设特别注重对旅游地文脉的挖掘与延续。

2. 旅游目的地文化是旅游者（或潜在旅游者）形成关于旅游地的“文化意象”——想象的形象或本底形象的基本材料。

旅游者不可能凭空形成关于某旅游地的本底形象，它需要一些材料作依凭。而旅游地流传久远、声名远播的各类传统文化遗产，当代举办的各种大型文体节事活动是最容易成为这种材料的，这也是旅游者形成本底形象的最主要的依凭材料。负载有旅游地文化信息的影视、戏剧、

书籍、游记、神话传说等都是旅游者借以构建旅游地想象形象的极好素材。

3. 旅游目的地文化还是旅游者获得实际感知形象的基本材料。

文化是旅游活动的本质和灵魂。旅游者在旅游地首先感觉到的就是当地独特的文化氛围和风土人情。而形成这种氛围与风俗的因素当然来自旅游地的区域文化背景和社会文化环境，这两者正是旅游目的地文化的全部展现。如果不注重营造旅游地独特的文化氛围，建设有魅力的社会文化环境，那么任何一个旅游地都很难在旅游者的心目中留下良好、鲜明的旅游形象。

总体而言，旅游地形象的形成必定是立足于旅游市场状况和当地的文化脉络，对当地各种有形无形文化资源进行深度挖掘、创新策划的结果。旅游地文化是旅游地形象策划的源泉。文化是旅游地的底气和灵魂，也是旅游地的生命线。旅游地在其长期的社会文化发展历程中所形成和积淀的各类文化资源，构成旅游地特有的形象底蕴，由此生成的旅游地形象的吸引力和魅力是巨大而持久的。我们今天对旅游地形象进行文化包装，实际上是自觉地突出、强化旅游地的文化符号和文化影响。这是一项对旅游地进行文化塑造的综合、系统工程。因此，旅游地形象策划必须注重挖掘旅游地的文化内涵，采用各种手段将其文化底蕴完全表现出来，努力培育旅游地文化的核心竞争力。其核心工作是确立旅游地的文化基调，体现其文化内涵，营造旅游地特有的文化氛围。

四、旅游目的地品牌形象策划

（一）旅游目的地文化形象策划的重要性

从旅游地形象建设工作的角度而言，旅游地经营管理者为了树立本地良好、鲜明的旅游形象，增强旅游地的旅游吸引力和市场竞争力，都非常重视旅游地形象的塑造与建设工作。旅游地形象的建设是一个涉及面很宽泛的系统工程。在这个系统工程中，旅游目的地文化的形象策划是重中之重。旅游地形象策划的质量与品位，直接决定着旅游目的地形象建设工作的最终效果。

从旅游者的旅游消费行为角度而言，旅游目的地文化的形象策划为其进行旅游选择、做出旅游决策提供了有效的帮助。旅游地数量众多，知名度各有不同，旅游者在进行选择时，总是首先注意到那些形象鲜明、特色凸显、与众不同的旅游地。旅游地形象策划能够帮助旅游者迅速找到适合自己旅游需求和趣味的旅游目的地。这是旅游业发展到一定阶段的必然要求。

从旅游地旅游产品开发的角度来看，任何一种旅游产品都要蕴含或体现一定的文化意味才可能有较强的吸引力。文化旅游产品尤其如此。文化旅游产品的基本要求是突出文化特色而不是一般的特色，更不是雷同化。这种独特性可以表现为资源的独特性、景观形式的独特性、旅游环境的独特性等，而其真正内涵则是丰厚的文化品位——文化品类的丰富、文化风格的独立、文化形式的精美等内涵与形式的和谐统一。[①] 对旅游产品文化特色、文化内涵、文化风格、文化品位的打造恰恰是旅游目的地文化形象策划中的核心内容之一。

从旅游目的地整体区域形象塑造的角度来看，旅游文化形象的策划起到先锋军与突破点的作用。中国旅游业界流传这样一句话——如果说城市市长的任务是经营城市的话，城市的旅游局长的任务则是包装和销售城市。这句话透露出的明显信息是，旅游业在整体城市营销、整体地区营销中肩负着先头部队的重任。旅游地整体区域形象的形成有赖于多方面的参与和努力，但很显然，旅游地旅游形象的策划与建设是首要的突破点，在整个地区营销中发挥先锋军的作用。

（二）旅游地文化形象策划的内容与基本程序

旅游地文化形象策划的内容与基本程序一般包括前期的形象测量与识别和后期的形象塑造与设计。

形象的测量与识别又包括明确地格因素、形象测定、形象替代性分析等。地格因素是指任何旅游目的地都有其自身独特的地方特性，这种

① 张国洪．中国文化旅游——理论·战略·实践．天津：南开大学出版社，2001：224.

地方特性是由旅游地的自然地理、历史文化和民俗风情等因素相互作用而形成的地域特征，是一个旅游地最具个性色彩、区别于其他地方的最本质的特征。因此，明确地格因素是旅游地形象策划的基础性工作。明确地格因素的方法与途径在于对旅游地文脉的深刻把握，对地方优势文化资源的提炼，其中旅游地的文化积淀最为关键。旅游地形象测定主要是指进行受众调查与分析，了解公众对旅游地现状、特征等的看法和态度倾向，这是旅游地形象塑造的现实起点。形象的替代性分析则是要对旅游地的市场竞争压力进行系统研究，主要是竞争者分析，明确旅游地在旅游市场上的应对策略。

旅游地形象塑造主要包括形象定位、形象设计（口号、标示物）、形象传播策略等。

旅游地形象定位是旅游地管理者尤其是营销者处理旅游消费者感知的过程。它的含义是明确旅游地在许多竞争产品中的位置（它的相似性与差异性）以及潜在旅游者对那种位置的感知。它试图阐述的是某一旅游地在旅游市场竞争中的位置，其目的是影响潜在旅游者对旅游地定位的感知，以便在旅游者心目中获得优势定位，促使旅游者做出倾向于该旅游地的旅游购买决策。形象定位是旅游目的地营销过程中一种非常重要的手段。确定旅游地形象定位应当在立足于客源目标市场需求的基础上，深入研究区域文化，充分体现区域个性与特色。常用方法一般包括领先定位、比附定位、逆向定位、空隙定位、重新定位等几种。形象定位应体现出独特性、垄断性、文化性、创新性、吸引性、认同性、统一性、艺术性等特点。形象定位的好坏，直接影响着旅游地形象塑造与推广的成败。

旅游地形象的设计包括形象主题口号的设计和旅游地形象标志或标示物的设计。形象主题口号是从形象定位陈述中提炼出来并经过精心设计的短语，目的是抓住目标市场的注意力，增强旅游地的形象穿透力。它是旅游者易于接受和了解旅游地形象最有效的方式之一。旅游口号是旅游地形象创意构思最集中的语言文字表现，是一种典型的标志性语言，往往被视为旅游地宣传促销的开路先锋，独特的、排他的、难以盗用的旅游地形象口号是旅游地核心竞争力的重要体现，在很大程度上相当于旅游地的品牌。好的口号能打动消费者的心，激发其亲临实地旅游的欲望。策划旅游口号时应注意：旅游地总体形象的宣传口号应该是一个文化概念，要突出其文化内涵，这是旅游口号的灵魂；旅游口号应是根据旅游地特定的文化背景与旅游资源特色提出来的，是对旅游地最具优势的地方性特征进行提炼概括的结果；旅游口号应立足于旅游地市场竞争状况，针对客源地大众游客的消费心理需求；它应有一定的排他性，不易被其他地方所套用。旅游标志或标示物是旅游地的"形象姓名"，是一种无声的广告，是旅游地形象理念、形象口号的视觉表现。旅游标志的设计是旅游地形象品牌建构中极其重要的内容。它一般由特定符号、图案、与众不同的颜色与字体等表现元素构成。表现元素的组合、设计风格的确定、创意手法的选择等都应紧紧围绕旅游地形象的核心理念与传播意图。下面以内蒙古库布齐沙漠生态旅游区的旅游形象设计为例具体说明。

旅游规划专家在做内蒙古库布齐沙漠生态旅游区的规划时，经过反复调查比较，最后确定了两句旅游宣传口号：一句是"库布齐——您身边的大漠"，反映了都市人喜欢大漠风光的需求，也符合库布齐是距北京、天津、西安等大城市最近的沙漠的事实，这些城市的游客可在周末轻松往返，突出市场竞争优势。另一句口号是"库布齐——可识弯弓射大雕"，这是因为沙漠边上有著名的历史文化遗产——成吉思汗陵，而且"只识弯弓射大雕"是毛泽东对"一代天骄"的评语，只改一字，可借名扬名。这两句口号充分地把当地资源特色和市场优势结合了起来。在旅游标志设计方面，规划者为库布齐设计了这样的徽标：一张巨弓，弦为黄色，代表大漠；弓为蓝色，代表黄河；底为绿色，代表草原。因为"库布齐"是蒙语"弓弦"之意，即以黄河为弓，以沙漠为弦，视角恢弘，符合其地貌特征，同时也巧寓"弯弓射大雕"之诗意。从这个案例中可以深深感受到旅游地形象策划中高水平创意的重要性。

（三）旅游目的地文化形象策划的原则

旅游目的地文化的形象策划是一项专业性、技术性很强的系统工程，任何好的策划都是科学研究、精心设计的结晶，绝不是拍脑瓜的产物。旅游地文化的形象策划应遵循以下原则：

1. 针对性。

这里的针对性有两层含义。一是指针对本地的地方性特色，切实从挖掘、整理当地文化内涵、底蕴的过程中总结提炼出形象创意，不要粗枝大叶，不要想当然，更不要为图省力、省事而盲目跟风克隆别地的口号。二是指旅游地形象策划始终要立足于旅游市场发展状况，绝不能闭门造车，因为旅游地形象策划本来就是旅游目的地营销中的关键环节和内容。只有把上述两方面很好地结合在一起，才有可能策划出受市场欢迎的旅游地形象。

2. 实效性。

旅游地形象策划的实效性是指形象策划工作自始至终都要着眼于提高旅游地的吸引力、彰显旅游地的魅力，为有效提升旅游目的地的市场竞争能力而服务。

3. 大众性。

旅游地面对的是大众旅游市场，因此旅游地形象策划的理念、口号、标志等一切因素的设计都要以大众游客的消费心理特征为基础，做到简洁鲜明、通俗易懂、易于流传，以保证旅游地形象的传播效果。它体现的应该是大众的趣味，而不是某个小圈子的趣味。

4. 灵活性。

旅游地形象一旦确定，在一定阶段具有相对稳定性，不宜频繁变动，造成市场混乱。但这并不是说旅游地形象是固定的、僵化的，毕竟旅游市场是不断发展变化的。这就要求我们在策划旅游地的总体形象时，还要考虑到在保持总体形象基本稳定的同时策划阶段性的、特定区域性的市场促销形象。形象策划应体现出相当的灵活性、敏锐性和弹性。

（四）我国旅游目的地形象策划的发展历程

我国旅游目的地形象策划工作经历了一个阶段性很明显的发展过程。在 20 世纪 80 年代初我国旅游业起步阶段，各旅游地对形象策划工作要么是不关注、没概念，要么是自发地沿袭一些传统的口号和说法，要么是根据外国相似旅游地进行简单的比附定位。“两千年历史看西安，一千年历史看北京，百年历史看上海”，“桂林山水甲天下”，“上有天堂，下有苏杭”等等都是当时沿袭传统口号的典型体现。而把苏州称为“东方威尼斯”、把海南称为“东方夏威夷”等则是典型的对国外著名旅游地的简单比附。这个时期旅游地形象策划工作总体上处于一个盲目、自发的发展阶段。进入90年代以后，随着旅游业产业化程度的大幅提高，旅游地之间市场竞争的加剧，我国旅游地形象策划工作迅速发展，旅游地形象策划逐步成为旅游目的地营销与管理中的核心内容之一，引起旅游地的普遍重视。旅游地形象策划工作由盲目、自发走向科学、自觉。尤其近几年来，旅游市场上涌现出一大批特色鲜明、质量上乘、产生较大影响的旅游形象主题口号，标志着我国旅游地形象策划工作进入了一个新阶段。

比如，首都北京的“东方古都，长城故乡”，河南洛阳的“千年帝都，牡丹花城”，河北承德市的“到承德旅游，皇帝的选择”，浙江的“山水浙江，诗画江南”，江苏苏州的“天堂苏州，东方水城”，浙江宁波的“东方商埠，时尚水都”，上海的“上海，精彩每一天”，等等。这些反响较好的旅游形象主题口号无一不是对当地特色景观、文化底蕴进行深入挖掘、创新策划的结果。而且同是对地方性文化资源进行提炼，策划理念相似，但在策划视角选择上各有侧重。像北京、洛阳、苏州这样典型的历史文化名城，当然会把重心放在其高品位的历史文化遗产上。浙江宁波在其形象策划中则把“宁波帮”商帮文化集中地表达了出来，上海的形象口号很显然是把注意力放在了今天上海的都市风情的魅力上。

另外，有些旅游地如山东省，旅游形象主题口号有一个变化的轨迹和过程，通过这个变化过程也能给旅游地策划工作提供很大启发。山东较早采用的旅游宣传口号是“一山一水一圣人”，突出了泰山、济南的泉水和孔子这三个龙头景观，有效带动了旅游业的发展。后来随旅游形势的变化，又推出了“走近孔子，扬帆青岛”作为新的主题形象口号。

跟原来的口号相比，“三龙头”变成“双龙头”，重点更突出，既照应了历史文化的衔接，又增加了现代动感意识，增强了跟旅游者心理之间的内在联系，应该说是个进步。但跟“山水浙江，诗画江南”这样的口号相比，似乎过于具体，包容性不够，稍嫌太实，缺乏韵味，不利于开拓旅游者对山东旅游的想象空间。20 世纪 90 年代山东省又推出了新的形象主题口号——“齐鲁神韵，山水豪情”，把历史悠久的齐鲁文化、丰富的山水景观、典型的豪爽民风等区域文化个性鲜明地表现了出来，既全面、准确，又大气、感染性强，取得了很好的效果。而“好客山东”的旅游目的地形象塑造，更使山东“好客”的旅游形象深入人心。

更值得我们关注的，是进入 21 世纪后我国旅游目的地形象策划的新进展，一些旅游目的地推出了无论在内容诉求上还是在表达形式上都令人耳目一新的形象口号和形象标识。例如：成都——一个来了就不想离开的城市，大连——浪漫之都，等等。这些新型形象口号摒弃了原来的突出目的地景观特色的表现方式，转而重视从游客主观体验的角度来表达自己的地域特色。这应该说是形象策划者更为重视研究旅游客源市场的结果。事实证明，这样的尝试大都取得了较好的市场传播效应。

第十二章

旅游服务文化

本章提要： 本章主要介绍旅游服务的文化需求及文化特征，并对旅游服务品牌文化、旅游服务管理文化、旅游服务者文化人格分别进行阐述。

第一节　旅游服务文化概述

一、旅游服务文化的概念与内涵

旅游服务是指向旅游者提供各类旅游服务、帮助旅游者顺利完成旅游活动的各种媒介。根据其提供的旅游服务的性质与内容的不同，可分为两大构成部分，一是包括旅行社、旅游饭店、旅游交通企业、旅游商贸企业、旅游景区开发企业、旅游娱乐企业在内的各类旅游服务企业，二是包括旅游行政管理机构、旅游行业协会、旅游教育培训机构、旅游传媒在内的旅游相关组织。前者向旅游者提供的是最直接的旅游服务，满足旅游者旅游消费活动过程中的各类具体需求，是旅游者顺利完成一次旅游消费活动必不可少的保障条件。后者则多是间接地向旅游者提供旅游相关服务。它可以通过调控、规范旅游服务企业改善旅游者的直接旅游服务感知，通过对旅游地社会文化环境的综合整治提高旅游者的整体游览质量，通过为旅游服务企业培养合格员工而提高企业的服务水准，也可以通过提升旅游者的旅游文化素养和旅游消费素质而影响旅游者的旅游活动质量。这些因素很多时候旅游者未必能看得到，但事实上它们都在对旅游者的旅游活动发挥着一定的影响。

旅游服务文化是指各类旅游企业和组织在长期的旅游发展实践中形成并不断完善的共同的文化理念、价值取向、行业精神、行业规范、行业氛围等方面的文化总和。

从本质上讲，旅游服务文化属于服务文化的范畴，旅游服务文化建设的目的在于促使旅游企业和其他各类旅游相关组织在旅游服务产品开发、服务理念与手段创新、旅游服务质量管理等各方面，融入更多文化、情感、人性化的因素，以提升游客旅游体验的质量和满意度。

旅游服务文化可分为商业性旅游服务文化和公共旅游服务文化两大类。很显然，前者主要针对旅游企业，后者主要针对旅游管理机构等组织，这两类服务文化互相作用，统一于旅游业发展实践中，共同推动着旅游介体文化的发展与进步。

二、旅游服务文化的功能

旅游服务文化建设是旅游产业发展中极其重要的内容，其发展程度直接体现着旅游业的产业素质和总体水准。旅游服务文化所包含的文化理念、价值取向、行业精神、行业规范、行业氛围等，是旅游产业长期发展实践的产物，是各类旅游企业和组织共同参与创造的文化财富。它们推动着旅游产业的持续发展。旅游服务文化的发展状况直接体现着旅游业的产业素质和总体水准，旅游业产业素质的提升很大程度上依赖于旅游服务文化的建设与发展。

从微观层面——旅游服务各构成要素的层面来看，旅游服务文化的功能主要包括导向功能、约束功能、凝聚功能、激励功能、教育功能等。①

旅游服务文化的导向功能，是指旅游服务文化的建设能把各类介体

① 赵荣光，夏太生．中国旅游文化．大连：东北财经大学出版社，2003：155.

中所有员工的努力方向引导到特定的目标上来，促使员工潜移默化地接受旅游服务共同的文化理念、价值观与行业精神的熏陶，引导其把具体的目标寓于旅游服务的价值体系之中。

旅游服务文化的约束功能，是指运用旅游行业显性的规章制度、隐性的行业舆论氛围等约束和规范旅游服务组织及其员工的思想和行为。

旅游服务文化的凝聚功能，是指旅游服务文化能将各类旅游服务组织及其成员团结起来，有机地融合到旅游服务大家庭中，减少旅游服务组织之间、员工与组织之间的内耗，降低运行成本，最终形成一种行业合力，提升整个旅游服务的发展水平。

旅游服务文化的激励功能，是指运用有效的行业激励机制与艺术、良好的行业精神氛围，使旅游服务组织及其员工产生一种积极进取、奋发向上、斗志昂扬的精神面貌和内在力量。

旅游服务文化的教育功能，是指通过研讨、培训等有效手段提升旅游介体组织的经营素质和员工的职业发展能力。通过行业经验、行业智慧的及时交流与分享，推动整个旅游服务水平的提高。

三、旅游服务的文化需求及文化特征

（一）旅游服务的文化需求

旅游服务直接面对旅游市场的各种需求与挑战，是旅游业的主要组成部分，也是旅游业作为一个产业存在的主要体现。因此，旅游服务的发展方向必须符合旅游业、旅游活动的天然属性和本质特征。

旅游业本质上是一种典型的文化产业，文化是旅游业的灵魂。它出售的是独特的文化感受和审美体验，旅游地吸引异地游客前去旅游的根本原因在于文化层面的东西。也可以这样说，旅游业是靠对文化资源的旅游开发、靠对旅游者文化需求的满足而存活和发展的。这种产业特性内在地决定了旅游产业的各个组成部分都必须把文化建设放在首位，旅游服务的文化需求由此产生。

从旅游者旅游活动的角度看，旅游活动首先是一种文化活动和文化现象。旅游是人们求知的课堂，是一种主动的、积极的、自由的文化活动，是个体审美和个体人格的一种升华，是一种文化交融需要的体现。[①] 人们通过观察、体验感知不同民族、区域的文化，进行文化的消费和体验，获得身心的满足。旅游成为一种行为载体，到处附着文化的因子。旅游者追求的已不再是单纯的物质、服务的消费与享受，不单是生理上的满足，更注重的是文化的、精神的、审美的、价值观念上的体验与享受。因此，旅游消费事实上是一种文化性消费、审美性消费。这就决定了为实现旅游的过程而建设、发掘的各类旅游设施、景点、饮食、工艺品、服务等都应充实文化的因子，体现出特定的审美情趣和丰富的文化意蕴。

上述产业特性和旅游消费者心理特征两个方面都决定了旅游服务必须注重文化建设，旅游服务的文化需求非常明显。其中最重要的是，旅游服务要有一个超越具体物质、经济利益层面的文化理念和价值观，并用这种理念与价值观统领旅游介体的各种经营、管理行为。从大的方面来说，政府旅游管理部门的有关政策要适应游客需求、体现人文关怀；各类旅游企业的经营理念要体现诚信服务的原则；旅游从业人员要讲究职业道德。从具体旅游产品开发手段的角度而言，旅游服务文化要讲究旅游营销文化的人情化、旅游起居文化的乡土化、旅游饮食文化的风味化、旅游交通文化的多样化、旅游导游文化的艺术化、旅游娱乐文化的色彩化、旅游购物文化的传统化地域化等等。[②] 从旅游过程中的各个方面为旅游者提供具有特定审美情趣和文化意蕴的产品和服务。

（二）旅游服务文化的特征

旅游服务文化具有自身鲜明的特征：

1. 服务性。

旅游业是服务型产业，旅游组织中的旅游企业跟工业企业、普通的商业企业在生产、经营方面都有很大的不同。旅游企业提供的产品主要

---

① 沈祖祥. 旅游文化概论. 福州：福建人民出版社，1999：39～40.

② 王会昌，王云海. 中国旅游文化. 重庆：重庆大学出版社，2001：374～390.

是服务，其生产经营活动以提供服务为中心，为旅游者提供优质服务是旅游企业的生命。“顾客至上”是旅游企业的根本理念。旅游管理机构等旅游组织虽不一定直接面对游客，但他们的工作内容也都是以为旅游者提供全面服务、保证旅游者的游览质量为中心。因此，服务性是旅游服务文化的基本特点。旅游服务文化的服务性体现在宾馆、饭店、车站、娱乐场所、旅行社、景点、旅游购物商店等各个方面。这要求各类旅游企业和组织必须牢牢把握服务文化的特性，持之以恒地提高服务管理水平，提升旅游业“软件”建设的质量与水平。

2. 人本性。

上文已谈到，旅游活动本质上是一种文化活动，旅游者追求的已不再是单纯的物质服务的消费与享受，不单是生理上的满足，更注重的是文化的、精神的、审美的、价值观念上的体验与享受。尽管旅游者的旅游消费活动难以脱离物质性支持与物质性满足，但主要追求的是感性上的满足。而感性满足跟每个人自身特点息息相关。这就要求旅游企业和组织尤其是旅游企业的生产与经营要从诚信服务、个性服务等方面强化“以人为本”的理念。同时，从旅游企业内部管理的角度而言，还应把“以人为本”理解为“以员工为本”、“员工第一”。旅游企业具有明显的劳动密集型特点，而且旅游服务大多都是面对面的服务，员工的压力很大。这要求旅游企业和组织应在内部通过人性化管理落实“员工第一”的人本化思想，激发员工工作中的主动性、自觉性。

3. 文化性。

旅游消费事实上是一种文化性消费、审美性消费。旅游服务的文化性体现在宾馆、饭店、车站、娱乐场所、旅行社、旅游购物商店等各个窗口，体现在食、住、行、游、娱、购各个活动环节。旅游者追求入乡随俗，希望在不同的服务窗口、不同的环节都能得到不同形式和内容的地方特色服务。这决定了旅游企业和组织必须具有强烈的文化意识，唯有如此才可能为游客提供高文化品位的服务产品。

4. 综合性。

旅游服务文化是指各类旅游企业在长期的旅游发展实践中形成并不

断完善的共同的文化理念、价值取向、行业精神、行业规范、行业氛围等方面的总和。从结构看，它是诸多要素相互联系、相互作用形成的一个有机整体。从内容要素的角度看，它包括旅游服务企业品牌文化、旅游企业管理文化、旅游服务者领导文化等。因此，旅游服务文化具有综合性的特征。

5. 开放性。

旅游业具有天然的开放性特征和全球化背景，这一点决定了旅游服务文化的开放性与世界性。旅游组织尤其是旅游接待企业，处于旅游市场的最前沿，要接待来自不同国家或地区的游客，这些游客往往有着不同的价值观、文化背景、审美趋向和行为特征。随着中国旅游业在世界旅游市场中所占比重日益加大，中国旅游业势必要体现出更强的开放性和世界性，旅游企业必须面对顾客群越来越丰富的国际性特点，必须更多地了解和研究世界各国文化，更多地面向国际市场，体现出鲜明的开放性特征。

第二节　旅游服务的品牌文化和管理文化

一、旅游服务品牌文化

1. 旅游服务品牌的含义及重要性。

世界经济已经进入品牌时代，品牌化已无可争议地成为目前最重要的营销策略。品牌是指“用具体名称来代表的一种信誉”。它是诚信的载体，是企业对消费者作出的质量、服务、价值等多方面的承诺。消费者正是通过对品牌的选择，寻求自身利益的最大保证。经久不衰的品牌往往比一个企业或产品有着更为强大的生命力。随着品牌理论的发展，它的含义、范围在发生着变化。品牌的价值已由过去的产品品牌上升到今天的企业品牌、服务品牌、区域品牌以及旅游品牌等。品牌已不仅是企业竞争力的核心，也成为一个国家或地区经济实力的重要标志。

旅游业已成为世界第一大产业，旅游目的地之间、旅游企业之间的竞争非常激烈，要想在这个竞技舞台上立于不败之地，必须成功塑造并维护好自己的品牌。而且旅游业自身的某些特征也决定了它比别的产业更需要通过品牌形象来向旅游消费者传达积极的、实实在在的感受。旅游是一种异地消费，消费者在购买产品之前看不到产品的实际状况；旅游消费具有生产与消费同步性的特征，旅游服务产品不可存储，消费者具体感知到产品质量时，购买行为早已发生过了；旅游业是一个边缘交叉产业，旅游消费者完成一次旅游活动需接受多家旅游企业的服务，消费者对品牌的认知需要综合旅游消费全过程来考虑。换句话说，旅游企业要在旅游者心目中形成品牌烙印很不容易。这些特点都决定了品牌在旅游业发展中的作用尤其重要。

中国已经是世界旅游大国，但还称不上世界旅游强国。培育一大批目的地品牌和旅游企业品牌是当前旅游业的重中之重。被誉为“经济全球化先锋”的品牌战略成为旅游业发展中的重要战略选择。

2. 旅游服务品牌文化的构建途径。

旅游服务品牌文化是有关旅游服务品牌构建的理念、知识、方法等的综合体。其中最重要的内容就是旅游服务品牌的建设途径与方法。旅游服务品牌化确实具有很多优点，它可极大提高旅游企业和组织的知名度和美誉度，有效提高旅游产品的质量，提升旅游消费者的忠诚度，满足旅游者形象消费或意境消费的心理需求，最终有利于旅游服务效益的最大化。但旅游服务品牌的建设绝非易事，必须找到科学、有效的途径与方法。

把品牌理论跟旅游行业、旅游企业紧密结合，是旅游服务品牌建设的首要任务，也是找到旅游服务品牌建设途径的基本前提。品牌的核心价值在于它的可信赖性、持久性、传播的广泛性以及可接受性。它必须清晰地体现消费者认可甚至是消费者“发起”的企业的愿景。这些核心价值通过企业提供的产品、服务以及所有的营销不断得到加强。有一点必须强调，品牌存在于市场当中，品牌建立的关键不是企业想说什么，而是消费者需要你说什么。单纯高喊比别人好是没用的，关键是发现消费者未被满足的需求，为自己的产品或服务寻找一个差异化的卖点，喊出和别人不一样的东西，并且让消费者认可你的不一样。具体到旅游介体品牌建设而言，如何为旅游消费者开发、提供其所需要的甚至是渴望的，又跟别人不一样的产品或服务，如何为自己的产品或服务设计一个独特的品牌形象，如何让旅游消费者认可自己的卖点并跟品牌形象之间产生心理、情感层面上的联系，成为最为关键的因素。

旅游服务品牌的塑造与建设一般分为四个阶段。第一个阶段当然是进行旅游市场的调查与分析，尤其要认真研究旅游品牌在旅游消费者中的流行性或与旅游消费者的相关性，以此为基础提出品牌塑造的具体策略。第二阶段是根据第一阶段工作的成果建立自己独特的品牌形象。第三阶段是把品牌形象投放入旅游市场并加强宣传。第四阶段是全方位的推广实施，把品牌理念、品牌个性、品牌形象等融入所有的旅游产品与服务中。而且在品牌塑造阶段之后，必须重视对品牌的维护和管理，保持品牌核心价值的稳定，同时要使品牌个性跟上时代的节奏，能够及时反映旅游消费者的心理变化，从而提升品牌形象。在每一个阶段，旅游企业或组织都应寻找到最适合自身的具体途径与方法。市场调查、广告、事件营销、会展营销、形象口号、形象标识、危机公关等都是形象塑造中常用的手段。

以斯塔克斯公司为例，该公司在英国、爱尔兰和直布罗陀拥有 50 家酒店、20 家赌场和将近 70 家健身俱乐部。1998 年斯塔克斯推出新的品牌形象，而在此之前，斯塔克斯进行了广泛的行业调查，来验证连锁酒店是否存在服务差别，这种差别是否与消费者对酒店的选择息息相关。三份各自独立的调查报告得出了相同的结论：一提到斯塔克斯，人们就会想到热情和自然的服务，想到训练有素的员工会让顾客享受到特殊的服务。这个调查结果成为斯塔克斯新的品牌形象的依据，斯塔克斯通过两个 60 秒的广告让消费者感觉到新品牌形象的独特性。

其中一个“斯塔克斯时刻”的广告定位于所有类型的消费者。广告中的第一个场景是：正在用枕垫嬉闹的儿童被一位表情严肃的酒店员工发现，而这位员工只是会心一笑，并不去干涉。接下去的一幕是，一对年轻夫妇正在床上享受“斯塔克斯时刻”，然后是一位疲倦的商人来到酒店，享受到热情的服务。广告的最后20秒镜头转向客人离店的情景，“斯塔克斯，你不想对它说再见”的结束语在最后出现。除了加强广告宣传外，斯塔克斯重新设计了具有亲和力的品牌形象，强调员工的服务态度是品牌的基石。新的品牌标识有了更强大的号召力，“斯塔克斯”这个词也被列入当代经典词汇，代表简洁和个性化。①

二、旅游服务的管理文化

1. 旅游服务管理文化的含义。

旅游服务包括各类旅游服务企业和其他旅游相关组织。旅游服务管理相应地可分为旅游企业管理和旅游行业管理两个层面，前者针对旅游企业，后者针对的是旅游行政管理机构、旅游行业协会等相关组织。旅游服务管理文化就是在各类旅游介体管理过程中创造、积累的行之有效的管理理念、方式方法、措施策略等成果。

旅游服务是旅游业作为产业存在的主要表现和主要依据之一，旅游服务管理水平的高低反映着旅游业整体管理水平的优劣，体现着旅游业产业素质的高低，对旅游业整个产业的持续健康发展影响极大。由于旅游业自身的产业特性和其他产业有很多的不同，因而旅游服务管理文化也有自己的内涵与特点，最突出的一点就是强化人本性、文化性和形象意识。不管是旅游行业的管理文化还是旅游企业的管理文化都要突出这些特质。

2. 旅游服务管理文化的构建策略。

根据旅游服务的构成，旅游服务管理文化可从旅游行业管理文化和旅游企业管理文化两个层面来分析。

就旅游行业管理文化的构建而言，很显然，旅游管理部门、旅游行

---

① （英）奈杰尔·摩根，安妮特·普里查德著，陈怡宁等译．旅游休闲业的广告创意与设计．北京．电子工业出版社，2003，189.

业组织和旅游企业都发挥着各自的作用。从宏观管理的角度看，旅游行政部门、旅游行业协会等组织发挥着主要的作用。旅游行政部门作为政府法定的行业管理机构，对旅游业的管理是全方位的，对旅游业的发展负有最重要的责任。旅游行政部门在旅游业管理中的价值取向、政策倾向、手段措施等构成旅游行业管理文化中最重要的内容。在管理的价值取向上，应摒弃那种过于功利的产业指导思想，不应只关注旅游业的经济功能，而是应当把旅游业作为环境产业、生态产业、文化产业来发展，重视旅游业的综合功能，尤其是应追求旅游业在带动社会整体进步中的功能与作用。在政策倾向上，应体现管理的价值取向，引导旅游产业的可持续发展，规范或控制一切有违可持续发展、社会整体发展的行为。在管理手段措施方面，应把法制化、信息化、人性化作为准则，增强管理工作的前瞻性、规范性和有效性。旅游行业协会等组织在旅游业发展中发挥着独特而重要的作用。它们在很大程度上是沟通政府部门和旅游企业的桥梁。旅游行业组织的自身定位、行为方式、策略选择等直接影响着它应有作用的发挥。它应该是一个代表会员利益的行业自律组织，在行规会约的制定与完善、行业信息的收集与分析、专业人才的教育与培训、旅游企业发展的外部环境营造等方面可大有作为。

旅游企业的管理文化主要是旅游企业内部管理的文化与艺术。旅游企业管理文化的构建应主要着力于这些方面：培育共同的旅游企业的价值观，强化奋发进取的旅游企业精神，确立敬业乐群的旅游企业道德，营造积极和谐的旅游企业文化氛围，制定科学合理的旅游企业管理制度，塑造特色鲜明的旅游企业形象等等。

3. 旅游服务管理文化——旅游服务者领导文化。

旅游服务者领导文化属于旅游服务管理文化中的重要内容。领导是指引和影响个人或组织在一定条件下实现某种目的的人。旅游服务企业的领导者在企业发展中起着至关重要的作用。他是企业重大发展战略及制度的主要制订者，是企业文化的倡导者，是培育企业精神的带头人，是企业各项规章制度、规划方案的组织实施者，是企业员工士气的鼓舞者。如果说旅游服务者的素养影响着旅游消费者的即时感受和评价的话，旅游服务者领导人的素养则影响着旅游服务企业的长远发展与根本命运。旅游服务者领导人的眼光、学识、能力、心态、性格、作风等，对旅游服务企业、旅游服务者都有着深刻的影响。

领导的功能主要包括组织功能和激励功能两大类。所以旅游服务者领导文化的建设应该围绕提高领导者的组织能力和激励能力，提高其领导艺术与水平来进行。组织能力、激励能力、领导艺术等都是领导者具体的管理能力，而这些具体的管理能力的提高是以领导者正确的领导理念及价值观为前提的。所以旅游服务者领导文化的建设所关注的不仅是具体的领导能力的提高，更重要的是对领导者战略眼光、行业洞察力、先进价值观、职业使命感、人格魅力等的培养与训练。

旅游服务者领导文化的建设目的在于提升旅游服务领导水平，推动旅游服务业整体领导水平的提高。为达到这样的目的，需要采取切实有效的措施：一是在学术研究层面，重视对旅游服务者领导问题的研究，尤其应把成熟的管理心理学理论跟旅游服务企业管理的具体实际密切结合，通过专题调研、专题研究报告提高该领域的研究质量，为旅游服务者领导文化建设实践工作提供真正的理论引导和支撑。二是对领导者教育与培训应开拓思路，不能满足于以往的室内研修班加室外考察这样的方式，培训过程应融入更多能够激发潜能、挑战自信、开拓心胸格局、调适心理的活动项目。三是应通过举办论坛、峰会等方式加快相关信息与经验的交流与沟通，使该领域内的新创造、新创意、新理念、新举措等以最快的速度在行业内流通。这既可以使这些新内容最快地得到大范围的实践检验，同时也使这些新智慧成果能够最快地为整个行业所分享，从而激发更大范围、更高层次的思考与创造。

旅游服务者领导文化的建设事关旅游服务企业的企业文化建设和企业核心竞争力的打造，应该引起相关部门的更多关注与重视。

第三节　旅游服务者文化人格的塑造

一、旅游服务者文化人格塑造的含义及其重要性

旅游服务者文化人格塑造是指有目的、有意识地对旅游服务者进行职业意识、心理素质、文化修养等方面的培养与塑造。旨在从外在、内在各个方面提升旅游服务者的人格素养，为旅游服务质量的提高奠定最坚实的人力资源基础。

旅游业是典型的服务型产业，而处于旅游服务第一线的就是各类旅游企业尤其是接待企业的旅游服务者。旅游服务带有明显的"面对面"的特征，旅游消费者在接受旅游服务的过程中，时刻感知着服务者的一言一行，旅游服务者的人格素养时刻接受着旅游者的评价、审视和考验。旅游业还是典型的文化产业，从旅游景点开发、旅游设施建造到旅游服务、旅游宣传等各个环节都体现着特定的审美趣味和文化意蕴。旅游者对旅游产品中文化蕴含的要求与期望远远超过其他产品。旅游服务者作为旅游接待产品的生产者和组成部分，理所当然要体现出一定的文化涵养和人格魅力。

旅游服务者文化人格素养直接关系着旅游服务质量的高低，影响着旅游消费者的满意度。旅游服务很大程度上是一种"感性"产品，顾客对产品的评价受顾客本人的即时感受、个性特征等主观因素影响很大。文化修养较高的旅游服务者往往能让顾客感受到超过标准服务的更多的内涵性东西，赢得顾客的高满意度。

旅游服务者的文化人格素养直接关系着旅游企业的形象甚至旅游目的地的整体形象。旅游者对旅游企业、旅游目的地的感知首先是通过接触最早、最多的旅游服务者实现的，他们往往自然地把旅游服务者视为旅游企业、旅游目的地的代表。因此，旅游服务者的文化人格素养影响的不仅仅是顾客对其个人的印象和评价，还直接关系着其所在企业、所

在旅游地的整体形象。

旅游服务者的文化人格素养跟旅游服务者本人的职业发展潜力与前景有密切关系。旅游业是一种文化含量较高的产业，处处都浸透着文化的因子，对旅游从业人员的文化创意能力、文化素养等有着相当高的要求。旅游从业人员文化人格素养的高低跟其本人在这个企业、这个行业的职业发展前景密切相关。

旅游服务者的文化人格素养影响着旅游企业的市场竞争力。旅游企业最重要、最珍贵的资源是人力资源。旅游企业之间的竞争主要是服务质量的竞争，而旅游服务质量的优劣主要在于旅游服务者文化修养的高低。旅游服务者的综合素质影响甚至制约着旅游企业市场竞争力的提升。文化人格素养则是员工综合素质中最核心的方面。

二、旅游服务者文化人格塑造的途径

旅游服务者文化人格的塑造应该是一项经常性、系统性的工作安排，职业教育、岗前培训、岗位培训等都应把这项内容安排在重要位置，从不同的角度、用不同的手段强化该项教育。

旅游服务者文化人格的塑造尤其要注重以下几方面的内容：一是文化审美素养的教育。这是一种通识教育。文化审美素养很大程度上影响着文化情趣、谈吐气质、自信心态等，也决定着人的底气。它带给顾客的往往是一种舒服的感受。二是形象意识及形象提升技能的教育。旅游服务者的文化人格的美首先应体现在服务者的形象上，服饰美、形体美、仪态美是关键环节。三是自信、热情、开放的心理素质的培育。这关系到服务者在工作中的精神状态和精神面貌，自信、热情、开放的心理素质往往会使接受服务者不由自主地受到感染。四是亲和力的养成教育。亲和力是一个人综合素养的重要表现，就旅游服务者而言，具备较强的亲和力会使顾客产生“无理由的好感”，有助于顾客满意度的提高。至于旅游服务者文化人格塑造的具体途径，不同的旅游企业针对不同的旅游服务者往往会有不同的具体做法。如有的旅游企业针对导游服务人员进行的“三爱教育”——珍爱景区、关爱游客、自重自爱，就是一种有效的方式。

第十三章

迈向价值和理性愈加坚实的新旅游文化学时代

本章提要：本章在对旅游文化未来的发展方向与前进道路进行探讨的基础上，提出了建设有新时代中国特色的旅游文化学的学术命题。

第一节　未来已来：中国旅游昂首阔步迈进 2.0 时代

如果要描绘一幅中国旅游产业崛起奋进的图景的话，那是最简单不过了。但在简单的描绘过程中，我们除了体验到一种惊心动魄的壮美外，似乎还感受到一种深深的忧虑和无奈。我们不想预言未来，但在中国旅游不断变革的世界性大变局中，我们分明嗅到了这样一种味道——旅游进一步被文化化、全域化和全球化，时不我待，所以我们需要想得更远一些，更深一些，把旅游的文化价值作为中国旅游的现实和未来发展重点进行认真的考量和落实。

毋庸置疑，2018 年 3 月，中华人民共和国文化和旅游部的批准设立，标志着中国旅游正式昂首阔步迈进 2.0 时代。

一、中国旅游四十年辉煌与困顿的矛盾交织

在中国旅游方兴未艾之际，为从根本上避免因盲目跃进或简单移植而给中国旅游发展带来的负面影响，有必要回溯历史，以敏锐眼光洞察从 1979 年到 2018 年中国旅游四十年辉煌与困顿背后那条有迹可循的

规律。

（一）在奋进崛起中不断成长跨越的大国旅游之梦

40年上下求索，40年沧桑蜕变，不仅谱就了中国历史上最为壮丽的社会进步与发展的历史诗篇，而且见证了一个旅游大国伟大复兴的光荣与梦想，铭刻了一段旅游奋进崛起的时代蜕变历程。

1. 凤凰涅槃（1979—1988）：中国当代旅游的诞生与前行。

1979—1988年，中国当代旅游"凤凰涅槃"，经历了不平凡的岁月，并且塑造了鲜明的时代特征：

一是带有浓郁的外事色彩特征。旅游主要被作为外事活动的手段和工具，集中关注创汇的非常规旅游发展模式直接促成了旅游产业规模的扩大和产业地位的确立。

二是带有典型的启蒙教育特征。走出国门，放眼世界，西学东渐，成为这一阶段旅游的趋势和潮流。

三是带有严重的低位徘徊特征。旅游产业基础薄弱，旅游发展总体水平不高，表现在旅游人数低、旅游收入低、旅游接待能力低、旅游国际地位低，当时中国旅游位居世界第40多位。

2. 三驾马车（1989—1998）：中国当代旅游的崛起与奋进。

1989—1998年，是中国当代旅游的"三驾马车"时代，中国旅游实现了关键性跨越。

1992年6月，国务院《关于加快发展第三产业的决定》提出旅游产业是第三产业的重点。各级政府也都提出要把旅游业作为支柱产业、重点产业或先导产业发展。1993年11月，中央提出"搞活市场，正确引导，加强管理，提高质量"的国内旅游业发展方针。1994年，国内旅游首次纳入国家旅游统计范畴，中国的旅游市场结构和旅游供给结构开始发生急剧性转变。"三驾马车"时期，旅游经济发展取得了举世瞩目的成就，实现了由旅游资源大国到世界旅游大国的跨越：

一是实现了旅游业由国家一般性产业向重点产业的突破和转变，旅游产业地位得到进一步提升。

二是完成了旅游业从"机遇型"向"市场竞争型"的转变，"一切以经济为中心”成为这十年中国旅游发展的核心。

三是实现了中国旅游市场结构的关键性转变，“国内旅游”开始显山露水，不仅有数量上的持续增长，更重要的是不断呈现出内涵升级。

3. 黄金十年（1999—2008）：中国当代旅游的美好与辉煌。

1999—2008年，是中国当代旅游光辉夺目的十年。这很大程度上归因于1999年推进实施的黄金周，从而使得这10年的中国旅游烙上了鲜明的黄金周特征，“黄金周”成为中国旅游黄金十年的第一个关键词。

“井喷”是中国当代旅游黄金十年的第二个关键词。旅游业作为一个朝阳产业，无论规模还是质量，都有了质的飞跃，中国成为名副其实的世界旅游大国。

“政府主导”是中国旅游黄金十年的第三个关键词。中央不断营造重视旅游的氛围，各级地方政府则把发展旅游作为推进城市发展的重要路径，竞相提出要把旅游业作为支柱产业、重点产业或先导产业发展。

4. 转型升级（2009—2018）：中国当代旅游的全域奋进。

2008年，国家取消黄金周，中国旅游开始步入转型升级之路。2016年1月19日，“全域旅游”这一概念首次被提出，“国际化”和“全域化”成为中国旅游在这十年中的两大关键词。

（二）奋力前行中所遭遇的现实困顿与泡沫性陷阱

回溯中国当代旅游40年走过的历程，有辉煌，也有困顿。中国当代旅游遭遇的现实困顿，具体表现为以下六个方面的泡沫性陷阱：

1. 因政策效应而引发的泡沫性陷阱。

“政府主导”是中国旅游40年发展的一条主线，上自中央，下到地方，各级党委、政府高度重视旅游，把旅游业作为国民经济发展的支柱产业和重点产业来培育和发展，涌现了一大批“旅游书记”、“旅游市（县）长”。政府主导固然为中国旅游发展提供了坚实的政策保障，为中国的旅游发展起到了“保驾护航”的作用，然而，由此也带来了政策效应引发的泡沫性陷阱，在一些地方，发展旅游变相沦为了政绩工程。

2. 因投资拉动而引发的泡沫性陷阱。

投资拉动是中国经济近几十年来颠扑不破的发展经验和发展主线。

在投资增长趋缓以及工业和房地产项目严批限购的现实背景下，旅游项目发力最猛，投资规模史无前例，数十亿甚至上百亿投资规模的旅游项目比比皆是。这些为做大旅游经济所采取的大手笔举措，实质依旧是各地区域经济发展的竞争手段，旅游是名，“地产”是实。

3. 由朝阳产业而引发的泡沫性陷阱。

长期以来，旅游业一直被视作无烟工业、朝阳产业，认为投入少、产出快、效益高。然而，旅游发展的实践充分证明，旅游业不仅具有与生俱来的脆弱性，既经不起任何国际国内政治的风吹，也经不起任何天灾人祸的雨打，而且更有后天因不断推升旅游品质而带来的巨大投入性风险。

4. 由规模经济而引发的泡沫性陷阱。

长期以来，中国旅游业主要通过“规模经济”而非“系统经济”来获得持续发展。旅游资源主要依赖自然景观和历史文化遗产，旅游经济相对于整个社会经济来说有相当高的游离性。

5. 因国际化而引发的泡沫性陷阱。

随着中国旅游在世界地位的进一步提高，旅游国际化趋势和潮流已经不可逆转。在经济全球化的背景下，中国旅游必须投身世界大环境中。然而，旅游的世界性并不意味着排斥、取消旅游的民族性，各种各样“国际一流”、“世界第一”、“国际旅游岛”、“世界旅游小镇”、“××国际旅游节”的背后，实际上隐藏着一个又一个因盲目追求国际化而引发的泡沫性陷阱。

6. 因复制模式而引发的泡沫性陷阱。

中国旅游 40 年，创造了无数的神话，谱写了无数的传奇。在一个跟风盛行的时代，各种各样的成功模式、经验、实践、样本被创造甚至被炮制出来，无情地吞噬着旅游原创的魅力和旅游创新的动力。

二、从 1.0 到 2.0：由上而下的文化产业垦拓和脱胎换骨的旅游产业晋位

（一）一场由上而下席卷全国的文化产业垦拓

中国共产党十七届六中全会是党在全面建设小康社会关键时期召开

的重要会议。会议从中国特色社会主义事业总体布局的高度，对深化文化体制改革、推动社会主义文化大发展大繁荣进行了部署。会议通过的《中共中央关于深化文化体制改革推动社会主义文化大发展大繁荣若干重大问题的决定》，体现了党对肩负历史使命的深刻把握，对国内外形势的科学判断，对文化建设的高度自觉，是当前和今后一个时期指导旅游各项工作的纲领性文件。在社会主义文化大发展大繁荣这一新的历史背景下，必将进一步兴起社会主义文化建设新高潮。中国旅游业责无旁贷，理应明确旅游业的文化责任，自觉发挥其在促进社会主义文化大发展大繁荣的作用。

文化越来越成为民族凝聚力和创造力的重要源泉。目前，中央和地方都把发展文化产业放到了前所未有的战略地位。党的十七大明确提出，要积极发展公益性文化事业，大力发展文化产业，激发全民族文化创造活力，更加自觉、更加主动地推动文化大发展大繁荣。2009 年 7 月召开的国务院常务会议，讨论并原则通过《文化产业振兴规划》，为文化产业的发展提供了历史性机遇。2011 年召开的中国共产党十七届六中全会更具有里程碑意义。十七届六中全会通过总结我国文化改革发展的丰富实践和宝贵经验，指出加强文化建设的重要意义，提出了推动社会主义文化大发展大繁荣的指导思想，以及到 2020 年我国文化产业的发展目标，部署了深化文化体制改革、推动社会主义文化大发展大繁荣的各项重要任务，强调了加强党对文化产业发展的领导。

党的十九大概括和提出了习近平新时代中国特色社会主义思想，确立为党必须长期坚持的指导思想并写进了党章，实现了党的指导思想的与时俱进。习近平总书记指出，文化是一个国家、一个民族的灵魂，文化兴国运兴，文化强民族强，没有高度的文化自信，没有文化的繁荣兴盛，就没有中华民族伟大复兴。党的十九大强调要增强“文化自信”，反映了我们党对文化地位和作用认识的极大深化，充分体现了我们党高度的文化担当。

可以预期，贯彻、落实十九大会议精神和各项任务，将进一步兴起我国社会主义文化建设新高潮。这对夺取我国全面建设小康社会新胜利、开创中国特色社会主义旅游事业新局面、实现中华民族伟大复兴具有重大而深远的意义。

（二）一次脱胎换骨的旅游产业晋位

由旅游 1.0 到 2.0，既是一场由上而下席卷全国的文化产业垦拓，也是一次脱胎换骨的旅游产业晋位。

2019 年以后的中国旅游，到底将开启一个怎样的时代？“休闲时代”的说法，是基于社会学提出的命题，主要相对于以往“工作时代”而言。也就是说，“休闲时代”是旅游的一种微观表达，缺乏系统性、战略性和旅游的针对性。

2019 年以后的中国旅游，实际上已开始迈向价值和理性愈加坚实的“后旅游”时代，也即一个“文旅新时代”。

“十三五”是我国经济社会发展的重要战略机遇期，也是我国全面建设小康社会的关键时期。改革开放后中国旅游发展 40 年取得了举世瞩目的成就，但在转变增长方式方面却并不尽如人意，“转型升级”已成为中国旅游改革发展的主线，是 2019 年之后中国旅游后 10 年，后 20 年，乃至后 30 年能否再续辉煌的关键。

中国旅游的前 40 年，实际上始终作为一个“产品”时代存在，中国旅游“井喷”也好，火爆也好，基本上说明旅游需求远大于供给，所以是一个旅游产品的快速生产和消费的时代。

中国旅游“转型升级”，实际上已不应仅仅是一种战术层面的产业转型和产品升级，而应是一种战略层面的做大做强。传统的产品已经无法满足人们需求，适应市场竞争，迫切需要把原来的产品打造成为品牌，最终实现中国由世界旅游大国向世界旅游强国转型的愿景和目标。

在中央关于深化文化体制改革，推动社会主义文化大发展大繁荣的大背景下，在把旅游业培育成国民经济支柱产业和人民群众更加满意的现代服务业的大框架下，旅游业迫切需要重新定位与审视，并且需要一次更大规模的产业晋位。

第二节 “文旅新时代”标示我国旅游发展新的历史方位

如果说，中国旅游的1.0时代是旅游时代，那么，中国旅游的2.0时代就是文化和旅游部开启的“文旅新时代”。

2018年3月，国家文化和旅游部组建设立，标志着中国旅游进入了新时代，实现了从1.0到2.0的历史性递嬗跨越，这是我国旅游发展新的历史方位，中国旅游从此进入了“文旅新时代”。

为了深刻把握当代中国旅游发展变革的新特征，增强对文旅新时代重大现实意义和深远历史意义的认识，有必要对文旅新时代做出全面而又系统的科学论断。

一、深刻理解文旅新时代的核心要义

中国旅游文旅新时代，是在百年不遇的世界大变局中形成的，有着深刻而复杂的社会背景和时代背景。当前，世界正处于大发展、大变革、大调整时期，世界多极化、经济全球化、社会信息化、文化多样化、旅游深入化发展，中国旅游由1.0旅游时代到2.0文旅新时代的递嬗跨越，正是在这样的时代背景下孕育诞生的。

中国旅游步入文旅新时代，既不是凭空的臆想，更不是一个简单的新概念表述，而是中国旅游经由无数量变到质变的必然历史跨越，具有丰富的思想内涵，“三个全面化”是中国旅游文旅新时代的核心要义。

（一）第一个核心要义是旅游“文化化”

21世纪前，世界上还没有几个国家能够清醒地意识到，在当今社会，一个国家的经济和社会的命运会这样紧密地联系并取决于文化；很少有人能够清醒地认识到，在当今世界，文化对旅游、对经济、对社会乃至对一个国家发展的重要意义。然而在今天，在中国，因文化是一个民族和国家的灵魂的理念深入人心，当代文化产业迅速崛起。

当今世界发展的一个重要趋势就是经济与文化日益融合，文化的需求带动了经济社会的发展。文化产业作为一种国家文化的基本形态，集中体现了一个国家基于文化而具有的凝聚力和生命力，不仅是提升国家参与世界竞争的“软实力”之一，而且越来越成为一种强大的产业实体。目前，国家之间、地区之间和城市之间的竞争已从GDP的竞争演变为文化产业的竞争，文化产业成为国民经济的重要组成部分。文化产业具有低消耗、高产出的特点，其渗透性强，具有很强的外溢效应，在转变经济增长方式、实现产业结构优化、扩大就业等方面发挥着巨大作用。

文化在旅游中的重要地位和作用无可替代。美国20世纪90年代就有88%的人认为在旅游中理解文化是十分重要的，相比之下，80年代只有48%的人如此认为。①

文化与旅游的关系问题一直是中国旅游发展的核心话题。早在1981年，我国著名经济学家于光远就曾指出：“旅游不仅是一种经济生活，而且也是一种文化事业。”② 这种看法认识到了文化在旅游的过程中所起的重大作用，并且直接促成了“文化是旅游的灵魂”这一核心命题在中国的生根。进入21世纪，随着中国社会经济的进一步快速发展，人民生活水平和教育水平的大幅度提高，人们对于文化和旅游的关系认识有了进一步的深化，并且开始着眼于从产业角度思考旅游产业和文化产业之间的互动关系，形成了旅游（产业）和文化（产业）融合发展的社会思潮。

步入文旅新时代，旅游文化化将成为未来旅游发展的主要方向，成为文旅新时代最显著的特征和旅游发展的根本要义。旅游和文化的关系，通过文化和旅游的合并，文化和旅游部的出现，实现了国家指导思想的转变。以文化价值为核心，旅游的文化化必将形成一股热潮并席卷全国。“文化再造旅游”成为首要问题，并为中国文旅新时代的旅游发

① Ted Silberberg. Cultural tourism and business opportunities for museums and heritage sites . Tourism Management，1995 (5).

② 于光远．旅游和文化．旅游，1981 (3).

展指明了方向。

步入文旅新时代，旅游将全面文化化，提升文化内涵将贯穿到旅游业的全过程、全要素、全行业，“文化是旅游的灵魂”成为中国旅游必须长期坚持的中心思想。伴随旅游文化化发展趋势，全国范围内的旅游产业的竞争将更趋激烈，文旅产业企业组织的集团化趋势也逐渐明显。同时，文化产业将日益成为旅游复兴的原创动力，成为旅游发展的基石。

（二）第二个核心要义是文化“旅游化”

习近平总书记指出，提高国家文化软实力，关系我国在世界文化格局中的定位，关系我国国际地位和国际影响力，关系“两个一百年”奋斗目标和中华民族伟大复兴的中国梦的实现。

改革开放以来，文化产业在推动我国产业结构调整升级、促进经济增长方式转变等方面发挥着越来越重要的作用。但是，与世界发达的文化强国相比，我国文化产业的总量与比重偏低，与文明古国的地位还不相称，文化资源没有得到充分利用。

目前，党和国家把发展文化产业放到了前所未有的战略地位，要积极发展公益性文化事业，大力发展文化产业，更加自觉、更加主动地推动文化大发展大繁荣。

国家文化和旅游部的出现，是我国文化体制改革的一次重大突破和重要举措，两个部门“诗与远方”走到一起。可以预期，在旅游文化化的同时，必然也会带来文化的旅游化，旅游终将成为文化真正的载体。

（三）第三个核心要义是文化和旅游“一体化”

“文化是旅游的灵魂，旅游是文化的载体”。步入文旅新时代，文化和旅游形成了携手并进的格局。从文化和旅游的关系来讲，两者已经不再是以前的要不要融合的问题，而是如何合一的问题。国家文化部和旅游局合并成立文化和旅游部，从国家组织机构层面提出了旅游和文化一体化发展的客观要求，文化和旅游从原先的各显神通、各擅其胜，转而变为一体化发展，互促互通，联袂前行，进一步打破文化和旅游各自的边界，进行广度联融和深度渗透。

二、全面把握文旅新时代的根本特征和本质差异

(一) 全面把握文旅新时代的根本特征

文旅新时代有着与1.0旅游时代完全不同的发展理念、发展目标、发展任务、总体布局和发展方向、发展方式、发展动力，有着文旅最本质的特征。文旅新时代的根本特征表现为三大核心内容：一是文化引领，二是文旅一体，三是文旅产业。

坚持文化引领。步入文旅新时代，文化将成为旅游发展的原创动力，“旅游发展，文化为先”将成为一种理念。随着社会经济的进一步发展，教育水平的进一步提高以及对于生活品质的注重，对于生命健康的重视等等，传统的以自然资源为主的观光旅游已经不能满足人们对于旅游品质的追求。旅游发展的理念、动力和方式等都将发生变化。“文化引领”、“文化为先”将成为旅游发展的统一思想、统一意志、统一行动的依据和基础。

坚持文旅一体。文旅新时代，文旅合并，文旅交融，一体化是关键，只有一体化发展，文化和旅游部才有权威，才能把文化和旅游牢固凝聚起来，形成无坚不摧的磅礴力量。如果不能一体化发展，那就只能各行其是，上到国家文化和旅游部，下至各地各级文化和旅游局的作用就会被削弱。

坚持将文旅产业作为未来发展的主要方式。步入文旅新时代，文化和旅游部将成为全新的部门，文化旅游将成为发展趋势，文旅产业将成为文化和旅游共同的产业。

(二) 全面把握文旅新时代的本质差异

进入文旅新时代，随着人们生活水平的进一步提高，随着旅游市场的进一步发展，随着旅游者消费理念的日趋成熟，旅游需求的求新求变，旅游者对于那种固有的文化旅游，对于采用单一的参观、朝拜方式来完成的旅游行为，兴趣已经越来越低。在景区滞留时间短，景观资源雷同性强，传统的旅游方式为越来越多的人所诟病，新旅游思潮崛起。

步入文旅新时代，文化旅游将成为一种新文化旅游，与1.0时代的

文化旅游有着显著差别。两者的本质差异主要体现在以下六个方面。

1. 从文化是躯壳到文化是灵魂。

在传统的文化旅游开发中，由于理论上缺乏创新，人们对于文化的选择往往囿于一定的框架之内，可以选择的余地并不大。这就造成了许多旅游产品开发往往是复原场景而不是复原文化，是表现文化的躯壳而不是文化的灵魂。而从旅游实践上来看，缺乏文化灵魂对于旅游产品来讲是致命的。新文化旅游视文化为魂，其开发就是要亡羊补牢，弥补这一致命的过失。

2. 从文化雷同性强到保持本色兼具差异。

在现行的文化旅游热潮中，人们见得最多的是性质类似、标准化的模仿物，这些模仿物根本没有突出各自的特色。许多旅游产品没有表现出各自独特的文化背景和文化内涵。他们都只是突出了同类文化的共性而没有表现个性，表现了同类文化的一般性特征而忽略了个体性特征。

在新文化旅游的开发中，一个地区能否保持自己的本色，能否守住与域外的差异，这才是旅游产品开发后能否对旅游者形成强烈吸引力的关键。因为审美理念告诉我们，差异越大才越具有吸引力。自然观光产品应当无条件地保持本色，文化旅游产品选择性地保持本色，这本身就意味着在旅游产品的开发上注入了“差异”这一文化审美观念，保住了本身的等级和品位，是一件事半功倍的大好事。

3. 从文化结构性缺陷到文化融合主义理念。

表面上看来，旅游产品通常很丰富，但实际上，旅游产品的丰富并不等同于文化种类的丰富，也并不意味着旅游产品具有了完备的文化形态。文化旅游中能对文化进行科学综合运用的有如凤毛麟角，这种问题带来的直接后果是文化旅游的文化展示不充分，流于旅游文化的表层和形式，难以触及它的灵魂和实质，从而形成文化旅游的结构性缺陷。

新文化旅游强调旅游对文化的运用要采取融合的办法，若干不同质、不同性的文化融合运用，就像化学里的“中和反应”一样，会产生新的东西，产生神奇的效果。多方面的文化融合满足了旅游者的需求，使其产生一种快乐的感觉，一种幸福的感觉。人们在这种氛围里旅游，这本身不就是一处和谐的景观吗？

4. 从浅尝辄止到深度开发。

目前的旅游产品，尤其是一些经济效益不错的旅游产品，其文化缺乏深度的开发。由于本身具有一定的知名度和市场规模，投资者或管理者大多抱有一种功利主义的经济目标导向，容易形成一劳永逸的思想，对文化的深度开发重视不够，结果往往造成旅游产品文化的庸俗化或丧失。

新文化旅游强调深度开发旅游产品，增加产品的体验价值。文化类旅游产品，如果没有很好地将内涵外化的途径和方式，其价值是很难充分传递给旅游者的。因此，新文化旅游积极探索各种途径，增加其产品的价值外化度，增加旅游者的旅游体验。

5. 从新文化载体开发利用少到综合创新运用文化载体。

近年来，一些旅游产品采用了部分动态文化载体的形式，其中大多为民俗表演或艺术表演，吸引了许多旅游者，带来了可观的经济效益。但是，这种文化载体也存在一些问题，那就是重复性强，对文化的表现深度有限，旅游者的参与程度也不高，并且易被模仿而失去特色。目前新的文化载体形式非常缺乏，能开发并运用新文化载体的旅游产品更是少之又少。

要将文化这种精神产品表现出来或者传递给旅游者，就要善用、巧用各种文化载体。要做到旅游文化载体运用的古今结合、动静结合、虚实结合，即将现代化的声光电技术、游乐设施与历史遗留下来的物质精神财富相结合；将各种动态情景表演形式与静态的建筑、装饰、陈列等相结合；将声音、气味等特定氛围的营造与视觉可见之物相结合。

要综合创新地运用各种旅游文化载体，深入体验经济时代的魅力，让旅游者参与其中、乐在其中，体现旅游文化内涵的丰富多彩，引领旅游发展文化导向的潮流。

6. 从商业化对文化的侵蚀到以商业手段保护文化。

在现行的文化旅游热潮中，过度的商业化色彩对文化本身造成了很大的侵蚀，商业因素对文化的干扰和渗透几乎是无孔不入和不择手段的。商业化以营造和推广流行时尚的操作方式，介入到对文化的开发、塑造和引导过程中来。而时尚里面有许多伪文化、俗文化、浅文化的杂质，这对构建良好的文化旅游造成了程度不一的负面影响。

当然，新文化旅游对商业化的操作本身没有任何异议，只是其商业化操作不再仅仅以功利性为唯一目的，而是和传统、高尚、纯正的文化在价值取向上相融合。落实到具体的产业发展过程中，就是始终坚持社会效益和经济效益的统一。

三、充分认识文旅新时代标示我国旅游发展新的历史方位

中国旅游步入文旅新时代，标示我国旅游发展新的历史方位，对此，必须要有充分的认识。

（一）文旅新时代标示旅游和文化的复杂关联进入新的历史方位

旅游和文化的关系一直是旅游的热门话题。如今，随着文旅新时代的到来，旅游和文化之间这种复杂的关联关系终于进入新的历史方位。

1. 旅游与文化的复杂关联。

旅游与文化到底是一个怎样的关联？“文化是旅游的灵魂”，文化和旅游有着复杂关联。

（1）文化是旅游“一个绕不过去的存在”。

在改革开放以来40年旅游发展进程中，旅游不同程度地出现文化认识的混乱，工具主义、非理性主义虽然没有形成相应的理论思潮，但在现实生活中却常常作为新的价值取向而被人们自觉不自觉地追随，导致现实旅游中出现了众多扑朔迷离的乱象，诸如过度包装，过度的商业化以及假文物、假古董等等，已经成为各方面无可回避的不容忽视的社会问题。另一方面，旅游魅力不断弱化，曲高和寡的问题突出，旅游并没有因为文化而焕发魅力，相反，却因文化的简单移植、粗暴复制而备受指责、诟病，甚至质疑。然而这不是文化本身的问题，无论如何，文化是旅游“一个绕不过去的存在”。

仔细分析这个借喻，我们发现其意义主要在于：

第一，文化是旅游的客观基础和前提，是文化造就了旅游，没有文

化就没有旅游。

第二，文化虽非是造就旅游的全部，但却是旅游的重要来源和主要构成。

第三，这一隐喻强化了旅游和文化之间的紧密关联性，强化了文化对旅游的支撑和旅游对文化的依赖性。

（2）文化和旅游互为依存，双向影响。

旅游与文化互为依存。一方面，文化造就了旅游的灵魂。文化渗透性强，具有很强的外溢效应，在转变旅游经济增长方式，实现旅游结构优化和产业转型，特别是在焕发旅游无穷魅力方面发挥出日益巨大的作用。另一方面，旅游对文化提出了更高的标准和要求。

进入20世纪90年代，中国的经济社会环境开始发生变化。与轰轰烈烈、热火朝天的经济发展浪潮相呼应，中国旅游迎来了史无前例的“井喷”行情。一方面，由于旅游和文化都是对一个地区地域特色文化资源的开发和利用，结合旅游文化的发展需要，文化在旅游中的地位和重要性越来越突出。越来越多的人开始认识到，一个国家的旅游业如果缺少了本民族的文化底蕴，便失去了特色，失去了强大的吸引力。另一方面，在文化旅游备受青睐、生机勃勃的同时，一些有着深厚历史渊源的文化旅游却频频遭致曲高和寡的冷遇命运，旅游灵魂缺失现象十分突出。

发展思路迷失，继承性、连续性和创意性缺损，导致旅游与文化区隔化、模式化、表面化、雷同化、概念化，一阵喧嚣和热闹之后，旅游依然是旅游，文化依然是文化。针对这一状况，有必要牢固树立旅游与文化互为依存、互为前提而又各自独立发展的思路，努力弥补旅游的文化品位不高甚至缺失的现象。

2. 旅游与文化统一身份的构建。

中华人民共和国文化和旅游部正式组建，标示着旅游与文化的复杂关联进入新的历史方位。

中国历史悠久，文化多元，在长期的岁月积淀中，即便是自然旅游资源也不仅仅是“自然”那么简单，大多都经历了人文的洗礼，因此可以毫不夸张地说，是文化将旅游“点石成金”。文化是造就旅游灵魂的基石。

从产业和经济角度讲，文化是旅游的资源，旅游是文化的市场。从这一角度看，文化成了旅游的内容，旅游则成为文化的重要载体。旅游与文化的复杂关联不仅在各自作用和功能上得到清晰表达，而且还在两者统一身份的构建中得到本质揭示。

（二）文旅新时代标示旅游与文化的地位进入新的历史方位

国家文化和旅游部的合并组建，不仅明确了是“文化和旅游”而不是“旅游和文化”的这样一种主次地位关系，更重要的是，它标示着文化由“边缘”开始走向“中央”。

1. 文化：从边缘到中央。

旅游文化的深刻内涵决定了其在旅游业发展中的重要地位。进入文旅新时代，现代旅游业蓬勃发展，旅游目的地之间、旅游企业之间的竞争已经上升为文化的竞争。文化，作为旅游的灵魂，始终蕴含在旅游活动中，表现出极大的魅力；文化，作为旅游业的支柱，已成为旅游发展的制高点和新的经济增长点。利用和发挥旅游文化的巨大影响来带动旅游产业的发展，已成为世界旅游业前进的趋势。

重视旅游文化已经形成共识。旅游业蓬勃发展，一方面满足了旅游者与日俱增的文化需求，另一方面促使越来越多的学者开始将目光转向这一领域，旅游的理论研究范围从经济学、社会人类学扩展到了文化学，且文化作为旅游的核心问题这一观点也逐渐被大多数研究者所认可。从旅游的文化属性分析，文化是旅游者的出发点和归结点，是旅游景观吸引力的源泉，是旅游的灵魂。文化，从“边缘”走向“中央”。

2. 从“旅游和文化”到“文化和旅游”。

众所周知，在旅游业大唱“旅游＋”的时代，文化仅仅是无数“旅游＋”中的一员，充其量不过是最为重要的一员而已。步入文旅新时代，旅游最终和文化结合，和文化交融，并且是“文化和旅游”，标示着两者的地位和定位进入新的历史阶段。

（三）文旅新时代标示文旅产业进入新的历史方位

文旅新时代为我们提供了重新评估文化在旅游中所扮演的角色的机

会。人们利用旅游资源的方式将会发生巨大的变化，旅游生产、传播和消费的方式将越来越取决于技术创新、文化创新和全球化市场，迫使我们重新认识旅游产业的方位。步入文旅新时代，文旅产业作为旅游业的新业态迅速形成，文旅产业将进入旅游业新的历史方位，旅游业将成为一种全新的文化旅游创意产业。

1. 对旅游文化创意认识的误区。

在当今中国，旅游文化创意已不再仅仅是一个概念、一种理念，而是成为有着巨大经济效益的产业，不仅得到了学术界的关注，而且从深度上拓展了旅游发展的空间，旅游文化创意蓬勃兴起。

但不可否认，我国在旅游文化创意认识方面存在很多误区：

(1) 旅游文化创意概念解读的误区。

当代创意产业和旅游产业的蓬勃发展，使得旅游文化创意成了时髦的概念、时尚的话题，各种与旅游文化创意相关、相近或相似的概念，引发了旅游文化创意概念的误解和误读。

第一种概念误读：旅游文化创意＝旅游＋文化创意。这种解读在旅游学界拥有很大的市场，催生了很多诸如“论旅游资源规划开发中的文化创意”、“旅游形象的文化创意”一类的文章。旅游的确需要文化创意，但如果仅仅把旅游文化创意理解为旅游产业处处都需要文化创意，一是把旅游文化创意这一整体的概念做了不恰当的肢解，二是弱化了文化创意在旅游中的突出地位。

第二种概念误读：旅游文化创意＝旅游＋文化＋创意。认为文化是旅游的灵魂，旅游的发展离不开文化的支撑。换言之，旅游文化创意也就是旅游需要文化的另一种时尚表达。至于其中“创意”二字，从目前已发表的文章来看，都未具体涉及，无非是给传统的“文化”二字披上了现代最时尚的“文化创意”的外衣。

第三种概念误读：旅游文化创意＝旅游文化＋创意。这种概念理解同样拥有广泛的市场，并且，其中的“旅游文化”，人们更喜欢把它的落脚点放在“文化”或“文化旅游”上，旅游文化创意事实上也就变成“文化需要创意”的一种表述。

第四种概念误读：旅游文化创意＝旅游＋文化创意产业园。当代，文化创意产业崛起，各种各样的创意园、文化创意集聚区，为越来越多的旅游者所青睐，文化创意园区本身已经成为一个景点，文化创意产业给旅游开拓了新空间。但这种概念所赋予旅游文化创意的含义，其实与工业旅游、农业旅游一样，可称为文化创意旅游。

旅游文化创意存在的上述四个概念方面的误区，说明学术界尚未将旅游文化创意作为一个独立的整体的概念，对其内涵和本质缺乏深度思考。

（2）旅游文化创意认识角度的误区。

旅游文化创意，如果仅仅理解为旅游的文化创意、旅游文化的创意或者文化创意产业旅游，是缺乏认识方面的深度和高度的。旅游文化创意是旅游的一个新概念，是对旅游产业的一种新认识，目的是把旅游产业发展提升到一个新高度。

（3）旅游文化创意理论架构方面的误区。

旅游文化创意应该属于创意产业或文化创意产业，创意产业或文化创意产业的相关理论，是用以指导旅游文化创意的理论基础。

（4）旅游文化创意战略定位上的误区。

旅游文化创意是基于旅游业整体发展的一种战略思考。未来旅游业发展必须通过实现旅游文化创意战略才能升级，所以它是旅游业未来发展的一种核心战略和主导战略，也就是说，旅游文化创意，首先是战略问题而不是战术问题。

（5）旅游文化创意在方法应用上的误区。

旅游文化创意在方法上，采用的不再是旅游的方法，而应是文化创意的方法，二者虽非天壤之别，也非绝对排斥，但毕竟道不同，术相异。

（6）旅游文化创意地位和作用确立方面的误区。

旅游文化创意，事关旅游产业整体的思考，而非仅对旅游产业某个要素、某个部门提出的要求，是对旅游产业性质的重新界定。

综上所述，旅游文化创意应是一个独立的概念，而非杂乱的拼凑；

是旅游产业发展内在要求，而非外在嫁接；是对旅游产业属性的认识，而非现象的解读；是对旅游产业作为一个全新的产业的全局性、系统性的命题，而非个别性、局部性的理解；是对现有旅游产业的一次彻底颠覆，而非修修补补。旅游文化创意事关旅游产业未来发展方向、发展定位。

2. 旅游产业的文化创意本质及其属性。

（1）旅游文化创意概念的独立性本质。

“旅游文化创意”是一个独立的概念，并非旅游需要文化创意之类的现象表述，也非旅游与文化及创意等若干概念的拼凑或耦合；是一门独立的学科，而非其他学科的依附，未来将形成自己独立的学科体系。

（2）旅游文化创意现象的产业性本质。

“旅游文化创意”完整的表达是“旅游文化创意产业”，即便人们习惯上常用“旅游文化创意”一词，也不能改变其文化创意产业的本质。旅游文化创意不仅仅停留于现象，而且主要涉及产业本质，是作为一个完整的文化创意产业而出现的。

（3）旅游文化创意的创意性本质。

旅游文化创意，包含三个层面的丰富内涵：第一个层面，旅游文化创意是一种产业；第二个层面，旅游文化创意属于创意产业；第三个层面，旅游文化创意产业属于文化创意产业。

综上所述，旅游文化创意，本质在于“创意”。

3. 一个全新的文化旅游创意产业。

（1）用文化创意产业的视角和理论重新认识并定位中国的旅游业。

旅游产业到底是经济产业还是文化产业，是经济现象还是文化现象，长期以来，众说纷纭。从经济学角度出发，可以把旅游界定为一个包括多种工业的新兴工业，注重其经济效益和增值作用。而从社会学和文化学的角度出发，则可把旅游作为一种文化现象来界定。不管争论如何激烈，旅游产业的经济属性始终占据主流认识。

随着人文学科的日益成熟，文化创意产业的崛起，旅游文化创意作为完整的学科理论体系出现，它促成旅游学界对旅游产业的内涵及其本质——文化创意的进一步思考：旅游仅仅具有创意的一般属性，还是旅游是一种文化创意现象？

用文化创意产业的概念和视野来重新认识旅游产业，我们发现，旅游产业实质是一种文化旅游创意产业。

以前，我们一直认为，文化是旅游的灵魂，而现在我们越来越发现创意才是旅游真正的灵魂，是推动旅游发展的动力。各国有关创意产业和文化创意产业的定义中，早已明确把旅游业列入文化旅游创意产业的范畴。

从这一意义上说，把旅游产业视为文化旅游创意产业，是对作为旅游新时代旅游产业的一种新认识、新表达、新定位。

（2）从文化旅游创意产业角度重新定位中国旅游业的深远意义及长远影响。

从文化创意产业本质归属的角度对旅游产业重新进行审视和定位，对旅游产业未来发展具有深远意义和长远影响。

第一，把旅游作为文化创意产业的一种进行全新认识和重新定位，旗帜鲜明地提出了旅游产业是文化旅游创意产业的全新的产业归属，结束了长期以来的纷争。

第二，将旅游产业定位为文化旅游创意产业，将有效带动中国旅游产业真正实现转型、升级和换代。明确了中国旅游产业的发展方向，那就是由目前的经济产业向文化创意产业转型，由现在的资源产品、市场产品向创意产品升级，由传统旅游向创意新旅游换代。

第三，将旅游产业定位为文化旅游创意产业，有助于提升旅游产业新形象，赋予旅游产业新内涵，明确旅游产业新地位。

第四，将旅游产业定位为文化旅游创意产业，进一步明确了未来旅游业发展的方向。在旅游经济时代，投资、资源和市场是旅游产业发展最大的推动力，而在文化创意时代，创意是旅游发展最大的推动力。

第五，文化旅游创意产业命题的建立，将推动中国旅游从国家战略的高度推进旅游文化创意，进而实现中国从旅游大国向旅游强国的迈进。

第六，把旅游业纳入文化旅游创意产业的范畴，可以更好地推动文化旅游创意产业与其他文化创意产业的融合，更好地整合资源，协调发展，提升整个旅游产品的档次、品位。

总而言之，将旅游产业纳入文化创意产业范畴，能对旅游产业未来的发展产生纲举目张的作用。

第三节　加快构建中国文旅新时代特色旅游文化学

加快构建中国文旅新时代特色旅游文化学，是历史赋予我们的时代重任，要按照立足中国、借鉴国外、弘扬传统、把握当代、面向未来的思路，着力构建中国文旅新时代特色旅游文化学。

一、旅游文化的传承与弘扬

旅游文化的传承与弘扬必须以马克思主义原理作为指导思想和理论基础。要运用历史唯物主义的基本观点对悠久的旅游文化传统进行全面深刻的分析和研究，区分出糟粕和精华。盲目地颂古、好古，对旅游文化传统全盘接受，或是全面否定、胡乱抛弃，都是不明智的举动，根本谈不上是对旅游文化的传承与弘扬。对旅游文化中消极、落后的东西，我们要毫不留情地舍弃；对其中精华的部分，我们要批判地继承，并使其得到充分的发展，真正做到“古为今用”。

传承与弘扬旅游文化要立足本国，面向世界。要把旅游文化纳入世界旅游文化系统的大环境中，将其与其他先进、优秀的旅游文化作系统、横向的比较，以了解明白自身存在的问题，吸收一切有益于自身发展的东西。历史证明，拒绝接受外来优秀文化，盲目自闭，是不可能取得任何进步与发展的。我们必须实行开放政策，对异域旅游文化要敢于“拿来”，在自身发展的道路上，借鉴外国旅游的一些经验，真正做到“洋为中用”。

总之，传承与弘扬旅游文化，就是要以马克思主义为指导，历史地、科学地、求实地对待传统文化，能够把它放在世界文化的发展中加以考察，特别是能够把传统文化与民族的振兴结合起来，建设有新活力、新内容、新格局的世界旅游文化新体系。

（一）建立商品经济基础上的旅游文化

农耕自然经济是中国古代社会经济的主体，这种自给自足的封建经济从战国时期一直延续到鸦片战争以后，对中国传统文化的影响具有决定性的作用。作为中国文化一支的中国旅游文化当然也是植根在以小农经济为主的经济基础之上的，因此，传统旅游文化的产生与发展自然离不开农业经济。

在这种农业经济意识和农业文化氛围的强烈影响下，中国传统旅游文化不可能脱离中国农业社会“农本商末”的经济结构。众所周知，旅游经济是一种商品经济，现代旅游文化是一种建立在商品经济基础上的文化。而中国古代商品经济是为了补充农耕经济的不足和满足大一统中央集权国家的需要而产生和发展的，因此，这种商品经济具有很强的对农耕经济的依附性，缺乏独立发展的性格。虽然中国古代商品经济在历史发展中呈现总体上升的趋势，但是，相对占主体地位的自然经济而言，仍处于一种较为低迷的状态。所以，传统旅游文化只能是一种建立在农业经济基础上的文化。只要这种经济基础不从根本上改变，旅游文化就不可能彻底脱胎换骨。建设现代旅游文化，就必须坚持社会主义经济建设，大力发展社会主义商品经济，只有这样，现代旅游文化才会在社会主义的经济轨道上顺利运行，发扬光大。

（二）发展大众旅游文化

传统旅游文化是一种贵族旅游文化、少数人旅游文化，而现代旅游文化则应该是大众旅游文化、全民旅游文化。

传统旅游文化因受封建专制制度的影响具有明显的阶级性：一方面，封建统治者们封禅巡游、祭祖狩猎，前呼后拥、奢侈张扬；另一方面，人民大众被严格控制、禁止流动，普通居民的自由流动几无可能。即使有小部分的旅游者，还必须在出游前申请“符传”，过关卡时要主动出示，无证旅人将受到重罚。旅客住宿也要有官府凭证，旅舍的主人如果收留无证旅人，与“奸人”同罪。在这样严厉的法令制度下，怎么可能出现大规模、群众性的旅游行为呢？

我们发展旅游业，必须符合自身的国情。中国旅游资源极为丰富，国内客源充足，这是一个极富潜力的旅游市场。当前的旅游文化建设，正是要求我们着眼于国内市场，着重于大众旅游，将全民旅游建设放在旅游发展任务的首位。

（三）发展新型旅游文化

传统旅游文化是被动的、消极的，而现代旅游文化应该是积极的、主动的、创新的。

中华民族历来有“安土乐天”的生活情趣，这是直接从农业文明中生发出来的国民精神。作为一个农业民族，中国人采用的主要是农业劳动力与土地这种自然力相结合的生产方式，他们建立的自然经济社会是一种区域性的小社会，与外部世界处于封闭状态，所谓“鸡犬之声相闻，民至老死不相往来”。农民固守在土地上，起居有定，耕作有时。安土重迁是他们的固有观念，即一旦在某处扎根，就再也不愿离开。

在这样的情况下，“失其本居而寄他方”的旅游行为当然不可能受到重视与推崇。相反，儒家提出了“父母在，不远游，游必有方”的近游理论，这种封闭的旅游观在当时生产力低下、交通不发达的客观条件下有其存在的价值。但在发展商品经济的今天，这种影响中国两千余年的旅游观念，理应发生根本的改变。

在古代，农民固守土地，从事周而复始的农业劳作，当然不可能想到出门旅游以娱乐身心。但在温饱问题已基本解决的今天，大多数人在工作、学习之余，产生了旅游的愿望。于是，在经济条件允许的情况下，越来越多的人参加旅游活动，以达到休闲、娱乐的目的。旅游已成为最受欢迎的休闲、娱乐方式之一。通过旅游，人们还能增长见识，开阔视野，增强对旅游地风俗习惯的了解，从而加深地区间文化、经济的交流。

现代旅游文化建设，必须打破封闭的旅游观，树立新型的、开放的旅游观。同时积极开发新的旅游资源，设立更多的旅游项目，加大对旅游地文化内涵的宣传力度，激发游客的兴趣，从而吸引更多的客源，繁荣旅游市场。

（四）发展开放型旅游文化

传统的旅游文化是一种封闭的旅游文化，而新型的旅游文化应该是开放的旅游文化。

传统旅游文化的封闭性是由中国所处的封闭的地理环境和中国文化传统中的保守性格共同作用所造成的。

我们今天要建设的，是一种开放的、面向世界的旅游文化。因此必须加强同世界旅游文化的交流，加强中国旅游文化的对外传播。因为一个民族或国家文化的进步，离不开文化传播的健康进行。没有交流的文化系统是没有生命力的静态系统，断绝与外来文化信息交流的民族不可能是朝气蓬勃的民族。我们应从发展当代旅游文化的高度出发，加大对游览点文化内涵的对外宣传，增强外国游客对中国旅游文化特色的认识，激发他们到中国旅游的兴趣。扩大开放，对外交流，“让世界了解中国”，是旅游文化建设者所必须完成的任务。

（五）变因循守旧的旅游文化为突破创新的旅游文化

传统的旅游文化是因循守旧的文化，当代旅游文化应该是突破创新的文化。

循例从众和因循守旧往往会引发文化的保守，扼杀个性和创新。在中国古代，许多旅游文化现象都体现了这一情况。宋宁宗给宋迪的潇湘八景配了诗，于是一夜之间，天下八景泛滥成灾，以至许多州、县甚至普通乡镇都有“八景”。中国古代的帝王巡狩，从上古时代的尧、舜、禹一直到清朝的乾隆，几乎代代相传，而无根本上的改进和变动。在整个封建时期，旅游文化都表现出一种模式、一个腔调的特征。我们的国民总是习惯于沉浸在对先驱者的旅游行为的留恋和模仿之中，很少有人想到突破和创新。

今天的旅游业在发展过程中，也不可避免地沾染了因循传统的毛病。一旦有新的旅游景点或旅游线路开设出来，各单位往往趋之若鹜，竞相模仿。以近些年炒得火热的主题公园为例，大大小小的“唐城”、“宋城”、“三国城”、“欧洲城”比比皆是，令人眼花缭乱。其实这些乐园在形式上大同小异，在管理、布局上亦区别不大。个性成分太少，共性成分太多。要实现旅游文化的现代化，就必须打破这种缺乏创造力的求同思维定式，以发展的眼光看待问题，从总体上作好旅游规划，合理开发旅游资源，鼓励旅游景点建设的多样性与独特性，在旅游文化建设中创立“百花齐放”的局面。

二、积极发展文旅新时代特色旅游文化

（一）坚持中国特色，实现“世界的”与“中国的”二者的有机统一

未来的世界将是发展到更高层次的工业化社会。以技术长足进步、信息迅速传递为推动力，世界市场将进一步扩大与深化，文化的世界性将向纵深发展，各国、各族人民物质生活及精神生活的联系将日益增强。然而，文化的世界性并不意味着排斥、取消文化的民族性。世界文化的多样性，要靠发扬各民族文化特色来丰富。

在文化发展的历史要求下，中国的旅游文化必须投身世界旅游文化的大环境中，广采博纳外域英华，以谋求自身的兴盛昌大。必须坚持旅游文化的开放，坚持旅游文化的交流，坚持“输入—吸收—输出”的文化传播路径，将建设中的旅游文化纳入世界旅游文化的运行轨道之中。在这一过程中，还必须坚持旅游文化的民族特色、中国特色。每个民族都有自己的传统和特色，如何更好地开发和利用这一丰富的旅游资源，在世界化的过程中保持自身的特色，将是世界各民族以后所要切实解决的问题。健康有益的民族特色的发展，正是对全人类旅游文化的一份宝贵贡献。在这一意义上，文化越是民族的，便越是全人类的。

文旅新时代旅游文化既不可能是中国传统文化的原型推进，也不可能是外来文化的整体移植，而只能是两者的融合，是两者在更高层次上的再创造。世界各民族旅游文化作为一个有机整体，将在世界性与民族性的对立统一中阔步前进，描绘出新的华章异彩。

（二）坚持新时代特色，实现“现代的”与“传统的”二者的有机统一

现实的及未来的文化离不开传统，也不能拘泥于传统，而是依托传统又超越传统。继承和发展旅游文化，必须借鉴传统，改善、净化现代旅游文化，纠正今日旅游文化的若干错误，还必须以现代意识扬弃传统，发展传统中富于生命活力的那部分内容，创造传统所缺乏而又为现代生活所必需的新成分。

坚持文旅新时代特色，准确把握具有文旅新时代特色的旅游文化的科学内涵，发展无愧于新时代的旅游文化。

（三）坚持绿色发展，倡导绿色文化，实现“文化的”与“生态的”二者的有机统一

旅游环境是旅游业赖以生存和发展的前提条件，如果旅游业在发展过程中出现管理不当，尤其是旅游超载，将会对环境产生不利影响，这种影响不只限于生态环境，对社会环境也是如此。旅游资源开发时，若规划不当，如盲目开路、就地随意采石砍树等，都会破坏旅游生态环境的协调完整性。旅游者在旅游区留下生活污水、粪便以及乱掷垃圾等也将对生态环境造成污染。从社会环境方面分析，过量的旅游者的涌入和外来劳动力的影响，冲击了当地的社会秩序和风气，改变了当地居民的价值观念和道德风尚。而且，游客的进入除了带动文化交流外，也会使社会沉渣涌入和泛起，增加社会治安管理的负担。

当今世界面临着严重的环境危机，生态破坏严重，资源日益贫乏。我国又有着繁重的人口负担，能源分配十分不足。因此在规划旅游文化的发展蓝图时，必须正视环境所带来的巨大制约，制定相关法律并依法保护和治理环境；合理制定旅游规划，合理开发旅游资源；控制旅游规模，控制发展速度。

（四）坚持文化引领，实现“文化的”与“旅游的”二者的有机统一

近几年席卷全球的文化热潮，冲激着无数年轻人的心灵，引发了不少精彩的讨论，轰轰烈烈，沸沸扬扬。

与这种文化热现象不太适应的是，对旅游文化的讨论并未因此而升温，文化学界是这样，旅游学界也是这样。数千年绵延不绝的旅游文

化，在不少人的心目中越来越淡漠了。旅游理论的贫乏，旅游形式的单调，旅游资源开发的因循守旧，乃至于整个旅游业的步履维艰，无一不是重经济轻文化这种不正常现象所直接造成的恶性循环苦果的一个具体表征。

旅游事业要振兴，要发展，要走向世界，出路何在？答案只有一个：那就是弘扬旅游的民族文化精神，充实旅游的文化意蕴，发掘旅游资源的文化优势，提高旅游者和旅游从业人员的文化素养，营造旅游的文化氛围。只有这样，旅游事业才会充满活力和生机，才能健康有序。

我们深信，建设有新时代中国特色的旅游文化，是我们这一代人的使命，也是中国旅游文化面向未来的发展方向，而新时代中国特色的旅游文化就是文化和旅游的融合发展。

但现实却令人遗憾，国际啤酒饮料及酿造技术博览会门可罗雀，“原汁原味”的德国、韩国啤酒文化只流于形式。

“这次世界名牌啤酒经销商来得不多，参与人数也不是很多，与‘国际化’三个字不符，真正的‘国际化’展会中的人数，外国人应该占到40%以上。但目前的青岛啤酒节远未达到这个数字。”青岛社科院城市所所长郭先登在接受记者采访时说。青岛大学旅游学院副教授田克勤也表达了类似的观点，他认为，青岛啤酒节有国际化的目标，但眼界并不是很开阔。

“与慕尼黑700年的啤酒酿造史相比，青岛啤酒节的啤酒文化略显单薄。”郭先登认为，事实上，青岛啤酒节还没有形成自己的啤酒文化，这显然是一个需要积淀的过程。

在青岛啤酒节办公室宣传处提供的资料上，提到最多的词就是“扩容”和“创新”。但记者发现，其效果并不理想。如首次引进的啤酒嘉年华，热闹有余底气不足，表现之一就是游乐设施的档次不高，多数外地游客对此并不感兴趣。

此次啤酒节还联合有关单位举办了中国星流行音乐大赛和亚洲音乐节新人歌手大赛等活动，从“要把青岛啤酒节办成世界级别的专业啤酒节”的方针来看，这似乎也是自相矛盾的。究竟是“狂欢节”还是“啤酒节”，这表明主办方在“多元”和“专业”之间摇摆着。

由于2008年奥运会帆船比赛（以下简称奥帆赛）将在青岛举行，此次啤酒节上还增加了许多帆船展的影子。在啤酒城指挥中心，奥帆赛宣传展占满了一楼大厅。这使人们近距离地了解了奥运帆船比赛的情况，但也有人提出了质疑，“要办成专业性的展会，就不能强求面面俱到。啤酒节不能容纳‘百川’，这样只会降低啤酒节的专业质量”。

一位前来参展的青岛会展业人士向记者表达了他的感受：“这哪里是展会，啤酒节里啤酒反而成了一种点缀，这样搞大杂烩要不得！”

但青岛市国际啤酒节办公室宣传处的同志则不这样认为，他们表示，只要啤酒节在青岛举办，就不会冲淡啤酒节主体文化。

事实上，青岛啤酒节作为青岛城市文化的一部分，作为地区经济发展的“助推器”，它的包袱如此之重，显然已经难以轻装上阵。

（二）“还节于民”仅是口号，价格门槛让百姓走远

针对目前国内众多城市都在举办各种名目啤酒节，导致啤酒节泛滥的情况，青岛市人民政府新闻办公室的工作人员告诉记者，青岛啤酒节的定位是“市民节”、“狂欢节”。要办成老百姓踊跃参与、国内外游客热烈推崇的东方最大的啤酒盛会。

然而，这样的目标定位似乎仅是流于口号。在欧洲啤酒联合展区，工作人员告诉记者，欧洲啤酒多数是青岛商业银行、青岛中国移动、交通银行的团体来消费的，由于价格相对较高，个人前来消费的很少。

高票价也把相当多的普通市民挡在了啤酒节的大门之外。在青岛打工的小李向记者表示，门票在下午两点以前是十元，而在此之后就要翻一倍。即使早点进到啤酒城里，也只是来看看，根本消费不起。

“不要门票才是‘市民化’的表现。”郭先登认为啤酒节的门票本应该取消，虽然会展有投入，需要有回报，这是合理的，但要靠提高管理水平和广告收入来扩大展会的容纳力，而不是用门票来制造门槛。

主办方提出的“平民”嘉年华活动，本意是啤酒和游乐优势互补，促进消费。但一个奇怪的现象是，参加啤酒节的市民逛的比消费的多。据估计，一个大人全玩下来，至少需要200元钱，小孩也要100元左右。“我们都只是带小孩来逛一下，这样的消费玩不起。”一对年轻夫妇对记者说。

记者同时还了解到，啤酒节期间的娱乐项目比平常专门的游乐场要贵20%，在啤酒城外喝的青岛啤酒只售1.5元，而在城内却卖到了6～7元，欧洲的名牌啤酒更高达20～30元一小瓶。如此的“嘉年华”，与“平民”有相当的距离，显然，主办方的办会目标和实际效果是各行其道。

参展商对啤酒节的参展效果表示并不满意。卖啤酒节指定礼品的吴先生向记者表示：“今年生意很糟，一个啤酒节下来，肯定连上万元的摊位费都赚不回来。”一家出售饮料的女老板则告诉记者，原来主办方定的一条街3家商家，而现在却达到了7家，所以自己的亏损很大。她甚至向记者表示，“目前只能继续硬撑下去，明年坚决不来了”。相对于国内厂商，国外参展商的投资每次更是高达几十万、上

百万，对于他们而言，参展的成本回收更是一个不容回避的难题。①

阅读材料二：

打破政府办节的潜规则

国内的啤酒节，大多是“上级有关部门”挂名主办，美其名曰“牵头”，承办者大多是举办地有关部门，支持赞助者为啤酒企业以及其他一些关联企业，这是国内啤酒节的“典型特色”。

在这个特色鲜明的“三角关系”中，三大主体（啤酒厂商、啤酒节组委会、作为主办方的上级有关部门）之间的关系是很微妙的。啤酒厂商是以啤酒节的最大的“买单者”而存在的，“组委会”对啤酒节的专业运作能力直接决定了啤酒节是否办得成功，“上级有关部门”又从各个方面直接或者间接行使着对啤酒企业的“行政管理权”。

像啤酒节这类的商业活动，按理说应该是完全按市场化运作的，但目前国内所举办的绝大部分啤酒节，台前幕后都有一只政府的手在挥来挥去，青岛国际啤酒节也不例外。

然而，对操作“市场化、商业化”的东西，政府部门肯定不是“内行”。既然不是内行在办节，那么办出来的啤酒节结果是什么呢？“啤酒节开幕前7天，参会人数只达到73.5万人次，消耗啤酒仅为291吨”。

既然效果不佳，为何还会有这么多部门“喜欢”参与办啤酒节？其主要原因还是“功利”的引诱在作祟。如果把啤酒节办好了，办成了“城市的名片”，一是政绩有了，二是还能得到一杯经济利益之羹。这种两全其美的好事，谁又不想干呢？

也许正是主办啤酒节的“有关部门”为啤酒节赋予了太多的功利性，因此才造成办出来的啤酒节“面目全非”，脱离实际，让人摸不着头脑。从这个角度讲，“有关部门”就应清楚定位自己的角色——只是啤酒节的“服务员”而不是“指挥官”，最好不要插手啤酒节主办的相关事宜。如果真的想把啤酒节办好办出特色，使中国的啤酒节真正走向“国际”，就必须打破啤酒节“以政府作为主导”举办的

① 陈亮．青岛啤酒节：商业味太浓如何“还节于民”．中国经营报，2004-09-06.

“潜规则”，让真正“懂行”的专业机构和专业人才来办。

啤酒节在没有政府“指挥棒”的市场化环境里自由发展壮大，才是真正的“还节于民”。[①]

三、案例聚焦

本案例的焦点主要是：青岛啤酒节商业味太浓；缺乏广泛的群众参与，应该还节于民；打破政府办节的潜规则。

四、案例价值

本案例体现在旅游文化学方面的价值，主要是旅游的文化呵护问题，一方面可以有效提升节庆的文化品位，另一方面可以极大满足日益提高的旅游主体的文化需求。

五、他山之石

大连国际服装节、青岛国际啤酒节、上海旅游节是国内旅游节庆的成功典范，青岛国际啤酒节所遭遇的尴尬也不同程度地存在于大连国际服装节和上海旅游节。

与发达国家相比，我国的节庆活动无论是知名度还是影响力都存在很大的差距。德国慕尼黑啤酒节和西班牙潘普罗那奔牛节是世界上最负盛名的两大国际级节庆，它们的主要魅力用西班牙人的话来说，在于街头的节日气氛，在于众多人能够参与，在于可以成为主角，以及与陶醉于节庆的人群融为一体。

六、案例评析

青岛国际啤酒节的规模、生机和活力，成熟的文化积淀和鲜明的主题立意，在国内节庆市场并不多见。那么青岛国际啤酒节难以为继的症结到底何在呢？

---

① 彭作权．打破政府办节的潜规则．中国经营报，2004-09-06．

是因为“政府办节”。“上级有关部门”挂名主办，“举办地有关部门”承办，关联企业支持赞助，是国内节庆的“典型特色”。因为政府主办，所以容易好大喜功，脱离实际，盲目指挥，以致中国几乎所有的节庆都带有鲜明的“政治烙印”和“官方色彩”。

是因为商业味太浓。国内节庆活动的指导思想或宗旨，总少不了类似的主观诉求：××搭台，经贸或旅游唱戏，隐含着浓重的、一步到位的功利色彩。

是因为缺乏广泛的群众参与。无论从内容还是从价格等市民关心的方面来看，青岛国际啤酒节离他们的期望都还有着很大的差距。

是因为无计可施。青岛国际啤酒节创意枯竭，无计可施，已暴露无遗。

我们认为，这些固然是导致青岛国际啤酒节难以为继的原因，并且这样的原因还有许多，但这不是主要的和根本的原因。以“政府办节”为例，实际上国外也是这种组织和运作模式。由于国内节庆普遍具有地区经济和地区政府形象及名片这两方面的双重功能和双重性质，因而“政府办节”多少带有一定的“合理性”。“市场运作”、“以节养节”已成为当今举办节庆的流行提法和普遍要求，但实现这些提法的前提必须是节庆活动在文化滋养中培育得较为成熟，或相关产业的发展已成气候。以中国目前现有的节庆活动水平，要求“市场运作”、“以节养节”，显然并不适合中国的国情。所以青岛国际啤酒节存在的根本问题，不是“政府办节”这一组织和运作模式的问题，而是政府、企业和市场在具体实施和运作中各自的操作和把握的“度”的问题。

追根溯源，青岛国际啤酒节出现的问题，其根源在于自身的先天不足。青岛国际啤酒节在节庆创设之初，就具有鲜明的全方位功能调动和总体受益的明确指向，隐含着浓重的、一步到位的功利色彩，虽然有厚实的青啤文化为基础，然而由于其明确的“经济”指导思想和宗旨，所以，充其量不过是青岛啤酒这种特定商品或特种消费的简单的促销行为，而不是对青啤文化的开掘、延续和弘扬。众所周知，漠视文化存在和缺少文化呵护，必然导致走向的迷失。

青岛国际啤酒节不是那种严格意义上的传统的文化节庆活动，作为一种典型的经济事件和公关活动，它不以历史作为背景和底色，不以文化作为主线来贯彻，所以从它创设的第一天起就已经注定其先天存在不足。而“政府办节”、“缺乏参与”是青岛国际啤酒节先天不足的必然后果，导致现实中的人们更关心节庆的轰动效应和经济效应，却不甚在意节庆的文化“内存”和发展动因。了解了这一点，青岛国际啤酒节难以为继也就不足为奇了。

七、案例思考

1. 节庆在旅游产品中的地位、功能和作用有哪些？

2. 你对国内的“节庆热”持怎样的观点和看法？

3. 节庆市场存在哪些问题？

4. 青岛啤酒节遭遇的尴尬和困境到底症结何在？

5. 青岛啤酒节到底应该办成一个怎样的节庆？

6. 文化是节庆之源吗？文化在节庆中扮演了一个怎样的角色？如何理解文化在节庆中的地位和作用？

7. 政府在节庆中应扮演什么样的角色？

8. 青岛啤酒节要不要进行商业化运作？

9. 为什么说青岛啤酒节的商业味太浓？

10. “旅游是载体，文化是精髓”，“旅游（文化）搭台，经济唱戏”口号的提出是否科学合理？

案例二　古城换“时装”，是喜？是忧？

一、案例概述

位于南康江与湄公河汇合处的琅勃拉邦市是老挝的历史名城和佛教中心，这个形似“L”的半岛历史悠久、景色宜人。

平遥古城保护与开发的经验可以用“新旧交融、相互隔离”八个字来概括，即将县城分为新旧两个大的片区，旧区以展现古城风貌为主，新区以建设现代景观为主，并且通过与周围晋商大院的结合，形成了一个立体的文化旅游产品，既宣传了晋商文化，又发展了旅游经济。

四、案例评析

这是旅游版“鱼和熊掌”的故事。

古城换“时装”，是喜？是忧？这恐怕不是简单地用“是喜”或“是忧”这样的选择就能解决的问题。古城换“时装”有三喜三忧，“三喜”是：(1) 古城的历史文化价值开始为越来越多的人所认识，提升了琅勃拉邦古城在世界范围的知名度；(2) 旅游的文化传播改变了琅勃拉邦，加快了琅勃拉邦的文明进程，改变了琅勃拉邦人的生活方式，这座处处被古老传统包围的城市，仅仅用数年的时间，就变得如此的现代；(3) 琅勃拉邦古城因为旅游而带来经济的繁荣和发展。“三忧”是：(1) 古老的传统建筑与琳琅满目的现代化商业设施建筑共处一城，越来越显示出它不和谐的一面；(2) 游客的大量涌入，文化的交融和碰撞，使得琅勃拉邦古城承续千年的农作文化开始向现代工业文化发展，琅勃拉邦人对金钱的需求，已经胜过对传统的保护；(3) 经济的发展，城市的日趋高档化和现代化，日益包围和吞噬着琅勃拉邦古城的传统和文明。如果任其发展，也许若干年后，琅勃拉邦古城将再也不是“东南亚最佳保护城市”。

古城换“时装”，是“喜”不是“忧”。它是琅勃拉邦古城走出传统、走向现代的开始，是琅勃拉邦古城历史发展的必然趋势，谁有权阻挡琅勃拉邦古城文明的进程？谁能够剥夺琅勃拉邦古城人民使用手机、网吧等现代生活工具的权利？琅勃拉邦古城换“时装”后，摇身大变样，不仅发展了经济，解决了就业，而且改变了千年不变的传统生活方式和生活观念。就战略层面而言，古城换“时装”，绝对是喜不是忧！

至于琅勃拉邦古城在发展进程中出现的“三忧”，属于操作范畴而非战略范畴的问题，显然不能因噎废食，不能因为在历史和现实的改换过程中出现了这样那样的问题，就横加指责，粗暴干涉，甚至夸大其词。

琅勃拉邦古城案例揭示了旅游在跨文化传播中的以下意义和影响：

旅游改变了这座城市的文化传播方式：琅勃拉邦古城一夜成名——地区级影响迅速提升为世界级影响。

旅游改变了这座城市的文化元素：增添了许多新的流行文化元素，例如西餐、手机、网吧，等等。

旅游改变了这座城市的文化进程：仅仅数年的时间，就已经让人很难想象出这座城市的历史模样了。

旅游改变了这座城市的生活方式及其价值理念：金钱需求已经胜过对传统的保护。

专家的一些担忧也不无道理，旅游跨文化传播在带来文明进步的同时的确引发了一些问题：

“旧瓶”装“新酒”，如果“旧瓶”里的“酒”装多了，装乱了，“旧瓶”还有价值吗？

古城过度商业化和现代化，整体上协调吗？

没有了传统，琅勃拉邦古城还能继续吸引人吗？

徘徊在历史与发展之间的琅勃拉邦古城是到了该认真思考的时候了。对于琅勃拉邦市来说，目前最需要的，是发展的问题，而不是保护的问题，在发展中保护才是上乘之策、积极之策，为保护而保护只能是一种消极之策、被动之策。对于发展过程中可能造成的破坏，必须严肃对待，高度重视。

能不能找到一个鱼和熊掌可以兼得的两全之策呢？也许现在还很难找到，但相信不久的将来，一定能够找到，因为发展与保护并不是一组不可调和的矛盾体。发展是整体，是战略，是方向；保护是局部，是战术，是方法。历史文化遗产制定的目标不应是为了保护而保护，而应是为了发展而保护。

建议琅勃拉邦古城采取如下发展策略：

（1）根据琅勃拉邦古城的历史和现状，确立未来发展模式和发展战略。

（2）借鉴新旧交融、相对隔离的规划建设模式，将琅勃拉邦市分为几个片区，该保护的保护，该发展的发展。

（3）有条件地迁出居民。

（4）进行相对统一的文化基本要素设计。

（5）强化琅勃拉邦市全体市民以自己的文化遗产为荣的主人翁意识。

五、案例思考

1. 古城换“时装”，到底是喜？是忧？
2. 旅游给琅勃拉邦古城带来了哪些影响？
3. 你认为琅勃拉邦古城目前亟须的是保护，还是发展？
4. 你对琅勃拉邦古城日趋严重的商业色彩和现代色彩有何感想？
5. 你认为是否能够找到发展经济与保护古迹的两全之策？

案例三　北京故宫等景点门票该不该涨？

一、案例概述

故宫、颐和园等北京地区的六处世界文化遗产游览参观点一起申请提高门票价格。2004 年 11 月 30 日上午，在北京市发展和改革委员会就此举行的听证会上，21 名听证代表异口同声：“原则同意，提价势在必行。”

听证会上，故宫博物院、颐和园、八达岭长城、天坛公园、十三陵定陵、十三陵长陵的馆（园）长们首先宣读了各自的申请方案。北京六大景点门票，目前淡季总价格为 175 元，旺季 250 元，调价后淡季 310 元，旺季 430 元。

六大景点门票价格变化表

景　点	现行门票价格		申请调整后门票价格	
	淡季价格（元）	旺季价格（元）	淡季价格（元）	旺季价格（元）
故宫博物院	40	60	80	100
颐和园	20	30	60	80
八达岭长城	35	40	60	80
天坛公园	10	15	30	50
十三陵定陵	40	60	50	70
十三陵长陵	30	45	30	50

尽管各家的涨幅不同，涨价的理由却惊人的一致，主要集中在四个方面：

一是现行门票价格偏低，不能体现作为世界文化遗产景点包含的历史、文化和社会价值在内的无形资产价值；二是目前门票收入是各景点资金的主要来源，但现行门票收入仅能维持日常管理的基本费用和一般性维修，自身无力完成古建文物亟须的大规模维修、环境建设整治以及落后的基础设施、安保设备的更新，也影响到可持续发展；三是希望通过价格杠杆来调节目前超负荷的参观流量，保护文物古迹；四是因为北京世遗景点普遍低于国内其他地方的世界文化遗产参观点价格，如九寨沟每张门票 145 元，山西平遥古城 120 元，峨眉山 120 元，黄龙 110 元，敦煌莫高窟 100 元，陕西兵马俑 90 元，四川乐山大佛 70 元。①

二、案例聚焦

景点门票价格的涨涨跌跌，本是市场供求关系的结果，理应由市场说了算，然而却因为这些景点是世界文化遗产，所以其提价就有了不同寻常的意义。近期世遗景点纷纷涨价和“申遗热”高涨的背后，总让人感觉有一只无形的手在发挥作用，涨价的理由因此变得苍白无力。案例的焦点，不是该不该涨的问题，而是为什么涨的问题，一言以蔽之，有人以为奇货可居，把故宫等世界文化遗产当成了一棵取之不尽、用之不

① 姚冬梅等．故宫等景点门票该不该涨？新民晚报，2004-12-01.

竭的“摇钱树”。

三、案例价值

本案例讨论的意义和价值主要来自两个方面：

一是拥有故宫等景点所有权和经营权的部门和单位到底应如何看待这些人类“共有”的世界文化遗产的问题，他们到底有多大的权力，又有哪些责任？二是拥有故宫等景点所有权和经营权的部门和单位到底应如何看待这些人类“共有”的世界文化遗产的消费群体的利益、承受能力和感受的问题。

四、他山之石

（一）美国门票价格——立法确定原则

在美国，参观分布全国各地的国家公园和20处世界遗产景点，有的收费，有的免费。这些景点的门票价格机制是如何形成的？

对国家公园门票收费问题，美国国会有专门的立法，确定了哪些地方不能收费，收费的地方应遵循什么样的原则，有的还确定了最高限额。美国国家公园管理局的资料显示，像大峡谷和黄石公园等世界自然遗产公园的门票每张10美元，16岁以下未成年人免费。像费城的独立厅和纽约的自由女神像等文化遗产公园则不售门票。在自然公园里的娱乐性活动如露营等另外收费，不过立法规定要将收费项目的数量保持在“最低限度”，不允许重复收费。

门票收入在公园的预算中所占比例不大，国家公园主要还是靠政府的财政拨款。在“世遗”景点保护上，美国主要通过限制门票数量、规定参观时间段等调节措施来限制游客数量，一般不会采用提高门票的做法。

（二）法国景点门票——采取低价策略

法国是世界旅游大国，有丰富的人文景观和历史遗产。

法国卢浮宫、凯旋门、凡尔赛宫、枫丹白露宫、埃菲尔铁塔、巴黎圣母院、卢瓦尔河谷城堡群等举世闻名的景观每年吸引众多游客前来观光。法国的教堂堪称该国“第一胜景”，亚眠、鲁昂、兰斯等地的大教

堂规模宏大，巴黎圣母院在它们面前也只能算是“小弟弟”。这些教堂绝大部分免费对公众开放，教堂内的雕塑、壁画、玻璃彩画都是珍贵的历史文物。法国最负盛名的几大博物馆均为国立博物馆，一般不免费，但门票收入远不够运营和修缮，因此大多靠国家财政拨款维持。这些博物馆的门票价格从 1 欧元到 8～9 欧元不等，兑换成人民币看似不少，但与当地居民收入相比则为九牛一毛。法国大多数人文景观还对记者、教师、档案员、未成年人、残疾人、失业者免费。此外，按照政府有关规定，法国博物馆定期设有“开放日”或“遗产日”，供游人免费参观。

（三）中国各地世遗景点门票价格——纷纷涨价

近几年国内景点门票一直是比较热门的话题，其涨价之快之猛超过多数物价。伴随着这几年的“申遗热”，世遗参观点的门票纷纷上调，先是周庄，后是苏州园林、黄山、峨眉山、九寨沟、普陀山等。

五、案例评析

1. 故宫等景点提价是一种彻头彻尾的“霸王行为”。

2. 有关方面的涨价做法是忽视社会旅游总体消费群的粗暴行为，把世界遗产参观点这种公益性场所当成了“摇钱树”。

3. 故宫等景点涨价的深层次原因是它们属于世界文化遗产，奇货可居。如果说权利与义务对等的话，那么这些部门和单位实际上一方面滥用了权力，另一方面却又推卸了责任。世界文化遗产的资金缺口应该由政府承担。

4. 涨价可以抑制客流，但抑制客流未必非要通过涨价来实现。也许连这些部门和单位在内的人都知道，只要是世界文化遗产，游客就会不远万里来参观，门票价格的提高不太可能过多地影响他们的参观决定。

5. 古建文物的大规模维修、环境建设整治以及基础设施、安保设备的更新固然需要钱，但问题是，涨价以后的门票收入就正好能弥补现有资金的不足吗？这些世遗景点每年的资金缺口到底是多少？如果还缺怎么办？不保护，还是再涨价？如果游客锐减，资金不足，那又怎么办？

6. 此案例实质上还凸显了一个如何对待文化旅游消费主体的深层

次认识问题。

消费者的反响和听证会的“一致结论”几乎形成强烈鲜明的对比和反差。点击相关媒体，我们不难发现，对价格上调，绝大多数旅行社和游客都持否定态度，认为有关方面的涨价做法是忽视社会总体消费群的粗暴行为。但毕竟人微言轻，反对声音不被相关单位重视。

再来听听21名听证代表几乎异口同声的论调。虽然我们无从知道这21名代表的情况，但只要看看国家历史文化名城保护专家委员会副主任、清华大学建筑学院副院长、中国文物学会副会长等头衔，我们就能发现其中的一些奥妙：他们不是一般的旅游者，他们到故宫等景点未必要付钱买票，所以他们完全可以站在一个高高在上的专家角度，认为“调整的门票价格并不算高”、“有的观众愿意为保护文物多花钱，应该欢迎”。与己无关，自然可以高高挂起，并且还要美其名曰“有的观众愿意”，真让人哭笑不得。

六、案例思考

1. 北京故宫等景点门票该不该涨价？

2. 北京故宫等景点门票涨价的理由成立吗？

3. 北京故宫等景点建设保护的资金缺口应该由谁来承担？

4. 景区超负荷参观流量只能通过涨价来解决吗？

5. 国内“文化热”、“申遗热”背后的真实动因是什么？

6. 故宫等景点涨价行为是否损害了旅游消费群体的利益？

案例四　跨国管理人才：本土选还是总部派

一、背景解读

理查德·刘易斯精通12国语言，但他的主要身份不是语言天才，

而是跨文化管理大师。以自己名字命名的国际语言和跨文化培训机构 Richard Lewis Communications 是一家上市公司，该公司在超过 12 个国家设有办事处。

理查德·刘易斯除了为许多世界领先的工业制造和金融服务公司提供培训，还当过日本美智子皇后及其他皇室成员的家庭教师，并且还得到了芬兰总统授予的爵士称号。以下是理查德·刘易斯在中国接受《中国经营报》记者王霄的访谈。

二、案例阅读

记者：对于想要国际化的中国企业来说，在海外的分支机构是从总部派人去比较好还是选聘当地人比较好？

理查德·刘易斯：这两种人才各有优劣。如果一个中国企业到国外去开设分公司的话，中国经理人的长处一般是比较了解总部意图，对总部忠诚，容易执行董事会的意见，但缺点可能是对当地市场和思维方式不够了解、语言不灵；而当地经理人的优势体现在语言、思维方式上，且对市场更加熟悉，但是对于总部意图的贯彻、与总部的沟通可能成为劣势。我认为应该找一个中国人和一个当地人，同时这个中国人必须很了解所在国文化，至少他应该受到这方面的一些培训，让他了解怎么跟当地人更好地相处；同时这个当地人应该到中国两三个月，让他了解中国的文化，使他能更好地为中国董事层效力。

记者：这两个经理人的职务是平级的？

理查德·刘易斯：如果这是一个中国公司，那中国人应该比当地人略高一点，当地人向中国人汇报工作；反之跨国公司到中国来开设分公司，那母国人职位比中国人略高，但级别应该是一样的。

记者：这两个人之间一旦发生文化差异问题的话，有没有一些把握原则？

理查德·刘易斯：如果这两个人永远都无法保持步调一致的话，那就应该把这两个人换掉。其实，管理层董事会应该很谨慎地选择这两个人，而不是盲目地随便找两个人就可以。而且这样的合资企业是要运作

很长时间的，就是说在很长的时间里来观察这个中国人和外国人，看他们之间是否能够互相融合，如果 OK，那把这两个人放在一块儿，形成一个集体，而不是今天说了要选人，明天就选好了。

记者：像美国的一些企业文化可能跟德国比较相近，而东方文化可能更柔和一些，那么在美国文化与东方文化撞击时，哪种文化会占上风？

理查德·刘易斯：我给你举个例子：北欧的文化也比较女性化，强调家庭的关怀、社会福利等等，跟东方文化比较接近，不像美国那样很强的。如果美国人到瑞典开公司，那么瑞典的文化是占上风的，而你必须要调整你的企业文化。一家美国公司就遇到了这样的情况，他们后来把那些强势的美国经理人都换掉了，甚至送了一些女性的经理到那边去工作。但是也要看你这个国家本身的文化是什么样子。如果你是中国人，到其他柔和的国家去，那还是比较能够融合于当地文化的，意大利就很喜欢这种东方文化，比较乐于接受。但如果你把这种文化带到德国和法国去，就比较困难，因为德国和法国都比较直接，而英国可能介于二者之间，北欧也绝对倾向于亚洲。

三、案例价值

本案例虽就想要国际化的中国一般企业而言，但对想要国际化的中国旅游企业，同样具有参考价值，涉及旅游企业文化和跨文化旅游沟通两大层面。

四、案例评析

中国旅游企业真正要想做强、做大，就必须国际化，而要国际化，跨国旅游管理人才是关键和核心。

在理查德·刘易斯看来，跨国旅游管理人才问题主要是文化的问题，也即跨文化管理的问题，理查德·刘易斯可谓把握住了跨国管理人才问题的真谛。

对于一些已经国际化的中国旅游企业，目前最普遍、最通常的做法

是总部派人，这是中国文化特点及传统使然。如果选聘当地人，一则总觉得有点不放心，二来怕沟通困难，如果中国人和当地人永远无法保持步调一致的话，中国旅游企业通常的做法是留一个换一个，不太可能把这两个人统统换掉。也许这就是文化的差异，想要国际化的中国旅游企业应该三思而后行，建议目前阶段还是以总部选派为好。

五、案例思考

1. 理查德·刘易斯的观点是否适用于想要国际化的中国旅游企业？

2. 假如你是一家想要国际化的中国旅游企业的老总，分别派往日本、韩国、美国、法国、德国等分支机构的负责人是从中国总部直接派出还是从当地招聘选出？

3. 找一个中国人和一个当地人共同负责的方法你赞同吗？为什么？

4. 当中国经理人和当地经理人因文化差异无法保持步调一致时，你同意理查德·刘易斯的原则吗？

5. 对于想要国际化的中国旅游企业来说，为什么文化的沟通和融合显得极为关键和重要？

案例五　用文化给汽车披上最美丽的外套

——上海汽车主题广场策划

随着改革开放的不断深入，中国汽车工业已进入以市场需求为导向的新的历史发展时期。中国汽车工业的主体企业与配套企业及售后服务企业，正面临着如何在竞争中顺应潮流积极进取，迎接新的机遇与挑战的问题。

上海作为中国汽车工业的重要基地，如何做大做强汽车产业，意义重大。上海汽车主题广场原本是投资者为建汽配市场而包装的策划项目。为了确保拿地，并且让汽配市场有更多的赢面，上海汽车主题广场“无中生有”，并最终成为具有市场性、观光性、娱乐性和教育性功能的

上海汽车文化广场，其中一个极其重要的成功秘诀在于：用文化给品牌披上了一件最美丽的外套。

一、策划缘由

当初投资者的任务非常明确，就是要作建上海汽配市场的可行性研究报告。如果仅仅是为了简单起见，策划者完全可以只按照委托方提出的上海汽配市场的目标和要求进行策划，并且这样做既符合委托方的意图，又省时、省心、省力。但他们并没有这样简简单单“由他人指导”行事。他们从投资者是否想做大以及只做上海汽配市场能否做大的角度考虑，经过与投资者的多次沟通，终于达成了共识。

二、策划内容

（一）方案聚焦

1. 紧紧围绕“汽车配件”做文章，建设上海汽配市场。

2. 跳出“汽车配件”概念，做“汽车城”的文章。

3. 汽车主题公园。

4. 汽车主题广场。

在这四种方案中，前三者为了汽车而做汽车，出发点比较狭隘，没有考虑到游客的需要；第四种方案更注重人文关怀，加入文化的因素，为冰冷的汽车注入温暖的人性。而且，用文化包装上海汽车主题广场，一来有利于上海汽车主题广场品牌形象的建立与渗透，二来有利于上海汽车主题广场“异质”概念的确立，再者，也有利于上海汽车主题广场自身品位的提升和内涵的丰富。同时，上海汽车主题广场欠缺汽车工业基地实质性的依托，不可能走汽车城或汽车主题公园的模式。

（二）优劣势分析

1. 优势：投资方运作建筑材料市场多年，有市场运作管理经验；汽车工业蓬勃发展，汽车消费需求旺盛。

2. 劣势：缺乏政府背景，不是政府项目；对该行业缺乏了解，缺少支持；缺乏产业依托，投资商缺乏雄厚实力。

（三）对策

无论就兴趣还是实力而言，投资商也许只想并且只能做汽配市场，但我们并不能因此而迁就，先分蛋糕，或者干脆把蛋糕做小。我们的对策是：先做大蛋糕，然后分配蛋糕。

（四）突围：概念开始

上海汽车主题广场由于其本身的“市场”属性，不可能走德国大众汽车主题公园模式，也不可能走长春一汽的工业旅游模式，并且也不可能走北京国际汽车城模式。

上海汽车主题广场由概念开始突围。把“上海汽配市场”更名为“上海汽车主题广场”，这一改，不仅有了秀丽而大气的名称，更重要的是赋予了上海汽车主题广场新的概念，新的内涵。并且，以“广场”为名，更凸显了上海汽车主题广场的开放形态和以汽配交易业务为主的“市场”形态。

（五）独特定位：汽车之家

内涵：将人性和温暖融入冰冷的钢铁汽车，让汽车的文化融入进人类的氛围。

宗旨：发展汽车产业，传播汽车文化，建立汽车之家。

内容：汽车之家，汽车人的家。

上海汽车主题广场有两大内容：

（1）汽车贸易服务：汽车广场具有一流的汽车贸易服务园区，园区内设有汽车交易、摩托车交易、汽配件交易、汽车装潢美容、汽车养护、汽车维修、汽车检查、汽车出租等汽车贸易服务。

（2）上海汽车主题公园：公园内设有汽车试车道、电瓶车道、公众赛车场、汽车宿营地、汽车旅馆、汽车影院、汽车博物馆等，集品牌展示、汽车展览、汽车博览、汽车科普教育、汽车文化体育于一体，为广大经销商和消费者提供集汽车宣传、看车、试车、买车于一体的综合性服务。

（六）特色：汽车文化——给汽车披上美丽的外套

国内虽然有无数“汽车城”，无数的汽车市场，但大多数偏于汽车

本身，即偏重于汽车贸易、开发制造、物流配件等方面，对汽车文化虽有涉及，但显然不足重点，局限于一种“为卖而卖”的局面。

对于汽车而言，文化是一种时尚，一种内涵，一种新的营销手段，强调汽车文化就是强调人在这种汽车买卖过程中所起的核心作用。而这里的“人”，不仅包括到汽车城购买各种产品的消费者，也包括汽车城招商引资而来的各类业主、代理商等，还包括汽车城本身所拥有的各类人才，由他们共同组成汽车城真正的、最美丽的、流动的人文风景线，而汽车、配件、建筑、山水不过是汽车城内所必须拥有的、固定的自然风景而已。未来汽车市场应该是现代化的汽车市场，应该是带有文化的汽车市场。汽车进入21世纪，已经不再是单一的交通工具，它是一种文化。

（七）主体框架：上海汽车文化主题广场

1. 目标：中国第一个汽车文化主题广场，即中国第一个以汽车文化为内涵，集汽车贸易、汽车会展、汽车体育、汽车旅游为一体，符合国际现代化汽车营销模式，融合国内外各品牌汽车专卖店的大型汽车文化主题广场。

2. 功能：商业、文化、科技、娱乐。

根据上海汽车主题广场“汽车之家”的主题构思，并考虑汽车主题广场现有的状况，上海汽车主题广场重点拓展以下几大功能：

（1）贸易功能。

这是汽车城的固有功能，也是最重要的功能。它将依托上海口岸、生产、市场、金融服务、城市国际影响力等已有优势，以政策聚焦的手段，吸引国内外汽车汽配厂商入驻主题广场，使之成为中国汽车业加强合作，与国际厂商开展竞争的重要舞台。

（2）科技博览功能。

汽车广场将利用国内外著名品牌汽车及汽配的集中展示效应，与世界汽车产业实现信息互动，引领我国汽车汽配生产和消费潮流；普及汽车及汽配科技文化知识，提高汽车消费及广大市民的科学文化素质。

（3）物流功能。

这是汽车广场现代化的重要特征，是连接汽车制造商、供应商、经

销商和消费者的桥梁，也是完善汽车广场相关功能的重要保障。汽车广场将充分利用上海的口岸优势，以先进的网络信息系统，使汽车及汽配物流成本最低、效率最高。

（4）文化旅游功能。

这是树立上海汽车主题广场整体形象、营造汽车文化氛围、提高消费者汽车文化修养、传递汽车文化价值的有效手段，也将丰富上海的城市旅游资源。

（5）服务功能。

这是其他诸项功能的坚实后盾，也是上海汽车主题广场将重点和大力发展的方面。汽车广场将大力发展现代汽车及汽配服务业，促进我国汽车及汽配销售方式、消费信贷和保险业务与国际接轨，从而推进我国汽车及汽配消费的健康发展。

3. 项目：体验汽车文化的感觉。

针对上海汽车主题广场的主要功能定位，切实考虑其地理位置、投资政策等众多因素，并为了在每一块功能分区内都尽量融入汽车文化的内涵，决定使上海汽车主题广场由以下几大功能区及项目组成：

（1）“汽车之家”大楼。

这座大楼不仅是整个汽车主题广场的标志性建筑，还是整个汽车城的行政中心、商务中心、交易中心等具有写字楼性质的高级办公场所。把工商、税务、保险等政府机构、金融机构请进商务办公大楼，在这里经销商及消费者可以享受购车、交款、验证、缴税等一站式的便捷服务，而且这里的商务中心可以提供传真、合同打印、复印、长途电话、办公用品、广告传媒、活动策划等多项商务服务，还备有贵宾厅、会议室、谈判间等公用设施以及部分休闲设备。为商家和消费者提供“一站式”办证上牌，“一条龙”办公服务，及时满足商家和消费者的各种需求。

（2）汽车专卖店：汽车精英文化。

上海汽车主题广场首先应该是汽车专卖店的集群。园区内将兴建30～40个汽车专卖店，每个汽车专卖店都采取前场后店的设置，前场

将是宽敞的露天展场。后店由光亮通透的室内展览大厅、汽车装饰美容店、维修专用间、办公室、洽谈室、财务室等组成，并且设置豪华的招待室、咖啡厅等。绿化带和道路将所有专卖店自然和谐的分隔开来，各自成为相对独立的实体。各个专卖店造型新颖美观而又各具特色，各自拥有自己的企业标徽和名牌车标识，充分体现每个企业个性形象与建筑风格。在这里经销商、代理商们既可以独资修建自己品牌的专卖店，也可以采取合作建设的方式，建好后还可以租赁使用。

（3）汽车会展中心：汽车文化的传扬。

它主要包括品牌展示和汽车博览，用于吸引世界各地有较高国际知名度的汽车厂商的品牌汽车进入园区，是提高上海汽车主题广场国际性的必备手段。在这里还可以举办许多如大型文艺活动、汽车试乘试驾、汽车音响视听赛等丰富多彩的活动。同时汽车商还可以举办各种汽车知识有奖竞猜，筹建汽车文化沙龙活动。

（4）汽车交易市场：汽车文化的外在含义。

该市场交易成本相对较低，市场氛围浓厚，交易活跃。力求做到交易大厅宽敞，而且又能够满足个性化、专业化经营企业的需求。特别要注意按行业特征划分经营区，以方便消费者购物。购物区建筑计划三层，建筑密集度适当提高，以增加人气。要做到各区特征鲜明，布局合理，设施配套，功能健全，使人流、物流、商流顺畅，商业气氛浓厚，购物环境宜人。建筑规划尤其要避免人货混杂、人车交错的现象，使货畅其流，人畅其行，消除相互干扰和不安全因素。除了汽车、摩托车交易外，汽配场所还可以按以下内容进行细分：汽车电器系列、汽车内饰系列、汽车外饰系列、汽车养护系列、汽车易耗系列、保养设备系列等。

（5）汽车公园：体味汽车文化的感觉。

恬静、优雅的汽车公园为游人提供放松心情、回归自然的感觉。汽车公园将修建试车、赛车跑道，开展汽车足球、摩托车足球、短道赛车比赛和娱乐性质的体育活动。公园内的汽车电影院将为前来游玩的朋友带来一种全新浪漫的体验。汽车俱乐部让这里的每一部汽车不再是一种

交通工具，它将缩短朋友间情感交流的距离。公园内还设有汽车四车道、电瓶车道、公众赛车场、汽车宿营地、汽车旅馆等，它集品牌展示、汽车展览、汽车博览、汽车科普教育、汽车体育于一体，将成为上海地区独一无二的爱车族乐园。

（6）汽车博物馆：沟通传统与现代。

造型古朴典雅，将为购车的、游玩的、旅游度假的朋友展现百年来汽车发展的历史，展示工业革命为人类生活带来的巨大转变。在这里还可以由各个厂家定期和不定期地开展各种汽车专题展示活动。另外汽车博物馆还可以用于收藏、展览国际、国内各个时期经典车、品牌车、老爷车、名人座车及新概念车，是展示汽车发展历史和品牌汽车发展历程的汽车专题博物馆，是传播汽车文化、普及汽车知识的重要场所。

（7）汽车旅馆：留住汽车文化的脚步。

上海汽车主题广场的汽车旅馆将根据国际上最新潮流的汽车旅馆样式设计，力图使在这里的所有消费者、商家都能享受到时尚、新潮、温馨的现代汽车旅馆，从而更深入地理解汽车文化。这里同样也设有餐饮、桑拿浴、咖啡厅、舞厅、保龄球馆等必备设施，为消费者提供高品质的享受。

（8）其他（仓储配送区域）。

包括仓库、停车场等。这是汽车广场现代化的重要特征，是连接汽车制造商、供应商、经销商和消费者的桥梁，也是完善汽车城相关功能的重要保障。主要包括：

仓储运输：负责汽车整车及零配件从出厂到送达客户手中的一系列运输及仓储作业。根据各大汽车厂商对仓储和配送模式的需要，建立不同形式的仓库，并通过通达全国的营销网络和储运中心实现汽车城物流的规模效应。

配送服务：由制造商委托物流中心，与客户保持实时沟通的信息运作模式。在订单确认并进入生产流程数据库之后，与客户共同确定交货时间、地点、方式，并允许客户对所购商品进行实时查询。

供应链优化：完成企业与供应商之间的销售计划协调，改变仓储业

是制造业的附属机构的传统思想，物流中心通过自身物流体系以及与第三方物流供应商的合作，以承诺服务或合作形式将物流服务的范围延伸刊生产企业内部。

（八）营销宣传

1. 宣传攻势，初期吸引。

针对上海及周边地区已建和待建的一批同类项目，上海汽车主题广场一方面要避免重复建设和简单模仿，走出自己的特色之路，另一方面要趁势而上，争取后来居上。因此，迅速成长是上海汽车主题广场的当务之急，招商阶段也即市场初期培育阶段的战略策略也就尤显重要。

一方面通过与强势媒体合作，凭借强大的宣传攻势造成视觉、听觉的强烈冲击以吸引供需各方的眼球，制造轰动效应。另一方面，参与承办行业内活动，借媒体事件形成公众意识。

2. 形成市场，树立品牌。

强大的宣传攻势后，服务体系、销售厂商进驻上海汽车主题广场，初期招商成功，汽车主题广场的市场形成，逐步展开包括国际汽车贸易、汽车品牌展示、汽车配件开发、汽车保健美容、市场人才培训、电子商务交易等一系列市场拓展与深入活动，同时强调这一过程中“汽车之家”的主题，树立上海汽车主题广场的品牌。

3. 优质服务，再次吸引。

（1）优质服务吸引更多供应商。

供应商是上海汽车主题广场的主要市场培育对象，保持老客户、吸引新客户是上海汽车主题广场永续发展的必要条件，因此为供应商提供优质服务、与供应商共同分享市场蛋糕是实现双赢的优势策略。

据《南风窗》2001 年第 8 期《中国汽车业的硬伤——中国汽车流通体系问题初探》报道：“有人将我国汽车营销的状况概括为：首先，渠道不通，不仅总体布局紊乱，而且渠道阵营庞杂；其次，层次混乱，供应层次与层次之间，同层次经销商之间，在批发和零售关系上纵横交错；第三，渠道功能单一甚至虚置。”目前这一状况虽然有很大改观，但产品质次价高、服务态度恶劣、市场无序竞争的局面仍然存在，尤其

是国产汽车市场。对此，汽车主题广场将致力于帮助企业建立汽车销售体系，使之形成“四位一体”甚至“多位一体”的销售模式，包括政策销售、配件供应、售后服务、信息反馈，以及汽车美容保养等各个方面。此外，汽车主题广场将参加行业展示会、博览会，推出上海汽车主题广场的整体形象，扩大品牌效应，为后续宣传打下扎实的基础。

(2) 欢乐购物吸引更多消费者。

汽车主题广场的又一重点培育对象是消费者，汽车主题广场将不时推出各种各样的欢乐购物活动。吸引消费者、扩大需求市场也就意味着吸引更多的供应商。

(3) 独特魅力吸引更多旅游者。

上海汽车主题广场将面向旅游者开放，在整个汽车广场，尤其是汽车主题公园，为旅游者提供工业旅游和休闲旅游活动，让旅游者感受汽车工业及高科技的发展。此外，可以模拟昆明世博会科技馆，每隔 20 分钟播放有关汽车的片子（这同时也是配合各厂家、经销商等做广告），供旅游者免费观看。

4. 丰富内涵，完善品牌。

随着市场的逐步发展，丰富市场内涵、完善汽车主题广场品牌将日益提上议事日程，因此，围绕“汽车之家”这一主题定位，以提升汽车文化为目的的更深层次的市场活动将由此展开。

(1) 通过在汽车主题广场内部开展一系列形式多样、内容丰富的活动做强汽车主题广场本身。

(2) 扩大上海汽车主题广场的影响力、知名度及在专业领域的美誉度。如与各地汽车俱乐部合作，为自驾车越野旅游提供赞助、参与承办汽车活动或者提供租车服务、开展专项旅游活动；与旅行社合作，推出汽车主题广场旅游项目等。

通过内和外联，丰富“汽车之家”的文化内涵，完善上海汽车主题广场的品牌，由此进入新一轮的市场培育。四个基本步骤环环相扣、紧密衔接，在市场培育过程中，以发展的方法解决前进中的问题，不断创新，做大做强，从而形成上海汽车主题广场良性循环、不断拓展的市场

局面。

三、案例点评

上海汽车主题广场策划，是一个非旅游项目策划，或者说不是一个纯粹、完全的旅游项目策划。做旅游策划的人策划这个项目，通常会从专业本位出发，把整个上海汽车主题广场当作旅游项目来做，那一定是一个败笔。难能可贵的是，策划者既没有把上海汽车主题广场当作一个纯粹的旅游项目来策划，同时也没有忘记自己的专业本位，发挥了策划者的“旅游”特长。这一策划的亮点体现在：

(1) 抓住汽车文化这一要点，做出了有别于其他汽车城的崭新的规划方案。

(2) 考虑到了上海作为一个国际大都市的特殊性，在规划上恰如其分地展现了其海纳百川的特质。

(3) 规划时考虑全面，顾及各方利益，不仅为汽车经销商和代理商们的利益做出了合理的安排，也照顾到普通游客的游览需要。

另外，这个策划还可以使我们认识到：

(1) 做项目就是做市场。要根据市场需求做项目，根据市场容量做项目，根据市场空缺做项目。

(2) 先做大蛋糕，不能有什么做什么，有多大做多大。旅游策划，应先做大蛋糕，然后再去慢慢分配蛋糕。

案例六　寻找蠡山景区的旅游红线

一、案例背景

蠡山位于浙江湖州德清县，山上竹林成片，香樟成荫，鸟鸣莺啼，村落湖泊分散于景区周围，农田阡陌纵横，湖面波光粼粼，世外桃源的

感觉让人流连忘返，是喧嚣都市中人修身养性的好去处。

除了得天独厚的自然景观资源，蠡山景区的人文景观也有其独特的魅力。蠡山得名于范蠡西施隐居于此的传说，“蠡山八景”中西施画桥、陶朱古井、翠岭马回和范蠡西施的传说有着密切的联系。蠡山景区中还有范蠡祠、蠡山戏台、茅山高桥、绍隆桥、西施梳妆台等景观。

蠡山景区人文旅游资源种类丰富，“蠡山八景”的由来大都和历史文化有着较好的融合。或以范蠡故事为背景，或以奇妙民间传说为依托，吸引力强，自然景观和历史文化有机融合。而且，“蠡山八景”环山而列，相对集中，组合效应较好，有利于进行综合开发和游线组织。

蠡山景区周围有以休闲度假为主的清凉世界莫干山、以江南水乡民俗文化为特色的古镇新市，这些不同风格的资源可以互相补充协调，在区域营销和产品开发时可以组合使用。但是，蠡山景区的旅游资源基本上处于未开发状态，如范蠡祠目前仅仅作为文物来保护。另一方面，蠡山景区的自然景观美感度和杭嘉湖平原其他地区比较雷同，没有特别出人意料的地方；范蠡西施的传说并非是蠡山地区独一无二的；“蠡山八景”的可观赏度不够，不足以支撑起整个景区的灵魂和特色。

由于景区本身特色不够，因此，对蠡山景区的开发，关键就是选一个与众不同的主题将这些景观串起来。

二、方案聚焦

蠡山景区策划可以采取名人纪念地方案、休闲度假方案、范蠡西施爱情主题方案等，但这些都很难形成特色，缺乏张力。经反复思考后，提出了以范蠡为财神的财富主题方案。“财富”主题，其竞争力究竟何在？

（1）财富民俗和信仰的普遍性。

在众多的民俗中，人们对于财富的追求和信仰，有着最为深厚而广泛的民众基础。中国有广泛的财神崇拜和信仰。

（2）财富内涵的广泛性。

财富，既有物质的，也有精神的；既有民俗的，也有文化的；既有

有形的，也有无形的；既有中国的，也有世界的。可以说财富的内涵深刻而又丰富，具有广泛性。

（3）品牌效应和知名度。

范蠡作为中国古代受人尊敬的一位财神，享有极高的品牌知名度，加之与本土文化的结合，容易产生游客的共鸣。

（4）基础深厚。

接财神等活动在长江三角洲地区最具典型，因而有强大的市场基础，而德清素以吴越风情著称，所以，将财富这种信仰活动扎根落户于德清县，有最为深厚和浓郁的文化根基。

另外，浙江自古以来就是中国商业繁荣和资本积聚的中心地区。今天的温州模式、浙江民营经济的勃兴等，令世人瞩目。德清作为中国的百强县，有较好的区域基础和商业氛围，古与今容易融合。

（5）财富主题的唯一性。

财富主题景区目前具有唯一性，就中国而言，能够打造财富主题的地方很多，但至少目前为止，还没有一个以财富为主题的景区。当前的旅游发展，特色就是竞争力，特色就是生命力。蠡山的旅游发展以财富主题作为自身的核心竞争力，必定可以在战略上比其他的同类资源景区做到“计”高一筹。

（6）财富主题旅游市场空间巨大。

食、住、行、游、购、娱等方面，都可以做财富的特色文章，与财富民俗文化有关的旅游产品，包括各种纪念品、生活用品、食品，都将因此而具有广阔的市场空间。

（7）市场感召力强，客源市场广。

就大众普遍的人生观而言，范蠡既能升官又能发财，同时又能与西施谱写爱情传奇，堪称财富人生完美的典型，这在大众旅游者的心目中可以产生强烈的共鸣。

财富主题客源市场，包罗各个层面，最易产生“注意力经济”。虽然并不是人人都发财，但至少人人都想发财，因而，财富主题具有最为广泛、最为基层的市场基础和群众基础。

在财富主题之下，根据蠡山旅游区资源分布状况和旅游线路网络构成，可规划形成“一体二面五区”的总体布局结构，如下表所示：

蠡山景点分布表

	功能分区	主题景区	景点内容	范　围
历史文化面	文化观光区	范蠡祠景区	蠡山广场 范蠡祠 凤凰山 蠡山八景（整合、设计后）	蠡山、凤凰山的南北扇面以及延伸区域
		财富文化景区（暨蠡山新八景）	财神像 财源滚滚 聚宝盆 钱途无量 财富圣经 元宝桥 沈郎钱 财运街	蠡山南麓
现代景观面	休闲娱乐区	国际财富中心	企业财富活动中心 财富会议中心 财富度假山庄	蠡山以南大片鱼塘以及桑田区域
	休闲体验区	财神湖景区	金银岛 范蠡鱼馆 碧水风荷 怡红快绿	桐德公路西南桑田、民居及水塘区域
		桑林胜景区	蚕花娘娘 桑林胜景 蚕桑人家	桐德公路西南桑田、民居及水塘区域
	入口服务区		景区售票亭 停车场 旅游服务设施等	凤凰山以西，桐德公路入口处/刘桥村村头

一体：以财富为中心的主体。

二面：景区新旧交融相对区隔的两个面：历史文化景观面和现代财富主题景观面。两个面分别由水陆两条游览主线串联组合成为一个整体，两面又由五个景区组成。

五区：范蠡祠景区、财富文化景区（暨蠡山新八景）、国际财富中心、财神湖景区、桑林胜景区。其中，桑林胜景区是以西施作为蚕花娘娘的传说为依据而设立的，与整个景区的文化背景能很好地结合。

三、案例点评

谁都想把景区做大，做得有特色，有新意，有亮点同时更有卖点，但许多人以为将很多旅游景点弄在一块，就会使整个景区显得气势磅礴，以为这样就能吸引人们的眼球。其实不然，如果没有一个实质性主题将它们系统整合，结果往往会差强人意。这就像是一串珍珠项链，如果没有中间那根线，珍珠始终是散乱的。而在旅游开发中，要想找准能将每颗“珍珠”串起来的“线”，不仅需要理论，更需要方法和思路。

参考文献

1. 喻学才．中国旅游文化传统．南京：东南大学出版社，1995

2. 沈祖祥．旅游与中国文化．北京：旅游教育出版社，2002

3. 马波．现代旅游文化学．青岛：青岛出版社，1998

4. 吴祚来，陈宏仁．中国旅游文化大辞典，南昌：江西美术出版社，1994

5. 白槐．旅游文化论文集．北京：中国旅游出版社，1991

6. 任仲伦．游山玩水——中国山水审美文化．上海：同济大学出版社，1991

7. 冯天瑜，何晓明，周积明．中华文化史．上海：上海人民出版社，1990

8. 司马云杰．文化社会学．济南：山东人民出版社，1987

9. 李宗桂．中国文化概论．广州：中山大学出版社，1988

10. 杨乃济．旅游与生活文化．北京：旅游教育出版社，1993

11. 林正秋．中国旅游与民俗文化．杭州：浙江人民出版社，2000

12. 金良年．中国神秘文化百科知识．上海：上海文化出版社，1994

13. 徐复观．中国艺术精神．沈阳：春风文艺出版社，1987

14. （法）罗伯特·朗卡尔著，蔡若明译．旅游及旅行社会学．北京：旅游教育出版社，1989

15. 林语堂著，远明编．林语堂著译人生小品集．杭州：浙江文艺出版社，1990

16. 沈祖祥．旅游宗教文化．北京：旅游教育出版社，2003

17. 沈祖祥．中国宗教旅游．福州：福建人民出版社，2005

18. 段玉明．中国寺庙文化．上海：上海人民出版社，1994

19. 胡朴安．中华全国风俗志．石家庄：河北人民出版社，1986

20.（法）谢和耐著，马德程译．南宋社会生活史．台北：中国文化大学出版部，1982

21. 瞿宣颖．中国社会史料丛钞．上海：上海书店，1985

22. 刘广生．中国古代邮驿史．北京：人民邮电出版社，1986

23. 邵骥顺．中国旅游历史文化概论．上海：上海三联书店，1998

24. 王子今．中国古代行旅生活．北京：商务印书馆国际有限公司，1996

25. 冯乃康．中国旅游文学论稿．北京：旅游教育出版社，1995

26. 胡小明，熊志冲．旅游·游戏·游艺——长寿游乐面面观．成都：四川人民出版社，1993

27. 乔继堂．中国岁时礼俗．天津：天津人民出版社，1991

28. 潘泰封．旅游经济导论．上海：上海人民出版社，1988

29. 张岱年，姜广辉．中国文化传统简论．杭州：浙江人民出版社，1989

30. 张岱年，方克立．中国文化概论．北京：北京师范大学出版社，1994

31. 钟叔河．走向世界——近代中国知识分子考察西方的历史．北京：中华书局，1985

32. 林语堂著，郝志东，沈益洪译．中国人．上海：学林出版社，1994

33.（法）丹纳著，傅雷译．艺术哲学．北京：人民文学出版社，1963

34. 任晓红．禅与中国园林．北京：商务印书馆国际有限公司，1994

35. 梁思成．中国建筑史．天津：百花文艺出版社，1998

36. 余秋雨．文化苦旅．上海：东方出版中心，2001

37. 陈从周．园林谈丛．上海：上海文化出版社，1980

38.（美）菲利普·科特勒等著，郭国庆等译．市场营销管理．北京：中国人民大学出版社，1997

39. 关世杰．跨文化交流学——提高涉外交流能力的学问．北京：北京大学出版社，1995

40.（美）L.S. 斯塔夫里阿诺斯著，吴象婴，梁赤民译．全球通

史——1500年以后的世界．上海：上海社会科学院出版社，1999

41. 刘守华．文化学通论．北京：高等教育出版社，1992

42. 刘振礼．中国旅游地理．天津：南开大学出版社，1988

43. （德）马克斯·韦伯著，于晓，陈维钢等译．新教伦理与资本主义精神．北京：生活·读书·新知三联书店，1987

44. 傅道彬．晚唐钟声——中国文化的精神原型．北京：东方出版社，1996

45. （美）罗伯特·麦金托什，夏希肯特·格波特著，蒲红等译．旅游学——要素·实践·基本原理．上海：上海文化出版社，1985

46. 童恩正．文化人类学．上海：上海人民出版社，1989

47. 张荣明．道佛儒思想与中国传统文化．上海：上海人民出版社，1994

48. 巴兆祥．中国民俗旅游．福州：福建人民出版社，1999

49. 谭白英．文物与旅游．武汉：武汉大学出版社，1996

50. 向斯．中国皇帝游乐生活．北京：新华出版社，1994

51. 喻学才．旅游文化．北京：中国林业出版社，2002

52. 田纪鹏，姚昆遗，贡小妹．新编旅游文化学．上海：华东师范大学出版社，2016

53. 姚昆遗，贡小妹．旅游文化学．北京：旅游教育出版社，2006

54. 龚鹏程．游的精神文化史论．石家庄：河北教育出版社，2001

55. 潘立勇．人文旅游：第一辑．杭州：浙江大学出版社，2005

56. 沈祖祥．世界著名旅游策划实战案例．郑州：河南人民出版社，2004

57. 刘敦荣等．旅游文化学．天津：南开大学出版社，2007

58. 朱立新，左薇薇，顾佳琦．旅游文化学．天津：南开大学出版社，2012

59. 文彤．旅游文化学．广州：暨南大学出版社，2011

60. 谢春山．旅游文化学．北京：高等教育出版社，2017

第一版后记

旅游文化概论是高等院校旅游管理专业的基础课程和必修课程，理应受到理论界和学术界的高度重视。但遗憾的是，由于“重经济、轻文化”这种不正常现象在旅游领域的蔓延和影响，旅游文化理论研究始终步履蹒跚，致使系统而又全面的旅游文化概论教材至今仍付之阙如，许多高校不得已以中国文化史、中国文化概论或中国通史等方面的论著聊作权宜之用。

写作出版《旅游文化概论》著作，是我“蓄谋已久”的愿望。可惜我这人“有贼心而无贼胆”，不敢做那筚路蓝缕的开创工作，因为，这毕竟不是一件容易和讨巧的事情。虽说有《旅游与中国文化》一书作为基础，但它与作为一门学科教材的《旅游文化概论》之间毕竟存在着一定的差异。所以，虽有朋友不断催促和怂恿，自己有时也有一种飘飘然以为“舍我莫属”的方刚血气，但总觉已人过而立，所以屡屡作罢。这次促使我放弃案头其他写作任务，专骛于《旅游文化概论》一书写作的最大契机，是学校有意自 1999 年起将旅游文化概论这一课程列为全校的公共选修课，届时面对众多学生，如果只图自己省事，仍以那本《旅游与中国文化》作为教材，于情、于理、于心，似乎都有点说不过去。正是这三重因素的复合作用，《旅游文化概论》一书的写作最终才真正得以在 1998 年的 5 月全面启动。

常言道，纲举目张。我个人的写作理念，向来注重框架体系。学生所需获得的是有关这门学科的系统理论和基础知识，这是教材不同于一般学术论著的最大区别。为了使本书的框架体系最大限度地贴近教材写作的要求，我先后约请了十余所学校旅游文化领域的有关专家和学者进行座谈讨论，并广泛向学生（包括研究生）征询。所以，本书的框架布局，在一定程度上也可以说是集体智慧的结晶。

《旅游文化概论》从总体策划、构想篇目内容、分工撰写部分章节，到统稿定稿、标题设计、文字润色，全由我一个人负责和承担。起初设想以我一人之力完成，奈何时间紧迫，且案头还有其他书稿的写作任务，所以，最后变成了集体之作。全书各章初稿的作者分别是：

第一章——沈祖祥；第二章——沈祖祥；第三章——张文建、陈宗海；第四章——王永忠；第五章——储九志、马波；第六章——陈宗海；第七章——沈祖祥、许莽、刘大林、王浅、周文奇；第八章——沈祖祥；第九章——喻学才、周文奇。

此外，陆伟峰、乌姗姗、方芳、钱江波、朱丽红等同志参加了部分章节初稿的写作。

陈宗海和张文建两位同志应邀任本书的副主编。

科学的旅游文化研究和建设，在世界范围内还处于起步阶段，今后的路还很长，任务还很艰巨。书中所发议论，难免有溢出涯涘、不着边际之处；框架布局，也多有不够完善的地方，还望各界朋友明裁赐教！

沈祖祥

1999年6月1日

于上海复旦大学旅游系

第二版后记

旅游文化是一个非常棘手的问题，很难把握。许多概念、许多理论纵然“苦其心志”恐怕也难穷其究竟。旅游文化又是一个非常严肃而且重要的问题。综观三十多年的中国旅游发展历程，由于缺乏清晰的文化立意和充实的底蕴支撑，许多现象或许能火上几把，但火着火着便逐渐迷失方向，而这与旅游文化的迷失有着最直接的渊源关系。

文化是旅游之源，旅游因文化基因的确立而生，因文化雨露的滋润而长，同样也因文化的衰微而亡。

正因如此，伴随中国旅游经济的超常规发展，旅游文化持续升温，不仅理论热、研究热，并且挖掘热、开发热，虽不能说炙手可热，但旅游文化越来越受到重视并日益显示其持续发展的后劲，则是不争的事实。然而，这是否意味着中国的旅游文化研究以及旅游文化学科建设已经摆脱早期的稚嫩，进入发育和成长期呢？答案显然是否定的。中国旅游文化学科建设，中国的旅游文化研究及旅游文化应用，依然属于起步、初创、探索阶段，与旅游经济、旅游管理相比，不仅研究成果少，并且研究水平低。“散兵游勇”，缺乏科学性、理论性、应用性和专业性，恐怕是中国旅游文化研究及其学科建设目前面临的最突出问题，而其重中之重，则在于旅游文化缺乏应有的理论支撑，形不成独立的理论体系，旅游文化也就始终难以成为一门真正独立的学科。

作为旅游文化阵线的一名“老兵”，并且咬定青山不放松，始终如一地把旅游文化研究作为毕生治学的方向，我这数十年所思所想所研所用，的确颇多。从早年的《旅游与中国文化》，到后来的《旅游文化概论》、《旅游宗教文化》，再到《中国宗教旅游》，我始终在努力求证着这样一个命题：到底什么是旅游文化？旅游文化究竟应该拥有自己怎样的学科体系和理论体系？

聊以自慰的是，我在《旅游文化概论》中提出的“旅游文化是一种生活方式文化”的“旅游文化”命题这一家之言，这几年得到许多人的认同，不断有同仁和朋友撰文或来电来函表示赞同和支持。这使得我不断增强勇气，试图以此观点和见解，构建旅游文化理论体系和学科体系。实际上，早在《旅游文化概论》一书中，就已经进行了这种构架，尽管从章节的布局形式来看，也是其他一般旅游文化教材的构架，但在内容观点上，完全是建立在“旅游文化是一种生活方式文化”这样的命题的认知基础上展开的。《旅游文化学导论》则力求把在《旅游文化概论》中提出的这种观点表达得更透彻、更充分，整个理论体系和逻辑结构体系更自然、更完善。

全书各章写作情况如下：

沈祖祥撰写前言、第一章、第二章、第五章、第六章、第八章、附录及第十四章第四节内容；张文建提供第三章初稿内容；王永忠提供第四章初稿内容；马海鹰提供第七章、第九章初稿内容；李萌提供第十章、第十二章、第十三章初稿内容；陈宗海提供第十一章及第三章部分初稿内容；喻学才提供第十四章部分初稿内容。许莽、周文奇、刘大林、王浅、陆伟峰、乌姗姗、钱江波等同志参与了部分工作。

全书由我总体策划，并统筹、协调、修改定稿。

虽然将书命名为《旅游文化学导论》，但自思离真正的“学”的水平及框架体系的要求还相差甚远，只不过聊以作为对自己努力的一种要求和鞭策而已，真诚感谢在本人不断艰辛探索的历程中提供过激励和帮助的朋友们，虽不能涌泉相报，但确至真至诚！感谢福建人民出版社的何海勤编辑、史霄鸿编辑及刘亚忠主任。

沈祖祥

2006 年 7 月 8 日于上海复旦大学旅游系

第三版感言

不断地重复有意义吗？难道是江郎才尽，爆炒冷饭？1999 年，本书问世，起名《旅游文化概论》。2006 年，第二版，更名《旅游文化学导论》。2010 年，第三版重新修订，用名《旅游文化学》。

对这三部书稿，我要坦白地交代，的确如出一辙。或者更直白地交代，这十多年来，我的确让人失望：怕痛而封闭感觉，怕结束而不去开始。

然而，在骨子里，我跟大多数人一样，欣赏力与美，对套路成熟的作品一向评价不高。《旅游文化概论》、《旅游文化学导论》、《旅游文化学》，其实在对问题的思考程度上存在着区别。从某种意义上说，重复也是一种解构，每次重复地把旅游文化概念写一遍，并带来一些新的想象。尤其在文化寻根背景下，旅游在当代的蓬勃发展，给中国的旅游文化研究传统带来了变革。在反思旅游文化到底是经济现象、文化现象还是综合现象的同时，如何促进旅游文化研究不落入“伪命题”泥潭，让旅游文化真正发出强音，已成为当今旅游文化研究的核心使命。

中国现阶段的旅游文化学研究，重要的是寻找，而不是找到。正是出于对旅游文化本质的追索和寻找，才有了第三版的《旅游文化学》。第三版的继承与突破在于，我们可以看到旅游文化社会现象和产业属性中被遮蔽和隐藏的另一面——文化创意现象和文化创意层面。

在文化创意产业的谱系中继续旅游创造，是笔者在《旅游文化学》中提出的概念和命题。2009 年 9 月 27 日，在上海松江举办的旅游文化产业发展论坛上，笔者以“觉醒与破题——旅游文化创意产业的本质、误区与前景”为题，在中国首次提出了“旅游业是文化创意产业”的命题，试图对旅游产业的本质属性进行颠覆性思考。在《旅游文化学》书中，笔者不仅更加深化了这种认识，而且从新的文化创意产业的视角出

发，将旅游文化放到文化创意产业这个全新的产业谱系中进行重构。这既可以看作是本书与其他一些《旅游文化学》著作的不同，也算是笔者这十多年来在旅游文化领域苦苦求索而进行的一种寻找。至于到底是否算作正果，如果非要去做一个肯定的论述，那也应该是一个怀疑的肯定。因为，至少这个时候的我，还依旧沉浸在思索之中。

沈祖祥

2010 年 7 月 6 日于复旦大学旅游系

第四版赘言

历数《旅游文化学》的前世今生：1999 年，《旅游文化概论》杀青问世。2006 年，《旅游文化概论》第二版增订，并更名为《旅游文化学导论》。2010 年，三版修订，取名《旅游文化学》。至 2020 年第四次修订出版，前后横跨 2 个世纪，20 个年轮。不无惆怅，不无感慨。

毋庸置疑，历经递嬗跨越，中国旅游已经进入旅游新时代。当“文旅”成为一个流行词语，当 2018 年国家旅游局和国家文化部正式合并组建成新的国家文化和旅游部，相信没有人否认中国旅游 2.0 升级版——一个崭新的“文旅新时代”的到来。

所以，藉此需要赘言的第一个议题，便是旅游文化学再出发。众所周知，旅游文化是旅游运转的润滑剂，对于旅游文化学学科的研究，特别是对旅游文化这一概念本质的重新审视和洞察，对于旅游文化学学科建设具有深远影响。步入文旅新时代，“文旅”已经成为一个流行词语，旅游文化学需要与时俱进。本次修订，尽管不是一次立足文旅新时代的旅游文化学的重构，但作为本次修订最大的一个亮点，就是我们敏锐地洞察到这一议题，并且新增加了第 13 章《迈向价值和理性愈加坚实的新旅游文化学时代》。可以这样说，以我们查阅所见，立足文旅时代思考和探索旅游文化学学科建设，这在国内旅游文化学相关教材和著作中还是首次出现。

藉此需要赘言的第二个议题，便是关于第四版修订本身。我们不仅对全书重新进行文字润色，订正差错，并且做了不同程度的更新。特别是这次增加的第 13 章的内容，提出了文旅时代旅游文化学的新命题。

藉此需要赘言的第三个议题，便是感谢陪伴此书一路走过来的何海勤、刘亚忠、史霄鸿、陶璐编辑，这绝对不是一种套路，一种客套，而是发自肺腑的真切感受。

当然，还有我自己，始终的执着与坚守，对旅游文化学一如既往的热爱和憧憬。坚信不久的将来，在旅游文化学全体同仁的不懈努力下，真正意义上立足文旅新时代特色的《旅游文化学》一定会如期而至。

沈祖祥

2020年3月28日于复旦大学旅游系

图书在版编目（CIP）数据

旅游文化学/沈祖祥主编．--4版．--福州：福建人民出版社，2020.9（2024.7重印）

ISBN 978-7-211-08515-6

Ⅰ.①旅…　Ⅱ.①沈…　Ⅲ.①旅游－文化－高等学校－教材　Ⅳ.①F590

中国版本图书馆CIP数据核字（2020）第177052号

21世纪大学旅游教材

旅游文化学

LÜYOU WENHUAXUE

作　　者： 沈祖祥　主编	
责任编辑： 莫清洋	
出版发行： 福建人民出版社	**电　　话：** 0591－87533169（发行部）
网　　址： http://www.fjpph.com	**电子邮箱：** fjpph7211@126.com
地　　址： 福州市东水路76号	**邮政编码：** 350001
经　　销： 福建新华发行（集团）有限责任公司	
印　　刷： 福州德安彩色印刷有限公司	
地　　址： 福州市金山浦上工业区B区42幢	
开　　本： 730毫米×990毫米　1/16	
印　　张： 24.25	
字　　数： 350千字	
版　　次： 2020年9月第4版	2024年7月第4次印刷
书　　号： ISBN 978-7-211-08515-6	
定　　价： 48.00元	
